MostUsedWords.com presents

I0616441

Swedish Frequency Dictionary

Master Vocabulary

7501-10000 Most Common Swedish Words

Book 4

Copyright © 2017 by MostUsedWords.com
Frequency list & word database established in the Netherlands
All rights reserved. This book or any portion thereof
may not be reproduced or used in any manner whatsoever
without the express written permission of the publisher
except for the use of brief quotations in a book review.

First Printing, 2017

Jolie Laide LTD
12/F, 67 Percival Street, Hong Kong

www.MostUsedWords.com

Contents

Why This Book?...4

How To Use This Dictionary 7

Swedish English Frequency Dictionary 8

Adjectives 294

Adverbs 301

Conjunctions 303

Prepositions 304

Pronouns 305

Nouns 306

Verbs 323

Alphabetical order 328

Contact, Further Reading and Resources 357

Why This Book?

Hello, dear reader.

Thank you for purchasing this book. We hope it serves you well on your language learning journey.

Not all words are created equal. The purpose of this frequency dictionary is to list the most used words in descending order, to enable you to learn a language as fast and efficiently as possible.

First, we would like to illustrate the value of a frequency dictionary. For the purpose of example, we have combined frequency data from various languages (mainly Romance, Slavic and Germanic languages) and made it into a single chart.

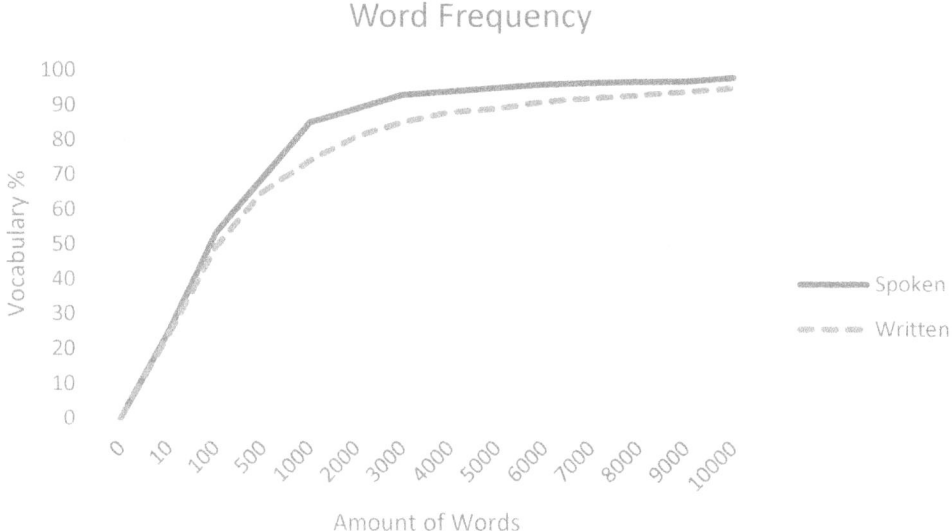

The sweet spots, according to the data seem to be:

Amount of Words	Spoken	Written
• 100	53%	49%
• 1.000	85%	74%
• 2.500	92%	82%
• 5.000	95%	89%
• 7.500	97%	93%
• 10.000	98%	95%

Above data corresponds with Zipfs law and Pareto´s law.

Zipf's law states that given some corpus of natural language utterances, the frequency of any word is inversely proportional to its rank in the frequency table. Thus the most frequent word will occur approximately twice as often as the second most frequent word, three times as often as the third most frequent word, etc.: the rank-frequency distribution is an inverse relation.

For example, in the Brown Corpus of American English text, the word "the" is the most frequently occurring word, and by itself accounts for nearly 7% of all word occurrences (69,971 out of slightly over 1 million). True to Zipf's Law, the second-place word "of" accounts for slightly over 3.5% of words (36,411 occurrences), followed by "and" (28,852). Only 135 vocabulary items are needed to account for half the Brown Corpus.

Pareto's law, also known as the 80/20 rule, states that, for many events, roughly 80% of the effects come from 20% of the causes.

In language learning, this principle seems to be on steroids. It seems that just 20% of the 20% of the most used words in a language account for roughly all vocabulary you need.

To put his further in perspective: The Concise Oxford English Dictionary has over 240.000 words in current use, while you will only need to know 2.1% (5000 words) to achieve 95% and 89% fluency in speaking and writing. Knowing the most common 10.000 words, or 4.2%, will net you 98% fluency in spoken language and 95% fluency in written texts.

(Yes, this is a frequency dictionary of Swedish, but the above example is purely for illustration purposes. It is safe to assume that all languages follow a similar pattern.)

Keeping this in mind, the value of a frequency dictionary is immense. At least, that is if you want to speak a language fast. Study the most frequent words, build your vocabulary and progress naturally. Sounds logical, right?

But how many words do you need to know for varying levels of fluency?

While it's important to note that it is impossible to pin down these numbers and statistics with 100% accuracy, these are a global average of multiple sources.

According to research, this is the amount of vocabulary needed for varying levels of fluency.

1. 250 words: the essential core of a language. Without these words, you cannot construct any sentence.
2. 750 words: those that are used every single day by every person who speaks the language.
3. 2500 words: those that should enable you to express everything you could possibly want to say, although some creativity might be required.
4. 5000 words: the active vocabulary of native speakers without higher education.
5. 10,000 words: the active vocabulary of native speakers with higher education.
6. 20,000 words: what you need to recognize passively to read, understand, and enjoy a work of literature such as a novel by a notable author.

Caveats & Limitations.

A frequency list is never "The Definite Frequency List."

Depending on what source material was analyzed, you may get different lists. A corpus on spoken word differs from source texts based on a written language.

That is why we chose subtitles as our source, because, according to science, they cover the best of both worlds: both spoken and written Swedish.

The frequency list is based on analysis of roughly 20 gigabytes of Swedish subtitles.

Visualize a book with almost 16 million pages, or 80.000 books of 200 pages each, to get an idea of the amount words that have been analyzed for this book. A large base text is vital in order to develop an accurate frequency list.

The raw data included over 1 million entries. The raw data has been lemmatized; words are given in their root form.

Some entries you might find odd, in their respective frequency rankings. We were surprised a couple of time ourselves. But the data does not lie. Keep in mind that this book is compiled from a large amount of subtitle data, and may include words you wouldn't use yourself.

You might find non-Swedish loanwords in this dictionary. We decided to include them, because if they´re being used in subtitle translation, it is safe to assume the word has been integrated into the Swedish general vocabulary.

We tried our best to keep out proper nouns, such as "James, Ryan, Alice as well as "Rome, Washington" or "the Louvre, the Capitol".

Some words have multiple meanings. For the ease of explanation, the examples are given in English.

"Jack" is a very common first name, but also a noun (a jack to lift up a vehicle) and a verb (to steal something). So is the word "can" It is a conjugation of the verb "to be able" as well as a noun (a tin can, or a can of soft drink).

This skews the frequency rankings slightly. With the current technology, it is unfortunately not possible to rightly identify the correct frequency placements of above words. Luckily, these words are very few, and thus negligible in the grand scheme of things.

If you encounter a word you think you won't need in your vocabulary, just skip learning it. The frequency list includes 25 extra words to compensate for any irregularities you might encounter.

The big secret to learning language is this: build your vocabulary, learn basic grammar and go out there and speak. Make mistakes, have a laugh and learn from them.

We hope that you will find this frequency dictionary a truly handy tool. If you like this dictionary, please let others know about it, so they can enjoy it too. Or leave a review/comment online, e.g. on social media, blogs or on forums.

How To Use This Dictionary

abbreviation	*abr*
adjective	*adj*
adverb	*adv*
article	*art*
auxiliary verb	*av*
conjunction	*con*
interjection	*int*
noun	*nn*
numeral	*num*
particle	*part*
phrase	*phr*
prefix	*pfx*
preposition	*prp*
pronoun	*prn*
suffix	*sfx*
verb	*vb*
singular	*sg*
plural	*pl*

Word Order

The most common translations are generally given first. This resets by every new respective part of speech. Different parts of speech are divided by ";".

Translations

We made the decision to give the most common translation(s) of a word, and respectively the most common part(s) of speech. It does, however, not mean that this is the only possible translations or the only part of speech the word can be used for.

Swedish English Frequency Dictionary

7501 ansedd — **considered**
adj

Under Luthers senare år var han så ansedd som rådgivare att lärda män som gästade hans hem satt redo med papper och penna för att anteckna det han sade.

Late in life Luther enjoyed such prestige as a counselor that scholars who were guests in his house armed themselves with pen and paper to note down his observations.

7502 tysthet — **silence**
nn

Naturligtvis skulle det inte ha gått så långt om kommissionen hade varit förnuftig nog att i tysthet begrava detta katastrofala hamndirektiv för två år sedan.

It should not, of course, have come to this, had the Commission had the wisdom two years ago to quietly bury its catastrophic port directive.

7503 grubbla — **ponder|brood**
vb

Vi behöver inte gå och grubbla över synder som han så generöst har förlåtit.

We need not dwell on the sins that Jehovah has bountifully forgiven.

7504 värva — **solicit|recruit**
vb

FIR fann i den överklagade domen i punkterna 140 respektive 142 att "kommissionen, i motsats till vad WIN har gjort gällande, inte har använt ett statiskt täckningstest" och att "metoden, i motsats till vad WIN har gjort gällande, inte alls innebär att det till kostnaderna för att värva kunder läggs 48 gånger det belopp som avser de löpande månatliga kostnaderna vid tiden för tecknandet av abonnemanget, och att summan härav jämförs med 48 gånger de månatliga intäkterna vid samma tid".(

In the judgment under appeal, the Court of First Instance held at paragraphs 140 and 142 respectively that 'contrary to what WIN has alleged, the Commission did not apply a test of static recovery' and 'contrary to what WIN asserts, the method does not in effect add the acquisition costs to 48 times the amount of recurrent monthly costs, as they existed at the date of subscription, and compare that total with 48 times the monthly revenues, as they existed on that same date'.

7505 montera — **mount|install**
vb

Montera hela halsenheten utan huvud.

Mount the complete neck assembly without the head.

7506 vråla — **roar|howl**
vb

Eller vråla som en simpel kolgruvejobbare!

Howling out like a common coal miner!

7507 råga — **heap**
nn

Vi röstar i dag inte om ett betänkande, utan om en trosbekännelse, och till råga på allt en bekännelse till en dålig tro.

What we are voting upon today is not a report but an act of faith, and an act of bad faith at that.

7508 inbyggd — **built-in**
adj

Det är ett recept på svikna förväntningar hos allmänheten; en inbyggd fördjupning av krisen.

That is a recipe for disappointed public expectations; the worsening of the crisis is built in.

7509 foder

nn

För att stimulera forskning och utveckling om genetiskt modifierade organismer för användning som livsmedel och/eller foder är det lämpligt att skydda den investering som görs av innovatörer när det gäller att samla information och data som stöder en ansökan enligt denna förordning.

In order to stimulate research and development into GMOs for food and/or feed use, it is appropriate to protect the investment made by innovators in gathering the information and data supporting an application under this Regulation.

lining|feed

7510 galopp

nn

Vi gav oss iväg på en härlig ridtur i galopp.

We went for a good gallop.

gallop

7511 eftersökt

adj

Enligt artikel 1 i rambeslutet är syftet med att utfärda en arresteringsorder att en annan medlemsstat skall gripa och överlämna en eftersökt person "för lagföring eller för verkställighet av ett fängelsestraff eller en annan frihetsberövande åtgärd".

Article 1 of the Framework Decision provides that the purpose of the issuing of an arrest warrant is the arrest and surrender by another Member State of a requested person, for the purposes of 'conducting a criminal prosecution or executing a custodial sentence or detention order'.

sought for

7512 registrering

nn

Det skall i detta avseende påpekas att det anges i femte skälet i direktivet att medlemsstaterna också förblir fria att fastställa procedurregler för registrering, till exempel att bestämma sättet för registreringen.

In that regard, it should be noted that the fifth recital in the preamble to the directive states that Member States remain free to fix the provisions of procedure concerning the registration of trade marks, in order, for example, to determine the form of registration procedures.

registration

7513 tilldragande

adj

Därför bör denna förordning inte tillämpas på livsmedel och foder som används som avskräckande eller tilldragande medel.

Therefore, the present Regulation should not apply to food and feed used as repellents or attractants.

fetching|attractive

7514 fullborda

vb

EU:s yttre energipolitik är avgörande för att man ska kunna fullborda den inre energimarknaden.

The EU external energy policy is crucial to complete the internal energy market.

complete|fulfill

7515 ull

nn

Industrin har demoraliserats genom låga priser, billig import och lågt pris på ull.

The industry has been demoralised by low prices, cheap imports and a low price for wool.

wool

7516 uppehälle

nn

Kostnader direkt förbundna med förvaltningskommitténs sammanträden, förutom kostnader för resor och uppehälle, skall betalas av värdlandet.

The costs other than those for travel and accomodation which are directly associated with meetings of the Steering Committee shall be borne by the host Party.

subsistence|keep

7517 gräslig

adj

Snälla vän, du ser gräslig ut!

awful

Dear, you look awful!

7518	**hemkomst**	**home-coming**
	nn	Jag firar din hemkomst med engelskt öl!
		I drink to your safe return in English ale!

7519	**anbelanga**	**concerned**
	adj	Vad medierna anbelangar däremot har frågan hanterats på ett högst otillfredsställande sätt.
		Where the media are concerned, however, the issue has been dealt with in a most unsatisfactory manner.

7520	**undanflykt**	**subterfuge**
	nn	Detta har nackdelar, för det första därför att texten på biljetterna är en konsekvens av en internationell förordning vilket skulle vara orealistiskt eller en undanflykt för flygbolagen och, för det andra, därför att det redan finns många flygbolag som inte ger ut biljetter, utan meddelar per fax att ett avtal om biljett slutits.
		This has a disadvantage due, firstly, to the fact that the text on tickets is the result of a universal regulation and it would be invalid or would represent an excuse for the companies, and due, secondly, to the fact that there are already many companies which do not issue tickets, but which notify confirmation of the booking by fax.

7521	**pryd**	**prude**
	adj	När du gjorde slut, du gjorde slut för att jag var, som du uttryckte det, pryd, grät jag floder och hatade dig.
		You know, when you broke up with me, you broke up with me because I was, I was, to use your charming expression, prude.

7522	**intäkt**	**earnings**
	nn	Vissa poster som redovisas som avsättningar kan ha samband med att en intäkt redovisas, exempelvis då ett företag ställer en garanti mot en avgift.
		Some amounts treated as provisions may relate to the recognition of revenue, for example where an enterprise gives guarantees in exchange for a fee.

7523	**attrahera**	**attract**
	vb	Alla tändare som på något sätt liknar andra föremål som allmänt anses attrahera barn eller som är avsedda att användas av barn bör förbjudas.
		All lighters that resemble by any means to another object commonly recognised as appealing to or intended for use by children should be banned.

7524	**besanna**	**verify**
	vb	Jag vill framhäva att frågan om samfinansiering av jordbrukspolitiken inte har något att göra med den billigaste versionen i debatten om nettobetalare, så som vi får höra den varje dag, utan är nödvändig för att besanna det som vi alltid har krävt: en strukturell reform som tjänar till att åstadkomma mer demokrati i utgiftspolitiken, och som framför allt är lämpad att göra det möjligt att utvidga unionen, eftersom vi annars aldrig går i land med finansieringen av utvidgningen österut.
		I would like to make it clear that the question of cofinancing agricultural policy has nothing to do with the cheapest version of the net–contributor debate that we keep hearing but that it is necessary in order to achieve what we have always called for: structural reform that will bring about more democracy in expenditure policy and that, above all, can make us capable of enlargement, for otherwise we would never manage to finance eastward enlargement.

7525	**rosta**	**rust**

vb

De har slängts för att rosta och ruttna i gränder och skjul över hela världen.

These poor toys have suffered enough...... being left to rust and decay in the back alleys and vacant lots of the world.

7526 plundrare   **looter**

nn

Ändå har vissa människor en på det hela taget förenklad syn på fisket, från ren folklore till den förolämpande inställningen till fiskaren som en känslokall pirat och en plundrare.

However, some people's view of the fisheries sector can be extremely simplistic, ranging from mere folklore to the insult of regarding fishermen as insensitive pirates and predators.

7527 skifta   **shift**

vb

Unionens allmänna budget bör avspegla detta ambitiösa mål genom att radikalt skifta tyngdpunkt mot finansiering av framtidsorienterade investeringar, såsom forskning, utveckling och innovation.

The general budget of the Union should mirror this ambitious goal by making a shift towards funding future–oriented investments, such as research, development and innovation.

7528 norröver   **up-country**

adj

En ö norröver.

An Island to the north.

7529 utstråla   **radiate|emit**

vb

Väsentliga elektriska/elektroniska system eller elektriska/elektroniska underenheter är sådana som kan utstråla märkbar bred– eller smalbandsstrålning eller de som påverkar förarens direkta kontroll av fordonet (se punkt 6.4.2.3).

Relevant vehicle electrical/electronic systems or ESAs are those which may emit significant broadband or narrowband radiation and/or those which are involved in the driver's direct control (see point 6.4.2.3) of the vehicle.

7530 formulera   **formulate**

vb

När vi arbetar med att formulera en europeisk investeringspolitik kände jag därför att det skulle vara bra att rösta för att ålägga medlemsstaterna att införa bestämmelser om en tvistlösningsmekanism när de omförhandlar bilaterala avtal eller förhandlar om nya avtal, där kommissionen har möjlighet att delta, också i en rent rådgivande kapacitet, och att sekretesskrav kan lyftas för att göra det möjligt för EU:s verkställande organ att delta i en sådan kapacitet.

As we work on formulating a proper European investment policy therefore, I felt it would be beneficial to vote in favour of obliging Member States to make provision, when renegotiating bilateral treaties or negotiating new treaties, for a dispute settlement mechanism in which the Commission would be allowed to participate, even in a purely advisory capacity, and for confidentiality requirements to be lifted in order to allow the EU's executive body to take part in such a capacity.

7531 knäböja   **kneel**

vb

Ty varje människa skall skörda vad hon har sått, och knäböja endast i bön.

For every man shall reap what he has sown and bow no knee except in prayer.

7532 värna   **defend**

vb

Herr talman! Jag är absolut för detta betänkande som syftar till att värna om medborgarnas hälsa, både de som röker och de som är närvarande när andra röker.

Mr President, I am totally in favour of this report safeguarding citizens' health, the health of both active and passive smokers.

7533 ömtålig — **fragile|sensitive**

adj

Kronärtskockan är en mycket ömtålig produkt som lätt kan skadas av hantering och transport.

It is an easily perishable product that is not good at withstanding handling and movement.

7534 askfat — **ashtray**

nn

Artiklar för rökare, inklusive cigarettpapper och cigaretthylsor, cigarettfilter, tobaksaskar, cigarrettetuier och askfat, ej av ädla metaller, deras legeringar eller överdragna därmed, fickapparater för rullning av cigaretter, tändare.

Smokers' articles, including cigarette paper and tubes, cigarette filters, tobacco tins, cigarette cases and ashtrays not of precious metals, their alloys or coated therewith, pipes, pocket apparatus for rolling cigarettes, lighters.

7535 hämnare — **avenger**

nn

Jag tror att lagen mot maskerade hämnare var det bästa som nånsin hände oss.

I think the law against the masked avenger was the best thing that ever happened to us.

7536 arvtagare — **heir**

nn

Härav följer även att samfundet har godtagit uppdelningen endast i de särskilda och tillfälliga fallen med pensionärer i SEL–bolaget eller arvtagare till fackmän som bedrivit sin verksamhet i detta bolag.

It also follows that the Association consents to the dismemberment of shares only in the special and transitional case of a person who has retired from an SEL or that of the heirs of a professional who practised within an SEL.

7537 symtom — **diagnostic**

nn

Redogör för dina symtom och för din resrutt och berätta också var du har rest tidigare.

Tell your doctor all your symptoms and where you have traveled, even in the past.

7538 hänvisa — **refer**

vb

Rådet har vidgat begreppen "moderföretag" och "dotterföretag" i den riktning som Europaparlamentet begär i sina ändringsförslag nr 1 och 2, dvs. genom att hänvisa till artikel 1 i sin helhet och inte bara till punkt 1 i denna artikel, vilket var fallet i det ursprungliga förslaget.

The Council widened the concepts of 'parent undertaking` and 'subsidiary undertaking` as requested by the European Parliament in amendments Nos 1 and 2, i. e. by referring to Article 1 as a whole and not just to paragraph 1 as in the initial proposal.

7539 tilltalande — **attractive|fetching**

adj

Jag välkomnar därför de förenklingsförslag som har lagts fram för att se till att EU:s forskningsfinansiering blir tilltalande och tillgänglig.

I therefore welcome the simplification proposals put forward in order to promote the attractiveness and accessibility of EU research funding.

7540 fördärva — **perish|corrupt**

vb

Hur försöker Satan fördärva oss?

How does Satan attempt to corrupt us?

7541 sniffa — **sniff**

	vb	Mot detta ställer jag den liberala och inte alls särskilt statskritiska idén om att det faktiskt finns saker som inte angår staten, som t.ex. vilken marmelad man gillar bäst, hur varmt man klär sig om vintern eller vilket berusningsmedel man tycker om att röka, sniffa, dricka eller injicera.

Against this, let me put to you the liberal idea, which certainly does not represent a particularly strong attack on the power of the state, that there are things which are simply no concern of government, such as the flavour of jam people like to eat, how many layers of clothing they wear in winter or which narcotic substance they like to smoke, sniff, drink or inject.

7542 malaysia — **Malaysia**

nn

Tillverkning av stållinor hos de samarbetsvilliga företagen i Sydkorea och Malaysia.

Production of SWR of the cooperating companies in the Republic of Korea and Malaysia.

7543 emotionell — **emotional**

adj

Djurskydd är en emotionell och mycket politiskt känslig fråga.

Animal protection is an emotional, extremely politically sensitive issue.

7544 samsas — **agree**

vb

Det råder stora skillnader mellan de olika tekniska lösningar som måste samsas om radiospektrum. Det är således svårt att ta fram lagstiftning enbart på grund av teoretiska interferensmodeller.

Furthermore, the coexistence in the radio spectrum of very different technologies leads to difficulties in the development of regulation exclusively on the basis of theoretical interference models.

7545 sprätta — **show off**

vb

De beteenden som är viktigast för arten är bobyggnad (för honor), att sitta på pinne, att använda strö för födosök, att sprätta och picka i strö och att sandbada.

Behaviours that are most important to the species are nesting (in females), perching and using litter for foraging, scratching, pecking and dustbathing.

7546 stimulera — **stimulate**

vb

De fördragsslutande parterna är överens om att främja att tekniskt stöd beviljas de fördragsslutande parterna, i synnerhet utvecklings– och övergångsländer, genom bilateralt stöd eller lämpliga internationella organisationer i syfte att stimulera genomförandet av detta fördrag.

The Contracting Parties agree to promote the provision of technical assistance to Contracting Parties, especially those that are developing countries or countries with economies in transition, either bilaterally or through the appropriate international organisations, with the objective of facilitating the implementation of this Treaty.

7547 mossa — **Moss**

nn

Blad, kvistar och andra växtdelar, utan blommor eller blomknoppar, samt gräs, mossa och lavar, utgörande varor av sådana slag som är lämpliga till buketter eller annat prydnadsändamål, friska, torkade, färgade, blekta, impregnerade eller på annat sätt preparerade

Foliage, branches and other parts of plants, without flowers or flower buds and grasses, mosses and lichens, being goods of a kind suitable for bouquets or for ornamental purposes, fresh, dried, dyed, bleached, impregnated or otherwise prepared.

7548 vanföreställning — **delusion**

nn

Du tror att jag är senil, att det är en vanföreställning.

You think I'm senile, that all this is just a delusion.

7549 genomsnitt
nn

average

Men uttagningsproven pågick – från sista anmälningsdatum för de sökande till offentliggörande av reservlistan – i genomsnitt i 16 månader, medan enskilda uttagningsprov kunde pågå mellan nio månader och två år (se bilaga I).

However, the average length of a competition – from the deadline for registration by candidates until the publication of the reserve list – was 16 months, with the duration of individual competitions ranging between 9 months and 2 years (see Annex I).

7550 mellanhand
nn

intermediator

Mot bakgrund av tidigare erfarenheter är det också nödvändigt att ändra Europeiska centralbankens förordning (EG) nr3 för att förbättra definitionen av de komponenter som utgör kassakravsbasen mot vilken minimireserverna beräknas samt bestämmelserna för att medge ett undantag från kraven på separat rapportering för institut som innehar kassakravsmedel genom en mellanhand.

In the light of past experience, it is also necessary to amend Regulation 3 of the European Central Bank to refine the definition of the components of the reserve base in respect of which minimum reserves are calculated and the provisions on granting an exemption from the requirements of separate reporting for institutions holding minimum reserves through an intermediary.

7551 verbal
adj

verbal

Det eventuella behovet av att kunna kommunicera på andra sätt vid en nödsituation där verbal kommunikation inte är möjlig (till exempel utföra demonstrationer eller använda teckenspråk eller att dra uppmärksamhet till placeringen av anvisningar, mönstringsstationer, räddningsutrustning eller evakueringsvägar).

The possible need to communicate during an emergency by some other means (e.g. by demonstration, hand signals, or calling attention to the location of instructions, muster stations, life–saving devices or evacuation routes) when verbal communication is impractical.

7552 grunda
vb

base|set up

Det avgörande kriteriet för att avgöra om en överträdelse av gemenskapsrätten är tillräckligt klar för att grunda skadeståndsskyldighet för staten är om en medlemsstat uppenbart och allvarligt har missbedömt gränserna för sitt utrymme för skönsmässig bedömning.

The decisive test for finding that a breach of Community law is sufficiently serious is whether the Member State or the Community institution concerned manifestly and gravely disregarded the limits on its discretion.

7553 manuskript
nn

manuscript

Jag har inte något manuskript, bara två påpekanden.

Madam President, I do not have a script, just two observations.

7554 tillägna
vb

dedicate

Låt oss tillägna offren en tyst minut.

Let us dedicate a minute's silence to the victims.

7555 efterlämna
vb

leave

Inga undantag från gemenskapens regelverk, inga övergångssystem som ingår i lösningen får efterlämna faktorer som strider mot någon av Europeiska unionens grundläggande principer när de en gång upphör.

Any derogations from the acquis communautaire, any transitional arrangements included in the solution to the Cyprus problem must not leave factors which violate basic principles of the European Union behind once they expire.

7556 systematiskt

adv

systematically

Kommissionens undersökningar hos de två företagsgrupperna, som skedde tillsammans med grekiska myndigheter, gav vid handen att grupperna hade tagit med kostnader som inte kunde styrkas och som systematiskt överdrivits.

The results of the Commission investigations into the two groups, in which the Commission investigators were accompanied by representatives of the Greek authorities, confirmed that the two groups had submitted costs which could not be documented and which had been systematically inflated.

7557 buckla

nn; vb

dent; buckle

Och vad tror du hände med barnen han fick? , Alla hans barn fick samma buckla, eller samma fel. Alla blev ofullkomliga.

So when he had children, what would they be like?– All his children would receive this same mark of imperfection.

7558 oetisk

adj

unethical

Du är oetisk.

You're unethical.

7559 utgrävning

nn

excavation

Man har funnit denna titel på inskrifter som frilagts vid arkeologiska utgrävningar.

The title has been identified on excavated inscriptions.

7560 spermie

nn

sperm

Varje spermie är bra.

Every sperm is great.

7561 genomskinlig

adj

transparent|pellucid

En sådan genomskinlig förseningstaktik kommer min grupp inte att medverka till.

My group will not support these obvious delaying tactics.

7562 talmud

nn

Talmud

Ordet 'Abba' kom att användas som en hederstitel för de judiska rabbinerna under de första århundradena v.t. och förekommer som sådan i den babyloniska Talmud.

The word 'Ab·ba'' came to be applied as a title of honor to the Jewish rabbis in the early centuries of the Common Era and is found as such in the Babylonian Talmud.

7563 tagg

nn

tag|thorn

Ange taggnamn och eventuella attribut eller parametrar för bara en tagg:

Enter tag name and any attributes or parameters for one tag only:

7564 tampong

nn

tampon

Begär att kommissionen utvärderar den nuvarande forskningen och sörjer för ytterligare oberoende forskning om orsakerna till toxiskt chocksyndrom, TSS, och belägger detta syndrom med anmälningsskyldighet i alla medlemsstater samt tillser att en överenskommelse om praxis skall gälla för alla tampongtillverkare; denna skall träda i ikraft senast den 1 januari 2000 varvid den minimistandard och de minimikrav man kommit överens om även skall gälla för export och marknadsföring i tredje land; uppmanar kommissionen att lägga fram förslag om lagstiftning om en sådan överenskommelse inte kommer till stånd vid angivet datum och att tillse att både flickor som överväger att använda tampong och medicinsk personal med ansvar för diagnosticering och behandling av eventuella fall av sjukdomen får fullgod hälsoundervisning om toxiskt chocksyndrom.

Requests the Commission to make an evaluation of existing research and to institute further independent research into the causes of toxic shock syndrome, to make this syndrome a notifiable disease in all Member States, and to ensure that a Code of Practice will apply to all tampon producers, entering into force no later than 1 January 2000, whereby the agreed minimum standards and requirements should apply also to exports and marketing in third countries, or if no agreement is reached by that date to put forward legislative proposals; requests it further to ensure that adequate health education about toxic shock syndrome is given both to girls considering using tampons and the medical staff responsible for diagnosing and treating any incidences of the disease.

7565	**mjukvara**	**software**
	nn	

I fråga om publicering av en part eller offentliga organ hos denna part av vetenskapliga eller tekniska tidskrifter, artiklar, rapporter, böcker, inbegripet video och mjukvara, av information som härrör från gemensam forskning i enlighet med detta avtal, skall den andra parten ha rätt till en global icke–exklusiv, oåterkallelig och avgiftsfri licens att med utgivarens skriftliga tillstånd översätta, mångfaldiga, bearbeta, utsända och till allmänheten distribuera sådana arbeten.

In the case of publication by a Party or public bodies of that Party of scientific and technical journals, articles, reports, books, including video and software, arising from joint research pursuant to the Agreement, the other Party shall be entitled, with written permission from the publisher, to a worldwide, non–exclusive, irrevocable, royalty–free licence to translate, reproduce, adapt, transmit and publicly distribute such works.

7566	**strategiskt**	**strategically**
	adv	

För att påskynda utvecklingen och rivstarta användningen av strategiskt viktig koldioxidsnål teknik håller EU på att genomföra den strategiska energiteknikplanen för Europa.

To accelerate the development and kick–start deployment of strategically important low–carbon technologies, the EU is implementing the European Strategic Energy Technology Plan (SET–Plan).

7567	**larvig**	**infantile**
	adj	

Var inte larvig!

You're being ridiculous!

7568	**kärnkraft**	**nuclear power**
	nn	

Jag anser att Europa behöver kärnkraft, men det behöver säker kärnkraft.

I believe Europe needs nuclear power, but it needs safe nuclear power.

7569	**densamme**	**the same**
	adj	

Namnet på förädlaren och en försäkran om att, såvitt sökandena vet, inga andra personer har haft del i förädling eller upptäckt och utveckling av sorten. Om sökanden inte är densamme som förädlaren eller om han inte är den enda förädlaren, skall han förelägga relevanta bevishandlingar för på vilket sätt han har förvärvat rätt till gemenskapens växtförädlarrätt.

The name of the breeder and an assurance that, to the best of the applicants knowledge, no further persons have been involved in the breeding, or discovery and development, of the variety; if the applicant is not the breeder, or not the only breeder, he shall provide the relevant documentary evidence as to how the entitlement to the Community plant variety right came into his possession.

7570 skaft

nn

Han tog fem dollar per skaft för att komma och se nunnebullen tills Moder Theresas advokat bad honom sluta upp med det där.

He charged five bucks a head to come see the nun bun till he got a cease–and–desist from Mother Teresa's lawyer.

shaft

7571 skämtare

nn

Skämtare där?

Are you joking?

joker

7572 rinnande

adj; nn

Omedelbart efter beredningen skall grodlåren sköljas i rikligt med rinnande dricksvatten och utan dröjsmål kylas till en temperatur som ligger nära den för smältande is, frysas eller bearbetas.

Immediately following preparation, frogs' legs must be washed fully with running potable water and immediately chilled to a temperature approaching that of melting ice, frozen or processed.

running; flow

7573 förskräckt

adj

Tony kommer att bli förskräckt när han får se mig!

How frightened Tony will be when he sees me!

terrified

7574 rykande

adj; nn

En kille mitt emot med en rykande revolver, en kille på golvet nersölad av blod, det enda du gör är tänka på pengarna.

There's a guy standing in front of you with a smoking gun, another guy on the floor bleeding all over the place, and all you can do is think about the money.

smoking; smoking

7575 elfte

num

FN:s generalförsamling ägnar sin elfte särskilda session åt utvecklingsfrågor.

Eleventh Special Session of the United Nations General Assembly, devoted to development.

eleventh

7576 rubel

nn

Bara fem rubel till.

Please, another 5 rubles.

ruble

7577 stek

nn

Hon föredrar att inte kännas vid verkligheten i form av tråkigheter som djurplågeri när hon lägger in sin stek i ugnen.

They prefer not to admit the reality of such sad things as animal suffering when they put a roast in the oven.

steak | roast

7578 bokad

adj

Jag var bokad på samma flygplan, och skäms över att behöva säga att det i detta fall handlade om KLM, vårt nationella flygbolag, och jag hoppas att det kan bli bättre nästa gång, även i fråga om samarbetet med ett annat flygbolag.

Mr President, I was booked on the same flight and I am rather embarrassed to admit that the airline was KLM, our national airline company. I hope that next time, also if any other airline company is involved, things will run more smoothly.

reserved

7579 tämligen

adv

Det är dock lika sant att en tämligen förhastad och knappast samstämmig avreglering kan få mycket negativa effekter i en del länder, såsom Portugal, där specialiserade infrastrukturer som till exempel höghastighetsförbindelser inte har fastställts ännu och ledningsmodellen för dessa inte har genomförts, och där tillhandahållande av allmänna

rather | fairly

tjänster på transportområdet kommer att fortsätta att fylla en grundläggande funktion när det gäller sysselsättning, ekonomisk tillväxt och tillgänglighet för användarna.

It is also true, however, that a somewhat hasty and scarcely harmonious liberalisation could have a terrible impact on some countries such as Portugal, in which specialised infrastructures such as high–speed links have yet to set out and implement their management model and in which the provision of public services in the area of transport will continue to play a key role in terms of employment, economic growth and responsiveness to users.

7580	**ursinnig**	**furious	frenetic**
	adj	

Folkmassan börjar bli ursinnig.

The crowd is getting frantic.

7581 lungcancer

nn

lung cancer

Enligt de senaste tillgängliga uppgifterna från Internationella centret för cancerforskning (IARC) är de tumörer som oftast drabbar kvinnor bröstcancer (29,7 procent), kolorektal cancer (13,5 procent) och lungcancer (7,4 procent).

According to the most recent figures available (IARC), the most frequent types of tumour diagnosed in women are breast cancer (29,7 %), colorectal cancer (13,5 %), and lung cancer (7,4 %).

7582 mobilisera

vb

mobilize

Bristen på skattetekniska och andra stödjande mekanismer på gemenskapsnivå och på nationell nivå som skall mobilisera privat och institutionellt sparande till investeringar i små och medelstora företag,

The absence of fiscal and other supportive mechanisms at Community and Member State level to mobilise private and institutional savings into SME investments.

7583 byst

nn

bust

Mittemot palatset, på Plaza de Armas de La Paz, står det en byst av president Gualberto Villarroel, som mördades 1943 – han hängdes i en lyktstolpe – under en av de många revolter som har ägt rum där.

Opposite the Palace, in the Plaza de Armas de La Paz, there is a bust of President General Gualberto Villarroel, who was murdered, hung from a lamppost, in 1943 during one of the many insurrections that have taken place there.

7584 föregångare

nn

precursor

Denna situation kan ge upphov till hög dödlighet bland fjäderfä och orsaka allvarliga ekonomiska förluster för fjäderfänäringen, vilka skulle kunna minskas genom att ett system för screening införs i medlemsstaterna så att förekomst av sådana föregångare till patogena stammar kan påvisas tidigare och bekämpas.

This situation is liable to cause high mortality in poultry and severe economic losses to the poultry industry, which could be decreased by implementing a screening system in the Member States to allow an earlier detection and control of such precursor strains.

7585 psykiater

nn

psychiatrist

Det framgår emellertid inte av detta e–postmeddelande att parlamentets förtroendeläkare, som för övrigt inte är psykiater, ställde en diagnos efter detta samtal, eller att han efter samtalet drog slutsatsen att det eventuellt kunde ligga medicinska orsaker bakom de problem som sökanden hade stött på i sitt arbete. Förtroendeläkaren hänvisade i meddelandet endast till samtalets förlopp och att det inte hade hänt något speciellt vid detta tillfälle.

It does not appear from that email that the Parliament's medical officer, who in any case is not a psychiatrist, put forward a diagnosis following the interview, or that he drew any conclusions, as a result of that interview, concerning a possible medical origin of the professional difficulties encountered by the applicant; indeed, the medical officer confines himself to mentioning the fact that the interview took place and that there were no incidents on that occasion.

7586	**undanhålla**	**withhold|deprive**
	vb	

Vi får inte som parlament inta en mera konservativ ståndpunkt som innebär att vi kan anklagas för att vilja undanhålla information.

We, as a Parliament, must not take a more conservative position which might leave us open to accusations of adopting a position which allows information to be concealed.

7587	**oavsiktligt**	**unwittingly**
	adv	

När det gäller frågan om oavsiktlig roaming: ja, vi är medvetna om det.

7588	**anslutning**	**connection**
	nn	

Undertecknandet av protokollet till stabiliserings– och associeringsavtalet mellan Europeiska gemenskaperna och deras medlemsstater, å ena sidan, och Republiken Albanien, å andra sidan, med anledning av Republiken Kroatiens anslutning till Europeiska unionen bemyndigas härmed på unionens och dess medlemsstaters vägnar, med förbehåll för att protokollet ingås.

The signing of the Protocol to the Stabilisation and Association Agreement between the European Communities and their Member States, of the one part, and the Republic of Albania, of the other part, to take account of the accession of the Republic of Croatia to the European Union is hereby authorised on behalf of the Union and its Member States, subject to the conclusion of the said Protocol.

7589	**smed**	**smith**
	nn	

Vi understryker också att en ekonomi som bygger på innovation och utnyttjande av information, med lika möjligheter för alla och rätt för den enskilde att vara sin egen lyckas smed och leva ett liv enligt uppställda mål, kräver en förnyelse av den europeiska arbetsmarknadens flexibilitet, jämfört med den nuvarande.

We would also like to emphasise that an innovative and information–based economy, in which everyone is given equal opportunities and individuals are given the right to get ahead and live their lives according to their own goals, means making the European labour markets a lot more flexible.

7590	**grundlig**	**thorough|profound**
	adj	

Det kan vara så att en riskbedömning som utförs enligt en godkänd vetenskaplig metod visar att det i vissa länder finns en betydligt högre risk för att djur och människor utsätts för transmissibel spongiform encefalopati. En grundlig epidemiologisk utvärdering genomförd med gemensamma parametrar inom ramen för ett gemenskapsförfarande kommer att ge den information som krävs om den epidemiologiska statusen i varje land.

Whereas a risk assessment based on accepted scientific methodology may show that there is a significantly higher risk of exposure of animals or humans to transmissible spongiform encephalopathies (TSEs) in certain countries; whereas a thorough epidemiological evaluation conducted to common standards through a Community procedure will give the necessary information about the status of each country.

7591 kronisk — **chronic**

adj

Däremot bör man inte, som betänkandet avser, betrakta det som en kronisk sjukdom.

It ought not, however, to be regarded, as it is in the report, as a chronic disease.

7592 mygga — **mosquito**

nn

Nötkreatur och får drabbas särskilt hårt av sjukdomen, som orsakas av ett virus som överförs av vissa arter av svidknott, en sorts mygga.

Cattle and sheep are particularly badly affected by the disease, which is caused by a virus transmitted by the gnat, a type of mosquito.

7593 föredöme — **example**

nn

Ni har återigen varit ett dåligt föredöme med den provokativa inställning ni har.

Once again you have set the wrong example with this provocative attitude of yours.

7594 nackdel — **disadvantage**

nn

I det målet ville den hänskjutande domstolen få klarhet i huruvida en nationell domstol får ersätta ett oskäligt villkor i ett konsumentkreditavtal med en utfyllnadsregel i nationell rätt under omständigheter där avtalet inte kan bestå utan villkoret i fråga, och ogiltigförklaring av avtalet kan vara till nackdel för konsumenten.

In that case, the referring court asked whether it was permissible for a national court to substitute declaratory provisions of national law for an unfair term in a consumer credit contract in circumstances where, if the contract could not continue to exist without the term in question, invalidation of the contract might be detrimental to the consumer.

7595 frontlinje — **front line**

nn

Slutligen har vi diskuterat de mest bestickande frågorna som har med stamcellsforskningens nya frontlinje att göra.

Finally, the committee addressed the most far–reaching dilemmas of the new frontiers of research into stem cells, which offer extraordinary potential for possible applications.

7596 flyktförsök — **attempted escape**

nn

Archibald " Archie " Ives: elva flyktförsök.

Archibald " Archie " Ives: 11 escape attempts.

7597 utvidga — **extend|expand**

vb

Genom en skrivelse av den 30 december 1998 underrättade kommissionen Frankrike om sitt beslut att utvidga förfarande C 31/98 till stöd N 618/98.

By letter dated 30 December 1998, the Commission informed France of its decision to extend proceedings C 31/98 to include aid N 618/98.

7598 tillskott — **contribution**

nn

134 Vad avser investeringstillskotten har delstaten Thüringen gjort gällande att kommissionen har underlåtit att fastställa villkor för beviljande av sådana tillskott och således felaktigt ansett att det påstådda förbudet mot stöd till närstående bolag utgjorde hinder för att bevilja sådana tillskott.

134 Moreover, as regards the grant of investment allowances, the Land of Thuringia states that the Commission failed to determine the conditions under which they were granted and, therefore, concluded incorrectly that the alleged prohibition on assistance in associated undertakings should have precluded the grant of such allowances.

7599 spetsa   **impale**

vb

Medan David spelar på harpan, tar Saul sitt spjut, kastar det och säger: "Jag skall spetsa fast David vid väggen!"

While David is playing the harp, Saul takes his spear and throws it, saying: 'I will pin David to the wall!'

7600 överlagd   **premeditated**

adj

Investeringar och långtidskontrakt utgör delar i en överlagd, långsiktig kinesisk strategi som saknar medkänsla för Afrika.

Investment and long-term contracts represent elements of a premeditated long-term Chinese strategy that has no compassion for Africa.

7601 gravsten   **headstone**

nn

Ingen gravsten. Lngenting.

No headstone. No nothing.

7602 markerad   **marked**

adj

Artikelfönstret visar artikeln som för närvarande är markerad. Du kan rulla i det som ett normalt texteditorfönster. Skillnaden är att du inte kan ändra artikeln: den är bara för läsning.

The article window shows the currently–selected article. You can scroll in it like in a normal text editor window; the difference is that you cannot change the article & mdash; it is for reading only.

7603 åtskillig   **plenty**

adj

Det finns åtskilligt att göra för er och era efterträdare för att komma till rätta med detta.

There is plenty for you and your successors to do to put this right.

7604 handfat   **basin**

nn

En gång gav Koko kattungen skulden för att ha rivit bort ett handfat från väggen.

Koko once blamed her pet kitten for ripping a sink out of the wall.

7605 vilseleda   **mislead**

vb

I enlighet med artikel 14.3 i förordning (EEG) nr 1 registreras inte en ursprungsbeteckning eller en geografisk beteckning när detta med hänsyn till ett varumärkes anseende och renommé och den tid som det har använts är ägnat att vilseleda konsumenten om produktens rätta identitet.

Whereas, pursuant to Article 14.3 of Regulation (EEC) 1, a designation of origin or geographical indication may not be registered where, in the light of a trade mark's reputation and renown and the length of time it has been used, registration is liable to mislead the consumer as to the true identity of the product.

7606 uttag   **socket**

nn

Överkapaciteten i fiskeflottorna runt om i EU leder till ett alltför stort uttag av fisk.

Overcapacity in the fishing fleets in the EU is leading to far too large catches.

7607 blomstra   **bloom|flourish**

vb

Med hänsyn till en stor del av vår liberala politik kommer våra länder att blomstra om vi gör dem till sådana zoner.

According to many of our liberal policies, our countries will flourish if we turn them into areas of this nature.

7608 betäckning   **covering|escort**

nn

Det vore ett stycke fullständigt onödig byråkrati av det slag som får medborgarna att ta betäckning och sedan visa sina åsikter i val och folkomröstningar.

It would be a piece of completely superfluous bureaucracy of the type which sends citizens running for cover, before expressing their opinions in elections and referenda.

7609 illaluktande
adj

malodorous

Övriga verksamheter på platsen som inte utgör del av denna process, såsom sågning, träbearbetning, produktion av kemikalier för försäljning, avfallsrening (rening av avfall på platsen i stället för externt (torkning, pelletering, förbränning, deponering), produktion av PCC (utfällt kalciumkarbonat), rening av illaluktande gaser och fjärrvärme, ingår inte.
Other activities on site that are not part of this process such as sawmilling activities, woodworking activities, production of chemicals for sale, waste treatment (treating waste onsite instead of offsite (drying, pelletising, incinerating, landfilling), PCC (precipitated calcium carbonate) production, treatment of odorous gases, and district heating are not included.

7610 befattning
nn

post|dealing

Jag föreslår att domstolen på den första tolkningsfrågan ger svaret att artikel 119 i fördraget skall tolkas på så sätt att det inte föreligger "lika arbete" eller "samma befattning" då arbetstagare har olika yrkeskompetens, på grund av att de har helt olika yrkesutbildning, och utövar lika verksamhet under en lång period (flera avlöningsperioder), om dessa arbetstagare har anställts med hänsyn till sin yrkeskompetens och om denna har samband med den verksamhet som de utövar.
Therefore I propose that the Court's reply to the first question be that Article 119 of the Treaty must be interpreted as meaning that there is not `equal work' or `the same job' where employees have different professional qualifications because they have received fundamentally different training, and perform the same duties over a considerable length of time (several salary periods), if those employees are recruited on the basis of those qualifications and if the qualifications relate to the duties which they perform.

7611 intrig
nn

scheme|plot

Herr kommissionär, det finns ingen värre inställning än att försöka avsluta en undersökning, som undersökningen om linodlingen, i förtid, om delaktighet av höga poster i den spanska regeringen i en intrig med olagligt mottagande av bidrag, och bedrägeri i dessa stöd för förädling av det odlade.
Commissioner, the worst possible approach would be to try to prematurely close an investigation such as this flax investigation, which involves senior members of the Spanish Government in relation to the illegal payment of subsidies and fraud in this aid for the flax processing industry.

7612 brus
nn

noise

Apparater för dämpning av elektriskt brus.
Electronic noise suppressors.

7613 flöde
nn

flow

Anm.: I 0A001.h avses med 'kärnreaktors interna delar' varje större konstruktion inuti ett reaktorkärl som fyller en eller flera funktioner, som att bära upp härden, upprätthålla härdens geometri, rikta primärkylmedlets flöde, utgöra strålskärmar för reaktorkärlet och leda härdinstrumentering på plats.
Note: In 0A001.h. 'nuclear reactor internals' means any major structure within a reactor vessel which has one or more functions such as supporting the core, maintaining fuel alignment, directing primary

coolant flow, providing radiation shields for the reactor vessel, and guiding in–core instrumentation.

7614	**upplaga**	**edition	circulation**

nn

Vakttornet börjar ges ut som allmän upplaga och studieupplaga: w08 1/1 3; w08 15/1 3; km 7/07 1

The Watchtower begins public and study editions: w08 1/1 3; w08 1/15 3; km 7/07 1

7615 **päron** — **pear**

nn

b) till spritindustrin leverera äpplen, persikor och päron som har återtagits från marknaden.

(b) supply to the distilling industry : apples, peaches, and pears which have been withdrawn from the market.

7616 **återupprätta** — **re-establish**

vb

Genom att göra alla operatörer som erbjuder utbytbara resetjänster föremål för samma regler och fullgörandekostnader kommer förslaget att återupprätta lika villkor för alla, vilket små och medelstora företag kommer att dra ännu mer nytta av än större operatörer.

By making all operators offering substitutable travel services subject to the same rules and compliance costs, the proposal will restore a level playing field, from which SMEs will benefit even more than larger operators.

7617 **sålunda** — **thus**

adv

Genom att främja organisatoriska ramar som underlättar tillgång till digitala resurser, och genom att visa hur man på bästa sätt kan använda teknik för exploatering av dessa resurser, kommer man att minska riskerna, såsom de uppfattas av organisationerna, och sålunda skapa en bättre investerings– och innovationsmiljö för digitalt innehåll.

Fostering the organisational frameworks to ease access to digital resources and showcasing the best use of technologies for their exploitation will lower the perceived risk for organisations and thus create a better environment for investment and innovation in digital content.

7618 **fikon** — **fig**

nn

Kvantiteten obearbetade torkade fikon som fanns i lager den 1 april det aktuella året.

The quantity of unprocessed dried figs which were in stock on 1 April of that year.

7619 **gathörn** — **street corner**

nn

Vid ett tillfälle när jag stod vid ett lugnt gathörn med mina plakat fick jag se en grupp klasskamrater komma emot mig.

One time, I was on a quiet street corner with my sandwich sign when I saw a group of my classmates coming right toward me.

7620 **distribution** — **distribution**

nn

Förpackning av produkter med tanke på deras transport och/eller distribution.

Packaging of goods for the transport and/or delivery thereof.

7621 **tomhänt** — **empty-handed**

adj

Till sist fick han gå i land tomhänt.

Finally, he came ashore empty–handed.

7622 **ögonlock** — **eyelid**

nn

Det var som om de stod skrivna på insidan av mina ögonlock.

It was as if they were written on the inside of my eyelids.

7623 oförsiktig — **careless**
adj
I den här berättelsen i Första Moseboken framställs Satan som slug, som en som smider ihop lögner för att bedra den som är oförsiktig.
This Genesis account presents Satan as cunning, as one who spins lies with the intention of deceiving the unwary.

7624 urgammal — **extremely old**
adj
Man utförde exorcism, och använde sig av en urgammal, förbjuden metod.
An exorcism was performed using an ancient, forbidden form of the ceremony.

7625 buk — **abdomen**
nn
Kroppsskydd – Hand–, arm–, buk–, ben–, underlivs– och ansiktsskydd för fäktare – Fordringar och testmetoder.
Protective clothing – Hand, arm, chest, abdomen, leg, genital and face protectors for fencers – Requirements and test methods.

7626 spektakel — **spectacle**
nn
Detta onödiga spektakel hade kunnat undvikas, men jag välkomnar detta senkomna godkännande av Europaparlamentets beslut som fattats med sunt förnuft.
That unnecessary row could have been avoided, but I welcome this belated acceptance of the European Parliament's commonsense decision.

7627 partikel — **part**
nn
Ingen del av människokroppen, ingen cell eller partikel kan bli föremål för patentering.
It should not be possible to patent any part of the human body, not one cell, not one atom.

7628 vandrare — **wanderer**
nn
Mina damer och herrar, herr kommissionsledamot! Som den spanske poeten Antonio Machado sade: ”Vandrare, det finns ingen väg, vägen skapas där du går.”
Ladies and gentlemen, Commissioner, as the Spanish poet, Antonio Machado, said, 'Traveller, there is no path.

7629 uppiggande — **stimulating; exhilaration**
adj; nn
Nej, det var uppiggande!
It was very exhilarating!

7630 kokande — **aboil**
adj
Lättolja, extraktionsåterstoder, intermediärt kokande!
Light Oil Extract Residues, intermediate boiling!

7631 utrymma — **vacate|evacuate**
vb
Förfaranden för att utrymma arenan.
Procedures for evacuating the stadium.

7632 kluven — **split**
adj
Tillverkning utgående från kluven tunnstav, inte vidare bearbetad än sågad på de två huvudsidorna.
Manufacture from split staves, not further worked than sawn on the two principal surfaces.

7633 transportmedel — **transport**
nn
De flesta affärsresenärer som vill resa mellan England och kontinenten kan väntas använda reguljära flygförbindelser eller höghastighetståg (Eurostar och anslutande tågförbindelser) eftersom dessa transportmedel är snabbare och bekvämare än färjeförbindelserna eller Le Shuttle

(pendeltrafik för bilar och lastbilar genom tunneln under Engelska kanalen).

Most business passengers wishing to travel between England and mainland Europe would be likely to use scheduled air services or high speed train services (Eurostar and connecting rail services) in view of their greater rapidity and comfort than ferry or Le Shuttle services (shuttle services for cars and lorries through the Channel Tunnel).

7634	**kvicksilver**	**quicksilver**
	nn	

Fastställs i enlighet med artikel 6 gränsvärden för utsläppsnormer gällande kvicksilver i utsläpp från sådana industrianläggningar som avses i artikel 2 d.

In pursuance of Article 6, lays down limit values for emission standards for mercury in discharges from industrial plants as defined in Article 2 point (d) of this Directive.

7635	**kofot**	**crowbar**
	nn	

En operatör får inte bruka ett flygplan vars maximala certifierade startmassa överstiger 5 700 kg, eller med en godkänd maximal kabinkonfiguration för befordran av fler än 9 passagerare, om det inte är utrustat med minst en katastrofyxa eller kofot placerad i cockpit.

An operator shall not operate an aeroplane with a maximum certificated take–off mass exceeding 5 700 kg or having a maximum approved passenger seating configuration of more than 9 seats unless it is equipped with at least one crash axe or crowbar located on the flight deck.

7636	**förkasta**	**reject|discard**
	vb	

Vi har sett stora framsteg och därför får vi inte, här och nu, förkasta möjligheten att Turkiet blir en EU–medlemsstat.

We have seen much progress, and we must not, therefore, here and now reject the possibility of Turkey's becoming a member of the EU.

7637	**dagordning**	**agenda**
	nn	

Att skapa fler arbetstillfällen, öka den inhemska efterfrågan och stödja små och medelstora företag kommer att stå högt upp på Hongkongs regerings dagordning samtidigt som Hongkong kommer att sträva efter att bibehålla sin roll som ett internationellt finans– och servicecentrum för Asien.

Creating more job opportunities, boosting domestic demand and support to small and medium–sized businesses will be high on the Hong Kong SAR government's agenda while at the same time maintaining Hong Kong's role as an international finance and service centre for Asia.

7638	**kupol**	**dome**
	nn	

Apparaten infångar ljus via en kupol på taket och överför ljuset till innertaket via sitt interna reflektionssystem, varifrån ljuset sprids.

The appliance captures light through a dome on the roof and transfers it to the ceiling of the room through its internal reflective system, where the light is diffused.

7639	**konservativ**	**conservative**
	adj	

När den behöriga myndigheten har gett förhandstillstånd, får ett institut använda en konservativ skattning av institutets underliggande exponering mot kapitalinstrument som är inkluderade i index som alternativ till att ett institut beräknar sin exponering mot de poster som anges i led a eller led b eller båda:

Where the competent authority has given its prior permission, an institution may use a conservative estimate of the underlying exposure of the institution to capital instruments included in indices as an alternative to an institution calculating its exposure to the items referred to in either or both of points (a) and (b):

7640 excentrisk
adj

eccentric

I de toxikologiska studierna observerades genomgående plasmavolymexpansion med åtföljande hemodilution, anemi och reversibel, excentrisk hjärthypertrofi efter upprepad dosering till möss, råttor, hundar och apor.
In toxicology studies, plasma volume expansion with haemodilution, anaemia, and reversible eccentric cardiac hypertrophy was consistently apparent after repeated dosing of mice, rats, dogs, and monkeys.

7641 smuggling
nn

smuggling

Ingå och genomföra avtal med grannländer, särskilt avtal om frihandel, gränsöverskridande samarbete, bekämpning av organiserad brottslighet, människohandel och smuggling, rättsligt samarbete, gränsförvaltning, miljö, transport och energi.
Conclude and implement agreements with neighbouring countries, notably on free trade, cross–border cooperation, the fight against organised crime, trafficking and smuggling, judicial cooperation, border management, environment, transport and energy.

7642 tolerans
nn

tolerance

Så länge den fastställda högsta halten av en tillsats som avses i punkt 4 inte överskrids får avvikelsen över den deklarerade halten vara tre gånger den tolerans som fastställs i punkt.
As long as the fixed maximum content of an additive as referred to in point 4 is not exceeded, the deviation above the declared content may go up to three times the tolerance laid down in point.

7643 poetisk
adj

poetic

Jag föreslår att ni följer föredragandens "poetiska princip".
Commissioner, I would suggest that you follow the rapporteur's 'poetic principle'.

7644 vardaglig
adj

everyday

Den ekonomiska och sociala sammanhållningen, som för regionerna är en direkt och vardaglig företeelse, skulle äventyras av en gemensam marknadsorganisation som tillåter dumpad import och som tvingar producenterna till självfinansiering. Deras ekonomiska resurser har kraftigt naggats i kanten av på varandra följande kriser, som genom den inre marknaden kan spridas till alla produktionsområden.
Economic and social cohesion, an everyday and immediate reality for the regions, would be made more difficult by a COM which authorized imports in dumping operations, and which called for self–financing on the part of growers whose financial capacity had been greatly impaired by successive slumps, and which the single market might introduce into all growing areas.

7645 elektromagnetisk
adj

electromagnetic

Jag anser det också vara viktigt att uppmärksamma elektromagnetisk strålning.
I also consider it important to draw our attention to electromagnetic radiation.

7646 makalös
adj

incomparable

Mänsklighetens brutalitet är, makalös.
These humans ' brutality is, uh, is extraordinary.

7647 långtradare

truck

nn	Österrike i synnerhet är inte på något vis utrustat för supertunga långtradare.
	Austria in particular is in no way equipped for superweight trucks.

7648 rasism — **racism**

nn

Bekämpning av rasism och främlingsfientlighet.

Combating racism and xenophobia.

7649 bitas — **bite**

vb

Kaniner kan bitas.

Rabbits know how to bite.

7650 korp — **raven**

nn

Han hade korp-svart hår och en satans humor.

He had raven black hair and a hell of a sense of humor.

7651 smet — **batter**

nn

Som avslutning på mitt anförande angående det aktuella meddelandet skulle jag vilja ge svar till två parlamentsledamöter. Först till Smet som tog upp frågan om kontrollen av den interna arbetsmarknaden i Europa: givetvis finns Dublininstitutet, men när det gäller frågan om hushållsarbete som tar formen av slavarbete finns för det första det stora problemet med icke–deklarerat arbete som är mycket svårt att fastställa, men jag skall återkomma med en – som jag sade – pågående utredning som tar upp frågan om kvinnor som utför oregistrerat arbete i hemmen.

I should like to close my intervention on this communication by responding to two honourable members; first Mrs Smet, who referred to monitoring of the internal job market in Europe: there is, of course, the Dublin institute, but as regards home working, another form of slavery, we are up against the major problem of undeclared work which is very hard to identify, but I shall be submitting a study which, as I said, is being prepared on the question of women engaged in undeclared work at home.

7652 motorsåg — **chain saw**

nn

Exempelvis omfattas inte små fläktar som används för att kyla elmotorn i en motorsåg, även om motorsågen själv (som också driver fläkten) har en effekt över 125 W.

For illustration a small fan to cool the electric motor in a chain saw is not within the scope, even if the motor of the chain saw itself (which is also driving the fan) is above 125 W.

7653 lira — **lira**

nn

Sedan den 1 januari 2005 har Turkiet ett nytt mynt som går under namnet " ny turkisk lira ".

Since 1 January 2005, Turkey does, in fact, have a new coin, known as the ' new Turkish lire'.

7654 anatomi — **anatomy**

nn

Tillräckliga kunskaper om friska djurs anatomi och funktioner, djurhållning och reproduktion, husdjurshygien i allmänhet samt djurens utfodring inklusive framställnings– och lagringsmetoder för foder som svarar mot deras behov.

Adequate knowledge of the structure and functions of healthy animals, of their husbandry, reproduction and hygiene in general, as well as their feeding, including the technology involved in the manufacture and preservation of foods corresponding to their needs.

7655 veck — **fold|pleat**

nn	Pär Lundgren, Catarina Tidbeck och Mika Lindahl har pannorna i djupa veck för att få styrningen av griparmen att fungera och de kallar in ytterligare en av gruppens medlemmar, Linus Mellberg.

Pär Lundgren, Catarina Tidbeck, and Mika Lindahl, brows furrowed, are working to get the control for the gripping arm to work; they call in Linus Mellberg, another of the group's members.

7656 förutsättning — **presumption**

nn

Exemplar som utgör del av det registrerade beståndet i Argentina, under förutsättning att tillstånden bekräftas av sekretariatet innan de godkänns av den importerande medlemsstaten.

Specimens that form part of the registered stock in Argentina, provided that permits are confirmed by the Secretariat before being accepted by the Member State of import.

7657 farhåga — **fear | apprehension**

nn

Denna farhåga motsägs av statistiken om den årliga inflationstakten i euroområdet: den har där aldrig legat över 2,4 % sedan euroon infördes 1999.

This fear is contradicted by statistical data on annual inflation rates in the euro area, which have never exceeded 2.4% since the introduction of the euro in 1999.

7658 undantagstillstånd — **state of emergency**

nn

Innan det utlystes undantagstillstånd präglades den politiska situationen av att huvudaktörerna vägrade diskutera med varandra, samt av personliga motsättningar, sporadiskt våld och en sällsynt omfattande korruption.

whereas the political situation before the imposition of the state of emergency was characterised by a refusal to engage in dialogue among major political actors, personal antagonism, occasional violence and extraordinarily high levels of corruption.

7659 mås — **gull**

nn

Jag är ensam som en mås på sin klippa.

I'm as lonely as a gull on a rock, girl.

7660 ansträngande — **strenuous**

adj

Vid den tiden gjorde många familjer också den långa, ansträngande båtresan från Tokelau till Samoa för att vara med vid de årliga områdessammankomsterna.

At that time, several families also made the long and arduous boat trip from Tokelau to Samoa to attend annual district conventions.

7661 kärlekshistoria — **love story**

nn

Zigenarnas tid– en kärlekshistoria.

Dom za vesanje [Time of the Gypsies] a love movie.

7662 strö — **bedding; strew**

nn; vb

Alla lager av mjölk, mjölkprodukter, kött, slaktkroppar, hudar och skinn, ull, sperma, embryon, ägg, slam, gödsel samt djurfoder och strö på anläggningen registreras och uppgifterna bevaras.

All stocks of milk, milk products, meat, meat products, carcasses, hides and skins, wool, semen, embryos, ova, slurry, manure as well as animal feed and litter on the holding are recorded and those records are maintained.

7663 välgång — **prosperity**

nn

Detta verktyg är långt ifrån en lyx som vi kan klara oss utan i svåra tider utan något som är absolut nödvändigt om vi vill återskapa tillväxt i EU och skapa sysselsättning samt välgång.

This tool, far from being a luxury that we can do without during difficult periods, is absolutely essential if we wish to restore growth in Europe, create employment and generate prosperity.

7664	**receptionist**	**receptionist**

nn

Den kan ske med elektroniska eller elektromekaniska metoder, med hjälp av säkerhetspersonal och/eller en receptionist, eller med någon annan fysisk metod.

Control may be exercised by electronic or electro–mechanical means, by security personnel and/or a receptionist, or by any other physical means.

7665	**yrsel**	**dizziness**

nn

Det handlar om koncentrationsstörningar, sömnlöshet, yrsel, och i svårare fall minnesförlust, personlighetsstörningar och depressivitet.

These include concentration disorders, insomnia, dizziness, and in the worst case even loss of memory, personality disorders and depression.

7666	**eländigt**	**miserably**

adv

Du haft det eländigt alla år.

You've been miserable all these years.

7667	**utskott**	**committee**

nn

Inrätta utskott för europeiska frågor inom ramen för de nationella parlamenten.

Setting up more high–profile committees on European issues in national parliaments.

7668	**godbit**	**dainty|goody**

nn

Det är vad amerikanerna kallar? early harvest? - tidig skörd -, som innebär att de tar alla godbitarna och vi i Europeiska unionen får nöja oss med smulorna från de rikas bord.

It is what the Americans call 'an early harvest ', where they get all the goodies and we in the European Union are left with the crumbs off the master's table.

7669	**inledande**	**initial|introductory**

adj

Denna ska bestå av de inledande bokstäverna "MD" för "MODUL" följt av typgodkännandemärket utan cirkeln enligt punkt 4.3.1.1 och, om flera ej identiska ljuskällemoduler används, följjas av tilläggssymboler eller tecken; den specifika identifieringskoden ska visas i de ritningar som nämns i punkt 2.2.1.

This specific identification code shall comprise the starting letters 'MD' for 'MODULE' followed by the approval marking without the circle as prescribed in paragraph 4.3.1.1 below and, in the case several non–identical light source modules are used, followed by additional symbols or characters; this specific identification code shall be shown in the drawings mentioned in paragraph 2.2.1 above.

7670	**familjefar**	**family-man**

nn

Bill är en familjefar i 50–årsåldern som arbetar som lärare i byggnadsteknik.

Bill is a family man in his 50's who is a teacher of building technology.

7671	**harpa**	**harp**

nn

Det förtydligas att ostmassan ska skäras med hjälp av en harpa med tråd, med blad eller av granträ för att erhålla en kornstorlek på mindre än 1 cm3 och att denna ostmassa värms upp stegvis.

The curd must be cut using a wire, bladed or fir–wood curd cutter to obtain pieces smaller than 1 cm3, and then heated gradually.

7672	**postkontor**	**post office**

| | nn | Använd den för att utveckla och investera i Irlands system av postkontor på landsbygden. |
| | | *Use it to develop and invest in Ireland's rural post office system.* |

7673 balansera — **balance**

vb

Att upprätta slutliga fiskekvoter för Norge i Grönlands vatten för att balansera överenskommelsen om ömsesidiga fiskerättigheter mellan gemenskapen och Norge under år 2003.

Establish the definitive fishing quotas to be granted to Norway in Greenland waters in order to balance the arrangements on mutual access fishing rights between the Community and Norway for 2003.

7674 sigill — **signet**

nn

Guds heliga ande var och är fortfarande ett sigill, ett "förskott på det som skall komma" för ostraffliga smorda kristna.

God's holy spirit was and still is a seal, or an advance "token of what is to come" for anointed integrity keepers.

7675 klyfta — **gap | gorge**

nn

I Rapport från kommissionen till rådet och Europaparlamentet – Situtationen på den inre marknaden för tjänster, KOM(2002) 441 slutlig, påvisas den väldiga "klyfta" som finns i fråga om tillhandahållande av tjänster.

The 'Report from the Commission to the Council and the European Parliament on the State of the Internal Market for Services', COM (2002) 441 final, shows the existence of a huge 'delivery' gap for services.

7676 förmedla — **mediate**

vb

Det finns ingen orsak att vara dogmatisk, men Paulus avsåg förmodligen handpåläggning för att förmedla andens gåvor.

There is no reason to be dogmatic, but Paul was likely referring to the laying on of hands to transmit gifts of the spirit.

7677 fördubbla — **double**

vb

Bankstyrelsens ledamöter beslutade vid årsmötet den 1 april 2017 att fördubbla bankens auktoriserade kapital.

On 1 April 2017, at their annual meeting, the Bank's governors decided to double the amount of authorised capital.

7678 handlande — **acting**

nn

Detta handlande kan däremot medföra en eventuell administrativ eller straffrättslig påföljd.

On the other hand, it may be relevant when calculating any administrative or criminal penalty.

7679 ödesdiger — **fatal**

adj

Denna typ av skattepolitik är ödesdiger för den ekonomiska politiken, kontraproduktiv när det gäller tillväxtpolitiken och katastrofal för den sociala politiken.

This kind of taxation policy is fatal in terms of economic policy, counterproductive in terms of growth policy and catastrophic in terms of social policy.

7680 enfaldig — **silly | foolish**

adj

En enfaldig son betyder motgångar för hans far, och en hustrus kiv är som ett läckande tak som driver en bort.

A stupid son means adversities to his father, and the contentions of a wife are as a leaking roof that drives one away.

7681 rörlig — **movable**

adj

De har strävat efter att skapa en sammanhängande rättslig ram i en alltmer rörlig värld.

They have striven to provide a coherent legal framework in an increasingly mobile world.

7682 bris

nn

breeze

Byn Colonnata ligger uppe i en klyfta som vetter ned mot havet, vilket vid vackert väder ger en daglig bris.

The village of Colonnata lies at the head of a straight, narrow gorge aligned towards the sea, and on days when the weather is fine breezes blow through the village.

7683 vulgär

adj

vulgar

Att, som en del gör, utnyttja denna tragedi för att omintetgöra Turkiets kandidatur eller att öppna dörren på glänt för en vulgär form av islamofobi är ändå en fälla som vi inte vill gå i.

Yet, to use this tragedy, as some people are doing, in order to thwart Turkey 's candidature, or to half–open the door to a vulgar form of Islamophobia, is a trap that we do not wish to fall into.

7684 reparation

nn

repairing

Reparation eller underhåll av maskiner och apparater för tillverkning av halvledare.

Repairing or maintenance of semiconductor manufacturing machines and apparatus.

7685 lärorik

adj

instructive

Så här i efterhand kan man säga att en sådan undersökning är mycket lärorik.

Such an examination, with the benefit of hindsight, is very instructive.

7686 entreprenör

nn

entrepreneur

De anmälningar som anges i punkterna 1 och 2 skall omfatta de investeringsprojekt i vilka viktiga karaktäristika (lokalisering, entreprenör, företag, tekniska funktioner etc.) helt eller delvis kan bli föremål för ytterligare granskning eller slutligt godkännande av en behörig myndighet.

The communication provided for in paragraphs 1 and 2 shall also cover investment projects of which the major features (location, contractor, undertaking, technical features, etc.) may, in whole or in part, be subject to further review or to final authorization by a competent authority.

7687 exempelvis

adv

for instance

Vi stöder framför allt dess strävan att balansera bördorna för företagen som skall tillhandahålla uppgifterna och den nödvändiga ökningen av informationen, för att samtidigt tillfredsställa exempelvis Europeiska monetära institutet och företagen.

We particularly approve of its desire to reconcile the burden on businesses, which must supply the data, with the increase in information needed to satisfy at the same time, for example, the European Monetary Institute and businesses themselves.

7688 slarv

nn

carelessness

I vilken mån medverkar EU i de program i tredje länder som i kampen mot hiv/aids fram tills nu uteslutande haft sexuellt överföra sjukdomar som utgångspunkt snarare än slarv eller andra brister vid medicinsk behandling?

To what extent is the EU involved in programmes in non–member countries to combat HIV/AIDS which have so far focused exclusively on sexually transmitted diseases and paid virtually no attention to poor practice and other shortcomings in medical treatment?

7689 budord

nn

commandment

Hans tio budord.

His Ten Commandments.

7690 **krets**
nn

circuit | ring

Sammansatta komponenter för en laserjusteringssensor, i form av en tryckt krets med optiska filter och en bildavsökande sensor (CCD), det hela inneslutet i ett hölje.
Assembly for a laser align sensor, in the form of a printed circuit comprising optical filters and a charge–coupled image (CCD) sensor, the whole contained in a housing.

7691 **pupill**
nn

pupil

I Bibeln används därför uttrycket "ögonsten" eller "ögats pupill" som en passande bild av något som man måste vara mycket rädd om.
With force and yet with delicacy of expression the Bible uses "the pupil of your eyes" in speaking of that which is to be guarded with utmost care.

7692 **jämna**
vb

smooth

Vi anser att den strategiskt viktiga energibranschen (leverans av råvaror, produktion, distributionsnät) måste höra till den offentliga sektorn och vara underställd en nationell planering, som med jämna mellanrum skall omprövas med hänsyn till de nationella behoven och den internationella situationen.
We consider that the strategically important energy sector (supply of raw materials, generation, transmission grids) should be in the public sector and should be subject to periodically adjusted national planning which takes account of national requirements and international circumstances.

7693 **redogöra**
vb

narrate

Kan kommissionen redogöra för samtliga interna revisionsberättelser den tagit emot sedan september 1999 beträffande Eurostat?
Would the Commission give details of all internal audit reports received concerning Eurostat since September 1999?

7694 **dessförinnan**
adv

before then

Kommissionen kommer dessförinnan att se över bestämmelserna om kadmium i bilaga I till direktiv 76/769/EEG mot bakgrund av resultaten av riskbedömningen av kadmium och utvecklingen av kunskap och metoder när det gäller ämnen som kan ersätta kadmium.
The Commission will review the provisions on cadmium in Annex I to Directive 76/769/EEC before this date in light of the results of risk assessment for cadmium and of development of knowledge and techniques in respect of substitutes for cadmium.

7695 **besittning**
nn

possession

En tjänsteman som på sin anställningsort bor på hotell därför att sådan bostad som avses i artikel 5 ännu inte har kunnat tilldelas honom eller inte längre står till hans förfogande eller därför att han, av orsaker han inte råder över, inte har kunnat ta sin bostad i besittning, skall, mot uppvisande av hotellräkningar och efter förhandsgodkännande av direktören, få ersättning för hotellutgifter för sig själv och sin familj.
An official who, at his place of employment, is staying at a hotel because the accommodation provided for in Article 5 cannot yet be allocated to him or is no longer available to him or who, for reasons beyond his control, has not been able to take possession of his accommodation, shall be reimbursed the hotel expenses of himself and his family on production of the hotel bills, after prior authorisation by the Director.

7696 **självlysande**
adj

luminous

Självlysande ärmhållare för skydd mot olyckor eller skador.
Armbands [luminous] for protection against accident or injury.

7697 truck

nn

truck

X1 utvecklades och används av den tunga fordonsindustrin genom SAE Truck and Bus Council.

X1 was developed and is maintained by the heavy–duty vehicle industry through the SAE Truck and Bus Council.

7698 avskild

adj

secluded

Den anmälda åtgärden måste betraktas som "allmänna sysselsättningsfrämjande åtgärder som inte snedvrider eller hotar att snedvrida konkurrensen genom att gynna vissa företag eller viss produktion" (skäl nr 6 i förordning (EG) nr 2204/2002) eftersom det rör sig om en allmän och avskild åtgärd som gäller alla företag som har mer än 1 000 anställda som omfattas av ett särskilt insolvensförfarande och som är föremål för försäljning.

The notified measure should be considered as a 'general measure to promote employment which does not distort or threaten to distort competition by favouring certain undertakings or the production of certain goods' (recital 6 to the abovementioned Regulation), as it is general and abstract, and applies to all firms with more than 1 000 employees which are in special administration and which are sold.

7699 stack

nn

stack|rick

Bränner varje stack och varje kåta.

Burning as they go, every rick and cot.

7700 förbrylla

vb

puzzle|confound

må kunna förbrylla, men innehållet är bortom all förståelse!

The title, 'Women and Sport', might itself have been confusing, but the content is entirely beyond comprehension!

7701 vask

nn

sink

Denna bestämmelse behöver inte tillämpas när de metoder som anges i punkterna II, III, IV, V, VI i bilaga 1 används under förutsättning att laboratorierna är utrustade med en stor korrekt monterad vask."

This provision need not be applied when using the methods indicated under points II, III, IV, V, VI of Annex I provided the laboratories are equipped with a large suitably plumbed sink.'

7702 äktenskaplig

adj

marital|conjugal

I verkligheten finns det en tendens att makars insatser i familjeföretaget anses självklara, som en förlängning av den äktenskapliga plikten.

There is indeed a tendency to regard the contribution of wives to family businesses as a self–evident extension of conjugal duties.

7703 prejudikat

nn

precedent

Det är ett mycket farligt prejudikat och mot all form av normal rättvisa.

This is a very dangerous precedent against all forms of natural justice.

7704 jordisk

adj

earthly

Eftersom Jesus inte hade fått liv av någon jordisk far som stammade från syndaren Adam och eftersom Guds heliga ande hade "överskuggat" Maria, uppenbarligen från befruktningsögonblicket till födelsen, föddes Jesus utan nedärvd synd eller ofullkomlighet. Han var därför bildligt talat "ett oklanderligt och fläckfritt lamm", vars blod kunde tjäna som ett godtagbart offer.

Since Jesus did not owe his life to any human father descended from the sinner Adam, and since God's holy spirit 'overshadowed' Mary, evidently from the time she conceived until the time of Jesus' birth, Jesus was born free from any inheritance of sin or imperfection, being, as it were, "an unblemished and spotless lamb," whose blood could prove to be an acceptable sacrifice.

7705 omvandla

vb

convert

Ok, öka benägenheten att, på alla nivåer, omvandla forskning till användbara och kommersiellt värdefulla innovationer.

–Ok, enhance the propensity, at all levels, to turn research into useful and commercially valuable innovations.

7706 farsot

nn

epidemic

18 miljoner arbetslösa, stora skillnader i arbetsmarknadlagstiftningen mellan olika medlemsstater, en fortfarande alltför nationalistiskt inriktad finanspolitik, en tillväxttakt som fortfarande är otillräcklig för att skapa riktiga arbetstillfällen och bromsa och därefter minska den europeiska farsot som heter arbetslöshet.

Eighteen million unemployed, very different social legislation from one country to another, economic policies that are still too nationalist, a growth rate which is still not sufficient to create true jobs and to curb, let alone reduce, the European scourge of unemployment.

7707 kosmisk

adj

cosmic

Oscilloskop, spektrumanalysapparater samt andra instrument och apparater för mätning eller kontroll av elektriska storheter, med undantag av mätare enligt nr 9028; instrument och apparater för mätning eller påvisande av alfa–, beta–, gamma– eller röntgenstrålning, kosmisk strålning eller annan joniserande strålning.

Oscilloscopes, spectrum analysers and other instruments and apparatus for measuring or checking electrical quantities, excluding meters of heading 9028; instruments and apparatus for measuring or detecting alpha, beta, gamma, X–ray, cosmic or other ionizing radiations.

7708 magnetfält

nn

magnetic field

ett magnetfält som är homogent, bättre än 1 % över de centrala 50 % av den inre volymen.

Magnetic field uniform to better than 1 % over the central 50 % of the inner volume.

7709 åtgärda

vb

do about

Medlemsstaterna har redan vidtagit olika och icke samordnade insatser för att åtgärda brister i investerarskyddet och denna utveckling skulle sannolikt fortsätta.

Member States have already taken divergent and uncoordinated action to address shortcomings in investor protection measures and it is likely that this development would continue.

7710 försäkran

nn

assurance

Den sökande som styrelsen har valt ut ska före utnämningen avlägga en försäkran inför behörigt (behöriga) utskott i Europaparlamentet och besvara frågor från utskottsledamöterna.

Before being appointed, the applicant selected by the Management Board will be asked to make a declaration before the competent committee(s) of the European Parliament and answer questions from its/their members.

7711 varumärke

nn

trademark

En granskning av orsakerna (tekniska begränsningar och affärsseder) till att elcentraler vanligtvis innehåller komponenter av ett enda varumärke visar att en tillverkare som lyckas få en särskilt stark ställning för en typ av dessa komponenter skulle kunna utöva sitt marknadsinflytande för just denna typ av komponenter – förutsatt att tillverkaren har ett fullständigt produktutbud (vilket är en förutsättning för att verka på denna marknad).

A look at the reasons (technical constraints and commercial habits) why switchboard components tend to be of the same brand shows that a hypothetical manufacturer which, while offering the full range of components (a necessary condition for being present on the market), enjoyed a particularly strong position with regard to one type of component would be able to wield market power over that component type.

7712	**häcka**	**breed**
	nn	I alla dessa år har hökörnen fortsatt att häcka på Vingraus branta stränder.

Throughout this time, the Bonelli eagles have repeatedly nested in the crags at Vingrau.

7713	**upprättelse**	**reparation**
	nn	Jag röstade med Europaparlamentet och föredraganden i den här frågan, men jag skulle bara vilja rikta uppmärksamheten på företaget European City Guides som olagligt lurar privatpersoner, mindre företag och till och med skolor på pengar genom ett system där de som drabbas saknar tydliga möjligheter för att få upprättelse.

While I voted with the EPP and rapporteur on this, I would just like to draw attention to the case of the European City Guides, in which individuals, small companies and even schools have been sucked into a scheme where they have had money fraudulently extracted from them with no clear means of redress.

7714	**fähund**	**dirty dog|cad**
	nn	Vilken fähund han var!

What a dirty dog he was!

7715	**krångel**	**hassle**
	nn	Det syftar till att minska onödigt administrativt krångel och överreglering.

It aims to reduce unnecessary bureaucracy and regulation.

7716	**överviktig**	**overweight**
	adj	Om du är diabetiker, överviktig eller har högt kolesterolvärde, skall du tala om det för din läkare.

If you are diabetic, overweight or have high cholesterol, talk to your doctor.

7717	**hemligstämplad**	**top-secret; classified**
	adv; adj	Det finns ingen "observationslista" eller "svart lista", men alla anställda måste underteckna en försäkran om att de accepterar och är beredda att följa såväl de särskilda bestämmelserna om intressekonflikter och insiderhandel som de mer allmänna säkerhetsbestämmelserna om hantering av hemligstämplad information i GD Konkurrens.

Whilst there is no specific 'surveillance list' or 'black list', all staff have to sign a written declaration that they accept and are willing to apply these specific rules on conflict of interest and insider dealing as well as the more general security instructions for 'handling classified information in DG Comp'.

7718	**rakvatten**	**aftershave**
	nn	Lukten av rakvatten kändes på tjugo fots avstånd.

You could smell that shaving lotion from about 20 feet.

7719	**recension**	**review**
	nn	Det är den snällaste dåliga recension någonsin.

It was the kindest bad review ever.

7720	**splittrad**	**divided**

adj

Målet att en splittrad bild skall ersättas av en bred vision förtjänar allmänt stöd.

The rationale of replacing fragmentation by a broad vision deserves widespread support.

7721 tarm   **bowel**

nn

Sådant vatten är ofta orsak till hög sjuklighet på grund av mag–, tarm– och infektionssjukdomar.

Such water is often the cause of high morbidity due to gastrointestinal and infectious diseases.

7722 konfrontation   **confrontation**

nn

Vi vill inte ta initiativ till en konfrontation för konfrontationens skull.

We are not up to confrontation for the sake of confrontation.

7723 serva   **service|back up**

vb

Tillverkaren ska via försäljning eller uthyrning ge oberoende operatörer tillgång till märkesanpassade diagnosverktyg eller märkesanpassad provningsutrustning för att serva de kundanpassade systemen, komponenterna eller tekniska enheterna.

Manufacturers shall make the proprietary specialist diagnostic tool or test equipment to service the customer–adapted systems, components or technical units available to independent operators via sale and rent.

7724 tvättstuga   **laundry**

nn

I andra delar av tillbyggnaden finns det en större tvättstuga, ett klassrum för Skolan för förordnade tjänare och utökade biblioteksutrymmen.

Other facilities provided include a larger laundry, a classroom for the Ministerial Training School, and improved library facilities.

7725 nagellack   **nail-polish**

nn

Ljuspolymeriseringsanordningar för kosmetiska ändamål, speciellt för härdning av nagellack, nagelgel och nagelvårdsmedel.

Light polymerisation apparatus for cosmetic purposes, in particular for hardening nail polish, nail gel and nail care preparations.

7726 jämlikhet   **equality**

nn

Vi behöver jämlikhet mellan de stora och små länderna, jämlikhet för alla folk.

We need equality between the big countries and the small countries, equality for all the people.

7727 kristendom   **Christianity**

nn

Andra germanska stammar var inte sena att anta denna "kristendom".

Other Germanic tribes were quick to adopt this form of "Christianity."

7728 mjöd   **mead**

nn

Denna lag innehåller regler för framställning av mjöd, med specifikationer av proportionerna mellan honung och vatten och de tekniska kraven.

This Act contains rules on the production of meads, specifying the proportions of honey and water and the technological requirements.

7729 liva upp   **elate**

vb

Träning skall liva upp, inte trötta ut eller vara farlig.

Exercise should refresh, not exhaust or endanger.

7730 gräsklippare   **mower**

nn

Grosshandelstjänster i samband med försäljning av gräsklippare (motordrivna gräsmatts– och trädgårdsverktyg).

Wholesale services connected with the sale of lawn mowers [mechanical and powered].

7731 snigel   **snail**

| | nn | Kerrysnigeln (Geomalacus maculosus) är känd för att vara den enda snigel som kan rulla ihop sig så att den blir till en kula. |
| | | *The Kerry slug (Geomalacus maculosus) is considered to be the only slug capable of curling itself into a ball.* |

7732 plågsam — **painful**

adj

Det bör också noteras att när de dör av skador orsakade av sonarsystem är det en extremt plågsam, ångestfylld och långsam död.

It should also be noted that dying from the effects of sonar injury is an extremely painful, agonising and slow form of death.

7733 grilla — **grill**

vb

Så det är platsen man verkligen vill grilla på.

So that's the place where you really want to cook.

7734 ordförråd — **vocabulary**

nn

Resultat och ansvar finns inte i deras ordförråd; slapphet är normen.

Performance and responsibility are not in their vocabulary; sloppiness comes as standard.

7735 tjeckisk — **Czech**

adj

Förra gången en tjeckisk president talade till er härifrån var för nio år sedan.

The last time a Czech president addressed you from this place was nine years ago.

7736 skottsäker — **bulletproof**

adj

Fordon särskilt konstruerade eller anpassade för att avlägsna barrikader, inklusive skottsäker byggnadsutrustning.

Vehicles specially designed or modified to remove barricades, including construction equipment with ballistic protection.

7737 grannskap — **neighborhood**

nn

Statistisk analys och rapportering, nämligen, information om grannskap, omgivnings– och grannskapstrivsel inom området fastigheter.

Statistical analysis and reporting, namely, providing information about neighborhoods and neighborhood amenities in the field of real estate.

7738 glob — **sphere|globe**

nn

Albert, universum är en oändlig glob vars centrum är överallt... och vars omkrets är ingenstans.

Albert, the universe is an infinite sphere whose center is everwyhere... and whose circumference is nowhere.

7739 rymdfärja — **space shuttle**

nn

Det ser ut som en rymdfärja.

it's like a space shuttle.

7740 mesig — **meek|wimpy**

adj

Tuffa ungar, mesiga ungar, ungar som klättrar...

Tough kids, sissy kids, kids who climb on rocks...

7741 dia — **suckle**

vb

Om grisningsboxar används måste smågrisarna ha tillräckligt med utrymme för att kunna dia utan svårighet.

Where a farrowing crate is used, the piglets must have sufficient space to be able to be suckled without difficulty.

7742 grundlag — **constitution**

nn

Domslutet: Den 5 december 2012 fastställde Rysslands författningsdomstol att landets grundlag garanterar religionsfrihet.

Domstolen slog fast att våra vänner får ha religiösa möten utan att underrätta myndigheterna på förhand eller ansöka om tillstånd.
The decision: On December 5, 2012, the Constitutional Court of the Russian Federation affirmed that the Russian Constitution guarantees freedom of religion and ruled that our brothers may hold religious meetings without giving prior notice or getting permission from the authorities.

| 7743 | **alltjämt** | **still** |
| | *adv* | |

Även om kommissionen alltjämt är av den uppfattningen att det är nödvändigt med en övergång till omröstning med kvalificerad majoritet, åtminstone i vissa skattefrågor, kommer det tills vidare, liksom hittills, att krävas enhällighet vid beslutsfattandet.
Moreover, while it remains the Commission's view that a move to qualified majority voting at least for certain tax issues is indispensable, the legal basis will, for the present, remain unanimity.

| 7744 | **förestående** | **impending** |
| | *adj* | |

Europaparlamentet lyckönskar Rumänien, välkomnar dess anslutning den 1 januari 2007 och ser fram emot den förestående ankomsten av landets trettiofem ledamöter av Europaparlamentet, dess kommissionsledamot och EU–tjänstemän i EU:s institutioner, samt värdesätter de rumänska medlemmarnas utmärkta insatser i egenskap av observatörer i Europaparlamentet sedan september 2005.
Congratulates Romania and welcomes its accession on 1 January 2007, looks forward to the arrival in due course of its 35 Members of the European Parliament as well as its Commissioner and officials in the EU institutions, and recognises the excellent contribution made by Romania's Observers in the European Parliament since September 2005;

| 7745 | **skribent** | **writer** |
| | *nn* | |

Jag är skribent och historiker och driver en dagstidning och en veckotidning, och var så säkra – jag vet precis vad jag talar om.
Believe you me, as a writer and historian who runs a daily newspaper and a weekly magazine, I know very well what I am talking about.

| 7746 | **asfalt** | **asphalt** |
| | *nn* | |

Man måste ta itu med själva ljudet med hjälp av exempelvis bullerdämpande däck eller bullerdämpande asfalt.
Noise itself has to be tackled by means of low–noise tyres or road surfaces, for example.

| 7747 | **rysligt** | **awfully** |
| | *adv* | |

Tja, hon är rysligt ung.
Well, she's awfully young.

| 7748 | **revolutionär** | **revolutionary; revolutionary** |
| | *adj; nn* | |

Jag ser det här som en utvecklingsprocess och inte som en revolutionär process.
I see this as an evolutionary rather than a revolutionary process.

| 7749 | **vädja** | **appeal** |
| | *vb* | |

Dock vill jag vädja till alla: Låt oss de kommande 18 månaderna ta chansen till dialog för att visa hur nära medborgarna parlamentet arbetar när det gäller just det kulturella innehållet!
However, I would like to make an appeal to everyone: we must take advantage of the opportunities for dialogue over the next 18 months to demonstrate that the European Parliament cares about what matters to the public, especially when cultural issues are involved.

| 7750 | **överläkare** | **consultant** |

	nn	På kirurgmottagningen får Janni handledning av överläkare Kalev Teder.

In the surgery clinic, Janni will get mentoring from chief physician Kalev Teder.

7751 återfall — **relapse**

nn Under en randomiserad utsättningsperiod fick signifikant fler patienter återfall (förlust av uppnådd PASI 1) bland de som blivit omrandomiserade till placebo, jämfört med de patienter som omrandomiserats till Enbrel.

During a randomised withdrawal period, significantly more patients re–randomised to placebo experienced disease relapse (loss of PASI 1 response) compared with patients re–randomised to Enbrel.

7752 rishög — **jalopy**

nn I en gammal rishög till bil, förstås.

In a hopped– up jalopy, of course.

7753 händelsevis — **by chance**

adv Om vi händelsevis inte skulle lyckas fullt ut med avvägningen bör ledamöterna i organet själva kunna avgöra om de har varit missnöjda eller inte, och därför har en klausul införts om en översyn efter tre år.

Just in case we have not got the balance right, the Board itself should be in a position to know whether it has been frustrated or not, so there is a review clause after three years.

7754 undertecknad — **undersigned**

adj Om de transiteringar enligt förfarandet för gemenskapstransitering/gemensam transitering som omfattas av detta åtagande inletts före den dag ett återkallande eller upphävande av borgensförbindelsen träder i kraft, förblir undertecknad ansvarig för betalning av skuld som uppstår i samband med transiteringarna; detta gäller även om betalningskravet framställs cfter ikraftträdandct.

The undersigned shall remain liable for payment of any debt arising during any Community or common transit operations covered by this undertaking and commenced before any revocation or cancellation of the guarantee took effect, even if the demand for payment is made after that date.

7755 operatör — **operator**

nn I allmänhet använder du denna operatör för att hitta operatörer som överlappar.

In general, use this operator to find resources that overlap.

7756 rost — **rust**

nn Ytor av historiska, kulturella artefakter kan befrias från rost genom bearbetning med pulsad laser.

Surfaces of historic cultural artefacts are liberated from rust by pulsed laser ablation.

7757 vante — **mitten**

nn Tvättlapp i form av en vante för personlig hygien.

Bath mittens for personal hygiene.

7758 kvällsmat — **supper**

nn Jag tänkte laga lite kvällsmat.

I thought I might prepare a little supper.

7759 bombplan — **bomber**

nn Jag tänker visa er mina bombplan.

I want to show you my new bombing planes.

7760 rikligt — **amply|freely**

	adv	Genom Jesus Kristus och "den trogne och omdömesgille slaven" tillhandahåller Jehova ett rikligt förråd av andlig föda som hjälper oss att bli kvar på "den väg som leder till liv".
		Through Jesus Christ and "the faithful and discreet slave," Jehovah has provided a bountiful supply of spiritual food that helps us to remain on "the road leading off into life."

7761 förvarna — **warn**

vb

Jag vill bara förvarna de andra grupperna om att vi kommer att begära att denna omröstning skjuts upp.

I only wish to forewarn the other groups that we shall be asking for this postponement of the vote.

7762 oberäknelig — **haywire**

adj

Depressiv personlighet, oberäknelig, aldrig nöjd.

Depressive personality, unstable, impossible to please.

7763 rakning — **shave**

nn

En integral del av det är i min grupps ögon att skydda mänskliga rättigheter i och utanför Europa.

According to my group, the protection of human rights inside and outside Europe forms an integral part of this.

7764 lurig — **dodgy**

adj

Hon må se ut som en ytlig, lurig, usling.

You know, she may seem like a shallow, conniving wretch.

7765 inflytelserik — **influential**

adj

Indonesien var i själva verket en inflytelserik och viktig aktör i gemenskapen.

Indeed, Indonesia was an influential and important player in the Community.

7766 fåtölj — **armchair**

nn

Jag har det skönare i min fåtölj.

My chair is more comfortable anyway.

7767 sovsäck — **sleeping bag**

nn

Han reste till grupperna med buss och övernattade ofta på bussstationer i sin sovsäck.

He traveled to those groups by bus, often spending the night at bus stations in his sleeping bag.

7768 förstenad — **petrified**

adj

Jack blev som förstenad

Jack stood petrified.

7769 fullkomlig — **perfect|entire**

adj

Till skillnad från Adam, som blev en självisk far, är Jesus en fullkomlig fader.

Unlike Adam, who turned out to be a selfish, self–serving father, Jesus is the ideal father.

7770 huvudsaklig — **main**

adj

Hvudsaklig verksamhetsort: företagets huvudkontor eller säte där de huvudsakliga finansiella funktionerna och den operativa ledningen av den verksamhet som avses i denna förordning utövas.

'Principal place of business' means the head office or registered office of the undertaking within which the principal financial functions and operational control of the activities referred to in this Regulation are exercised.

7771	**klarna**	**clear**
	vb	Sonikera, låt klarna och ta vara på supernatanten. Detta upprepas sammanlagt tre gånger.
		Sonicate and clarify, storing the supernatant at each stage, a total of three times.

7772	**genomsöka**	**search through**
	vb	Vi måste genomsöka vartenda skrymsle på skeppet.
		We have to search every inch of the ship.

7773	**operativ**	**operational**
	adj	Operativ beredskap, underhåll och inspektioner (R 20).
		Operational readiness, maintenance and inspections (R 20).

7774	**rådfråga**	**consult**
	vb	Rådfråga läkare eller apotekspersonal innan du tar något läkemedel.
		Ask your doctor or pharmacist for advice before taking any medicine.

7775	**gudstjänst**	**worship**
	nn	Denna rätt innefattar frihet att byta religion eller övertygelse och frihet att ensam eller i gemenskap med andra, offentligt eller enskilt, utöva sin religion eller övertygelse genom gudstjänst, undervisning, sedvänjor och ritualer.
		This right includes freedom to change religion or belief and freedom, either alone or in community with others and in public or in private, to manifest religion or belief, in worship, teaching, practice and observance.

7776	**snäcka**	**shell**
	nn	Alla skiter i dig och din jävla snäcka.
		Nobody's interested in you and your conch.

7777	**rättfärdiga**	**justify**
	vb	Domstolen har vid upprepade tillfällen fastslagit att "en minskning av skatteintäkter inte kan anses utgöra sådana tvingande hänsyn till allmänintresset som kan åberopas för att rättfärdiga en åtgärd som i princip strider mot en grundläggande frihet".
		The Court has repeatedly held that 'reduction in tax revenue cannot be regarded as an overriding reason in the public interest which may be relied on to justify a measure which is in principle contrary to a fundamental freedom'.

7778	**tillkännage**	**announce|notify**
	vb	Villkor för att fastställa och för en sökande tillkännage de detaljerade specifikationer som är tillämpliga på flygplatsutrustning.
		The conditions for establishing and notifying to an applicant the detailed specifications applicable to aerodrome equipment.

7779	**harmlös**	**harmless**
	adj	Pornografin är inte på något sätt harmlös.
		There is nothing harmless about pornography.

7780	**sammankomst**	**gathering**
	nn	Sammankomst med en informell grupp nationella experter om tillämpningen av direktiv 91/477 den 23 maj 2005 för att dra de redaktionella slutsatserna av direktivet om anslutning till protokollet.
		Meeting of an informal group of national experts on the application of Directive 91/477 on 23 May 2005, to examine the editorial consequences on the Directive of accession to the Protocol.

7781	**flin**	**grin**

nn

Vi flinar eftersom vi är av uppfattningen att tillverkad lycka inte håller samma kvalitet som det vi skulle kunna kalla naturlig lycka.

We smirk because we believe that synthetic happiness is not of the same quality as what we might call "natural happiness."

7782 diameter — **diameter**

nn

Jordens diameter är cirka 400km större, men väsentligen samma storlek.

Earth's diameter is about 400 kilometers larger, but essentially the same size.

7783 resultera — **result**

vb

Förändringarna ska resultera i följande: En ytterligare minskning av antalet befintliga fonder, en sanering av de fonder som uppvisar underskott, en stabilisering av löpande utgifter på en hållbar nivå, genom adekvata korrigeringar från och med den 1 januari 2012 och långsiktigt hållbara tilläggspensionsordningar genom en strikt koppling mellan avgifter och förmåner."

The revision shall achieve: a further reduction in the number of existing funds; the elimination of imbalances in those funds with deficits; the stabilisation of the current spending at sustainable level, through appropriate adjustments to be made from 1 January 2012; the long–term sustainability of secondary schemes through a strict link between contributions and benefits."

7784 missionär — **missionary**

nn

Turkiet inskränker också religionsfriheten, vilket har lett till mordet på en italiensk missionär.

Turkey also restricts religious freedom, and this led to the killing of an Italian missionary.

7785 fåfäng — **futile**

adj

Men om vi skall tro miljörörelserna är till och med det fåfänga förhoppningar.

But if we are to believe the environmental movements, even this is vain hope.

7786 beslutsam — **determined**

adj

När assyrierna blev angripna av en beslutsam babylonisk här, försökte de hålla ut tills hjälp från Egypten kunde komma.

Attacked by a determined force of Babylonians, the Assyrians tried to hold out until help from Egypt could arrive.

7787 sömnmedel — **sleeping aid**

nn

32 sömnmedel kapslar – det glömde jag berätta.

32 caplets of sleeping pills! I forgot to tell you that.

7788 driven — **experienced|powered**

adj

Det är inte första gången som en mycket känslosam och mycket driven debatt äger rum om blodförsörjning.

Mr President, it is not the first time that a very emotional and very passionate debate is taking place on the subject of the supply of blood.

7789 respektabel — **respectable**

adj

Ingen respektabel leverantör skulle frivilligt vilseleda konsumenter om det framtida innehållet i deras avtal med förevändningen att sådan information löd under destinationslandets snarare än ursprungslandets regler.

No reputable supplier would willingly misinform consumers about the future content of their contract on the pretext that such information was subject to country of origin rather than country of destination rules.

7790 fjäska — **suck up**

	vb	Han sa att vi skulle fjäska för domaren om vi frånsade oss rättigheterna.
		He said we'd curry favor with the judge if we waived our rights.
7791	**flitig**	**diligent**
	adj	Sven är flitig.
		Sven is diligent.
7792	**arbetsdag**	**working day**
	nn	Om startdatumet är en arbetsdag räknas den dagen med.
		If the start date is a workday, the day is included in the calculation.
7793	**avsaknad**	**lack**
	nn	Avsaknad av giltiga certifikat och handlingar som krävs enligt aktuella bestämmelser.
		The lack of valid certificates and documents as required by the relevant instruments.
7794	**upplösning**	**resolution**
	nn	Maximal angiven upplösning (horisontell).
		Maximum claimed resolution (horizontal).
7795	**förkortning**	**shortening**
	nn	SEO är en förkortning av "Search Engine Optimizer", eller sökmotoroptimerare.
		SEO is an acronym for "search engine optimization" or "search engine optimizer."
7796	**överlista**	**outwit**
	nn; vb	Varför måste du fly i hemlighet och överlista mig? Varför underrättade du mig inte, så att jag kunde sända i väg dig med glädje och med sånger, med tamburin och med lyra?
		Why did you have to run away secretly and outwit me and not tell me, that I might send you away with rejoicing and with songs, with tambourine and with harp?
7797	**förseelse**	**misdemeanor**
	nn	Försök till en "förseelse" (ringa brott) är straffbart i Belgien med stöd av särskild lagstiftning.
		The attempt of a "contravention" (petty crime) is punishable by specific legislation in Belgium.
7798	**gymnastik**	**gymnastics**
	nn	i skolorna måste maten i kantinerna kontrolleras, och barnen ska ha gymnastik.
		In schools, food must be checked in canteens and there must be physical exercise.
7799	**nobba**	**pass up**
	vb	Det anses även ohyfsat att nobba ett ex som vill gå ut och äta.
		They also consider it rude not to call an old boyfriend for dinner.
7800	**släde**	**sleigh|slide**
	nn	Underhållningstjänster, nämligen organisering och ledning av hundkapplöpningar med släde.
		Entertainment services, namely, the organization and conducting of dog sled races.
7801	**ingenmansland**	**no-man's-land**
	nn	I dag har extremisterna segrat och ett ingenmansland har etablerats i regionen.
		Today, the extremists have won and a no–go area has been established in the region.

7802 kringgå   **circumvent**

vb

Det ska vara förbjudet att medvetet eller avsiktligt delta i verksamhet som har till syfte eller resultat att kringgå de förbud som avses i punkterna 1 och 3.

It shall be prohibited to participate, knowingly or intentionally, in activities the object or effect of which is to circumvent the prohibitions set out in paragraphs 1 and 3.

7803 dödsdömd   **condemned**

adj

Det skulle innebära att Abidjans hamn utan tvekan skulle vara dödsdömd som en hamn för landning av fisk, troligen för flera år framåt.

It would also mean that the port of Abidjan would be definitely doomed as a fish–landing port for probably several years to come.

7804 hypotes   **hypothesis**

nn

De skulle dock inte, enligt denna hypotes, kunna åberopa sina rättigheter som unionsmedborgare för att fortsätta att uppehålla sig i Belgien.

But they would not, on this hypothesis, be able to rely on their rights as citizens of the Union to go on residing in Belgium.

7805 kombinera   **combine**

vb

Vid behov bör medlemsstaterna kombinera de olika kontrollerna enligt denna förordning med varandra.

Where appropriate, the Member States should undertake to combine the various controls under this Regulation.

7806 jurisdiktion   **jurisdiction**

nn

Problemet är att dess jurisdiktion, via internet, blir oerhört omfattande.

The problem is that its jurisdiction, through the internet, becomes extremely vast.

7807 utnyttjande   **exploitation**

nn

Förslag till Europaparlamentets och rådets beslut om utnyttjande av Europeiska fonden för justering för globaliseringseffekter i enlighet med punkt 28 i det interinstitutionella avtalet av den 17 maj 2006 mellan Europaparlamentet, rådet och kommissionen om budgetdisciplin och sund ekonomisk förvaltning.

Proposal for a Decision of the European Parliament and of the Council on the exploitation of the European Globalisation Adjustment Fund in accordance with point 28 of the Interinstitutional Agreement of 17 May 2006 between the European Parliament, the Council and the Commission on budgetary discipline and sound financial management.

7808 kråka   **crow**

nn

Jag är som en fusk– kråka.

I'm just like a scarecrow.

7809 justitieminister   **Minister of Justice**

nn

Jag har naturligtvis vidarebefordrat denna begäran till Italiens justitieminister.

I have naturally passed this request on to the Italian Minister for Justice.

7810 uttal   **pronunciation**

nn

Bland annat på det ni sade på spanska med ett uttal som jag uppskattade och som var mycket bra.

Including the part of your speech in Spanish, with a pronunciation that I appreciated and that was very correct.

7811 sammanfatta   **summarize**

	vb	Jag skulle vilja sammanfatta mig genom att påstå att vi inom kort kommer att behöva skaffa oss en mycket mer omfattande överblick av kraven på märkning av livsmedel i Europeiska unionen.
		I would like to conclude by suggesting to the Commission that we will need, very shortly, a much wider review of food labelling requirements in the European Union.
7812	**domslut**	**judgment**
	nn	Kommissionens ordförande. – När dessa domslut offentliggjordes uttryckte vi vår ståndpunkt mycket tydligt.
		President of the Commission. – When these rulings were made public, we expressed our position very clearly.
7813	**skyddstillsyn**	**probation**
	nn	Åklagare i målet mot Syarhei Kavalenka, som dömdes till fängelse i två år och en månad för överträdelse av skyddstillsyn.
		Prosecutor in the trial of Syarhei Kavalenka who was sentenced to two years and one month in prison for violation of probation.
7814	**ljugande**	**falsehood**
	nn	Jag klarar inte av allt ljugande och smygande.
		I can't do all that lying and sneaking around.
7815	**egg**	**edge**
	nn	Knivar med skärande egg, även tandad (inbegripet trädgårdsknivar), andra än knivar enligt nr 8208.
		Knives with cutting blades, serrated or not (including pruning knives), other than knives of heading 8208.
7816	**rusk**	**wet weather**
	nn	I mitt lokalsamhälle vakar medborgarna 24 timmar om dygnet i regn och rusk för att se till att de resande följer sina rättsliga skyldigheter.
		In my local community, citizens are mounting 24-hour vigils in wind and rain in order to ensure that travellers comply with legal obligations.
7817	**podium**	**podium**
	nn	It is with deep emotion that I stand here on this podium today.
		Det är med djup rörelse som jag står här på detta podium i dag.
7818	**garva**	**tan**
	vb	Detta gäller också för enkel spaltning av hudar och skinn som endast är garvade.
		This applies also to simple splitting of hides and skins not further prepared than tanned.
7819	**gerilla**	**guerrilla**
	nn	I min församling finns ingen gerilla, bara knarkhandlare!
		There are no guerrillas, just drug lords.
7820	**befriande**	**liberating**
	nn	För att skydda sådana personer som infriar en skuld hos gäldenären därför att de inte känner till att ett förfarande har inletts utomlands bör betalningen anses som befriande även om den skulle ha gjorts till den utländske förvaltaren.
		In order to protect such persons who make a payment to the debtor because they are unaware that foreign proceedings have been opened when they should in fact have made the payment to the foreign liquidator, it should be provided that such a payment is to have a debt–discharging effect.
7821	**karisma**	**charisma**

nn

Herr Prodi! Ni kom som räddaren av en institution i sönderfall, som den person vilken skall uppfylla behovet av karisma i ämbetet.

Mr Prodi, you appeared as the saviour of a foundering institution, as the person who could provide the charisma needed for the job.

7822 blankett — **form**

nn

Den behöriga myndigheten får av administrativa skäl lägga till ytterligare kopior av blankett nr 2.

For administrative purposes the competent authority may add supplementary copies to form 2.

7823 kassett — **cassette**

nn

Översynen av antidumpningsåtgärderna rörande import till gemenskapen av videoband i kassett enligt KN1 med ursprung i Hongkong och Sydkorea skall avslutas.

The anti–dumping review proceeding concerning imports into the Community of video tapes in cassettes, falling within KN1 originating in Hong Kong and the Republic of Korea is terminated.

7824 dataspel — **computer game**

nn

Programvara (registrerade program), inklusive programvara för dataspel.

Software (recorded programs), including software for games.

7825 toppmöte — **summit**

nn

Herr rådsordförande! Genom att inte bara besluta om fördraget vid ert toppmöte, utan också ge utrymme för utbyte av idéer om det stora problemet för vår generation – globaliseringen – har ni sänt ut en viktig signal.

President–in–Office, by letting your summit not only decide on the Treaty, but also exchange ideas about the problem of our generation – globalisation – you have sent out an important signal.

7826 pensionär — **pensioner**

nn

I morse ringde en pensionär från Ligurien mig och sade: "Det är väldigt varmt.

This morning, a pensioner telephoned me from Liguria and said: "It is really hot.

7827 nicaragua — **Nicaragua**

nn

De länder som drabbats värst, Honduras och Nicaragua, är de fattigaste i regionen.

The countries most affected, Honduras and Nicaragua, are the poorest in the region.

7828 repris — **repeat**

nn

Det vill bara se en repris på kamperna i början av 70–talet.

It just wants to replay the fights of the early 70s.

7829 kränkning — **violation|injury**

nn

Kränkning av rätten till försvar.

Breach of the rights of the defence.

7830 årstid — **season**

nn

Det här är den goda viljans årstid, och jag är beredd att gå med på förslaget.

In this season of goodwill, I am prepared to go along with the proposals.

7831 ovärdig — **unworthy**

adj

Maten är ovärdig som människoföda och serveras på fat som aldrig diskas.

The food is unfit for human consumption and is served on dishes which are never washed.

7832	**adelsman**	**nobleman**
	nn	Vår solidaritet hotas av nationalistiska och populistiska rörelser som är på uppåtgående, något som en av våra brittiska kolleger gav uttryck för nyss – en adelsman till på köpet.
		Our solidarity is being threatened, as nationalist and populist movements are in the ascendant, as demonstrated by one of our British colleagues a moment ago, a member of the nobility, at that.
7833	**underkasta**	**subject to**
	vb	Att underkasta socialpolitiken samma förordning som för företag fungerar inte.
		Subjecting social policy to the same regulation as business will not work.
7834	**gagna**	**benefit**
	vb	Detta kommer bara att gagna diskussionen som helhet och kan till och med vara en fördel för er.
		That will only benefit the discussion as a whole and may even be advantageous to you.
7835	**himmelskt**	**heavenly**
	adv	Vinet i bägaren tjänar också som en påminnelse om att Jesu utgjutna blod skulle utgöra grunden för att ge ”förlåtelse för synder” och på så sätt öppna vägen för dem som tar del av brödet och vinet att bli kallade till himmelskt liv som medarvingar med Kristus.
		The wine in the cup also serves as a reminder that Jesus' shed blood would be the basis for providing "forgiveness of sins," thus opening the way for the partakers to be called to heavenly life as joint heirs with Christ.
7836	**trivsam**	**pleasant**
	adj	Det är en väldigt trivsam grotta.
		It's a very pleasant cave, indeed.
7837	**motvilligt**	**reluctantly**
	adv	De flesta människor erkänner, om än motvilligt, fördelarna med att samhället får in skatter.
		Most people will at least begrudgingly acknowledge the benefits that taxes bring to their community.
7838	**brak**	**crash|crack**
	nn	Jag hörde ett brak.
		I heard a crash.
7839	**ide**	**idea**
	nn	Begäran från IDE till fordonsenheten att sända undermeddelandet igen.
		Request from the IDE to the VU to send the submessage again.
7840	**utlova**	**promise**
	vb	Utlova ett betydande finansiellt bidrag till brottsofferfonden.
		Announce a substantial financial contribution to the Trust Fund for Victims.
7841	**överlägsenhet**	**superiority**
	nn	Av dessa skäl ska åtgärdsförslaget innehålla en analys av de olika företagens marknadsandelar och en hänvisning till andra relevanta kriterier, såsom tillämpligt, t.ex. hinder för inträde, stordriftsfördelar, vertikal integrering, kontroll över infrastruktur som är svår att kopiera, tekniska fördelar eller teknisk överlägsenhet, avsaknad eller låg grad av motverkande marknadsinflytande, lättillgängliga kapitalmarknader och finansiella resurser (eller tillgång med förmånsrätt), företagets storlek

totalt sett, produkt– och tjänstediversifiering, välutvecklat distributions–
och försäljningsnät, avsaknad av potentiell konkurrens och hinder för
expansion.

*For these purposes, the draft measure should contain an analysis of the
market shares of the different undertakings and a reference to other
relevant criteria, as appropriate, such as barriers to entry, economies of
scale and scope, vertical integration, control of infrastructure not easily
duplicated, technological advantages or superiority, absence of or low
countervailing buying power, easy or privileged access to capital
markets/financial resources, overall size of the undertaking,
product/services diversification, highly developed distribution and sales
network, absence of potential competition and barriers to expansion.*

7842	**dop**	**baptism**
	nn	De som blev döpta med Johannes dop hade visat sinnesändring och förkastat sitt tidigare levnadssätt.
		John's baptism indicated repentance and a rejection of a former life course.

7843 **druva** — **grape**

nn

Men samtidigt trodde han att det på varje vinstock under Kristi kommande tusenårsrike skulle finnas 10 000 rankor, på varje ranka 10 000 kvistar, på varje kvist 10 000 druvklasar, på varje druvklase 10 000 druvor och att varje druva skulle ge motsvarande 1 000 liter vin.

At the same time, he believed that during the foretold Thousand Year Reign of Christ, grape vines will produce 10,000 branches, each branch 10,000 twigs, each twig 10,000 shoots, each shoot 10,000 clusters, each cluster 10,000 grapes, and each grape the equivalent of 1,000 quarts [1,000 l] of wine.

7844 **kaputt** — **kaput**

adj

Tills det blir kaputt.

Until it goes kaput.

7845 **synligt** — **visibly**

adv

Jag tror också att EU behöver bli mer synligt i Indien.

I also think that the EU needs to increase its visibility in India.

7846 **utanpå** — **outside; outside**

adv; prp

Märkningen skall göras utanpå påsen.

These identifications must be given outside the bag.

7847 **overall** — **overalls**

nn

Om det är nödvändigt att skydda någon annan kroppsdel än händerna ska det anges vilken typ av och kvalitet på skyddsutrustning som krävs, t.ex. kraghandskar, skyddsskor eller overall, på grundval av ämnets eller blandningens farlighet och risken för kontakt.

If it is necessary to protect a part of the body other than the hands, the type and quality of protection equipment required shall be specified, such as gauntlets, boots, bodysuit based on the hazards associated with the substance or mixture and the potential for contact.

7848 **blodsocker** — **blood sugar**

nn

Rådgör med din läkare om du kan köra bil om du: 1) ofta har insulinkänningar 2) får få eller inga varningssignaler vid lågt blodsocker.

Please ask your doctor whether you can drive a car if you: 1) Have frequent hypos 2) Have few or no warning signs of low blood sugar.

7849 **kabin** — **cabin**

	nn	Man måste övervaka att kabin- och flygpersonal uppfyller kraven på kunskap och erfarenhet.

It must be ensured that the aircrew and cabin crew meet the requirements for proficiency and experience.

7850 sval — **cool**

adj

Sten och göl är fin och sval.

Rock and pool is nice and cool.

7851 självömkan — **self-pity**

nn

"Genom att vi låter humor och skratt vara en del av vårt dagliga liv kan vi bevara vår energinivå, minska trötthet och jaga bort självömkan", hävdar Sanz–Ortiz.

"By including humor and laughter in our daily lives, we maintain our energy level, we alleviate fatigue, and we expel self–pity," asserts Sanz–Ortiz.

7852 stampa — **stomp | pitch**

vb

Sedan Malaki har förutsagt vad Jehovas dag skall innebära för Satans värld, återger han i kapitel 4, vers 2, vad Jehova säger: "För er som fruktar mitt namn kommer rättfärdighetens sol sannerligen att lysa fram med läkedom i sina vingar; och ni kommer verkligen att gå ut och stampa i marken som gödda kalvar."

After foretelling what the day of Jehovah will do to Satan's world, Malachi 4:2 records Jehovah as saying: "To you who are in fear of my name the sun of righteousness will certainly shine forth, with healing in its wings; and you will actually go forth and paw the ground like fattened calves."

7853 nordöstra — **northeast**

adj

Ogiltigförklara kommissionens beslut C av den 21 december 2004 om utbetalning av stöd från Sammanhållningsfonden för etablering av en deponeringsanläggning i Mavro Vouno Grammatiko i nordöstra Attika i Grekland.

Annul Commission Decision C of 21 December 2004 relating to the grant of assistance from the Cohesion Fund for the project 'Construction of a Landfill Site at the Integrated Waste Management Facility of North–East Attica at the location "Mavro Vouno Grammatikou", in the Hellenic Republic.

7854 nynna — **croon**

vb

Sitt inte där och nynna som en sjuklig duva.

Don't sit there crooning like a bilious pigeon.

7855 tvist — **dispute**

nn

Om det blir en tvist om vattentillgången kan det påverka stabiliteten i regionen.

If there is a dispute over water supply it can affect the stability of the region.

7856 besvära — **trouble | bother**

vb

Får jag besvära er med att skicka hem Mun efter detta?

Can I trouble you to send Mun home after this?

7857 hednisk — **pagan**

adj

Men när du började studera Bibeln, insåg du att firandet av sådana högtider faktiskt var av hedniskt ursprung.

After you began to study the Bible, you realized that these celebrations are actually of pagan origin.

7858 tillfrisknande — **recovery**

nn	Och sömnkvaliteten försämras, liksom vårt tillfrisknande.
	And the quality of sleep is degraded, and so is our recovery.

7859 sekretess — **secrecy**

nn

De organ som omfattas av det samordnade förfarandet skall iaktta sekretess i samma utsträckning som enligt artikel 20.

The bodies involved in the one–stop–shopping procedure shall undertake to observe the level of confidentiality prescribed in Article 20.

7860 yla — **howl**

vb

Han kunde höra dem yla på natten.

He could hear them howling in the night.

7861 beskyddande — **protection; protective**

nn; adj

Och framför allt, hon glömde aldrig vem som var hennes verkliga trygghet – hennes beskyddande Far, Jehova Gud.

Most important, she never lost sight of where her true refuge lay–with her protective Father, Jehovah God.

7862 saltvatten — **saltwater**

nn

Man blandar ihop dem, tillsätter lite saltvatten, och lägger sedan i den långa strängen som jag pratade om, som jag stulit från ett virus.

I mix them together, add a little bit of salt water, and then add this long strand I was telling you about, that I've stolen from a virus.

7863 flitigt — **diligently**

adv

Han studerar alltid flitigt.

He always studies hard.

7864 matbord — **dining table**

nn

Min uppfattning är nämligen den att jakten i vissa medlemsländer ger ett betydande tillskott till matbordet.

My view is that in certain Member States hunting brings an important extra source of food to the dining table.

7865 tippa — **tip|dump**

vb

I det sammanhanget utgör artikel 151 en av bestämmelserna som kan tippa över till regeln om kvalificerad majoritet.

In this context, Article 151 is one of the provisions likely to be tipped over to the rule of qualified majority voting.

7866 flammande — **flaming**

adj

I hans högra hand [var] en brinnande (flammande) lag.

In his right hand [there was] a fiery law.

7867 samvetskval — **pangs of conscience**

nn

Pappor som har barn som har kommit på avvägar och ägnar sig åt omoraliskhet eller inte längre bryr sig om andliga värderingar känner ofta svåra samvetskval.

Fathers whose children have been lost to immoral activity or even to a life–style devoid of spirituality often feel deep remorse.

7868 kela — **canoodle|cuddle**

vb

Ja, man kan inte ute- sluta något djur för att de inte är keliga.

Well, you can't exclude an animal just 'cause they're not cuddly.

7869 linne — **linen**

nn

Linne och guld kedjor - Det är Larry.

Tank top and gold chains - That's Larry, all right.

7870 åskväder — **thunderstorm**

nn

Åskväder, utan hagel, som är dolda, insprängda, utbredda eller i linjebyar.

Thunderstorms, without hail, that are obscured, embedded, widespread or in squall lines.

7871	**snille**	**genius**
	nn	Vid 10 var jag ett snille!
		At 10 I was a wunderkind.

7872 **förlova** — **betroth**
vb
Jag hade tänkt förlova mig när jag kom hem.
I was planning on getting engaged when I got back.

7873 **förtydliga** — **make clear**
vb
För att förtydliga: Eftersom detta är kommissionens förslag får kommissionen tala först.
Just to explain: because it is a Commission proposal, the Commission speaks first.

7874 **angripen** — **affected**
adj
10 % i antal eller vikt av körsbär som varken uppfyller kraven för klassen eller minimikraven, dock inte frukt som är angripen av röta eller har andra fel som gör den olämplig för konsumtion.
10 % by number or weight of cherries satisfying neither the requirements for the classn nor the minimum requirements, excluding fruit affected by rotting or any other deterioration rendering it unfit for consumption.

7875 **nattvard** — **communion**
nn
Andakt med nattvard i Andrummet C302, måndagar jämna veckor kl 12.30–13.00.
Worship with communion in Quiet room C302, Mondays even weeks at 12:30–13:00.

7876 **kallelse** — **invitation**
nn
Underrättelsen kan åtföljas av en kallelse till samråd för att klargöra situationen och nå en ömsesidigt tillfredsställande lösning."
The notification may be accompanied by an invitation for consultations with the aim of clarifying the situation and arriving at a mutually satisfactory solution.".

7877 **vresig** — **grumpy**
adj
Jag vet att Bobby är lite vresig, men han är helt okej.
Look, I know Bobby's a little crotchety, but he's great.

7878 **ovidkommande** — **irrelative**
adj
Kommentarer: Det är i praktiken ofta ovidkommande huruvida brandsläckningsutrustning medförs eller inte vid transport av UN1, som ofta kan transporteras i små fordon.
Comments: Carriage of fire–fighting equipment is in practice irrelevant to the transport of UN1, which may often be carried in small vehicles.

7879 **skiss** — **sketch**
nn
Skiss av värmeväxlaren, om systemet utnyttjar avgaser för uppvärmningen, eller av de delar där värmeväxlingen äger rum (om systemet utnyttjar motors kylluft för uppvärmning):
Layout drawing of the heat exchanger for heating systems using the exhaust gases for heating or of the parts where the heat exchange takes place (for heating systems using the engine cooling air for heating):

7880 **injicera** — **inject**
vb
Injicera varje kalibreringslösning (3.5.3) upprepade gånger och bestäm de genomsnittliga topphöjderna (areorna) för varje koncentration.
Inject each calibration solution (3.5.3) several times and determine the mean peak heights (areas) for each concentration.

7881 tygel
nn

bridle | rein

Ni bevarar ett traditionellt system med en manlig familjeförsörjare och dennes lilla fru, hon har ett litet arbete vid sidan av, hårt hållen i hans tygel.

You, my dear colleagues on the right, are perpetuating a traditional system with a male breadwinner and his little wife, with her little job on the side, kept neatly under his thumb.

7882 sving
nn

haymaker

Okej, hemligheten är att ta ett riktigt sving—så man kan dela veden i ett yx—hugg.

OK, so, the trick is to take a full swing so as to split the log in one swift, stroke.

7883 hemtrakt
nn

home district

Till exempel skulle utbytet av konsthantverkare som arbetar i olika material – keramiker, vävare, skulptörer, etc – kunna erbjuda både lokala samhällen och lokala skolor en inblick i kulturens väsen i konstnärens hemtrakt.

For example, the exchange of crafts persons working in different materials – potters, weavers, sculptors, etc. – could present both within local communities and local schools an insight into the essence of the culture of the artist's home region.

7884 höstack
nn

haystack

Att spåra cyberskojare är som att leta efter en nål i en höstack.

Tracking down cyber-crooks is like looking for a needle in a haystack.

7885 svullnad
nn

swelling

Allmänna symtom och symtom vid administreringsstället mycket vanlig: smärta, rodnad, trötthet vanlig: svullnad, feber.

General disorders and administration site conditions very common: pain, redness, fatigue common: swelling, fever.

7886 defensiv
adj

defensive

Kriget är rättfärdigat, Odysseus, defensiv aggression.

It is a righteous war we plan, Ulysses, a war of defensive aggression.

7887 dödsbädd
nn

deathbed

På sin dödsbädd får Elisa besök av kung Jehoas, Jehus sonson, och förutsäger tre segrar över Aram.

Elisha, on his deathbed, is visited by Jehu's grandson King Jehoash; he foretells three victories over Syria.

7888 hörna
nn

corner

Cassius går tillbaka till sin hörna.

Cassius goes back to his corner.

7889 handbok
nn

manual | guide

Säkerhetshandbok: den handbok för genomförande av dessa bestämmelser som ska utarbetas i enlighet med artikel 7.

'Security Manual' means the manual implementing these rules, to be established in accordance with Article 7.

7890 dunder
nn

roll | boom

Diktaturer faller vanligtvis med dunder och brak, snarare än genom mjuka omvälvningar.

Dictatorships generally fall with a bang rather than by means of velvet revolutions.

7891 befordra

promote

	vb	Eftersom kvinnor av familjeskäl behöver göra tillfälliga uppehåll i sina vetenskapliga karriärer blir det svårare att befordra dem.

The temporary breaks in women's careers in science due to family reasons make promotion of women difficult.

7892 kreatur — **animal**

nn

Det har skett en selektiv slakt av kreatur som fötts och vuxit upp tillsammans med bekräftade fall av BSE.

There has been a selective slaughter of cattle born and reared alongside confirmed cases of BSE.

7893 varhelst — **wherever**

adv

Varhelst Jehovas folk arbetade, var vi alltid ärliga, samvetsgranna arbetare.

Wherever Jehovah's people worked, we were always honest, conscientious workers.

7894 förvärra — **aggravate**

vb

Om parterna inte lyckas nå en tillfredsställande lösning genom samråd enligt artikel 5.2 skall Ryssland, om gemenskapen begär det, samarbeta genom att inte utfärda exportlicenser till en viss bestämmelsemedlemsstat om import inom ramen för sådana licens.

If the Parties are unable to reach a satisfactory solution during the consultations provided for in Article 5(2), Russia will cooperate, if so requested by the Community, by not issuing export licences for an intended destination where imports pursuant.

7895 kastare — **caster**

nn

Kastare eller generatorer för rök, gas eller pyroteknik, särskilt utformade eller modifierade för militär användning.

Smoke, gas and pyrotechnic projectors or generators, specially designed or modified for military use.

7896 lustgas — **laughing gas**

nn

Dessa raketer använder experimentmotorer som lustgas.

These rockets use experimental motors like nitrous oxide.

7897 givare — **giver|dealer**

nn

Det andra identifieringsmärket kan vara en elektronisk givare.

One of the second means of identification is an electronic transponder.

7898 uttryckligen — **expressly**

adv

Sökanden anförde till stöd för sin ansökan uttryckligen att Basel/Nyborg–avtalet hade ingåtts för länge sedan och att EMS numera endast hade historisk betydelse.

In support of his request, the applicant argued expressly that the Basle/Nyborg Agreement took place long ago and that the EMS is of purely historical interest.

7899 säkerställa — **ensure**

vb

Europaparlamentet understryker att investeringar i system för förvaring och förpackning av jordbruksprodukter i stor utsträckning kan bidra till att säkerställa skäliga priser på dessa produkter.

Stresses that investment in facilities for the conservation and packaging of farm products could make a significant contribution to ensuring fair prices for these products.

7900 gitarrist — **guitarist**

nn

Sen såg jag plötsligt en gitarrist, som spelade rätt hyfsat i bakgrunden.

And then suddenly I saw the guitar player, who was playing really quite discreetly in the back row.

7901	**genialitet**	**genius	ingenuity**

nn

Trädets skönhet och användbarhet påminner många av dess beundrare om den sinnrikhet och genialitet som finns hos "den som har byggt allting", Gud.

Both the beauty and the usefulness of the tree remind many an admirer of the ingenuity and brilliance of the one who "constructed all things," God.

7902	**utstrålning**	**charisma**

nn

Mätanläggningen skall uppfylla (nationella) lagkrav som gäller utstrålning av elektromagnetiska signaler.

The test facility shall comply with (national) legal requirements regarding the emission of electromagnetic signals.

7903	**dokumentation**	**documentation**

nn

Ett ökande antal EU–data med dokumentation kommer att ställas till förfogande gratis på Eurostats webbplats de närmaste månaderna.

An increasing number of EU data with documentation will be made accessible free of charge on the Eurostat web site in the following months.

7904	**perser**	**persian**

nn

Cyrus största erövring var emellertid den som ägde rum 539 f.v.t., när han i spetsen för en här av meder, perser och elamiter intog det mäktiga Babylon i uppfyllelse av bibliska profetior.

His major conquest, however, came in 539 B.C.E. when Cyrus, at the head of a combined force of Medes, Persians, and Elamites, took mighty Babylon, in fulfillment of the Biblical prophecies.

7905	**gestalt**	**figure**

nn

Men Sonen "utblottade sig själv och tog en slavs gestalt och framträdde i människors likhet".

Nonetheless, the Son "emptied himself and took a slave's form and came to be in the likeness of men."

7906	**kratta**	**rake**

nn

Men jag började skrapa bort grus från vägen med en kratta.

But I started scraping loose gravel off the road with a little rake.

7907	**loppmarknad**	**flea market**

nn

Han köpte det på en loppmarknad.

He bought it at a flea market.

7908	**tilldela**	**assign	award**

vb

Alternativt kan ett företag kan sina anställda en rätt att erhålla en framtida kontantersättning genom att tilldela dem rätt till aktier (inklusive aktier som skall emitteras när aktieoptionerna löses in) som är inlösningsbara, antingen genom tvingande inlösen (exempelvis vid anställningens upphörande) eller på den anställdes begäran.

Or an entity might grant to its employees a right to receive a future cash payment by granting to them a right to shares (including shares to be issued upon the exercise of share options) that are redeemable, either mandatorily (eg upon cessation of employment) or at the employee's option.

7909	**atom**	**atom**

nn

Vad skulle hända, om det till exempel skulle bli en ändring av den kraft som gör att elektronerna rör sig runt kärnan i en atom?

For instance, what if an adjustment were made to the force that keeps electrons moving around the nucleus of an atom?

7910	**albansk**	**Albanian**

	adj	inträffade vid användning av tillgångar som ägs av Republiken Albanien, under förutsättning att tillgångarna användes inom ramen för operationen, utom då albansk personal inom EU:s krishanteringsoperation gjort sig skyldig till grov vårdslöshet eller avsiktlig försummelse vid användningen av dessa tillgångar.

arose from the use of any assets owned by the Republic of Albania, provided that the assets were used in connection with the operation and except in case of gross negligence or wilful misconduct of EU crisis management operation personnel from the Republic of Albania using those assets.

7911 mytologi — **mythology**

nn

Evolutionisten Loren Eiseley medgav: "Sedan vetenskapen tadlat teologen för hans tro på myt och mirakel, fann den sig själv i den föga avundsvärda situationen att den måste skapa sin egen mytologi.".

Evolutionist Loren Eiseley acknowledged: "After having chided the theologian for his reliance on myth and miracle, science found itself in the unenviable position of having to create a mythology of its ownt."

7912 homosexualitet — **homosexuality**

nn

Enligt sökanden skulle hans homosexualitet omedelbart avslöjas och han skulle därmed bli föremål för rättsliga åtgärder som skulle utlösas enbart på grund av det ändrade civilstånd som ett äktenskap skulle innebära.

According to the applicant, his homosexuality would immediately be revealed and he would then be prosecuted solely because of the change to his civil status resulting from the marriage.

7913 papp — **paperboard**

nn

Papper och papp, vågade (inbegripet wellpapp), även perforerade.

Corrugated paper and paperboard, whether or not perforated.

7914 väsentlig — **essential**

adj

En grundlig kännedom om datorsystem och programmeringsspråk är en väsentlig del av Toms arbete.

Sound knowledge of computer systems and programming languages is integral to Tom's job.

7915 traumatisk — **traumatic**

adj

Allvarliga biverkningar relaterade till injektionsproceduren innefattade endoftalmit, regmatogen näthinneavlossning, näthinneruptur och iatrogen traumatisk katarakt.

Serious adverse events related to the injection procedure included endophthalmitis, rhegmatogenous retinal detachment, retinal tear and iatrogenic traumatic cataract.

7916 underkastelse — **submission**

nn

En avgift i form av pengar eller något annat värdefullt, till exempel boskap, som en stat eller härskare betalade till en främmande makt som ett uttryck för underkastelse, för att bevara freden eller för att få beskydd.

Generally, money or other valuable consideration, such as livestock, paid by a state or a ruler to a foreign power in acknowledgment of submission, to maintain peace, or to gain protection.

7917 näck — **naked**

adj

Kanske om jag inte är näck.

Maybe if I wasn't going in the nude.

7918 talk — **talc**

nn

We hear talk of extremely difficult discussions and tough negotiations.

Man talar om ytterst svåra samtal och långdragna överläggningar.

7919 styrande
adj; nn

governing; government

Ett brev från den styrande kretsen.

A letter from the governing body.

7920 trapphus
nn

stairwell

Alla bostads– och arbetsutrymmen, trapphus och korridorer skall vara utrustade med ett typgodkänt rökdetektor– och larmsystem och uppfylla bestämmelserna i regel II.

.1 All accommodation and service spaces, stairway enclosures and corridors shall be equipped with a smoke detection and alarm system of an approved type, and complying with the requirements of regulation II.

7921 kärnkraftverk
nn

nuclear power station

Det senaste byggentreprenadkontraktet inom EU för ett kärnkraftverk undertecknades 1985, men i januari 2002 erhöll företaget TVO den finska regeringens 'principgodkännande' för att bygga ett femte kärnkraftverk, ett beslut som bekräftades vid parlamentets omröstning i maj 2002.

Withi In the EU the go–ahead for the construction of a nuclear power station was given for the last time in 1985, until in Finland January 2002, when the Finnish company TVO obtained a decision from its government in January 2002 agreeing to the 'principle' of constructing agreement in principle to allow the construction of a fifth nuclear power station, and this decision was approved by parliament in May 2002.

7922 markering
nn

marking

Det företag som avses i artikel 10 skall registrera vilken dag varorna faktiskt hålls tillgängliga respektive när lastningen är genomförd, med en särskild markering på det intyg som avses i artikel 16.5.

The undertaking referred to in Article 10 shall record the actual date on which the goods are made available or on which loading is completed, as appropriate, by means of a special indication on the certificate of conformity pursuant to Article 16 (5).

7923 bemästra
vb

master

Kommissionens behörighet enligt artikel 95 första stycket är bestående och outtömlig; syftet med denna artikel är att kommissionen vid varje tillfälle och under alla omständigheter skall kunna bemästra en situation som inte förutses i fördraget, genom att med rådets samtycke vidta nödvändiga åtgärder i strävan att uppnå ett av gemenskapens mål.

The power conferred on the Commission by the first paragraph of Article 95 is permanent and inexhaustible: that article seeks to ensure that the Commission is at all times and in all circumstances in a position to deal with situations not provided for by the Treaty by adopting, in agreement with the Council, a measure required in pursuance of one of the objectives of the Community.

7924 kätteri
nn

heresy

När Galilei inte bara påstod att den heliocentriska teorin var riktig utan att den också stämde med Bibeln, tyckte kyrkan att det var snudd på kätteri.

Hence, when Galileo argued that not only was the heliocentric concept correct but it harmonized with Scripture, the church smelled heresy.

7925 köpcentrum
nn

shopping center

Det ska nämligen inte glömmas att kommunen beslutade i detalj om funktionerna i det projektet som skulle genomföras och de innefattar en vårdcentral, ett centrum för lek, integration och studier (SPILcentrum) med lägenheter, en utbyggnad av den befintliga vårdcentralen med ett källargarage, ett köpcentrum med lägenheter och ett källargarage och ytterligare lägenheter.

It should not be ignored that the functions to be fulfilled by the project were defined precisely by the municipality and include a healthcare centre, a play, integration and learning centre (SPILcentrum) with apartments, an extension of the existing healthcare centre with an underground car park, a commercial centre with housing and an underground car park and more housing.

7926 förlikning — **conciliation**
nn

Om oenighet uppstår mellan parterna ska förlikning inledas i den gemensamma kommittén.
In the case of disagreement, the Parties shall consult each other in the Joint Committee.

7927 graviditetstest — **pregnancy test**
nn

De medicinska tillämpningarna omfattar analyser för bedömning av hälsotillståndet (t.ex. kolesterolvärde, graviditetstest), upptäckt av sjukdomar eller medfödda missbildningar, övervakning av hur en behandling fortskrider (t.ex. dosering och verkan av läkemedel) eller fastställande av om säkerhet och kompatibilitet föreligger i fråga om organdonationer eller blodgivning (t.ex. hiv– och hepatittest).
Medical applications include analyses to assess a person's state of health (e.g. cholesterol, pregnancy testing), to check for disease or congenital abnormality, to monitor treatment as it proceeds (for instance dose and effect of medicinal products) or to determine the safety and compatibility of donated organs or blood (e.g. testing for HIV or the hepatitis virus).

7928 självgod — **self-righteous**
adj

Den 21 mars i år, på fyrtioårsdagen av rasismens undanröjande, sa Ursula Plassnik bland annat följande: "Den världsomfattande kampen mot rasism är långt ifrån vunnen – inte heller i EU finns det anledning att vara självgod."
Thus on 21 March of this year, on the 40th International Day for the Elimination of Racism, Mrs Plassnik declared, among other things, that: 'The worldwide struggle against racism is by no means won – in the EU, too, there is no cause for self–complacency.'

7929 sammanträda — **meet**
vb

Kommittén skall sammanträda med de mellanrum som den själv fastställer i sin arbetsordning.
The Committee shall meet at intervals, which it shall itself determine in its Rules of Procedure.

7930 straffarbete — **hard labor**
nn

Domare hanging harrison gav honom 12 års straffarbete.
Hanging judge harrison gave him 12 years of hard labour.

7931 motstycke — **counterpart**
nn

Herr ordförande, om ni tillåter skulle jag vilja säga några inte alltför allvarstyngda ord om Bernard Tapie, eftersom jag tror att det som händer vår kollega saknar motstycke i parlamentets historia.
Mr President, I should just like to speak briefly on the subject of Bernard Tapie, because what has happened to our fellow Member is, I believe, unprecedented in the history of Parliament and I should like to comment on this with a minimum of gravity.

7932 avsäga — **resign**
vb

En viktig princip som betonas i van den Bos' betänkande är rätten att byta eller avsäga sig sin tro och att söka sin egen andliga hemvist i frihet utan en lagstiftning som förtrycker eller skapar hot om straff vid byte av tro och religion.

An important principle emphasised in Mr van den Bos's report is the right to change or renounce one's faith and to seek one's own spiritual home in freedom and without encountering legislation that is oppressive or that gives rise to threats of punishment for those who change their faith and religion.

| 7933 | **prakt** | **splendor\|glory** |
| | *nn* | |

I Kouyunjik har man däremot funnit mycket som vittnar om Nineves forna prakt.

At Kuyunjik, however, excavations have brought to light much that testifies to Nineveh's past glory.

| 7934 | **härbärge** | **shelter** |
| | *nn* | |

Unicef med flera måste handla snabbt och sörja för det härbärge, det skydd och den registrering som barnen behöver om de skall kunna bygga upp sina liv och kanske spåras upp av släktingar.

Unicef and others must act swiftly to provide the shelter, protection and registration that those children need if they are to rebuild their lives and perhaps, eventually, be traced by relatives.

| 7935 | **vädjan** | **appeal** |
| | *nn* | |

Herr talman! Det finns inte mycket att tillägga, annat än en vädjan.

Mr President, there is very little to add – just a plea.

| 7936 | **sömnlöshet** | **insomnia** |
| | *nn* | |

14 M & B, som ingår i en koncern som är verksam inom läkemedelsforskning, erhöll år 1989 och år 1993 brittiska tillstånd utfärdade av MCA avseende olika typer av tabletter och kapslar av en produkt benämnd "Zimovane", som används för behandling av sömnlöshet och vars generiska namn är zopiklon.

14 In 1989 and 1993, M & B, a member of a group of companies which operate in the research–based pharmaceutical industry, obtained marketing authorisations issued by the MCA covering various forms of tablets and capsules of the product called `Zimovane', which is used for the treatment of insomnia and whose generic name is zopiclone.

| 7937 | **kusk** | **driver** |
| | *nn* | |

Kusken sa att vi inte skulle hitta fångarna vid liv.

The driver said we wouldn't find the captives alive.

| 7938 | **nedstämd** | **depressed** |
| | *adj* | |

Eftersom Epafroditos längtade efter att få träffa bröderna i Filippi och var nedstämd över att de kände till att han var sjuk, tyckte Paulus att det var bäst att sända tillbaka honom så snart han blivit frisk igen, och han anförtrodde honom sitt brev till församlingen i Filippi.

Since Epaphroditus was longing to see the Philippians and was distressed that they had learned about his illness, Paul considered it advisable to send Epaphroditus back quickly upon his recovery and entrusted him with his letter to the Philippian congregation.

| 7939 | **ungmö** | **damsel** |
| | *nn* | |

En riktig gammal ungmö, säkert vansinnigt kär i chefen.

One of those sterling old maids, probably madly in love with the boss.

| 7940 | **fasansfull** | **horrible\|terrible** |
| | *adj* | |

Guds ord framställer den inte som en fasansfull tid, utan som en tid av hopp och återställelse.

God's Word portrays it, not as a terrifying time, but as a time of hope and restoration.

| 7941 | **nedsatt** | **reduced** |

adj | Möjlig risk för nedsatt fortplantningsförmåga.
Possible risk of impaired fertility.

7942 önsketänkande | **wishful thinking**
nn | Konkurrenskraft är inte längre något som kan uppnås genom önsketänkande.
Competitiveness is no longer the sum total of wishful thinking.

7943 fiber | **fiber**
nn | Denna flagellumformade fiber kan i själva verket sträckas ut till två gånger sin utgångslängd.
In fact, this flagelliform fiber can actually stretch over twice its original length.

7944 avlösa | **relieve**
vb | Det gäller att avlösa den disembedding, som för närvarande bedrivs, med en re–embedding.
It is a question of substituting a reembedding for the disembedding which is taking place at the moment.

7945 dunsta | **evaporate**
vb | Snöflingorna dunstar... och förvandlas sedan till hagelkorn.
The snowflakes evaporate... and then turn into hailstones.

7946 vy | **view**
nn | I formulärvyn kan du växla till filtrerad vy med ikonen Använd filter.
In the form view, click the Apply Filter icon to change to the filtered view.

7947 tampas | **tussle|tangle**
vb | Även Spanien och Portugal tampas med växande problem.
Spain and Portugal are also struggling with increasing difficulties.

7948 storstad | **city**
nn | Detta visas även av kundernas beteendemönster: då filialer stängs eller avyttras i en storstad som Berlin övergår de, om de överhuvudtaget byter bank, trots ökande telebanking i allmänhet till ett annat kreditinstitut med lokal representation.
Customer behaviour also points to this approach since, when branches are closed or sold off in a large city such as Berlin and to the extent that customers change banks at all, they tend to switch to another locally represented credit institution, despite the increase in telebanking.

7949 intag | **intake**
nn | Mindre allvarliga hypoglykemiska attacker kan vanligen åtgärdas genom intag av kolhydrater.
Mild episodes of hypoglycaemia can usually be treated with oral carbohydrates.

7950 medborgerlig | **civic**
adj | Jag förespråkar en verklig medborgerlig kontroll av miljöarvet.
I advocate a real citizen's control of our environmental heritage.

7951 kombinerad | **combined**
adj | Tanken var en kombinerad magisterexamen i Omvårdnad och Medicinsk vetenskap.
The idea was to combined a degree in Nursing and Medical Science.

7952 löpning | **running**
nn | Löpning: det är i grund och botten bara höger, vänster, höger, vänster.
Running — it's basically just right, left, right, left — yeah?

7953 krånglig | **awkward**

adj

Ändringsförslag 148 tycks gå ut på att skattebetalarna ska betala för resor i samband med läkarundersökningar i ett annat medlemsland genom ett system för återbetalning mellan medlemsstaterna, och detta ska naturligtvis göras enligt någon krånglig EU–modell.

Amendment 148 suggests that the taxpayer should pay for travel for a medical examination in another Member State with a reimbursement system between Member States, no doubt using a complex EU formula.

7954 dåraktig   **foolish**

adj

Och den som blir utpekad och ertappad med det som är vigt åt tillintetgörelse skall brännas upp i eld, han och allt som tillhör honom, därför att han har överträtt Jehovas förbund och därför att han har begått en skamlig och dåraktig handling i Israel.

And it must occur that the one picked with the thing devoted to destruction will be burned with fire, he and all that belongs to him, because he has overstepped the covenant of Jehovah and because he has committed a disgraceful folly in Israel.

7955 munkavle   **gag**

nn

Om vi talar om en stabilitetspakt handlar det inte om att lägga munkavle på människor som ropar efter rättvisa, men då handlar det om en rättvis fred, och det kräver handling och inte att man tiger ihjäl allvarliga brott.

If we talk about a Stability Pact then it isn't about gagging those who are screaming for justice, but about a just peace, and that demands action and not keeping serious crimes under wraps.

7956 ranson   **ration**

nn

Jag har en extra ranson i dag.

I have an extra ration today.

7957 sandkorn   **grain of sand**

nn

De båda formerna ser även lika ut: de har samma färg, kristallerna är stora som sandkorn medan den vattenfria produkten är ett pulver, och förpackningarna är nästan identiska.

The two forms even look similar: the colour is the same, the crystals are the size of grains of sand while the anhydrous product is a powder, and the packing is almost identical.

7958 restriktion   **constraint**

nn

Domstolens bedömning av denna restriktion i en medlemsstat av dess egna medborgares frihet att tillhandahålla tjänster är att denna frihet kan åberopas av ett företag mot den medlemsstat där det är etablerat under förutsättning att restriktionen påverkar de tjänster som tillhandahålls i en annan medlemsstat.

The Court of Justice's position on this restriction by a Member State of its nationals' freedom to provide services is that this freedom may be invoked by an undertaking to challenge the State in which is it established provided that the restriction affects services provided in another Member State.

7959 kork   **cork**

nn

Tydligen använde de även kork för att försluta sina krus.

Apparently, they also used cork stoppers for jars.

7960 svälla   **swell|bloat**

vb

När dessa klaffar inte håller tätt, samlas det blod under dem, vilket får venerna att svälla och bilda så kallade åderbråck.

When these valves fail, blood forms pools below them, causing the veins to distend and become what is known as varicose veins.

7961 diskriminering   **discrimination**

nn	Jag skulle vilja utveckla mig något närmare på den punkten, för att tydliggöra den återvändsgränd som den av parterna förespråkade lösningen på frågan om "indirekt diskriminering" leder till.
	I should like to enlarge somewhat upon that point because the impasse to which the solution of `indirect discrimination' being pressed upon us by the parties leads will thus become more apparent.

7962 oklok — **unwise**

adj

Jag var alldeles för styv i korken och för oklok

I was too stiff in the cork.. And too unwise.

7963 inredning — **furnishings**

nn

Planering och rådgivning om utformning och inredning samt om butiksbyggnad, informationssystem för varornas gång, t.ex. dataservice.

Design and interior design planning and consultancy, including with regard to shop fitting, information systems for the movement of goods, including data services.

7964 nittio — **ninety**

num

Denna konvention träder i kraft nittio dagar efter det att den underrättelse som avses i punkt 2 lämnats av den stat som skall vara medlem i Europeiska unionen när rådet antar den akt genom vilken denna konvention upprättas som sist fullgör denna formalitet.

This convention shall enter into force 90 days after the notification referred to in paragraph 2 by the State, Member of the European Union at the time of adoption by the Council of the Act drawing up this Convention, which is last to complete that formality.

7965 sladd — **cord**

nn

Ett externt nätaggregat måste förbindas med datorn genom en löstagbar eller fast elektrisk anslutning av han–/hontyp, kabel, sladd eller annan ledning.

An external power supply must connect to the computer via a removable or hard–wired male/female electrical connection, cable, cord or other wiring.

7966 klåpare — **bungler|fiddler**

nn

Roy, din dumme klåpare!

Roy, you bumble– dick gourd head!

7967 livshotande — **life-threatening**

adj

I sällsynta fall kan allvarlig hyperstimulering uppträda, vilket kan vara livshotande.

In rare cases severe ovarian hyperstimulation syndrome occurs, which may be life–threatening.

7968 väpnad — **armed**

adj

Lämplig juridisk sakkunskap och tillräckligt med information om det särskilda sammanhanget bör alltid sökas för att kunna bestämma om en situation är liktydig med en väpnad konflikt och sålunda om internationell humanitär rätt är tillämplig.

Appropriate legal advice, together with sufficient information about the particular context, should always be sought in determining whether a situation amounts to an armed conflict, and thus whether international humanitarian law is applicable.

7969 sandstorm — **sandstorm**

nn

Det är ungefär som att hitta en pingvin i en sandstorm.

Kind of like finding a penguin in a sandstorm.

7970 kollaps — **collapse**

nn

Kollektiva insatser från den offentliga sektorn för att rädda finanssystemet och stärka efterfrågan och förtroendet har bidragit till att undvika en ekonomisk kollaps.

Collective action to save the financial system and to boost demand and confidence through public intervention has helped to prevent an economic meltdown.

7971 regi — **direction**

nn

Vattenförsörjningen kan skötas i offentlig eller privat regi.

The water supply can be public or private.

7972 backspegel — **rearview mirror**

nn

I det fall underkanten av en yttre backspegel befinner sig mindre än 2 m över markplanet när traktorn är lastad får denna backspegel inte skjuta ut mer än 0,20 m utanför den största bredden, mätt utan backspeglar, för traktorn eller traktor/släpvagnskombinationen.

Where the bottom edge of an exterior rear–view mirror is less than 2 m above the ground when the tractor is laden, this rear–view mirror shall not project more than 0,20 m beyond the overall width of the tractor or tractor–trailer combination measured without rear–view mirrors.

7973 kläcka — **hatch**

vb

Ytterligare utveckling av redan befintliga och verksamma vetenskaps– och teknikkuvöser i Grekland, deras utveckling och förvärv av materiella och immateriella hjälpmedel som bidrar till att effektivt "kläcka" nya högtekniska affärsverksamheter.

The further development and growth of existing operational S & T incubators in Greece and the acquisition of tangible and intangible assets that contribute to the effective incubation of new high–tech business activities.

7974 generell — **general**

adj

Enligt logiken i det spanska skattesystemet hävdar de att åtgärden i fråga bör betraktas som en generell åtgärd som gäller utan diskriminering av någon typ av bolag och verksamhet.

In line with the logic of the Spanish tax system, they maintain that the measure at issue should be considered a general measure that applies indiscriminately to any type of company and activity.

7975 barnlek — **children's game**

nn

Uppblåsbara båtar, utformade för barnlek.

Inflatable boats designed for children to play in.

7976 ställd — **placed**

adj

Anta ett beslut om prioriterade ärenden enligt artikel 4 i del II i protokoll 3, med en kopia ställd till den klagande.

Adopt a decision for priority cases pursuant to Article 4 of Part II of Protocol 3, with a copy addressed to the complainant.

7977 identifikation — **identification**

nn

Rådet skall senast den 31 december 1996 på grundval av en rapport från kommissionen med eventuella förslag, som den skall besluta om med kvalificerad majoritet, göra en översyn av bestämmelserna i detta direktiv mot bakgrund av vunna erfarenheter i syfte att fastställa ett harmoniserat gemenskapssystem för identifikation och registrering och besluta om ett eventuellt införande av ett databaserat identifikationssystem mot bakgrund av de resultat som uppnåtts på detta område av Internationella standardiseringsorganisationen (ISO).

Not later than 31 December 1996, acting on the basis of a report from the Commission, accompanied by any proposals, on which it will decide by a

63

qualified majority the Council shall, in the light of experience gained, review the provisions of this Directive with a view to defining a harmonized Community identification and registration system and shall decide on the possibility of introducing electronic identification arrangements in the light of progress achieved in this field by the International Organization for Standardization (ISO).

7978	**bedriva**	**carry on**

vb

Partihandlare måste säkerställa att de levererar läkemedel endast till personer som själva innehar tillstånd att bedriva partihandel eller som är behöriga att lämna ut läkemedel till allmänheten.
Wholesale distributors must ensure they supply medicinal products only to persons who are themselves in possession of a wholesale distribution authorisation or who are authorised or entitled to supply medicinal products to the public.

7979 halm — **litter**

nn

Hö, halm och träspån som strö för djurburar.
Hay, straw and wood chips being litter for animal cages.

7980 viskning — **whisper**

nn

Jag är en viskning i andra ändan av luren.
I'm a whisper, a breath on the other end of the line.

7981 regent — **sovereign**

nn

Under Kejsarens 36år som regent.
The 36th year of the Emperor's reign.

7982 karamell — **candy**

nn

Godis, sötsaker, tuggkarameller, sura pastiller, gummikulor, karamell, tuggummi, lakrits och vingummi, godisklubbor och kolor.
Sweets, confectionery, chews, drops, gumdrops, caramels, chewing gum, liquorice and gum articles, lollies and toffees.

7983 gravplats — **grave**

nn

(Det grekiska ord som översatts med "minnesgravarna" är inte pluralformen av ta·fos [graven, en enskild individs gravplats] eller hai·des [dödsriket, den döda mänsklighetens gemensamma grav], utan den plurala dativformen av mne·mei·on [minne, minnesgrav].
(The Greek word translated "memorial tombs" is not the plural form of ta'phos [grave, an individual burial place] or hai'des [gravedom, the common grave of dead mankind] but is the plural dative form of mne·mei'on [remembrance, memorial tomb].

7984 kristallklar — **crystal-clear**

adj

Jag menar inte bara av parlamentet, såsom vi planerar att göra med vår resolution. Det är också er skyldighet som Europeiska kommissionen att sända en kristallklar signal om att handel av detta slag är förbjuden, och att kommissionen kommer att göra allt – absolut allt – för att sätta stopp för detta övergrepp mot mänsklig värdighet.
I do not just mean by Parliament, as we plan to do with our resolution; it is also your duty, as the European Commission, to send out a crystal-clear signal that trade of this nature is prohibited, and that the Commission will do everything – absolutely everything – to put an end to this violation of human dignity.

7985 självaktning — **self-esteem**

nn

Tränings– och utbildningstjänster relaterade till terapeutiska tjänster tillhandahållna till barn mottagande hälsovård inklusive bestämmande respons på sjukvårdserfarenheter hos barn och samspel med barn för att minimera stress och oro, och tillhandahålla nödvändig livserfarenhet, och att stärka självaktning och oberoend.

Training and educational services relating to therapeutic services provided to children receiving health care including assessing responses of children to health care experiences and interacting with children to minimize stress and anxiety, and provide essential life experiences, and to strengthen self–esteem and independence.

7986	**värk**	**ache**
	nn	Det är bara en värk, det är bra nu.
		it's just a cramp. It's over now.

7987 **hjärnskada** — **brain injury**
nn
Medicinsk behandling av demens eller hjärnskada.
Medical treatment of dementia or brain damage.

7988 **akademiker** — **university graduate**
nn
Detta anslag är avsett att täcka utgifter för praktisk administrationsutbildning för unga akademiker. Dessa utgifter kan omfatta sociala avgifter för personen under utbildning, resekostnader vid kursens början och slut, resekostnader för resor i samband med utbildningsprogrammet och kostnader för mottagning, måltider och dokumentation.
This expenditure may include social security contributions for staff undergoing training, as well as payments and transport costs at the start and end of the training sessions, costs relating to the training programme, and hospitality, meal and documentation costs.

7989 **hämning** — **inhibition**
nn
Genom hämning av enzymet renin hämmar aliskiren RAS vid aktiveringspunkten, varvid omvandlingen av angiotensinogen till angiotensin I blockeras och nivåerna av angiotensin I och angiotensin II minskar.
By inhibiting the enzyme renin, aliskiren inhibits the RAS at the point of activation, blocking the conversion of angiotensinogen to angiotensin I and decreasing levels of angiotensin I and angiotensin II.

7990 **blotta** — **expose; opening**
vb; nn
De vill i grund och botten att det internationella samfundet ska blotta Kosovo så att man kan få det att se ut som om detta är en handling mot det serbiska folket.
They want the international community to basically strip Kosovo bare so as to then be able to make this out to be an act against the Serbian people.

7991 **dekorerad** — **decorated**
adj
Polerad, dekorerad eller på annat sätt bearbetad, men utan bildhuggararbete, med en nettovikt av 10 kg eller mer.
Polished, decorated or otherwise worked, but not carved, of a net weight of 10 kg or more.

7992 **rörmokare** — **plumber**
nn
Varför anlitar du inte en rörmokare?
I don't understand why you won't just fork out for a plumber?

7993 **chokladkaka** — **chocolate bar**
nn
Man tror sig nästan ha en chokladkaka framför sig...
You could almost imagine yourself faced with a bar of chocolate!

7994 **vändpunkt** — **turning point**
nn
Ett tecken på en positiv vändpunkt är att även de hittills outnyttjade resurserna från programmet för ekonomisk återhämtning kan användas för

utveckling av energieffektivitet och miljövänliga investeringar på grundval av Europaparlamentets beslut.

One sign of a positive turning point is that on the basis of the European Parliament's decision, even the hitherto unused resources of the Economic Recovery Programme can be used for energy efficiency developments and green investments.

7995	**skärpning**	**sharpening**

nn

Översyn och eventuell skärpning av befintlig lagstiftning om förverkande av kriminella tillgångar (2008).

Review and, if necessary, strengthening of present legislation on confiscation of criminal assets (2008).

7996	**beskåda**	**look at**

vb

El.: "alla praktfulla ting att beskåda", "alla praktfulla konstverk".

Or, "all desirable articles of show; all works of art."

7997	**ledsagare**	**escort|guide**

nn

Det skall vidare täcka ersättning till extraanställda som arbetar som ledsagare för personer med funktionshinder.

It includes a sum to cover the remuneration of auxiliary staff acting as guides to handicapped persons.

7998	**spontant**	**spontaneously**

adv

Detta kommer inte att ske spontant, gynnsamma villkor måste skapas.

This will not come about spontaneously; favourable conditions need to be created.

7999	**korrigera**	**correct**

vb

Jag skulle vilja använda blåkortet för att korrigera en detalj.

Madam President, I would like to use the blue card simply to rectify one point.

8000	**hundratusen**	**hundred thousand**

num

Det skulle behövas femtusen, tiotusen, hundratusen, det vet jag mycket väl.

There really ought to be five thousand, ten thousand, a hundred thousand. I am well aware of this.

8001	**kumpan**	**companion**

nn

Mugabe har belönat sina kumpaner - de s.k. veteranerna - med land som har konfiskerats av vita jordbrukare.

Mugabe has rewarded his cronies - or so-called 'veterans ' - with confiscated white farmers ' land.

8002	**frakta**	**carry|freight**

vb

Merparten av de importerade karbamidammoniumnitratlösningarna hade en kvävehalt av 32 %, vilket innebär att produkten är mera koncentrerad och därför billigare att frakta.

Most of the imported UAN was 32 % N, which is more concentrated, and therefore cheaper to ship.

8003	**halvbror**	**half-brother**

nn

Benjámin Dávid Nagy förfogade inte ständigt över fordonet, utan använde det tillfälligt när hans halvbror gav honom i uppdrag att utföra vissa ärenden i samband med Alpen–Reisens verksamhet.

Mr Nagy did not keep the vehicle in his uninterrupted possession, but used it ad hoc on occasions when his half–brother asked him to perform certain business tasks for Alpen–Reisen.

8004	**svan**	**swan**

nn

Massmedia skapade rubriker av varje död svan man hittade.

The mass media made headline news out of every dead swan found.

8005	**motsvarande**	**corresponding**

adj

I kommissionens förordning (EG)1 anges det tekniska formatet för dataöverföring (datauppsättningar som ska tillhandahållas med motsvarande utformning och kodifiering).
Commission Regulation (EC) 1, which provides the technical format for data transmission (datasets to be provided with the corresponding structure and codification).

8006	**stämpel**	**stamp**

nn

Underskrift av behörig myndighet i den begärande staten (sigill/stämpel).
Signature of the competent authority of the requesting State (Seal/stamp).

8007	**avtjäna**	**do**

vb

Om den misstänkta personer avtjänar eller ska avtjäna ett frihetsstraff i den andra medlemsstaten.
The suspected person is serving or is to serve a sentence involving deprivation of liberty in the other Member State.

8008	**ömsesidig**	**mutual**

adj

Konventionen av den 29 maj 2000, upprättad av rådet i enlighet med artikel 34 i Fördraget om Europeiska unionen, om ömsesidig rättslig hjälp i brottmål mellan Europeiska unionens medlemsstater
Convention of 29 May 2000, established by the Council in accordance with Article 34 of the Treaty on European Union, on Mutual Assistance in Criminal Matters between the Member States of the European Union.

8009	**celibat**	**celibacy**

nn

På liknande sätt förhöll det sig med esséernas avskildhet från samhället, deras tro på ödet och själens odödlighet och deras tonvikt på celibat och deras mystiska idéer om att ta del i änglarnas tillbedjan.
Much the same could be said regarding the Essenes' seclusion from society, their belief in fate and the immortality of the soul, and their emphasis on celibacy and mystical ideas about participating with the angels in their worship.

8010	**materiell**	**material**

adj

Rådets förordning (EG) 2 om tillämpning av Europaparlamentets och rådets förordning 3 om gemenskapsstatistik över inkomst– och levnadsvillkor (EU–Silc) när det gäller förteckningen för 2009 över sekundära målvariabler för materiell fattigdom.
Council Regulation (EC) 2 implementing Regulation 3 of the European Parliament and of the Council concerning Community statistics on income and living conditions (EU–SILC) as regards the 2009 list of target secondary variables on material deprivation.

8011	**rättfram**	**straightforward**

adj

I sitt nyligen offentliggjorda meddelande om förbindelserna med Ryssland betonade kommissionen att det är nödvändigt att EU i en öppen och rättfram dialog ställer krav på att Ryssland respekterar de värderingar som landet har förbundit sig att följa i egenskap av medlem av Organisationen för säkerhet och samarbete i Europa (OSSE) och Europarådet, däribland respekt för de mänskliga rättigheterna och mediefrihet.
In its recent Communication on relations with Russia, the Commission underlined the need for the EU to hold an open and frank dialogue, in order to insist that Russia respect the values to which it is committed as a member of the Organisation for Security and Cooperation in Europe (OSCE) and Council of Europe, including respect for human rights and media freedom.

8012 socialbidrag — **welfare**

nn

Alla medlemsstater utom Sverige använder sig av detta kriterium, men med olika utformning. Cypern ger inga närmare uppgifter och Tyskland hänvisar till lokala bestämmelser för närmare uppgifter, medan Frankrike, Luxemburg, Rumänien och Litauen hänvisar till minimilöner och Österrike till den lägsta inkomst under vilken socialbidrag beviljas.
All Member States except SE make use of this criterion, but with different modalities: either without being more precise (CY), or by delegating such precision to local provisions (DE), or by referring to the minimum wage (FR, LU, RO, LT) or to the minimum income below which social allocations are granted (AT).

8013 förskola — **preschool**

nn

Dessa ansträngningar i den obligatoriska skolan måste föregås av en förskola av hög kvalitet som är tillgänglig och till rimlig kostnad.
These efforts within compulsory schooling need to be preceded by high–quality, accessible and affordable early childhood education and care.

8014 neutron — **neutron**

nn

ANM.: För framdrivningssystem konstruerade eller specificerade mot neutron eller transient joniserande strålning, se militära förteckningen.
N.B.: For propulsion systems designed or rated against neutron or transient ionizing radiation, see the Military Goods Controls.

8015 julfest — **Christmas party**

nn

Jag vill tacka frågeställaren av den muntliga frågan och Elspeth Attwooll för presentationen av den, särskilt eftersom hon missar sin grupps julfest i kväll genom att vara här, vilket visar hur hängiven hon är.
Mr President, I would like to thank the author of the oral question and Mrs Attwooll for presenting it, particularly as she is missing her group's Christmas party this evening by being here, which shows her true dedication.

8016 feminin — **feminine**

adj

De flesta feminina uttal är underlåtna men inte nödvändigtvis ogynnande.
Most feminine pronouns do have mocking but not necessarily misogynistic undertone.

8017 programledare — **anchor man**

nn

Happy och Ådi tar tåget om mindre än två timmar, för att åka till New York, där dom ska bli programledare på God Dag, New York
Uh, Happy and Odie are getting on a train in less than two hours, to go to New York to become regulars on Good Day, New York.

8018 framhäva — **bring out|hold up**

vb

Ekonomer använder matematiska modeller för att framhäva värdet av hushållsarbete.
Economists use mathematical models to highlight the value of housework.

8019 stämd — **tuned**

adj

Ert land tycks ha en någotsånär vänligt stämd regering.
Your country seems to have a friendly enough government.

8020 krypande — **creeping; crawl**

adj; nn

Det som fjärilslarven lämnade kvar åt vandringsgräshoppan upp; och det som vandringsgräshoppan lämnade kvar åt den krypande, vinglösa gräshoppan* upp; och det som den krypande, vinglösa gräshoppan lämnade kvar åt kackerlackan upp.

What was left by the caterpillar, the locust has eaten; and what was left by the locust, the creeping, unwinged locust* has eaten; and what the creeping, unwinged locust has left, the cockroach has eaten.

| 8021 | **fångvaktare** | **jailer** |

nn

Fångvaktare får dessutom ekonomisk ersättning för att ge fångar spöstraff.

Moreover, prison officers receive financial rewards for caning prisoners.

| 8022 | **existerande** | **existing** |

adj

Bestämmelser som i praktiken garanterar att förvärvade marknadspositioner bevaras (såsom till exempel förbudet för nya koncessionshavare att inrätta vadhållningslokaler inom ett visst avstånd från redan existerande sådana).

Actually safeguards acquired rights (prohibiting new licensees from locating their kiosks within a specified distance of those already in existence).

| 8023 | **sportbil** | **sports car** |

nn

Hon hade en silverfärgad sportbil.

Shee had a silver sports car.

| 8024 | **nuläge** | **now** |

nn

Beskriv projektets tidsplan (J.1) med avseende på tekniska och finansiella aspekter samt på projektets nuläge under följande rubriker:

Please describe the project timetable (J.1) in terms of the technical and financial progress and current maturity of the project under the following headings:

| 8025 | **omfatta** | **include\|cover** |

vb

Och skall direktivet retroaktivt omfatta varje bil som någonsin tillverkats?

And should the directive be retrospective to cover every car that has ever been made?

| 8026 | **hemlighetsfull** | **secretive** |

adj

Rapporten förblir emellertid hemlighetsfull när det gäller alla de här punkterna, som ändå är oerhört viktiga och som det är brådskande att ta itu med på det stadium vi nu har kommit till; vilket inte hindrar att man i rapporten än en gång proklamerar att man, jag citerar: " erkänner att ECBS måste säkerställa insynen i dess mål och den politik den kommer att föra, så att finansvärlden och allmänheten förstår och stöder dess verksamhet" .

But the report remains totally mysterious on all these points, which are nevertheless vital, and very urgent at the stage that we have reached. However, this does not prevent it from proclaiming once more that it recognizes the need for the ESCB to ensure transparency of its objectives and the policies which it will pursue, so that the financial community and the public will understand and support its actions.

| 8027 | **hemgift** | **dowry** |

nn

Jag ber dig alltså att uppmärksamma företeelsen hemgift inom finanssektorn.

So, Commissioner, I ask you to be attentive to the phenomenon of dowry in the financial sector.

| 8028 | **utmärkande** | **distinguishing** |

adj

Sökandena berörs inte av den omtvistade förordningen, som är av allmän giltighet, på grund av vissa utmärkande egenskaper som de har eller på grund av omständigheter som särskiljer dem, med avseende på nämnda förordning, från alla näringsidkare som denna kan tillämpas på.

The contested Regulation, which is applicable erga omnes, has not affected the applicants by reason of certain attributes peculiar to them or by virtue of circumstances which differentiate them, having regard to that Regulation, from all the other operators to whom it may apply.

| 8029 | **storsint** | **magnanimous** |

8029 **storsint**
adj
magnanimous
Den kuken lyckades till och med låta storsint.
The colossal prick even managed to sound magnanimous.

8030 **bordsbön**
nn
grace
Vem vill be bordsbön?
So who wants to say grace?

8031 **djävulsk**
adj
devilish
Vi inför alltså inte konkurrens – och hamnarbetarna märkte det mycket väl –utan en djävulsk inrättning som skall sänka priserna och lönerna.
In other words, competition will not be fair but will entail a levelling–down of social conditions. The dock workers understand well that we are not implementing competition but a devillish mechanism to reduce prices and salaries.

8032 **uppsöka**
vb
seek
Om hudutslag och illamående uppträder samtidigt, måste du avbryta behandlingen och uppsöka din läkare omedelbart.
If rash occurs with feeling sick, you must stop treatment and visit your doctor immediately.

8033 **fördrag**
nn
treaty
Detta fördrag skall tillämpas beträffande Kanalöarna och Isle of Man endast i den utsträckning det är nödvändigt för att säkerställa genomförandet av den ordning för dessa öar som anges i det fördrag om anslutning av nya medlemsstater till Europeiska ekonomiska gemenskapen och till Europeiska atomenergigemenskapen som undertecknats den 22 januari 1972.
This Treaty shall apply to the Channel Islands and the Isle of Man only to the extent necessary to ensure the implementation of the arrangements for those islands set out in the Treaty concerning the accession of new Member States to the European Economic Community and to the European Atomic Energy Community signed on 22 January 1972.

8034 **broderskap**
nn
brotherhood
Och tänk vilken förlust det skulle vara att inte längre kunna glädja sig åt ett varmt kristet broderskap!
And imagine what a loss it would be not to share in the warm Christian brotherhood!

8035 **brännvin**
nn
brandy
Alkoholhaltiga drycker (ej öl), Speciellt vin, Brännvin, Spritdrycker.
Alcoholic beverages (except beers), in particular wine, brandies, spirits and liquors.

8036 **flak**
nn
loading body
Släpvagnar med flak.
Flatbed trailers.

8037 **instinktivt**
adv
instinctively
Men att man behandlar vuxna personer kärleksfullt sker inte alltid lika instinktivt.
Dealing lovingly with adults is not always so instinctive.

8038 **flyktig**
adj
volatile
Sedan har vi frågan och kommentaren från Manders om artikel 5, i synnerhet om orden "flyktig" och "tillfällig".

Then there is the question and a comment made by Mr Manders on Article 5 and in particular on the words "transient" and "incidental".

| 8039 | **samförstånd** | **understanding** |

nn

Om inget samförstånd uppnås skall byrån hänskjuta ärendet till styrelsen för beslut.

If no consensus can be reached, the Bureau shall refer the matter to the Governing Board for decision.

| 8040 | **vanvett** | **mania** |

nn

Vid Yitzhak Rabins minneshögtid talade David Grossman om ett land hypnotiserat av vanvett, råhet, våld och rasism, om en stat som slösar bort sin goodwill och förslösar sitt eget folk, särskilt de unga.

At Yitzhak Rabin's memorial service, Mr Grossman spoke of a country hypnotised by insanity, rudeness, violence and racism, of a state squandering its goodwill, squandering its own people, especially its young.

| 8041 | **reson** | **reason** |

nn

De enda undantagen var Schoellerbank, som upptogs till följd av sin utökade verksamhet på dessa område, och Internationale Bank für Außenhandel (IBA), som närmast agerade som "räntesatsbrytare" och av den anledningen upptogs i exportklubben i början av 1994. De banker som var företrädda i Exportlombardklubben hoppades genom denna åtgärd få IBA "att ta reson".

The only exception (besides Schoellerbank, which was accepted owing to its intensified activities in this area) was the Internationale Bank für Außenhandel (IBA), which initially acted as a "rate violator" and was subsequently included (in early 1994) in the Export Financing Committee, whose members thus hoped "to make IBA see reason".

| 8042 | **expandera** | **expand** |

vb

För att sedan, i enlighet med den naturliga ordningen, åter expandera.

And then, of course, in the natural course of things, they will expand back.

| 8043 | **kvartal** | **quarter** |

nn

belopp som är nödvändiga när ett projekt eller program fastställdes under budgetårets sista kvartal och byrån inte har kunnat göra motsvarande budgetmässiga åtaganden senast den 31 december.

amounts which are necessary when a programme or project was established in the final quarter of the financial year and the Agency has been unable to commit the appropriations provided for this purpose by 31 December.

| 8044 | **europé** | **European** |

nn

Som professor Gerenk sade i går: Man föds inte till europé, man blir europé.

As Professor Gerenek said yesterday, one is not born a European, one becomes a European.

| 8045 | **småprata** | **make small-talk** |

vb

Åh, vilken glädje till småprata.

Oh, what a pleasure to chit-chat.

| 8046 | **däremellan** | **in between** |

adv

På grundval av detta är det sedan möjligt att tänka sig olika typer av skydd, beroende på vilken grad av beroende den yrkesverksamme har, från reellt ekonomiskt oberoende till lönearbete. Däremellan befinner sig de yrkesverksamma som juridiskt sett är egenföretagare, men som befinner sig i en ekonomisk beroendeställning.

On this basis, different definitions could be clarified for the levels of dependence that workers might have, ranging from true economic independence at one end of the scale to salaried work at the other, with work that is independent in legal terms but dependent in economic terms in the middle; the corresponding protection could then be established.

8047 spanjor
nn

Spaniard

För ovanlighetens skull talar jag som spanjor här i kammaren och jag vill börja med att tacka alla som har gett uttryck för sin solidaritet med offren för terrorismen i Spanien och de fruktansvärda följder som attackerna har haft i mitt land.

Madam President, speaking for once as a Spaniard in this House, I would like firstly to thank everybody who has expressed solidarity with the victims of terrorism in Spain and the terrible effects the attacks have had in my country.

8048 minfält
nn

minefield

GFC kommer även fortsättningsvis att fokusera på de tekniska aspekterna av EU:s humanitära minröjningsinsatser, i första hand i syfte att förbättra kunskaperna om befintlig teknik för att kartlägga och spåra minfält genom testning och benchmarking, i andra hand för att utvärdera ny teknik, och i tredje hand för att göra EU:s minröjningsinsatser mer synliga, öppna och effektiva.

The JRC will maintain a focus on technical aspects of EU efforts in humanitarian demining, firstly to improve knowledge of existing technology for minefield survey and detection through testing and benchmarking, secondly to assess new technologies and thirdly to increase the visibility, transparency and efficiency of EU mine action operations.

8049 omvårdnad
nn

welfare

Omvårdnad har varit kvinnornas domän i århundraden.

Caring has been the domain of women for centuries.

8050 uthyrning
nn

rental|hire

Det har att göra med uthyrning av två fastigheter i Strasbourg.

They have to do with the leasing of two buildings in Strasbourg.

8051 manövrera
vb

operate|manage

Den minsta flygbesättning, som krävs för att manövrera luftfartyget, och dess kvalifikationer.

Minimum flight crew and its qualification, required to operate the aircraft.

8052 lump
nn

rag

Avfall av ull eller av fina eller grova djurhår, inbegripet garnavfall, men inte rivet avfall och riven lump.

Waste of wool or of fine or coarse animal hair, including yarn waste but excluding rags.

8053 utnämna
vb

appoint|create

Vi kanske menar att de första två eller tre dagarna hade kunnat vara lite mer produktiva, men på det hela taget anser jag att kommissionsledamöterna har utfört sitt arbete oerhört väl. Inom ramen för det gemensamma europeiska luftrummet har rådets beslut syftat till att starkt uppmuntra åtgärderna för att utnämna samordnare för funktionella luftrumsblock och insatserna av Europeiska byrån för luftfartssäkerhet.

We might perhaps consider that the first two or three days could have seen a little more action, but on the whole, I believe that the Commissioners carried out their work extremely properly, and that the decisions of the

Council were such as to give great encouragement within the context of the Single European Sky to the measures taken on the adoption of functional airspace bloc coordinators and the implementation of the measures by the European Aviation Safety Agency, and many others of these measures were taken quickly.

8054	**framgå**	**appear**
	vb	

I de nationella bestämmelserna i 17a och 17c §§ UStDV föreskrivs att det av verifikationerna och bokföringen skall "framgå klart , och vara lätt att kontrollera" att förutsättningarna för en gemenskapsintern leverans föreligger.
German law provides in Paragraphs 17a and 17c of the UStDV that the conditions for the occurrence of an intra–Community supply must be 'clear and easily verifiable' from documents as well as from the accounts.

8055	**oordning**	**disorder**
	nn	

Genom sin passivitet har han bidragit till att bibehålla en kultur med systematisk oordning och oriktigheter.
With his passivity, he has been a party to maintaining a culture of systematic disarray and irregularities.

8056	**skadegörelse**	**damage**
	nn	

Det har kommit till kommissionens kännedom att det på vissa ställen förekommer skadegörelse på skarvfågelbon.
The Commission has received information indicating that damage to nests of cormorant is taking place in some locations.

8057	**avsätta**	**set aside|deposit**
	vb	

Risken är att kommissionen, med tanke på dess många olika arbetsområden, inte kommer att avsätta tillräckliga resurser för genomförandet av strategin.
There is a danger here that, in view of the Commission's many areas of responsibility, not enough resources will be allocated within the Commission to implementation of the strategy.

8058	**infall**	**fancy**
	nn	

Ofta är det infall och idéer hos sjukhuspersonalen som avgör om man får vara med under förlossningen, och dessa kommer ofta på förevändningar för att papporna inte kan få vara med.
Being allowed into the delivery room is often up to the whim and fancy of the medical staff, who often come up with excuses not to include the father.

8059	**omänsklig**	**inhuman**
	adj	

Europaparlamentet uppmanar Förenta staterna att infria sitt löfte att stänga Guantánamolägret. Parlamentet uppmanar enträget medlemsstaterna att intensifiera ansträngningarna att vidarebosätta utomeuropeiska fångar som släpps från Guantánamolägret men som inte kan skickas tillbaka till sina hemländer eftersom de lever under dödshot eller hot om tortyr eller grym och omänsklig behandling.
Calls on the United States to honour its pledge to close the detention facility at Guantánamo Bay; urges Member States to step up efforts to resettle non–European detainees released from Guantánamo who cannot be repatriated to their home states as they are under threat of death, torture or cruel and inhumane treatment.

8060	**kräla**	**crawl**
	vb	

Kräla i stoftet ska de!
I'll make them crawl!

8061	**skimrande**	**lustrous**

	adj	De är ofta gjorda av siden, ett skimrande tyg som tillverkas av silke, som har kallats drottningen bland textilfibrer. *Often, they are made of silk, a lustrous fabric that has been called the queen of fibers.*
8062	**häpnad**	**amazement**
	nn	Vad ska man annars kalla Renaults beslut att stänga Vilvoorde? Till och med specialister inom bilsektorn slogs av häpnad. *What else can we call Renault's decision to close its plant at Vilvoorde? Even specialists in the automotive sector were astonished.*
8063	**kotte**	**cone**
	nn	Varenda kotte vill vara gangster! *Everybody wants to be a gangsta, right?*
8064	**förvissa**	**assure**
	vb	Förvissa sig om att det finns förfaranden för en effektiv kontroll av produkternas (fordonens, systemens, komponenternas eller de separata tekniska enheternas) överensstämmelse med den godkända typen och att dessa tillämpas. *Ensure the existence and application of procedures for effective control of the conformity of products (vehicles, systems, components or separate technical units) to the approved type.*
8065	**roande**	**entertaining**
	adj	Den skiljer sig därigenom tydligt från François Duc de La Rochefoucaults, 1613–1680, maximer och Francisco de Quevedos, 1580–1645, sentenser, som är satiriska och sarkastiska, om än inte mindre roande och upplysande. *It is therefore quite different from the maximes of François, Duc de La Rochefoucault (1613–80) and from the adages of Francisco de Quevedo (1580–1645), which, although satirical and sarcastic, are just as enjoyable and instructive.*
8066	**styrd**	**governed|guided**
	adj	Implanterbart material för användning i styrd vävnadsregenerering. *Implantable materials for use in guided tissue regeneration.*
8067	**motivera**	**motivate**
	vb	Kommissionen ska informera medlemsstaterna om den beslutar att klagomålet innehåller tillräckliga bevis för att motivera en undersökning. *The Commission shall inform the Member States should it decide that the complaint provides sufficient evidence to justify initiating an investigation.*
8068	**förgås**	**perish**
	vb	Och Jehova, din Gud, skall också sända en känsla av missmod* över dem, tills de som lämnades kvar och som gömde sig för dig förgås. *And Jehovah your God will also send the feeling of dejection* upon them, until those perish who were let remain and who were concealing themselves from before you.*
8069	**västerländsk**	**Western**
	adj	Uppenbarligen måste Obama–administrationen och de europeiska regeringarna göra mer för att stoppa blodbadet i den muslimska världen, men att påstå att krigen här beror på västerländsk intervention eller andra västerländska "komplotter" visar bara hur ovetande och okunniga om islams historia de människor är som påstår detta. *Obviously, the Obama administration and European governments must do more to stop the bloodbath in the Muslim world, but to say that the wars in the region are the product of Western intervention or some other*

Western "plots" just shows how clueless and ignorant the people who make such claims are about the history of Islam.

8070 skamfläck — **scandal**

nn

För eftervärlden kommer det europeiska politiska etablissemangets hantering av Lissabonfördraget att framstå som en skamfläck, och det på två sätt. Dels med tanke på den politiska processen för att driva igenom det och dels själva syftet med fördraget och innehållet i det.

The European political establishment's handling of the Treaty of Lisbon will go down to posterity as a disgrace in two respects: firstly, with regard to the political process for pushing it through and, secondly, with regard to the actual purpose of the treaty and its content.

8071 pratsam — **talkative**

adj

Var inte för kamratlig eller pratsam, och använd absolut inte svordomar.

Don't be too informal or overly talkative, and definitely do not use profanity.

8072 myndig — **of age|commanding**

adj

Den europeiska säkerhets– och försvarspolitiken (ESFP) har blivit myndig och finns till just för dessa nödsituationer.

The ESDP (European Security and Defence Policy) has come of age and exists for these very emergencies.

8073 framträda — **appear**

vb

Inga blå– eller rödaktiga färger får framträda.

No bluish or reddish colours are produced.

8074 hotfull — **threatening**

adj

Trakasserier skall anses vara diskriminering enligt punkt 1 när ett oönskat beteende som har samband med ras eller etniskt ursprung syftar till eller leder till att en persons värdighet kränks och att en hotfull, fientlig, förnedrande, förödmjukande eller kränkande stämning skapas.

Harassment shall be deemed to be discrimination within the meaning of paragraph 1, when an unwanted conduct related to racial or ethnic origin takes place with the purpose or effect of violating the dignity of a person and of creating an intimidating, hostile, degrading, humiliating or offensive environment.

8075 håg — **mind**

nn

Så vitt jag kommer i håg är WHO: s riktlinjer 25 mg per liter.

So far as I comes to mind, the WHO guideline is 25 per liter.

8076 fördröjning — **delay**

nn

Antag att det plötsligt bildas en rökkvast i avgasröret. Opacimetern avger då en opacitetssignal, vars fördröjning och storlek varierar mellan olika typer av opacimetrar.

Assuming a real time raw exhaust plume in the exhaust tube, each opacimeter shows a delayed and differently measured opacity trace.

8077 inspelad — **recorded**

adj

inspelad musik, eller på..

recorded music or..

8078 varpå — **whereupon**

adv

Den tyska regeringen har påpekat att domstolen, i enlighet med artikel 92.2 i rättegångsreglerna, har att ex officio pröva huruvida talan kan tas upp till sakprövning, varpå nämnda regering har gjort gällande att domstolen inte är behörig att pröva förevarande mål i sak.

Noting that, under Article 92(2) of the Rules of Procedure, it is for the Court to examine of its own motion the admissibility of the present action, the German Government submits that the Court has no jurisdiction to hear the present case.

8079	**spinna** *vb*	**spin|purr** Omkring 60 % av förbrukningen i gemenskapen av syntetfibrer av polyester används för att spinna garn för framställning av textilier, ibland efter inblandning av andra fibrer, såsom bomull eller ull. *Around 60 % of the Community consumption of PSF is used for spinning, that is to say spinning yarn for the production of textiles, after mixing or not with other fibres such as cotton or wool.*
8080	**växellåda** *nn*	**gearbox** Köra med växellåda? *Oh, driving a standard shift?*
8081	**kladdig** *adj*	**smudgy** Din köttfärslimpa är kladdig och äggplantan är en skam för huset! *Your meatloaf is mushy, your salmon croquettes are oily, and your eggplant parmigiana is a disgrace to this house!*
8082	**mjäll** *nn*	**dandruff|tender** Textur: mjäll eller mjuk med lös till medelfast konsistens. *Texture: tender or soft, with low to medium cohesiveness.*
8083	**session** *nn*	**session** Därför anser jag också att vi, det vill säga Europeiska unionen, så fort som möjligt – till exempel vid nästa session i FN:s generalförsamling – borde anstränga oss ordentligt för att fastställa en definition av terrorism som är väsentlig och som också kommer att underlätta ett riktigt samarbete mellan stater, på såväl EU–nivå som global nivå. *I accordingly believe that we, that is to say the European Union, should make a significant effort, as quickly as possible – at the next UN General Assembly, for example – to secure a definition of terrorism, which is vital and which will also facilitate genuine cooperation between states, at European level and also at world level.*
8084	**navel** *nn*	**navel** Bibelkännare är av olika mening när det gäller omnämnandet av "navel" i detta bibelställe. *Bible scholars differ in their opinions regarding the mention of the "navel" in this passage.*
8085	**fjäll** *nn*	**mountain|scale** Drak ens fjäll var som järn. *The dragon's scales were hard as iron.*
8086	**pruta** *vb*	**bargain|haggle** Det finns alternativ till dem och vi skulle vilja se att de förbjöds snabbare och att företag på detta sätt sporras att använda mindre skadliga alternativ utan att ändå pruta på produktens säkerhet. *There are alternatives to them, and we would like to see them banned more quickly and companies in this way being encouraged to start using harmless alternatives without, however, compromises being made with regard to product safety.*
8087	**gröda** *nn*	**crop|crops** Brytning av vall ska på alla jordarter omedelbart följas av en gröda med stort kvävebehov. *Ploughed grass on all soil types shall be followed immediately by a crop with high nitrogen demand.*
8088	**upplösa**	**dissolve**

vb

Det är emellertid inte genom att upplösa det multilaterala ramverket som vi kan lyckas med att organisera denna aspekt av globaliseringen på ett bättre sätt. Det är genom att stärka det.

However, it is not by dissolving the multilateral framework, but by strengthening it, that we will succeed in better organising this aspect of globalisation.

8089 **köttätande** **carnivorous**

adj

Användning och lagring av fiskfoder som innehåller blodprodukter eller blodmjöl skall förbjudas på gårdar där andra produktionsdjur hålls, med undantag för köttätande pälsproducerande djur.

The use and storage of fish feed containing blood products or bloodmeal shall be prohibited in farms where other farmed animals, with the exception of carnivorous fur producing animals, are kept.

8090 **livvakt** **bodyguard**

nn

Min livvakt lyder inte under rådet!

My bodyguard is not subject to the council!

8091 **ordinarie** **ordinary**

adj

Verksamheten kommer att förvaltas centralt och direkt av kommissionens ordinarie personal.

The operation will be managed centrally and directly by the Commission using regular staff.

8092 **förstärkt** **reinforced**

adj

Ett förstärkt SAVE II–program är ett viktigt och nödvändigt instrument för att främja en effektivare energianvändning.

Whereas a strengthened SAVE II programme is an important and necessary instrument for promoting increased energy efficiency;

8093 **hjälpmedel** **aid**

nn

Gåhjälpmedel och hjälpmedel för ökad rörlighet.

Mobility and walking aids.

8094 **mikroskop** **microscope**

nn

Vetenskapliga, nautiska, geodetiska, fotografiska, kinematografiska och optiska apparater och instrument, inklusive solglasögon och glasögon, delar och tillbehör därtill, ej till elektroniska mikroskop och delar därtill.

Scientific, nautical, surveying, photographic, cinematographic and optical apparatus and instruments, including sunglasses and spectacles, parts and fittings therefor, except for electronic microscopes and parts thereof.

8095 **variant** **variant**

nn

Som redan angetts i variant 1 måste dessa procentandelar justeras med hjälp av formlerna i punkt I.8.2.

As has already been indicated for Variant 1, these percentages must be corrected by the formulae indicated in point I.8.2.

8096 **pornografi** **pornography**

nn

Anta att en kristen i hemlighet börjar titta på pornografi.

Suppose a Christian secretly begins to view pornography.

8097 **slipad** **cunning**

adj

Jag önskar att det vore så, men vi måste också komma ihåg att president Lukasjenka är en slipad och hårdkokt politisk aktör.

I wish we could, but we must remember that President Lukashenko is a sharp, hard-boiled political player.

8098 **skapande** **creative; creating**

adj; nn

Därav framgår att "projekt av gemensamt intresse ska bidra till utbyggnaden av det transeuropeiska transportnätet genom skapande av ny transportinfrastruktur, genom återställande och uppgradering av befintlig transportinfrastruktur".

It is evident from these that '[p]rojects of common interest shall contribute to the development of the trans–European transport network through the creation of new transport infrastructure, through the rehabilitation and upgrading of the existing transport infrastructure'.

8099	**förutbestämd**	**destined**
	adj	Vi ger uttryck för detta behov i betänkandet och intar ingen förutbestämd hållning.
		We signal this need in the report and take no predetermined position.

8100	**vilande**	**dormant**
	adj	Inom EUF gäller de vilande utestående åtagandena finansieringsbeslut som varken följts av några ingångna avtal eller några utbetalningar under de senaste 24 månaderna.
		In the case of the EDF, dormant RAL relate to financing decisions for which no contracts have been concluded and no payments made over the last 24 months.

8101	**omöjlighet**	**impossibility**
	nn	Bardet tillägger att "Josephus användning av termen [ho] Khristos inte är någon omöjlighet" ur ett judiskt och kristet perspektiv, utan dessutom en ledtråd som "kritiker i allmänhet har gjort det stora misstaget att förbise".
		Bardet added that from a Judeo–Christian perspective, "not only is the use of the term Christos by Josephus not an impossibility" but it is a clue that "critics have in general been greatly wrong to overlook."

8102	**självständigt**	**independently**
	adv	Kenya blev självständigt 1963.
		Kenya became independent in 1963.

8103	**sila**	**strain|sift**
	vb	Vad jag vill är att uppmärksamma er på kommissionens förslag om möjligheten att sila honungen för att avlägsna pollen, något som jag bestämt motsätter mig.
		My aim is to draw your attention to the Commission's proposal concerning the possibility of filtering the honey in order to remove the pollen from it, which I strongly condemn.

8104	**sultan**	**sultan**
	nn	Han togs till fånga, slogs i kedjor och fördes till sultan Saladin, som var född i Tikrit.
		He was captured, chained up and taken to Sultan Saladin, who was born in Tikrit.

8105	**variation**	**variation**
	nn	Detta är vad som ger det europeiska systemet fullständig pluralism, variation, öppenhet och demokrati.
		That is what brings full pluralism, diversity, openness and democracy to the European system.

8106	**nalkas**	**approach**
	vb	Den underbara dagen den 9 juli nalkas. Sydsudan kommer officiellt att bli självständigt.
		Madam President, the glorious date of 9 July approaches. South-Sudan will officialy become independent.

8107	**diabetiker**	**diabetic**
	nn	Mat och drycker för diabetiker.
		Diabetic foods and beverages.

8108 explosiv — **explosive**

adj

Fru ordförande, herr kommissionsledamot, situationen i Albanien är ytterst explosiv.

Madam President, Commissioner, the situation in Albania is highly explosive.

8109 dödlighet — **mortality**

nn

På så sätt kan man få korrekta data om incidens, prevalens, överlevnad och dödlighet.

In this way accurate data can be obtained on incidence, prevalence, survival and mortality.

8110 prognos — **forecast**

nn

Tjänster för mätning av prognos av energi och gas.

Estimation of the forecasted energy and gas consumption.

8111 prioritering — **prioritization**

nn

Prioritering: Innovativa tillvägagångssätt i samband med prioriteringarna enligt artikel 16a.1 a, b, c och d/

Priority: Innovative approaches relevant to the priorities under Article 16a(1)(a), (b), (c) and (d).

8112 camping — **camping**

nn

Kokkärl för bergsklättring, fotvandring och camping.

Utensils for preparing food for hiking, camping and mountaineering.

8113 smygande — **insidious; crawl**

adj; nn

Det där smygande halvblodet!

That insidious half– breed!

8114 sjunkande — **sinking; drop**

adj; nn

AVS–länderna är beroende av en råvaruexport som utgör över 50 procent av deras valutaintäkter. Samtidigt leder finanskrisen till minskad export från och minskade penningöverföringar till många utvecklingsländer, liksom minskad tillgång till krediter, minskade utländska direktinvesteringar samt kraftigt sjunkande råvarupriser.

The ACP countries are dependent on exports of commodities that account for over 50 % of their foreign currency revenue, and whereas the financial crisis is resulting in decreasing exports from and remittance flows into many developing countries, reduced access to credit and reduced foreign direct investment, and plummeting commodity prices.

8115 lydig — **obedient**

adj

Förenta staterna gynnas inte av att ha en lydig efterföljare.

The United States does not benefit from having an obedient follower.

8116 lund — **grove**

nn

Den måste inte bara upprätthållas, den kan det också, ty denna Yad Vashems stad och staden som lund för de rättfärdiga från alla folk, står för att terrorn kan besegras.

Not only must it be maintained, but it can be, because this city, the city of Yad Vashem and of the Grove of the Righteous of All Nations, is a symbol of the vulnerability of terrorism.

8117 anföra — **quote**

vb

Detta gäller i än högre grad när, som i förevarande fall, just dessa uppgifter lagts till grund för kommissionen beslut att inte anföra några invändningar mot den aktuella stödordningen.

This is, a fortiori, the position where, as in the present case, it is precisely on the basis of that information that the Commission decided not to raise objections to the aid scheme in question.

| 8118 | **förtryckt** | **oppressed** |

adj

Israel därför att det har förtryckt de fattiga, bedrivit otukt och dessutom handlat respektlöst mot de profeter och nasirer Jehova har rest upp; kan inte slippa undan Guds straff.
Israel for oppressing the poor, for immorality, also for treating disrespectfully prophets and Nazirites raised up by God; no escape from divine punishment.

| 8119 | **förtröstan** | **trust** |

nn

Du kommer att märka att de är helt vanliga människor som förtröstar på Bibelns löften och som visar sin förtröstan på Gud genom att försöka leva efter hans normer.
You will find that they are ordinary folk who put their trust in the Bible's promises and who demonstrate their confidence in God by trying to live by his standards.

| 8120 | **blomstrande** | **blossoming | flourishing** |

adj

Europaparlamentet understryker vikten av ett harmoniserat tillvägagångssätt i fråga om undantag och begränsningar på upphovsrättsområdet, samt harmoniserade, lagstadgade undantag för varumärken och patent, i många fall till fördel för forskare och utvecklare, med tanke på att målet är att underlätta utveckling, tillämpning och konsumenternas utnyttjande av nya och innovativa tjänster och garantera den rättsliga säkerhet för forskarlag, innovatörer, artister och användare som krävs för att en blomstrande europeisk digital miljö ska kunna växa fram.
Emphasises the importance of a harmonised approach to exceptions and limitations in the field of copyright, as well as harmonised statutory exceptions in the area of trademarks and patents – for the benefit, in many cases, of researchers and developers – given that the aim is to facilitate the development, deployment and consumer uptake of new and innovative services and ensure the legal certainty for research teams, innovators, artists and users that is required if a flourishing European digital environment is to emerge.

| 8121 | **sammet** | **velvet** |

nn

Utvidgningen kommer att tillse att den gamla ridån av järn inte ersätts med en ny gjord av sammet som utesluter delar av kontinenten från privilegiet att tillhöra den europeiska familjen.
Enlargement will ensure that the old iron curtain is not replaced by a velvet one, excluding part of the continent from the benefits of belonging to the European family.

| 8122 | **begrunda** | **contemplate** |

vb

Vi får hjälp att begrunda detta genom Jesajas profetia, där det sägs: "Har du inte kommit att inse det, eller har du inte hört det?
Isaiah's prophecy helps us to reflect on this very point when it says: "Have you not come to know or have you not heard?

| 8123 | **förmildrande** | **extenuation; palliative** |

nn; adj

Militära konflikter kan inte vara en förmildrande omständighet.
Military conflicts cannot be a mitigating factor.

| 8124 | **avskedsansökan** | **resignation** |

nn

Så jag vill fråga: tänker ni, kommissionär Pedro Solbes Mira, lämna in er avskedsansökan?

I therefore ask: is Commissioner Solbes Mira going to tender his resignation?

8125	**nyck**	**fad | fancy**
	nn	Självfallet får ämnen inte föras upp i en sådan förteckning av en ren nyck.
		Substances must not, of course, be included in such a list on a mere whim.

8126	**fascinera**	**fascinate**
	vb	Lieksa var bade fascinerande och skrammande.
		Lieksa was both fascinating and frightening.

8127	**gåtfull**	**enigmatic**
	adj	Kulten hade en gåtfull ledare vid namn Seth.
		The cult had an enigmatic leader named Seth.

8128	**seans**	**seance**
	nn	Andra går på en seans eller kontaktar ett medium.
		Still others might attend a séance or consult a psychic.

8129	**emblem**	**emblem**
	nn	Prydnadsartiklar (emblem) gjorda av bärnsten (ej att bäras).
		Decorative articles (badges) made of amber (other than for wear).

8130	**arbetsuppgift**	**project | function**
	nn	Traktorer enligt nr 8701 90 11 vilkas huvudsakliga arbetsuppgift är gräsklippning.
		Tractors of subheading 8701 90 11, whose main function is that of a lawn mower.

8131	**län**	**county**
	nn	Inom en månad efter det att den ordinarie bolagsstämman har hållits i enlighet med artikel 157 i den ovannämnda lagen av den 24 juli 1966, skall bolaget översända allt räkenskapsmaterial och alla rapporter som lagts fram vid bolagsstämman samt protokollet från denna till statens ombud i det län där bolaget har sitt säte, det lokala skattekontoret samt den minister som har ansvaret för bostäder.
		`In the month after that in which the company meets in ordinary general meeting in accordance with Article 157 of the Law of 24 July 1966 cited above, the company shall file its accounts and reports to shareholders, together with the minutes of the general meeting, with the representative of the State in the département where its head office is situated, at the Deposit and Consignment Office, and with the Minister of Housing.

8132	**avfärda**	**dismiss**
	vb	Det faktum att den klagande inte har lidit någon direkt skada är dock inte grund för att avfärda ett klagomål.
		However, the absence of direct damage to a complainant is not grounds to dismiss a complaint.

8133	**småstad**	**small town**
	nn	Den som kan sitt hantverk och behärskar sitt arbete, klarar sig lika bra i Rovaniemi vid polcirkeln, som i Paris, Aten eller i en småstad i Tyskland.
		Anyone who is master of his craft, who knows his job, is just as good in Rovaniemi, in the Arctic Circle, as he is in Paris, Athens or some little town in Southern Germany.

8134	**stolle**	**fool**
	nn	Och amerikanerna: "Äsch, han är en stolle.
		And the Americans: "Ah, he's a knucklehead.

8135	**hin**	**Devil**

nn	Och Jehova talade ytterligare till Mose och sade: "Tala till Israels söner och säg till dem: 'När ni kommer in i det land som jag ger er och som ni skall bo i, och ni vill frambära ett eldsoffer åt Jehova, ett brännoffer eller ett slaktoffer för att fullgöra ett särskilt löfte eller som en frivillig gåva eller under era högtider, för att bereda en rogivande lukt för Jehova, av nötboskapen eller av småboskapen, då skall den som frambär sin offergåva åt Jehova också frambära ett sädesoffer av fint mjöl, en tiondels efa, blandat med en fjärdedels hin olja.

And Jehovah spoke further to Moses, saying: "Speak to the sons of Israel, and you must say to them, 'When YOU eventually come into the land of YOUR dwelling places, which I am giving YOU, and YOU must render up an offering made by fire to Jehovah, a burnt offering or a sacrifice to perform a special vow or voluntarily or during YOUR seasonal festivals, in order to make a restful odor to Jehovah, from the herd or from the flock;the one presenting his offering must also present to Jehovah a grain offering of fine flour, a tenth of an e'phah, moistened with a fourth of a hin of oil.

8136 fundering — **reflection|speculation**

nn

Ändå vill jag inför föredraganden och alla er andra ta upp ytterligare en fundering beträffande de återstående ändringsförslagen.

Nevertheless, I would suggest to the rapporteur and honourable Members that they reflect further on the remaining amendments.

8137 kirurgi — **surgery**

nn

Och det är nog faktiskt skillnaden mellan kosmetisk kirurgi och den här typen av kirurgi.

And actually that's probably the difference between cosmetic surgery and this kind of surgery.

8138 avsändare — **sender**

nn

Om deklaranten och avsändaren/exportören är samma person anges "Avsändare/exportör".

If the declarant and the consignor/exporter are the same person, enter 'consignor/exporter'.

8139 ålderdomshem — **rest-home**

adj

Drift av barn– och ålderdomshem.

Children's homes and retirement homes.

8140 bulgarien — **Bulgaria**

nn

Förhandlingarna med Bulgarien, Rumänien och Turkiet avslutades med att utkasten till avtal paraferades 2004.

The Commission concluded the negotiations with Bulgaria, Romania and Turkey with the initialling of the draft agreements in 2004.

8141 presidentval — **presidential elections**

nn

Europeiska unionen gläder sig dock över de fria, fredliga och trovärdiga parlaments– och presidentval som hölls den 13 april och den 18 maj 2014 och som utgör ett viktigt steg i riktning mot demokrati och stabilitet i landet.

However, the European Union is encouraged by the holding of free, peaceful and credible legislative and presidential elections on 13 April and 18 May 2014, which represented a major step towards democracy and stability in the country.

8142 oräknelig — **countless**

adj

Psykiska trauman efter våldsupplevelserna är oräkneliga.

Countless psychological traumas are another legacy of these exposures to violence.

8143	**våglängd**	**wave-length**
	nn	Bildhastigheter lika med eller högre än 100 Hz och fasupplösning som är minst 5 % av strålens våglängd.
		Frame rates equal to or more than 100 Hz and phase discrimination of at least 5 % of the beam's wavelength.
8144	**byråkrati**	**bureaucracy**
	nn	Antingen en vägolycka utomlands är en liten repa på en bil eller en tragedi där nära och kära blir skadade eller avlider, så skall stressen inte förstärkas eller förlängas längre än nödvändigt på grund av byråkrati vid behandlingen av gränsöverskridande skadeersättningsanspråk.
		Whether a road accident abroad is a minor scratch on a car or a tragedy in which loved ones are hurt or lost, the stress should not be compounded or drawn out longer than necessary due to red tape in cross–border insurance claims.
8145	**substans**	**substance**
	nn	Man undrar vad som är politiskt i denna debatt: här handlar det om substans.
		One wonders what is political about this debate: this is a matter of substance.
8146	**blindtarm**	**appendix**
	nn	På ett sätt är den en blindtarm i Maastrichtfördraget. Kanske hade den en gång någon betydelse.
		It plays the same part in the Maastricht Treaty as the appendix does in the human body - it may once have been significant, but it has long since been overtaken by evolution.
8147	**havsvatten**	**sea water**
	nn	Tre miljoner kvadratkilometer av nollgradigt havsvatten och shelfis.
		Thee million square kilometres of freezing sea-water and shelf ice.
8148	**gro**	**germinate|grow**
	vb	”Dessa undernummer omfattar även grönmalt avsett att användas som livsmedel och förtäras på samma sätt som grönsaksgroddar, eftersom det är en spannmålsgrodd som börja gro men ännu inte har torkats.”
		'These subheadings include also green malt used for human consumption and consumed in the same way as vegetable sprouts, being a cereal grain that has started to germinate but has not yet been dried.'
8149	**freda**	**protect|preserve**
	vb	Låt oss freda livsmedelskedjan från klonade djur!
		Let us protect the food chain from cloned animals.
8150	**misstänksamt**	**suspiciously**
	adv	President Robert Mugabe, tidigare en frihetskämpe och nationell hjälte, har fördärvats och blivit en diktator, som misstänksamt vaktar sin egen makt, och en brottsling, och detta är något som måste analyseras.
		President Mugabe, a former freedom fighter and national hero, has degenerated into a dictator, who guards his own power jealously, and a criminal, and this needs to be analysed.
8151	**avlyssning**	**wire-tapping**
	nn	Europeiska unionen var även förpliktad att – och på den punkten hade den hjälp av den höga nivå av politisk integrering som råder inom unionen – utveckla ny teknik som gör det möjligt att ta hänsyn till viktiga framsteg på området varigenom den ömsesidiga rättsliga hjälpen i vissa fall kan underlättas genom tekniken (videokonferens, telekonferens), men som i

avsaknad av lämpliga åtgärder beträffande annan teknik (avlyssning av telemeddelanden) kan göra den svårgenomförbar.

The European Union also had to develop new techniques, and its high degree of political integration helped it to do so, enabling it to take account of important developments in the field of technology which, in certain cases, may facilitate mutual assistance (video–conferencing, teleconferencing) and in others (interception of telecommunications) may, in the absence of appropriate measures, make it difficult to put into practice.

| 8152 | **viol** | **viola\|violet** |
| | *nn* | |

Vinerna har en fin och mångsidig doft: de dominerande aromerna är röda bär (körsbär, hallon osv.), mörka bär (björnbär, vinbär) och kryddor (peppar, kryddnejlika osv.), kompletterade med lakritsrot, svarta oliver, viol samt grillade nötter och smak av örter (enbär, timjan, lagerblad osv.).

The wines have a fine and complex nose: aromas of red fruit (cherry, raspberry, etc.), black fruit (blackberry, blackcurrant) and spices (pepper, clove, etc.) dominate and are complemented by liquorice, black olive and violet aromas as well as roasted notes and perfumes from the garrigue, a type of scrubland (cade, thyme, laurel, etc.).

| 8153 | **sporra** | **spur\|incite** |
| | *vb* | |

Samarbetet skall också syfta till att sporra och främja utländska investeringar och privatisering i Bulgarien.

The cooperation shall also aim to encourage and promote foreign investment and privatization in Bulgaria.

| 8154 | **otillåten** | **illicit** |
| | *adj* | |

Det här förslaget omfattar uttryckligen gränsövervakning i vidare bemärkelse genom att det anges att gränsövervakning inte är begränsad till att upptäcka försök till otillåten gränspassage, utan även omfattar åtgärder för ingripanden och strategier för att hantera t.ex. sök– och räddningssituationer som kan uppstå vid operativa insatser till havs och arrangemang som syftar till att sådana insatser ska framföras framgångsrikt (skäl 1 och kapitel III).

This proposal explicitly covers this broader concept of border surveillance by indicating that border surveillance is not limited to the detection of attempts at irregular border crossing but equally extends to steps such as interception measures, and arrangements intended to address situations such as search and rescue that may arise during a sea operation and arrangements intended to bring such an operation to a successful conclusion (recital 1 and Chapter III).

| 8155 | **kvävning** | **suffocation** |
| | *nn* | |

Produkten får inte innehålla plastdekaler som ett barn kan ta loss eller annan ogenomtränglig film på badstolen som kan täcka både mun och näsa och utgöra en risk för kvävning.

The article shall not comprise plastic decals which are detachable by the force a child can apply, or other impermeable sheeting of the bathing aid which can cover both the mouth and the nose and constitute a suffocation hazard.

| 8156 | **nämnd** | **board** |
| | *nn* | |

Gemenskapens stöd till driftskostnaderna för varje regional rådgivande nämnd får inte överstiga 90 % av nämndens driftsbudget.

The grant allocated by the Community to each Regional Advisory Council for its operating costs shall not exceed 90% of the operating budget of the Regional Advisory Council.

| 8157 | **dingla** | **dangle** |

	vb	Så varför hängde han och dinglade under bron?
		So what was he doing dangling by his neck under the bridge?

8158 genomskåda — **see through**

vb

Jag är övertygad om att ordet "indirekt" i denna artikel, även om det inte uttryckligen är arbetstagare av ett visst kön som avses med en viss åtgärd, skall anses innebära att det i själva verket är möjligt att genomskåda arbetsgivarens avsikter och med säkerhet avgöra vilket kön det är fråga om.

It is clear to me that the use of the word `indirectly' in that article refers to a situation in which, although a particular rule or measure may not be explicitly directed at employees of a particular sex, it is in fact possible to pierce the veil of appearances and identify with certainty the sex in question.

8159 rival — **rival**

nn

Chirac borde inse att det är ett misstag att försöka göra EU till Förenta staternas rival.

Chirac should realise that making the EU a rival of the US is a no–brainer.

8160 ofullständig — **incomplete**

adj

Den information som de gemensamma företagen tillhandahöll i rapporten var inte harmoniserad och ofta ofullständig.

The information provided by the Joint Undertakings in this report lacked harmonisation and was often incomplete.

8161 förväxla — **mix up**

vb

Att förväxla asylsökande med illegala invandrare strider mot flyktingkonventionen.

To confuse asylum seekers with illegal immigrants contravenes the Convention on Refugees.

8162 förlåtande — **forgiving**

adj

Oavsett vad andra kan göra, måste vi kunna behärska oss och vara vänliga, medkännande och förlåtande.

Regardless of what others may do, we need to exercise restraint, being kind, compassionate, forgiving.

8163 timmer — **timber**

nn

Massor av illegalt timmer och illegala träprodukter anländer till EU:s hamnar varje dag.

Large volumes of illegal timber and timber products arrive in EU ports every day.

8164 rusta — **equip**

vb

Enligt byråns nuvarande leasingkontrakt ska byrån rusta upp de hyrda lokalerna vid utgången av leasingperioden och återställa dem till deras ursprungliga skick.

The Agency's current lease contract requires it to restore the rented premises at the end of the lease and to restore them to their original condition.

8165 skrivare — **printer|scribe**

nn

Du kan definiera en skrivare som standardskrivare med hjälp av programmet spadmin.

With the spadmin program you can define a printer as the default printer.

8166 kimono — **kimono**

nn

Kimono för engångsbruk.

Disposable kimonos.

8167 självklar   **obvious**

adj

Medan tillgången till informationssamhället i viss grad är självklar för den unga generationen riskerar vuxenvärlden, i synnerhet de äldre, i hög grad att stängas ute.

While access to the information society is, for the younger generations, virtually taken for granted, adults – and particularly the elderly – may be largely excluded.

8168 posera   **pose**

vb

Bland de trettio gudstjänstbesökarna fanns ungefär 10 kvinnor som först tvingades klä av sig och sedan posera nakna.

Among the thirty worshippers, there were some 10 women who were forced first to undress and then to pose naked.

8169 förfriskning   **refreshment**

nn

Är det någon av passagerarna som vill ha förfriskningar?

Are there any Polar Express passengers in need of refreshment?

8170 materiel   **equipment**

nn

Den rådgivande ingenjören påpekade dessutom att man, under rubriken "materiel", hade förutsett ett preliminärt belopp på 90 000 IEP och att anbudsgivarna hade anmodats att öka detta belopp med en procentuell andel för allmänna utgifter, vinstmarginal, etcetera.

He also pointed out that, under the heading Materials, a provisional sum of IEP 90 000 was included to which each tenderer was instructed to add a percentage for overheads, profit, and so on.

8171 avlägga   **leave off|absolve**

vb

Utbildningen ger dig också möjlighet att avlägga en internationellt certifierad gemmologiexamen.

The program also allows you to take an internationally certified gemmologiexamen.

8172 volleyboll   **volley-ball**

nn

"Skor som liknar tennisskor, basketbollskor, gymnastikskor och träningsskor" i detta undernummer omfattar skor som till form, snitt och utseende visar att de är ämnade för sportutövning, t.ex. segling, squash, bordtennis, volleyboll.

'Shoes similar to tennis shoes, basketball shoes, gym shoes and training shoes' of this subheading cover shoes which, by virtue of their shape, cut and look, show that they are designed for a sporting activity, for example sailing, squash, table–tennis, volleyball.

8173 dragningskraft   **appeal**

nn

Skivbolag som säljer internationell popmusik, som har stor dragningskraft över hela världen, måste för att uppnå största möjliga distribution av sina produkter säkra distributionen genom AOL:s "on–line outlet".

Record companies selling international pop music, which by definition has worldwide appeal, in order to achieve maximum distribution of their products will have to secure distribution through AOL's "on–line outlet".

8174 ledamot   **member**

nn

Sjätte grunden: Åsidosättande av bestämmelserna i Europaparlamentets arbetsordning avseende förfaranden som kan leda till att en ledamot skiljs från sitt uppdrag.

Sixth plea, alleging infringement of the provisions of the rules of the European Parliament relating to proceedings which might lead to the disqualification of a Member.

8175 trångsynt   **insular|narrow**

adj

Europeiska unionen får inte uppträda trångsynt eller kortsiktigt.

The European Union should not behave in a narrow-minded or short-sighted manner.

8176	**industriell**	**industrial**
	adj	Industriell och kommersiell äganderätt.
		Industrial and commercial property.

8177	**kvadratmeter**	**square meter**
	nn	Och det andra, gränsen på 1 000 kvadratmeter, som Gruppen De gröna har velat sänka.
		Secondly, the limit of 1 000 m2, which the Group of the Greens wanted to reduce.

8178	**mascara**	**mascara**
	nn	Stora män med mustasch som heter Mary och har mascara!
		Big men with moustaches named Mary who wear mascara.

8179	**herravälde**	**domination**
	nn	Vi har absolut makt på dessa områden, så jag frågar mig själv och jag frågar er: Har vi använt eller har vi missbrukat denna makt, har vi varit kloka och eftertänksamma, eller har vi inte kunnat motstå det herravälde denna makt har över oss?
		We have absolute power in these areas, and so I ask myself and I ask you: have we been using or have we been abusing this power of ours, have we been wise and thoughtful, or have we instead not been able to resist the hold that this power has over us?

8180	**åta**	**take upon (do sth)**
	vb	Frankrike skall åta sig att överföra Crédit Lyonnais till den privata sektorn senast i oktober 1999 under öppna, genomblickbara och icke–diskriminerande former.
		France undertakes to transfer Crédit Lyonnais to the private sector no later than October 1999, in accordance with an open, transparent and non–discriminatory procedure.

8181	**allmosa**	**alms**
	nn	Jag vill återigen betona att detta bara är en allmosa som inte ens räcker för att släcka eldsvådan.
		I want to emphasise again that this is just a handout which is not even enough to put out the fire.

8182	**blom**	**flower|bloom**
	nn	Resultatet, mina damer och herrar, av denna hittills riktiga politik, kan ni just nu själva se på de brantaste sluttningarna i Schwarzwald, som nu står i blom.
		The result of this policy, which has to date been right and proper, can be seen by you yourselves, ladies and gentlemen, on the steepest slopes of the Black Forest, which are now in bloom.

8183	**styggelse**	**abomination**
	nn	Ingen har så mycken eftertanke, så mycket vett eller förstånd, att han säger: 'En del av det har jag bränt upp i eld, och på kolen har jag bakat bröd och stekt kött och har så ätit – skulle jag då av återstoden göra en styggelse?
		They never think, they lack the knowledge and wit to say, 'I burned half of it on the fire, I baked bread on the live embers, I roasted meat and ate it, and am I to make some abomination of what remains?

8184	**straffbar**	**punishable**
	adj	Medlemsstaterna ska vidta nödvändiga åtgärder för att se till att all användning av VIS–uppgifter som strider mot bestämmelserna i detta

beslut är straffbar genom sanktioner, inklusive administrativa och/eller straffrättsliga sanktioner, vilka ska vara effektiva, proportionella och avskräckande.

Member States shall take the necessary measures to ensure that any use of VIS data contrary to the provisions of this Decision is punishable by penalties, including administrative and/or criminal penalties, that are effective, proportionate and dissuasive.

8185	**förödelse**	**devastation**
	nn	Enligt en annan kommer planeterna att ställa sig i en rak linje, så att solvindarna intensifieras med stor förödelse på jorden till följd.
		Another holds that the planets will come into a straight alignment and that this will cause the sun's solar winds to intensify and wreak havoc on earth.
8186	**fransos**	**Frenchman**
	nn	Fransos ett är i det rummet!
		Frenchie is in that room!
8187	**mekanism**	**mechanism**
	nn	tillämpa denna mekanism på följande områden och särskilt genom att
		apply this mechanism in the following areas in particular:
8188	**gottgörelse**	**compensation**
	nn	Det bör observeras att enligt direktiv 2 är medlemsstaterna redan skyldiga att tillhandahålla kompensation eller gottgörelse (artikel 18) samt sanktioner (artikel 25).
		It is recalled that under Directive 2, Member States are already obliged to provide compensation or reparation (Article 18), as well as penalties (Article 25).
8189	**slät**	**smooth**
	adj	Det finns många sätt att fixa en fin, slät finish.
		Now there's a lot of ways to fill and get yourself a nice smooth finish.
8190	**ordbok**	**dictionary**
	nn	De såg därför behovet av en uttömmande ordbok över det akkadiska språket, där de nära besläktade dialekterna assyriska och babyloniska ingår.
		Scholars working to decipher these documents thus saw the need for a comprehensive dictionary of Akkadian, of which language Assyrian and Babylonian are closely–related dialects.
8191	**fotogen**	**kerosene**
	nn	Och för det andra - vilket den svenske kollegan redan påtalat - handlar det om beskattning av fotogen.
		Secondly, as the Swedish speaker already said, there is the matter of taxing aviation fuel.
8192	**överskott**	**excess|carry-over**
	nn	Kommissionen är villig att tillsammans med andra intresserade organisationer och bidragsgivare stödja utvecklingsländernas arbete med att förbättra insynen i sina egna arbetsmarknader, bland annat brist eller överskott på kvalificerad arbetskraft inom olika sektorer.
		The Commission, in collaboration with other interested organisations and donors, is willing to support efforts by interested developing countries to improve their knowledge of their labour markets, including shortages or excesses of skills at sectoral level.
8193	**suddig**	**blurred|smudgy**

adj

Jag skulle vilja klargöra att volontärarbetets verkliga roll fortfarande kan vara något suddig i statistik, definitioner och bruk.

I should like to make clear that the reality of volunteering may still be somewhat blurred in the statistical data, in definitions and in their usage.

8194 nappa

vb

bite

När det gäller kunder, kan det till exempel vara de som är mest benägna att nappa på erbjudanden från alternativa leverantörer, de som representerar ett visst sätt att distribuera produkten som vore lämpligt för en ny aktör, de som har ett gynnsamt geografiskt läge för nya aktörer eller de som sannolikt påverkar andra kunders beteenden.

In the case of customers, they may, for example, be the ones most likely to respond to offers from alternative suppliers, they may represent a particular means of distributing the product that would be suitable for a new entrant, they may be situated in a geographic area well suited to new entry or they may be likely to influence the behaviour of other customers.

8195 utvisa

vb

expel

Om en medlemsstat har för avsikt att i enlighet med direktiv 4 utvisa en person som beviljats internationellt skydd och som förvärvat ställning som varaktigt bosatt i den medlemsstaten, bör den personen omfattas av det skydd mot utvisning eller avvisning som garanteras i direktiv 2 i Genèvekonventionen.

Where a Member State intends to expel, on a ground provided for in Directive 4, a beneficiary of international protection who has acquired long–term resident status in that Member State, that person should enjoy the protection against refoulement guaranteed under Directive 2 of the Geneva Convention.

8196 skärseld

adj

purgatory

Därför kan de inte känna sig outhärdligt ensamma i en skärseld eller pinas i ett brinnande helvete.

Therefore, they cannot be experiencing unbearable loneliness in purgatory or suffering in a place of fiery torment.

8197 arkeologi

nn

archaeology

CHAIM HERZOG, tidigare president i Israel, och Mordechai Gichon, professor emeritus i arkeologi vid universitetet i Tel Aviv, skrev följande i boken Battles of the Bible:

IN THEIR book Battles of the Bible, Chaim Herzog, former president of the State of Israel, and Mordechai Gichon, emeritus professor of archaeology at Tel Aviv University, make this point:

8198 human

adj

humane

Det är inte känt om somatropin utsöndras i human bröstmjölk.

It is not known whether somatropin is excreted in human milk.

8199 köttfärs

nn

minced meat

Kinesisk mat, nämligen gyoza, fläskbitar och avlånga bullar innehållande köttfärs, räkor och/eller grönsaker.

Chinese food, namely, gyoza, potstickers and elongated buns containing minced meat, shrimp and/or vegetables.

8200 betona

vb

emphasize

Jag vill helt kort betona några punkter.

I want very briefly to emphasise a number of points.

8201 spetsig

adj

acute | pointed

Snabbavfartstaxibana: taxibana som ansluter till banan med en spetsig vinkel och är avsedd att medge landande flygplan att lämna banan i högre fart än vad som är möjligt via andra avfarter och på så sätt minska den tid banan är upptagen.

'Rapid exit taxiway' means a taxiway connected to a runway at an acute angle and designed to allow landing aeroplanes to turn off at higher speeds than are achieved on other exit taxiways thereby minimising runway occupancy times;

8202 belåten
adj

pleased

Herr talman, mina damer och herrar! Jag tar till orda för att säga hur belåten jag är över framgången för betänkandena om Rumänien och Bulgarien, i synnerhet Pierre Moscovicis betänkande.

Mr President, ladies and gentlemen, I am taking the floor in order to express my satisfaction with the success of the reports on Romania and Bulgaria, particularly with the Moscovici report.

8203 arbetstillstånd
nn

work permit

Enligt förordningen kan en syrier ansöka om arbetstillstånd först ett halvår efter att ha beviljats tillfällig skyddsstatus.

According to the regulation, a Syrian can introduce a work permit application only six months following the acceptance of his temporary protection status.

8204 växthus
nn

greenhouse

I många växthus överskrider denna siffra 6 euro 3 .

In many cases, hothouse production exceeds 6 euro per cubic metre.

8205 urskilja
vb

distinguish

Sir, jag är inte säker på att jag kan urskilja Romulanska från Vulcan.

Sir, I'm not sure I can distinguish the Romulan language from Vulcan.

8206 garanterad
adj

assured

En avtalsenlig rätt att, som ett komplement till garanterad ersättning, erhålla tillkommande ersättningar:

A contractual right to receive, as a supplement to guaranteed benefits, additional benefits:

8207 justering
nn

adjustment

I detta avseende följer det såväl av ordalydelsen som av systematiken i artikel 2.10 i grundförordningen att en justering av exportpriset eller normalvärdet endast kan göras för att ta hänsyn till olikheter beträffande faktorer som påverkar priserna och således deras jämförbarhet i syfte att säkerställa en jämförelse i samma handelsled.

In that regard, it is apparent from the wording and scheme of Article 2(10) of the basic regulation that an adjustment of the export price or of the normal value may be made solely in order to take account of differences concerning factors which affect prices and, thus, their comparability, in order to ensure that a comparison is made at the same level of trade.

8208 delaktighet
nn

participation

Europaparlamentet anser att antagandet, ratificeringen och genomförandet av en sådan konvention inte bara skulle förbättra ställningen för det stora antalet kvinnor på arbetsmarknaden för hushållsarbete genom att garantera dem anständiga arbetsförhållanden, utan även stärka deras sociala delaktighet.

Considers that the adoption, ratification and implementation of such a convention would not only improve the position of the large number of women on the labour market for domestic work by guaranteeing them decent working conditions, but would also enhance their degree of social inclusion.

8209 blockering   **blockade**

nn

Att det inte görs måste vara ett slags ideologisk blockering.

The fact that this is not being done must be due to a kind of ideological block.

8210 seminarium   **seminar**

nn

Ordförandeskapet kommer att organisera ett seminarium om oberoende media i Kiev.

It will organise a seminar on independent media in Kiev.

8211 begravningsplats   **cemetery**

nn

Ofta träffades vi nattetid på en begravningsplats, där vi var säkra på att vi var ensamma.

Often we met at night in a cemetery where we were sure to be alone.

8212 regelbunden   **regular**

adj

Lämpliga krav för regelbundet underhåll och regelbunden övervakning av de åtgärder som vidtagits för att förhindra utsläpp till mark och grundvatten i enlighet med led b och lämpliga krav avseende periodisk kontroll av mark och grundvatten vad avser farliga ämnen som kan påträffas på platsen, och med beaktande av risken för förorening av mark och grundvatten inom anläggningens område.

Appropriate requirements for the regular maintenance and surveillance of measures taken to prevent emissions to soil and groundwater pursuant to point (b) and appropriate requirements concerning the periodic monitoring of soil and groundwater in relation to relevant hazardous substances likely to be found on site and having regard to the possibility of soil and groundwater contamination at the site of the installation.

8213 tandlös   **toothless**

adj

Under år 2004 kommer vi att få se en tandlös kommission som drar sina sista andetag, och valet till Europaparlamentet som sker samtidigt som regeringskonferensen hålls.

In 2004 we will see a lame–duck Commission on its last legs and the European election cutting across the IGC.

8214 geting   **wasp**

nn

(skratt) Och under sommaren, här, getingar.

(Laughter) And in summer, here, killer wasps.

8215 klinga   **ring|sound**

vb

manuellt matad maskin som väger mindre än 200 kg och som är utrustad med en enda cirkelformad klinga (ej spårsåg) med en diameter på minst 350 mm och högst 500 mm, som är fast under normal sågning, och en vågrät bänk som är helt eller delvis fast under sågningen.

A hand–fed machine weighing less than 200 kg fitted with a single circular sawblade (other than a scoring saw) with a diameter of 350 mm or more, up to a maximum diameter of 500 mm, which is fixed during the normal cutting operation, and a horizontal table, all or part of which is fixed during operation.

8216 regim   **regime**

nn

Den regim som de restriktiva åtgärderna riktar sig mot sitter för övrigt kvar, och därmed är det uteslutet att unionen på något sätt samarbetar med de nationella myndigheterna för att få fram de uppgifter eller den bevisning som behövs.

Moreover, the regime targeted by the restrictive measures is still in place, which rules out any collaboration between the European Union and the national authorities to obtain the necessary information or evidence.

8217	**dvala**	**dormancy**
	nn	Den ligger i dvala i sju års tid, och blommar därefter upp under sex månader.
		It lies dormant for seven years, then blooms for just six months.
8218	**hästkraft**	**horsepower**
	nn	Bilen har många hästkrafter.
		Car has a lot of horsepower.
8219	**bett**	**bite**
	nn	Om jag tar ett bett för jag en biff då?
		If I take one bite will you get me a steak?
8220	**skadedjur**	**pest**
	nn	Kommissionens beslut av den 3 november 2005 om utsläppande på marknaden i enlighet med Europaparlamentets och rådets direktiv 2 av en majsprodukt som har modifierats genetiskt för resistens mot vissa skadedjur av ordningen fjärilar samt för tolerans mot herbiciden ammoniumglyfosinat.
		Commission Decision of 3 November 2005 concerning the placing on the market, in accordance with Directive 2 of the European Parliament and of the Council, of a maize product genetically modified for resistance to certain lepidopteran pests and for tolerance to the herbicide glufosinate–ammonium.
8221	**utskrift**	**printing**
	nn	Jag har just fått en utskrift av en av de frågor som kommissionären hänvisade till.
		I have just received a copy of one of the questions the Commissioner referred to.
8222	**asiat**	**Asian**
	nn	Har du sett en asiat med en ratt runt armen?
		Seen a little Asian dude with a steering wheel on his arm?
8223	**kommersiell**	**commercial**
	adj	Lyckligtvis är Europeiska unionen en ekonomisk, finansiell och kommersiell makt.
		Fortunately the European Union is an economic, financial and commercial power.
8224	**demonstrant**	**demonstrator**
	nn	En demonstrant dödades där.
		A demonstrator was killed there.
8225	**strömbrytare**	**switch**
	nn	Ni kan tänka er kanalrodopsin som en ljuskänslig strömbrytare.
		You can think of channelrhodopsin as a sort of light-sensitive switch.
8226	**årskurs**	**grade**
	nn	Här har jag en lista över eleverna i hennes årskurs.
		I have a register of students on her course.
8227	**gem**	**clip**
	nn	Vikten hos ett gem är förmodligen lika med 900 zetallioner -- 10 upphöjt i 21 -- antal molekyler av isopren.
		The weight of a paper clip is approximately equal to 900 zeta-illion -- 10 to the 21st -- molecules of isoprene.
8228	**virtuell**	**virtual**

adj

Om du sparar sökkriterierna skapas en virtuell diskussionsgrupp baserad på kriterierna.

Saving search criteria will create a Virtual Newsgroup based on that criteria.

8229 aspekt **aspect**

nn

Artikel 17 Validering av en ansökan om tillstånd för en väsentlig ändring av en aspekt som omfattas av del I i utredningsrapporten.

Article 17 Validation of an application for authorisation of a substantial modification of an aspect covered by Part I of the assessment report.

8230 stabilisera **stabilize**

vb

Programmet för ekonomiskt partnerskap ska fastställa och välja ett antal specifika budgetprioriteringar som syftar till att stabilisera ekonomin på kort sikt, skapa hållbar tillväxt på lång sikt och åtgärda strukturella svagheter i den berörda medlemsstaten.

The economic partnership programme shall identify and select a number of specific budgetary priorities aiming at stabilising the economy in the short term, enhancing long–term sustainable growth and addressing structural weaknesses in the Member State concerned.

8231 trim **trim**

nn

För tillämpningen av detta kapitel och med avvikelse från artikel 1.01 i denna bilaga är restflödningsavståndet det minsta lodräta avståndet mellan vattenytan och den lägsta punkt på den flytande utrustningen ovanför vilken utrustningen inte längre är vattentät med hänsyn till det trim och den krängning som uppstår till följd av de moment som avses i artikel 8.

For the purposes of this Chapter and by way of derogation from Article 1.01 of this Annex, residual safety clearance means the shortest vertical distance between surface of the water and the lowest part of the floating equipment beyond which it is no longer watertight, taking into account trim and heel resulting from the moments referred to in Article 8.

8232 tenor **tenor**

nn

Tenor, tre personer!

Tenor, party of three!

8233 introduktion **introduction**

nn

Introduktion av fastigheter på marknaden.

The introduction of real estate on the market.

8234 inferno **inferno**

nn

De makar och fäder som flydde till Sibirien upplevde visserligen ett inferno, men hade ändå hopp om att deras familjer i de östra gränstrakterna var i säkerhet.

The husbands and fathers exiled to Siberia may have been living in Gehenna there, but had the hope that their families in the eastern borderlands were safe.

8235 åra **oar**

nn

Och alla som hanterar en åra, sjömän, allt skeppsfolk på havet, stiger ner från sina skepp; de går i land.

And all those handling an oar, mariners, all the sailors of the sea, will certainly go down from their ships; upon the land they will stand.

8236 köpman **merchant**

nn

Och vi är inte köpmän, vi är politiker!

We are not market traders; we are politicians.

8237 lillfinger **little finger**

nn	De unga männen som hade vuxit upp tillsammans med honom talade då till honom och sade: "Detta är vad du bör säga till folket som har talat till dig och sagt: 'Din far gjorde vårt ok tungt, men gör du det lättare på oss'.
	In turn the young men that had grown up with him spoke with him, saying: "This is what you should say to the people who have spoken to you, saying, 'Your father, for his part, made our yoke heavy, but, as for you, make it lighter upon us'.

8238 cognac — **cognac**

nn

Beteckningen "Cognac" får kompletteras med följande uttryck:

The denomination "Cognac" may be accompanied by one of the following terms:

8239 uppriktighet — **sincerity**

nn

För att lyckas måste du tala med uppriktighet och allvar.

This requires speaking in an earnest manner.

8240 förnärmad — **resentful**

adj

Hon blev förnärmad när jag sade det.

She took offence when I said it.

8241 befara — **fear | apprehend**

vb

Man har anledning att befara att miljön kommer att bli lidande av dessa obalanser.

The effects these imbalances will have on the environment should be a cause for alarm.

8242 besvärande — **troublesome**

adj

Herr talman! Det är ytterst besvärande att det moderna Europa, där det råder frihet och respekt för de mänskliga rättigheterna, har blivit en plats där så många människor förtrycks och utnyttjas.

Mr President, it is a matter of extreme embarrassment that modern Europe, which enjoys freedom and respect for human rights, has become a place of oppression and abuse for so many people.

8243 nervsammanbrott — **nervous breakdown**

nn

jag tror att hon är håller på att få ett nervsammanbrott.

I think that she is close to a nervous breakdown.

8244 världslig — **worldly | mundane**

adj

Jag ville göra det som var rätt, men jag ville inte "bli modern" och betraktas som "världslig".

I wanted to do what was right, but I didn't want to "go modern" and be counted "worldly."

8245 rätsida — **face**

nn

Jag måste få rätsida på mitt liv innan jag drar in dig i det.

I need to get my business in order before I drag you into it.

8246 tröstande — **comforting**

adj

Jesus gav människorna denna tröstande försäkran: "Den stund kommer, och den är här nu, när de döda skall höra Guds Sons röst och de som ger akt skall leva. ,

Jesus gave the comforting assurance to mankind: "The hour is coming, and it is now, when the dead will hear the voice of the Son of God and those who have given heed will live. . . .

8247 klarinett — **clarinet**

nn

Jag har rengjort din klarinett.

I cleaned your clarinet.

8248 sot — **soot**

nn	Ofullständig oxidation uppstår på grund av ineffektivitet i förbränningsprocessen, där en del av kolet inte förbränns eller delvis oxideras till sot eller aska.
	Incomplete oxidation occurs due to inefficiencies in the combustion process that leave some of the carbon unburned or partly oxidised as soot or ash.

8249 bortre — **far|further**

adj — Därför föreslog Eurostat ett nytt strategibaserat förhållningssätt till det europeiska statistiksystemet på grundval av en årlig översyn av befintliga statistikkrav, identifiering av negativa prioriteringar och bortre tidsgränser ("sunset clauses").

Therefore, Eurostat proposed a new strategy–driven approach to the ESS, based on an annual review of existing statistical requirements, on identification of negative priorities and on sunset clauses.

8250 pensionering — **retirement**

nn — Tidigare har man i många medlemsländer på ett alltför lättsinnigt sätt diskriminerat de äldre arbetstagarna genom en pensionering i förtid.

In many Member States, employers have been far too ready to discard older workers by means of systematic early retirement.

8251 randig — **striped|tabby**

adj — Han frågade ifall han ville ha ekologiska Toasted O's eller sockertäckta flingor -- ni vet, de där med en stor randig tecknad figur på förpackningen.

He asked him if he wanted organic Toasted O's or the sugarcoated flakes -- you know, the one with the big striped cartoon character on the front.

8252 tåga — **walk in procession; filament**

vb; nn — Om det skulle inträffa en tågkollision i Cypern skulle det vara två tåg inblandade.

Should there be a train crash in Cyprus there would be two trains involved.

8253 psalm — **psalm**

nn — I den hebreiska grundtexten inleds faktiskt den allra första psalmen med ordet "lycklig" eller "välsignad".

In fact, in the original Hebrew, the very first psalm opens with the word "happy" or "blessed."

8254 skattebetalare — **taxpayer**

nn — Det är viktigt för europeiska konsumenter och för europeiska skattebetalare.

It is important for European consumers and for the European taxpayer.

8255 högtidlig — **solemn**

adj — Staterna ingår en högtidlig men vanligen oskriven överenskommelse med sina trupper om att sända dem i strid där de riskerar livet, men endast när nationens eller medborgarnas livsviktiga intressen står på spel.

States make a solemn, but usually unwritten, covenant with their troops to send them into battle and risk their lives, but only when the vital interests of the nation or nationals are at stake.

8256 förskingring — **embezzlement**

nn — Kriterierna för frysning av tillgångar för personer som är ansvariga för förskingring av ukrainska offentliga medel bör förtydligas.

The designation criteria for the freezing of funds targeting persons responsible for the misappropriation of Ukrainian State funds should be clarified.

8257 ockupation — **occupation**

	nn	Rumänien och Bulgarien är äkta europeiska länder och är desto mer värda att uppmärksamma efter att ha utstått turkisk ockupation mellan 1500–talet och 1800–talet och sedan kommunism från 1945 till 1990. *Romania and Bulgaria are authentic European nations and are all the more worthy for having been subjected to the Turkish occupation between the 16th and 19th centuries, and then Communism from 1945 to 1990.*

8258 krycka — **crutch**

nn

Med hänsyn till den typ av kirurgiskt ingrepp som utfördes när hon var inlagd, det faktum att hon var tvungen att akut genomgå ett andra ingrepp, den period under vilken hon genomgick rehabilitering vid en annan klinik, och det faktum att hon ständigt är tvungen att gå med hjälp av en krycka, uppfyller hennes sjukdom villkoren i punkt 1 i kapitel 5 i avdelning III i de allmänna genomförandebestämmelserna för att anses utgöra en "allvarlig sjukdom" i den mening som avses i denna bestämmelse.

In view of the type of surgery carried out when she was hospitalised, of the fact that she had to undergo a second emergency operation, of the duration of the period for which she had to receive rehabilitation therapy in a different hospital and also of the fact that she is permanently required to use a crutch in order to walk, her illness satisfies the conditions set out in Title III, Chapter 5, Point 1 of the General Implementing Provisions in order to be considered a 'serious illness' within the meaning of that provision.

8259 överskrida — **exceed | overstep**

vb

Kommissionen förklarar att den förbehåller sig rätten att överskrida taket på 30 miljoner euro under exceptionella yttre omständigheter.

The Commission declares that it reserves the right to propose that the ceiling of EUR 30 million be exceeded in the event of exceptional external circumstances.

8260 förfrågning — **inquiry**

nn

Tillhandahållande av en online–sökbar guide och databas för användare och särdrag hos webbplatser och virtuella miljöer tillsammans med telekommunikationstjänster för möjliggörande av förfrågning om guider och databaser.

Providing an online searchable guide and database for users and features of websites and virtual environments together with telecommunications services to enable to inquiry of guides and databases.

8261 lämpa — **be convenient**

vb

Utan att det påverkar minimikraven på kvalitet som fastställs eller skall fastställas enligt förfarandet i artikel 6, skall den råvara som levereras till bearbetningsföretaget enligt bearbetningsavtalet vara av felfri och korrekt handelskvalitet och lämpa sig för bearbetning.

Without prejudice to any minimum quality criteria laid down or to be laid down in accordance with the procedure provided for in Article 6, raw materials delivered to processors under processing contracts shall be of sound and fair merchantable quality and suitable for processing.

8262 agentur — **agency**

nn

Jag skulle vilja höra era kommentarer, herr kommissionär, om den verksamhet som Cason och hans agentur bedriver på Kuba.

In all events, I should like your comments, Commissioner, on the action by Mr Cason in Cuba and by his office.

8263 kvist — **twig | spray**

nn

Om du har tvål, vatten och mat, då kan du leva länge.

If you have soap, water and food, you know, you can live long.

8264 **utpost**

nn

outpost

De kungliga förordningarna, i vilka de engelska regenterna uttryckligen bekräftade de brittiska öarnas rätt att få styras enligt gamla sedvanor, i tydlig avsikt att försäkra sig om dessa öbors lojalitet, vilka var invånare på en strategisk utpost i Engelska kanalen och befann sig på "tröskeln" till den traditionelle fienden Frankrikes territorium.
The Royal Charters, by means of which English sovereigns emphatically reiterated the privilege of the British islands to be governed in accordance with their ancient customs, clearly with the purpose of ensuring the loyalty of the islanders, who occupied a forward position strategically located at the threshold of the territory of the traditional enemy, France.

8265 **eldstad**

nn

fireplace|furnace

Bröddeg blandades i baktråg och bakades på en eldstad eller i en ugn.
Bread dough was mixed in a kneading trough and baked on a hearth or in an oven.

8266 **ättling**

nn

descendant

Jag är Isildurs ättling.
I am Isildur's heir.

8267 **blixtlås**

nn

zipper

Det är nog en som gärna vill få fixat ett blixtlås, va?
Must be someone who wants his zipper fixed, don't you think?

8268 **arbetslöshet**

nn

unemployment

RESOLUTION UTFÄRDAD AV RÅDET OCH FÖRETRÄDARNA FÖR MEDLEMSSTATERNAS REGERINGAR, FÖRSAMLADE I RÅDET av den 2 december 1996 om de sociala trygghetssystemens roll i kampen mot arbetslöshet.
RESOLUTION OF THE COUNCIL AND OF THE REPRESENTATIVES OF THE GOVERNMENTS OF THE MEMBER STATES, MEETING WITHIN THE COUNCIL of 2 December 1996 on the role of social protection systems in the fight against unemployment.

8269 **likgiltighet**

nn

disregard

På listan över de brottsliga handlingar som har begåtts av Myanmars ledare, som aldrig kommer att glömmas, finns att internationella biståndsarbetare förbjöds att komma in i landet, att de som sökte hjälp vägrades denna hjälp och en total likgiltighet inför det internationella samfundets strävan att hjälpa de nödlidande.
The list of criminal acts committed by Burma's leaders, which will never be forgotten, comprises forbidding international aid workers to enter the country, refusing to assist those seeking help and showing total disregard for the international community's efforts to help the suffering.

8270 **skälig**

adj

reasonable

Alla hushållsarbetare oavsett ursprung måste ha skälig tillgång till arbete.
All domestic workers, regardless of their origin, must have decent access to work.

8271 **rättskaffens**

adj; adv

righteous; honestly

Bara denna ömsesidiga respekt kan göra det möjligt för oss alla att leva som vanliga, rättskaffens medborgare i Guds stad på jorden.
Only this mutual respect will enable all of us to live as ordinary, honorary citizens in God's city on Earth.

8272 **trassel**

tangle|trouble

nn	Vi måste undvika absurda trassel med byråkrati, som bara skall lyckas reducera Europa till en rent materialistisk, politiskt korrekt men meningslös enhet.
	We must avoid absurd tangles of red tape, which will only succeed in reducing Europe to a purely materialistic, politically correct but pointless entity.

8273 stimulans — **stimulus**

nn Slutlig utvärdering av resultaten av genomförandet av det fleråriga gemenskapsprogrammet för stimulans av utvecklingen och utnyttjandet av europeiskt digitalt innehåll på det globala nätet samt för främjande av den språkliga mångfalden i informationssamhället.

Final evaluation of the results obtained in implementing the multiannual Community programme to stimulate the development and use of European digital content on the global networks and to promote linguistic diversity in the information society.

8274 förbryllad — **confused**

adj Förbryllad frågade hon Jesus: "Hur kommer det sig att du, fast du är jude, ber mig om något att dricka, när jag är en samarisk kvinna?"

The perplexed woman asked Jesus: "How is it that you, despite being a Jew, ask me for a drink, when I am a Samaritan woman?"

8275 sans — **senses**

nn Jag föreslår att vi nu fortsätter med våra ärenden och återför denna kammare till någon form av sans och vett.

I suggest that we now move on with our business and bring this House back to some kind of sanity again.

8276 undvikande — **avoidance; avoiding**

nn; adj Höga skatter lockar fram skadlig konkurrens, undvikande och kringgående av skatter.

High tax rates encourage harmful competition and tax evasion.

8277 rättslig — **legal**

adj Hur ska då en felaktig rättslig grund förvandlas till en korrekt rättslig grund?

How, then, can an incorrect legal basis be transformed into a correct legal basis?

8278 upptåg — **antics|prank**

nn Men jag undrar om ni skulle kunna ge oss en uppgift om vad de tre herrar har kostat oss i kväll med sina recitationer av upptåg och Homer Simpson och annat som är helt oväsentligt för våra debatter.

But I just wonder if you could give us a figure for what those three gentlemen have cost us tonight by their recitations of the antics of Mr Homer Simpson and other things that are totally irrelevant to our debates.

8279 flörta — **flirt**

vb Flörta inte.

Don't flirt.

8280 prydlig — **neat|tidy**

adj Med tanke på det är din kostym väldigt prydlig.

Well, your suit looks very neat, considering.

8281 hackad — **hacked**

adj Det står så." Risken att bli hackad eller drabbas av virus ökar utan brandvägg. "

The chance of being hacked or getting a virus increases without a firewall.

8282 avkoppling
nn

relaxation

Att inte vara återhållsam och måttlig när man väljer avkoppling är
detsamma som att vägra att handla enligt kunskap.
*To shed restraint and moderation in one's choice of recreation is to refuse
to act according to knowledge.*

8283 droga
vb

drug

Fan aldrig mer droga!
Never take any drugs ever again!

8284 oberörd
adj

unmoved

Ingen har kunnat förbli oberörd.
No one in the city has been untouched by the frenzy.

8285 själslig
adj

spiritual

Flertalet av personerna över 60 år är vid full kroppslig och själslig vigör.
*Most people over the age of 60 are in full possession of their mental and
physical powers.*

8286 frossa
vb; nn

overindulge; chills

Man kommer att tala mycket och dessutom frossa i det, vilket en del
kolleger har gjort – jag beklagar att Schulz senare sänkte debattnivån
genom att lämna sammanträdet. Men min poäng är att parlamentet kanske
borde fundera över sin egen demokrati.
*There will be a lot of talking and a lot of self–congratulation, as we have
seen some Members doing already – and I am sorry that Mr Schulz
dropped the debate in the end by leaving the sitting – but I would like to
say that perhaps this Parliament should look into democracy in its own
house.*

8287 fana
nn

banner|flag

De håller det nationella vetots, hindrens och förseningarnas fana högt.
They are holding the flags of national veto, hindrance and delay high.

8288 tvättmaskin
nn

washing machine

En 20 år gammal tvättmaskin drar vatten i en omfattning som man knappt
kan föreställa sig.
*The amount of water consumed by a twenty–year–old washing machine is
phenomenal.*

8289 riskfri
adj

safe

Tyvärr lever vi inte i en riskfri värld och varken avsiktlig eller oavsiktlig
införsl av ett sådant virus kan uteslutas, även om alla nödvändiga
försiktighetsåtgärder har vidtagits för att förhindra det.
*Unfortunately, we do not live in a zero risk world so that one cannot
exclude either the intentional or unintentional introduction of such a virus,
although all necessary precautions are being taken against such an
eventuality.*

8290 avkastning
nn

return|income

Den försämrade ekonomin kan också få avsevärda effekter på
riskkapitalfondernas väntade avkastning och medföra eventuella förluster
för garantisystemen.
*The worsening economic climate may also have a significant impact on
the expected returns of venture capital funds and potential losses for
guarantee schemes.*

8291 sammanslagning
nn

merger

Denna variabel innehåller information om en enhet som inte är någon IF
men som ingår i en sammanslagning med en IF, och består av två delar:
"non_if_id" och "name".

This variable specifies details of a entity which is not an IF involved in a merger with an IF, and is composed of two parts: 'non_if_id' and 'name'

8292	**utdöd**	**extinct**
	adj	Men hur går man till väga när man rekonstruerar utdöda språk?
		But how do linguists reconstruct the development of extinct languages?
8293	**dekorera**	**decorate**
	vb	Varje kommissionsledamot har gjort sitt bästa för att dekorera sin egen julgran genom att pynta den med lite egna prydnadssaker.
		Each Commissioner has done his or her best to decorate their own Christmas tree by hanging a few bits of tinsel of their own upon it.
8294	**beskylla**	**accuse**
	vb	Ingen kommer att beskylla er.
		Nobody's going to blame you.
8295	**rysare**	**thriller**
	nn	En rysare visas!
		A scary movie is gonna be on!
8296	**rannsaka**	**examine|ransack**
	vb	Jehova förmanar sitt upproriska folk att stanna upp, rannsaka sig själva och hitta tillbaka till "stigarna" som deras trogna förfäder vandrade på.
		Jehovah exhorts his rebellious people to pause, examine themselves, and find their way back to "the roadways" of their faithful ancestors.
8297	**felfri**	**flawless**
	adj	Stödet skall endast beviljas för frön av felfri, god och säljbar kvalitet och vad gäller solrosfrön med mindre än 1 % av vita och randiga frön.
		The subsidy shall be granted only for seeds of sound, fair and merchantable quality and, as far as sunflower seeds are concerned, for seeds with less than 1 % white and striped seed.
8298	**ingrediens**	**ingredient**
	nn	Livsmedel som producerats från grödor under omställning får innehålla endast en gröda av jordbruksursprung som ingrediens.
		Food produced from in–conversion crops shall contain only one crop ingredient of agricultural origin.
8299	**artefakt**	**artefact**
	nn	Vilken artefakt gjorde det där?
		What artifact did that?
8300	**befriare**	**liberator**
	nn	I Esra 4:6 nämns den Ahasveros som i början av sin regering tog emot en anklagelse mot judarna skriven av deras fiender. Han kan ha varit densamme som Kambyses, som efterträdde Cyrus, Babylons erövrare och judarnas befriare.
		The Ahasuerus of Ezra 4:6, in the beginning of whose reign an accusation was written against the Jews by their enemies, may have been Cambyses, the successor of Cyrus the conqueror of Babylon and liberator of the Jews.
8301	**brudpar**	**bridal couple**
	nn	Undrar hur många brudpar som..
		I wonder how many brides..
8302	**barnsäng**	**cot|childbed**
	nn	Lekbåge för montering på krypfilt eller barnsäng av tyg med olika hänganordningar för leksaker.

Play centres for fastening to play blankets or children's beds of fabric with various toys attached.

8303	**synda**	**sin**
	vb	Aposteln Paulus gav det här rådet till sina medkristna: "Vredgas, men synda ändå inte; låt inte solen gå ner medan ni är i ett uppretat tillstånd."
		The apostle Paul cautioned fellow Christians: "Be wrathful, and yet do not sin; let the sun not set with you in a provoked state."
8304	**revolutionerande**	**revolutionary**
	adj	Utvecklingen av informationsteknologin är revolutionerande.
		Madam Chairman, we are currently seeing revolutionary development in information technology.
8305	**belägenhet**	**situation|site**
	nn	Amnesty International har också uppmärksammat oss på deras svåra belägenhet.
		Amnesty International has also called our attention to their plight.
8306	**tredubbel**	**triple**
	adj	Därigenom uppstår egentligen en tredubbel orätt mot dessa barn.
		What this in fact means is that these children suffer a triple injustice.
8307	**dill**	**dill**
	nn	Bin värderas efter vad de levererar ifråga om honung och vax, och det är alldeles för litet.
		Bees are valued in terms of the amount of honey and wax they produce but that undervalues them.
8308	**illdåd**	**atrocity**
	nn	Det är uppenbart, och det är helt säkert inte vi som kommer att säga motsatsen, att den vansinniga gemenskapsadministrationen och de illdåd som den orsakar bara kan ge våra medborgare en ökad otillfredsställdhet och därmed anföra allt flera besvär.
		It is obvious, and we will certainly not deny it, that the frenzied Community administration and the ravages it causes cannot but add to the dissatisfaction of our fellow citizens and, hence, give rise to ever more appeals.
8309	**upphäva**	**repeal|invalidate**
	vb	Efter utslag i handelstvister enligt andra internationella handelsavtal, däribland regionala och bilaterala avtal, när unionen har rätt att upphäva medgivanden eller andra skyldigheter enligt sådana avtal.
		Following the adjudication of trade disputes under other international trade agreements, including regional or bilateral agreements, when the Union has the right to suspend concessions or other obligations under such agreements.
8310	**huvudväg**	**highway**
	nn	Hur arbetena med Attikas huvudväg och Atens lokala järnväg framskrider.
		Progress on the Attica highway and the Athens suburban railway.
8311	**bråkdel**	**fraction**
	nn	Detta är återigen en bråkdel av promillen av Frankrikes bruttonationalprodukt.
		Again, this is a fraction of a per mille of France's Gross National Product.
8312	**välförtjänt**	**condign; deservedly**
	adj; adv	Med tanke på det bör vi välkomna initiativet att ha ett Europaår för frivilligarbete. Det kommer att ge dessa volontärers anonyma ansikten välförtjänt synlighet och göra oss alla medvetna om deras oerhörda arbete samt bidra till att skapa gynnsammare villkor för dem i deras verksamhet.

In view of this, we should welcome the initiative of launching a European Year of Volunteering, which will give due prominence to the anonymous faces of these volunteers, making us all aware of their tremendous work and seeking to create more favourable conditions for them to carry out their activities.

8313	**inhemsk**	**domestic**
	adj	

Viktiga framsteg gjordes angående politiken för "inhemsk innovation" som baseras på principen att endast innovativa produkter av kinesiskt ursprung kan komma ifråga vid offentlig upphandling.

Important progress was achieved on the so–called 'indigenous innovation' policy which is based on the principle of providing access to public procurement only for innovative products whose intellectual property is of Chinese origin.

8314	**symboliskt**	**nominally**
	adv	

Jag förstår att det här på et individuellt plan är helt symboliskt.

And I understand that, on an individual level, it's purely symbolic.

8315	**inriktning**	**alignment**
	nn	

Den 26 mars 2010 antog Europeiska rådet kommissionens förslag till en ny strategi för tillväxt och sysselsättning, Europa 2020, som bygger på en ökad samordning av den ekonomiska politiken med inriktning på ett antal nyckelområden där åtgärder behövs för att stärka förutsättningarna för hållbar tillväxt och konkurrenskraft i EU.

On 26 March 2010, the European Council agreed to the Commission's proposal to launch a new strategy for growth and jobs, Europe 2020, based on enhanced coordination of economic policies, which will focus on the key areas where action is needed to boost Europe's potential for sustainable growth and competitiveness.

8316	**förhistorisk**	**prehistoric**
	adj	

När det gäller Navarrarasens och Lacharasens samband med det geografiska området har det visat sig att båda raserna har funnits i Navarra sedan förhistorisk tid, under vissa perioder tillsammans på samma jordar och samma betesmarker och under andra perioder skilda åt i olika områden som lämpade sig för de utmärkande dragen hos respektive ras.

With regard to the link of the Navarra and Lacha sheep breeds with the geographical area, it has been shown that the two breeds have co–existed in Navarre since prehistoric times, sometimes sharing the same areas and pastures, and sometimes spreading out into different areas adapted to their breed characteristics.

8317	**pelare**	**pillar**
	nn	

I det första århundradet skrev aposteln Paulus till Timoteus, som var en äldste, att den kristna församlingen var "Guds hushåll" och "en pelare och ett stöd för sanningen".

In the first century C.E., the apostle Paul told the Christian elder Timothy that the Christian congregation was "God's household" and "a pillar and support of the truth."

8318	**blockad**	**blockade**
	nn	

Grupper av uppfödare stoppade rättsstridigt lastbilar för att kontrollera det transporterade köttets ursprung och utsatte slakterier för blockad.

Groups of farmers stopped lorries illegally in order to check the origin of the meat being transported and blockaded abattoirs.

8319	**retorisk**	**rhetorical**
	adj	

Kommissionen antar att FPAP här har gjort en retorisk förkortning för att visa att de åtgärder som fonden genomfört genom att minska fiskeföretagens driftskostnader i slutänden kommer företagens anställda tillgodo, med beaktande av lönesystemet med manslotter.

The Commission supposes that this is a rhetorical shortcut on the part of the FPAP, designed to show that the action taken by the FPAP reducing the running costs of fisheries undertakings, given the system of payment by giving employees a share of the profit, ultimately benefits the employees of these undertakings.

8320	**rakkniv**	**razor**
	nn	

Av dessa skäl kommer jag att anstränga mig i detta förslag till avgörande att destillera fram själva essensen i befogenheten att återkalla ett lagförslag, samtidigt som jag kommer att föreslå, i enlighet med principen om enkelhet, även känd som "Ockhams rakkniv"(4), en lösning som bygger på en distinktion mellan den formella befogenheten att återkalla ett lagförslag och en analys av det välgrundade i det återkallelsebeslut som kommissionen antagit inom ramen för det ordinarie lagstiftningsförfarandet.

For those reasons, the present Opinion will endeavour to distil the essence of the power of withdrawal as such, while proposing, in the spirit of the principle of simplicity, also known as 'Ockham's Razor', (4) a solution based on a distinction between the formal aspect of the power of withdrawal, on the one hand, and an analysis of the merits of the act of withdrawal adopted by the Commission in the context of the ordinary legislative procedure, on the other.

8321	**huvudingång**	**main entrance**
	nn	

Vi kommer vara vid deras huvudingång om mindre än en minut.

We'll be at their front door in less than a minute.

8322	**fog**	**reason|joint**
	nn	

Nu kan vi se att det kanske finns ett visst fog för denna varning från parlamentet.

We can now see that there is perhaps some reason for this warning from Parliament.

8323	**nödvändighet**	**necessity**
	nn	

Jag anser att en sådan skyldighet kan vara motiverad av allmänintresset och även kan uppfylla kraven på nödvändighet och proportionalitet.

I consider that such an obligation can be justified in the general interest and also complies with the requirements of necessity and proportionality.

8324	**brandbil**	**fire engine**
	nn	

Inköp av en brandbil (första delbetalningen 2006).

Acquisition of a fire engine (1st instalment 2006).

8325	**vittring**	**scent**
	nn	

Sedimentärt material av ospecificerad konsolideringsgrad i vilket minst 50 procent av de ingående partiklarna kommer från erosion, vittring eller massomlagring av befintliga geologiska material och har transporterats till deponeringplatsen genom mekaniska medier som vatten, vind, is och tyngdkraft.

Sedimentary material of unspecified consolidation state in which at least 50 percent of the constituent particles were derived from erosion, weathering, or mass–wasting of pre–existing earth materials, and transported to the place of deposition by mechanical agents such as water, wind, ice and gravity.

8326	transplantation	transplantation

	nn	Transplantation är ett alternativ för dessa patienter, men mindre än 50 % kan räkna med att få njurtransplantation på grund av brist på donerade organ.

Transplantation is one option for these patients but less than 50% can expect to receive a kidney transplant, due to a shortage of donor organs.

8327 välutrustad

adj

well-endowed

Du vet att jag gillar en välutrustad soldat.

Oh, you know I like a well– equipped soldier.

8328 koncern

nn

concern

Mot bakgrund av att ÖBB–Infrastruktur AG och ÖBB–Personenverkehr AG tillhör samma koncern ställer jag mig även frågande till huruvida den information som tillhandahålls av ÖBB–Infrastruktur AG, såsom infrastrukturförvaltare, tillhandahålls på ett icke–diskriminerande sätt.

I would also query whether, in light of the fact that ÖBB-Infrastruktur AG and ÖBB-Personenverkehr AG belong to the same group of companies, the information being supplied by ÖBB-Infrastruktur AG , as the infrastructure manager, is being supplied on a non-discriminatory basis.

8329 etnisk

adj

ethnic

Dessa indikatorer är: arbetslöshetsnivå, utbildningsnivå, brottslighet, bostadskvalitet, andel socialbidragstagare, etnisk sammansättning, förfallen stadsmiljö, försämring av allmänna kommunikationer, dåligt lokal utrustning osv.

The indicators are: unemployment rate, levels of education, the level of crime, quality of housing, the percentage of social service providers, the social and ethnic mix, the extent of urban decay, deterioration of public transport and the mediocrity of local amenities, etc.

8330 ofredande

nn

molestation

Vilka påföljder används inom Europeiska kommissionen gentemot dem som uppträder på ett ofredande sätt?

What sanctions may the Commission apply to those responsible for harassment?

8331 sladda

vb

skid

Och den bakre änden av bilen kommer börja sladda.

And the rear end of the car is going to begin to slide out.

8332 rättfärdighet

nn

righteousness

Hur kan vi utveckla kärlek till rättfärdighet och hat till ondska?

What can help us to cultivate love of righteousness and hatred for wickedness?

8333 skalbagge

nn

beetle

Denna skalbagge finns inte med på OIE:s (Office Internationale des Epizooties) förteckning och det finns ingen information om omfattningen av dess angrepp i tredje länder.

The small hive beetle is not listed by the Office Internationale des Epizooties (OIE) and information about the extent of its infestation in third countries is not available.

8334 indirekt

adv; adj

indirectly; indirect

Om denna genomförs i sin helhet kommer det i Europeiska unionen att införas obligatoriska krav och kvalitetsnormer på system för indirekt sikt för motorfordon i kategorierna M och N.

Full implementation of the proposal will introduce into the EU mandatory requirements and quality standards for indirect vision systems for motor vehicles of categories M and N.

8335 **hast**   **hurry|dispatch**

nn

Jag säger er: Han skall se till att det med hast skipas rätt åt dem.

I tell YOU, He will cause justice to be done to them speedily.

8336 **välklädd**   **well-dressed**

adj

Vid bibelutställningen frågade en äldre, välklädd dam försynt var hon kunde få tag i en telefon. Hon behövde nämligen ringa ett viktigt samtal.

At the Bible exhibit, an elderly, well–dressed lady timidly asked where she could use a phone because she had to place an urgent call.

8337 **sketch**   **sketch**

nn

I denna sketch återvänder en man till den zoologiska butiken för att reklamera en papegoja som är död.

In the sketch, a man returns to a pet shop in order to complain about a dead parrot.

8338 **gången**   **gone|departed**

adj

Detta är andra gången som frågan rörande det aktuella totalbeloppet förblir obesvarad.

This is the second time that the question as to the total sum concerned has gone unanswered.

8339 **studerande**   **student**

nn

Efter en undersökning av bosättningshistorian hos ett urval av studerande som erhåller studiemedel (ett tillräckligt stort urval för att vara statistiskt tillförlitligt) drar den slutsatsen att införandet av kravet att sökanden måste ha varit bosatt fyra år i medlemsstaten skulle utesluta en tillräcklig andel potentiella kandidater för att begränsa risken att allvarligt överskrida budgeten.

After examining the past residence history of a representative sample of existing students benefiting from funding (a sufficiently large sample to be statistically reliable), it reaches the conclusion that, were it to impose the requirement that the applicant must have resided four years within its territory, that would exclude sufficient prospective candidates to limit the risk of running seriously over budget.

8340 **portvin**   **port**

nn

För det tredje och vad gäller det påstådda åsidosättandet av artikel 1, erinrar tribunalen om att överklagandenämnden slagit fast att det inte förelåg någon "anspelning" på ett portvin, i den mening som avses i nämnda bestämmelse, eftersom whisky är ett annat slags produkt och eftersom det omtvistade varumärket inte innehåller någon del som är potentiellt vilseledande eller falsk).

In the third place, as regards the alleged infringement of Article 1, it should be noted that, in essence, the Board of Appeal concluded that there was no 'evocation' of a port wine within the meaning of that provision, since whisky is a different product and there was no potentially misleading or confusing statement in the contested mark.

8341 **poliskommissarie**   **police superintendent**

nn

Biträdande högste polischef, högste poliskommissarie, baserad i Southerton, ansvarig för distriktet södra Harare, person som varit direkt inblandad i våldet i mars 2007.

Assistant Police Commissioner based in Southerton, responsible for Harare South district, directly involved in the March 2007 violence.

8342 **nattlinne**   **nightgown**

nn

har du ett nytt nattlinne på dig?

is that a new nightdress?

8343 koja — **hut; flop out**

nn; vb

Babylonierna "brände upp Jehovas hus" som om det var en hydda, en liten koja, i en trädgård.

The Babylonians 'burned the house of Jehovah' as if it were a booth, or a mere hut, in a garden.

8344 närsynt — **nearsighted**

adj

Teoretiskt sett kan det ovedersägliga förvisso drivas fram "med en närsynt detektivs entusiasm" eller tvärtom jagas "på det vis som de stora hjältarna inom deckarlitteraturen skulle göra".

It is true that, in theory, evidence may be brought to light 'with the enthusiasm of a short-sighted detective' or, on the contrary, tracked down 'in the manner of, the greatest heroes of crime fiction'.

8345 diktatur — **dictatorship**

nn

Torsdag 1 april 2012 det europeiska samvetet och diktatur.

Thursday 1 April 2012 European conscience and totalitarianism.

8346 bönfalla — **implore|beseech**

vb

Då började demonerna bönfalla honom, i det de sade: "Om du driver ut oss, sänd oss då i väg in i svinhjorden."

So the demons began to entreat him, saying: "If you expel us, send us forth into the herd of swine."

8347 stadsbo — **town resident**

nn

På stranden såg jag Jules Maaten: solbränd, en god simmare och surfare, men likväl ledamot av Europaparlamentet och politiker.

On the beach, I saw Mr Maaten, tanned, a great swimmer and a surfer, but still an MEP and a politician.

8348 närstående — **related**

adj

Enligt IAS 24, Upplysningar om närstående, skall ett företag lämna upplysningar om när det återköper egna egetkapitalinstrument från närstående.

An entity provides disclosure in accordance with IAS 24 Related Party Disclosures if the entity reacquires its own equity instruments from related parties.

8349 refräng — **chorus**

nn

Föredraganden tar om sin gamla refräng, men med nya ord.

The rapporteur is repeating his old refrain with new words.

8350 onåd — **disgrace|disfavor**

nn

I Iran hamnar de som inte vill vara en del av detta i onåd.

In Iran, those who want no part in this fall into disfavour.

8351 avskaffa — **abolish**

vb

Om detta inte är fallet, vad tänker kommissionen göra för att avskaffa denna typ av icke–tariffära hinder och garantera ett tillträde till den kinesiska marknaden på rättvisa villkor?

If not, what does the Commission intend to do to remove this type of non–tariff barrier and guarantee access to the Chinese market under fair conditions?

8352 tusental — **thousands**

nn

Varför flyr människor i massor, i tusental, från Afghanistan?

Why are thousands of people fleeing in droves from Afghanistan?

8353 kryss — **cross**

nn

Det finns en nolla, en etta och ett kryss.

There is a zero, a number one and a cross.

8354 **stirrande**   **staring**

adj

Trädgårdsstörar av trä och stirrande ögonglober.

Wooden garden stakes and gazing globes.

8355 **slarva**   **be careless; careless woman**

vb; nn

Låt oss fånga ögonblicket och låt oss inte slarva bort det i dag med bara ord och ingen handling.

Let us seize the moment and let us not waste it today with just words and no action.

8356 **fördröja**   **delay|detain**

vb

Ackrediteringsorganet får heller inte använda anmälningsförfarandet för att fördröja kontrollantens verksamhet.

It shall not also use the notification procedure to delay the venue of the verifier.

8357 **samordna**   **coordinate**

vb

Därför tror jag, liksom också detta betänkande, att det är viktigt med ökade och samordnade insatser inom detta område.

Therefore I believe, as does this report, that it is important that we take increased and coordinated action in this field.

8358 **statisk**   **static**

adj

Uppfyllandet av Köpenhamnskriterierna är ingen statisk process - det är en dynamisk process.

Meeting the Copenhagen criteria is not a static process - it is a dynamic process.

8359 **spärr**   **lock**

nn

Elektriskt eller elektroniskt manövrerade dammslussar som spärr– och reglerarmaturer.

Electric or electronic operated dust locks being shut–off and control fittings.

8360 **damma**   **dust**

vb

Hannah har fått noveller publicerade, så damma av ditt bästa material.

Hannah already has two stories published, , so you better dust off your best material.

8361 **ordval**   **choice of words**

nn

Vad för det första gäller kommissionens ordval i det angripna beslutet konstaterar tribunalen, utan att det är nödvändigt att pröva vart och ett av de skäl som sökandena åberopat, att det framgår klart av skäl 441 i det angripna beslutet att kommissionen beslutade att tillskriva sökandena ansvar för den aktuella överträdelsen och ålägga dem böter på grundval av konstaterandet att de tillsammans med Arkema utgjorde ett enda företag i den mening som avses i artikel 81 EG.

As regards, first of all, the terminology used by the Commission in the contested decision, without it being necessary to examine each of the recitals thereof to which the applicants refer, it must be observed that it is unambiguously clear from recital 441 of the contested decision that it was on the basis of the finding that the applicants and Arkema formed a single undertaking for the purposes of Article 81 EC that it decided to hold them liable for the infringement at issue and impose fines upon them.

8362 **oförutsägbar**   **unpredictable**

adj

Eftersom sjukdomsagens hela tiden förändras genetiskt och kan anpassa sig till nyligen smittade värdar (djur och människor), är den risk som de olika aviära influensavirusen utgör för djur– och folkhälsan varierande och i stor utsträckning oförutsägbar.

Due to continuous genetic changes of the disease agents and their possible "adaptation" to newly infected animal or human hosts, the risks posed by the different AI viruses to animal and public health is variable and to a large extent unpredictable.

8363	**grävling**	**badger**
	nn	Det finns även andra djur som omfattas av förslaget, till exempel mård och grävling, som är skyddade eller fridlysta i vissa områden.

Other animals too that fall within the scope of this proposal, including the marten and the badger, are protected or preserved in certain areas.

8364	**jurymedlem**	**juror**
	nn	Förlust/upphävande av rätten att vara sakkunnig i rättegångar/vittna under ed/fungera som jurymedlem.

Loss / suspension of right to be an expert in court proceedings / witness under oath / juror.

8365	**upphov**	**cause|origin**
	nn	Kostnader som skiljeförfarandet ger upphov till: avgifter och kostnader för skiljedomstolen, kostnaderna för ombud och utgifter för vilka käranden beviljats ersättning av skiljedomstolen.

'Costs arising from the arbitration' means the fees and costs of the arbitration tribunal and the costs of representation and expenses awarded to the claimant by the arbitration tribunal.

8366	**nalle**	**cellphone**
	nn	Min mamma bor i Rom och är visserligen 85 år gammal, men jag har fortfarande inte lyckats övertala henne om att ta emot en nalle i present av mig, för hon vet inte hur man använder den.

She is 85 years old, it is true, but I have not yet managed to persuade her to let me give her a mobile phone because she would not know how to use it.

8367	**tanklös**	**thoughtless**
	adj	Kommer en tanklös kommentar eller ovänlig handling att få oss att dra oss undan församlingen?

Will a thoughtless remark or an unkind act cause us to withdraw from the congregation?

8368	**litterär**	**literary**
	adj	Det finns inte någon rättslig princip eller något precedensfall som innebär att en litterär karaktär automatiskt skall anses vara ett välkänt varumärke.

There is neither a legal principle nor any precedent according to which a famous literary character must automatically be regarded as a well–known trade mark.

8369	**uppslag**	**idea**
	nn	Jag säger detta som ett tänkbart uppslag, eftersom vissa ungdomar i mitt land, man kan dela deras val eller avstå därifrån, sitter i fängelse för vägran att göra militärtjänst och vägran att göra samvetstjänst, vilket är det som ersätter militärtjänsten.

That is a possible idea. In my country there are some young people – whether or not you agree with them – who are in prison for avoiding their military service because they refuse to be labelled conscientious objectors.

8370	**kvittera**	**receipt**
	vb	Adressaten eller den person som har fullmakt att motta försändelsen i adressatens namn måste kvittera ett mottagningsbevis.

A signature must be obtained from the addressee, or any other person who is prepared to accept receipt on behalf of the addressee, as proof of delivery of the document.

8371	**segrande**	**victorious**
	adj	Recep Tayyip Erdogan betedde sig som en segrande befälhavare som kommer för att inspektera sina trupper på ockuperat territorium.
		Mr Erdogan conducted himself like a victorious commander coming to inspect his troops in occupied territory.
8372	**reumatism**	**rheumatism**
	nn	Tack för artiklarna om reumatism.
		Thank you for the articles on arthritis.
8373	**nyans**	**shade|nuance**
	nn	Denna princip är absolut och utan nyanser eller villkor.
		This principle is absolute and without shades of meaning or conditions.
8374	**alldaglig**	**everyday**
	adj	Byte av operatör sker utan problem som en alldaglig företeelse.
		Changing operators does not present any problems, and is part of the everyday routine.
8375	**magnetisk**	**magnetic**
	adj	SMAR, det Svenska tvärvetenskapliga centrum för MAgnetisk Resonans.
		SMAR; the Swedish Interdisciplinary MAgnetic Resonance Center.
8376	**turk**	**Turk**
	nn	Nej, men han är turk.
		No, but he's a Turk.
8377	**illvilja**	**ill will**
	nn	Om Saul blev vred skulle det vara ett tecken på illvilja mot David.
		If Saul reacted angrily, that was a sign of ill will toward David.
8378	**klockslag**	**stroke|hour**
	nn	Här visas datum och klockslag när första versionen av dokumentet sparades.
		The date and time of the saving of the first document version is shown here.
8379	**nit**	**rivet|zeal**
	nn	Vi har en känsla av att kommissionen inte uppvisat den nit som skulle ha varit nödvändig i denna fråga.
		We have the impression that the Commission has not shown the necessary zeal in this matter.
8380	**visshet**	**certainty**
	nn	Oåterkalleliga garantier (och jämförbara instrument) som med visshet kommer att behöva infrias och för vilken sannolikt återbetalning inte kommer att ske.
		Irrevocable guarantees (and similar instruments) that are certain to be called and likely to be irrecoverable.
8381	**välde**	**reign**
	nn	Var är då det välde som erövrade kungariken, förstörde fruktbart land och omstörtade otaliga städer?
		Where, then, will be the power that conquered kingdoms, destroyed productive land, and overthrew cities without number?
8382	**lagerlokal**	**storeroom**
	nn	Det svinn som följer av normal lagring skall omfattas av de toleransnivåer som fastställs i bilaga XI och vara lika med skillnaden mellan det teoretiska lager som framgår av lagerbokföringen och det faktiska lager som fastställts på grundval av den inventering som föreskrivs i punkt 1,

eller lika med det lager som återstår enligt bokföringen när det faktiska lagret i en lagerlokal har uttömts.

Missing quantities resulting from normal storage operations shall be subject to the tolerance limits set out in Annex XI and shall be equal to the difference between the theoretical stock shown by the accounts inventory, on the one hand, and the actual physical stock as established on the basis of the inventory provided for in paragraph 1 or the stock shown as remaining on the books after the physical stock of a store has been exhausted, on the other.

8383	**ohygglig**	**appalling**

adj

En ohygglig värme.

An appalling heat.

8384	**oresonlig**	**unreasonable**

adj

Å andra sidan är en stel och oresonlig hållning, oavsett om det är en kemikalieöverkänslig person eller någon annan som har det, som en kil som pressar isär människor.

On the other hand, an inflexible, unreasonable attitude, whether on the part of an MCS sufferer or another person, is like a wedge that drives people apart.

8385	**ansluten**	**connected	associated**

adj

En arbetstagares beteckning som anställd eller egenföretagare i den mening som avses i denna artikel följer emellertid av det nationella system för social trygghet till vilket denna arbetstagare är ansluten. Det är endast definitionerna i detta system, vilka kan avvika från definitionerna enligt arbetsrätten, som skall beaktas.

Whether a person is to be regarded as an employed or as a self–employed person for the purposes of that article depends on the national social security scheme to which he is affiliated, and only the definitions used by that scheme, which may differ from those used in employment law, must be applied.

8386	**oval**	**oval**

nn

Produkten har följande specifika egenskaper: avlång, cylindrisk till oval form vid snittet, utgörs av fläskfiléer som är skurna på ett sådant sätt att det yttre fettlagret bevaras.

The product has the following characteristics: it is long in shape, with round to oval slices, and is formed from a fillet of pork cut with a layer of cover fat remaining.

8387	**tidtabell**	**timetable**

nn

På grund av tidtabellerna för sammanträdena har dessa förts till kammaren via min egen grupp och jag hoppas att de kan godkännas.

Owing to tight meeting timetables, they have been brought to the plenary session via my own group, and I hope that they may be adopted.

8388	**simulera**	**simulate**

vb

Utrustningen som används för provningen ska simulera de förhållanden som anordningen utsätts för när den är monterad på ett fordon och utsätts för vattenstänk av viss volym och hastighet från däcken.

The equipment used for the test must simulate the conditions to which the material would be submitted, with regard to the volume and speed of the water sprays produced by the tyres, if it were fitted to a vehicle.

8389	**vägran**	**refusal**

nn

I detta hänseende hänvisade domstolen i sin dom i målet Magill till att det inte fanns någon motivering för vägran att bevilja licens för en immateriell äganderätt.

In this context, the European Court of Justice referred in its Magill judgment to the absence of justification for the refusal to grant a licence to an intellectual property right.

8390	klättring	climb
	nn	Installation och reparation av hissar, liftar, vinschar, hjälpanordningar för klättring.

Installation and repair of elevators, lifts, winches, climbing aids.

8391	högtid	event
	nn	Kommer du att vara med vid denna viktiga högtid?

Will you remember this important event?

8392	trend	trend
	nn	Denna trend återspeglas även i gemenskapsprogrammen.

This trend is also reflected in the Community programmes.

8393	oändlighet	infinity
	nn	Vi behöver inte debattera i all oändlighet.

We do not need to have one debate after another.

8394	tonfall	tone
	nn	Ett med ett ekonomisk tonfall, roterande via agerande ordföranden för euroområdet.

That of the Presidents–in–Office of the 'Euro–11' will have an economic timbre and will rotate.

8395	kunnande	knowledge
	nn	Det är en "know–how"–fond vars huvudmål är att överföra kunnande, och då de flesta projekt och program är sektorsbaserade, till exempel jordbruk, bankväsende etc, är utbyte av erfarenheter och överföring av kunskap en nyckelfaktor.

As a 'know–how` fund, the principal objective is the communication of knowledge and while most projects and programmes are sectorally based, e.g. agriculture, banking, etc., the key factor is the exchange of experience and the transmission of knowledge.

8396	renovering	renovation
	nn	Stödja den offentliga sektorn när det gäller att gå igenom erbjudanden om tjänster, särskilt för renovering av byggnader genom att:

Supporting the public sector in taking up energy service offers, in particular for building renovations by:

8397	frågetecken	question mark
	nn	Det här leder till osäkerhet på marknaden och skapar frågetecken för om dessa rättigheter verkligen innebär att den grundläggande upphovsrättsprincipen att utnyttjande måste godkännas och ersättas införlivas med onlinevärlden.

These questions create on the one hand uncertainty in the market and, on the other, put into question the ability of these rights to transpose into the online world the basic principle of copyright that acts of exploitation need to be authorised and remunerated.

8398	fläta	braid; plait
	vb; nn	För ost i form av en fläta definieras den maximala vikten till 3 kg.

The maximum weight for 'plait'–shaped cheeses is 3 kg.

8399	överblick	view
	nn	Det behövs enligt min mening en ordentlig överblick av det nya fördragets konsekvenser för de rättsliga och inrikes frågorna.

*In my opinion, a careful review is needed of the new treaty's
consequences for justice and home affairs issues.*

8400	**kolesterol**	**cholesterol**

nn

Nivåerna av totalkolesterol, VLDL–kolesterol, IDL–kolesterol och
apolipoprotein B sänktes med bägge läkemedlen.
*Levels of total cholesterol, VLDL cholesterol, IDL cholesterol, and
apolipoprotein B decreased with both drugs.*

8401 sjuttio — **seventy**

num

Sjuttio, åttio, nittio procent av deras fartyg har allvarliga brister.
Seventy, eighty, ninety per cent of their ships have serious defects.

8402 invecklad — **intricate|complicated**

adj

Handha inspektioner och revisioner i en invecklad datormiljö.
Performing inspection and audit activities in a complex IT environment.

8403 samhörighet — **affinity**

nn

Var och en av oss skapar i olika hög grad sin egen känsla av samhörighet
med familjen, lokalsamhället, regionen, företaget, kyrkan, samhället, de
politiska partierna, nationen, den civiliserade världen och, till syvende och
sist, med alla människor på vår planet.
*Every one of us, to a greater or lesser extent, creates his own sense of
belonging to family, community, region, firm, church, society or political
party, to the nation, to the civilised world and, ultimately, to the
population of this planet.*

8404 infart — **entrance**

nn

Därför tror jag att vi verkligen skulle överlasta konsumenterna, kunderna,
om vi därutöver skulle införa en road pricing för infart i innerstaden.
*So I believe that we really would be putting too much of a burden on the
consumer, the customer, if we also introduced a road pricing system for
driving into the inner cities.*

8405 utfrågning — **interrogation**

nn

Slutligen välkomnar jag förslaget om en utfrågning av dem som
nominerats för att leda myndigheterna inför det ansvariga
parlamentsutskottet, och idén att parlamentet på utskottets
rekommendation bör avge ett yttrande om den föreslagna kandidaten.
*Lastly, I welcome the suggestion of a hearing of those nominated to head
the agencies before the competent parliamentary committee and the idea
that, on the committee's recommendation, Parliament should deliver an
opinion on the proposed candidate.*

8406 pannrum — **boiler room**

nn

Maskinrum och pannrum skall ha två utgångar varav den ena kan vara en
nödutgång.
*Engine and boiler rooms shall have two exits of which one may be an
emergency exit.*

8407 tryckare — **printer**

nn

Tjänster tillhandahållna av en grafisk designer och en tryckare, nämligen
digital layout, digital sats och digital bildbehandling, speciellt vid
framställning av reklammedel.
*Graphic design and printing, namely digital layout, digital setting and
digital imaging, in particular for the publication of advertising material.*

8408 inviga — **inaugurate**

vb

Dessutom välkomnar kommittén att det i alla medlemsstater skall
genomföras en serie gemensamma initiativ, till exempel när det gäller att
inviga och avsluta språkåret.

It is also a good idea to hold common events in all the Member States, for instance to inaugurate and close the Year.

| 8409 | **efterhand** | **hindsight** |
| | *adv* | |

Att förbjuda prissättning i efterhand skulle vara samma sak som att fastställa den multilaterala mellanbanksavgiften till noll, och en sådan noll–mellanbanksavgift skulle konkurrensmässigt sett vara likvärdig med – och lika öppen för insyn som – den aktuella multilaterala mellanbanksavgiften. Den enda skillnaden skulle vara avgiftens storlek.
Thus, the prohibition of pricing in hindsight would effectively impose a MIF set at zero which, from a competitive aspect, would be equivalent to and just as transparent as the current MIF, the only difference being the level at which it is set.

| 8410 | **kontroversiell** | **controversial** |
| | *adj* | |

Fru talman, mina damer och herrar! Ni har alla hört hur kontroversiell debatten om budgeten för 2011 är.
Madam President, ladies and gentlemen, you have all heard how controversial the debate about this 2011 budget is.

| 8411 | **hedervärd** | **creditable\|honourable** |
| | *adj* | |

Bevarandet av en konkurrenskraftig europeisk kemikaliesektor är fortfarande en hedervärd målsättning, även om vi måste påminna industrins lobbyister om att rena produktionsförfaranden och problemfria produkter skulle vara en verklig konkurrensfördel på den globala marknaden.
The preservation of a competitive European chemicals sector remains an honourable objective, even though we need to remind the industrial lobbies that cleaner production procedures and non–problematic products would constitute a real competitive advantage on the global market.

| 8412 | **serve** | **serve** |
| | *nn* | |

Enligt artikel 3.1 c är det tillräckligt att ordet i fråga "may serve in trade to designate" [i den svenska versionen används uttrycket "i handeln visar"] egenskaperna hos de berörda varorna eller tjänsterna.
For the purpose of Article 3(1)(c) it is sufficient that the word may serve in trade as a description of the goods or services concerned.

| 8413 | **redaktion** | **editorial staff** |
| | *nn* | |

Vilka känslor kan man ha haft på redaktion, som offentliggjorde det hela, för att inte tala om vad reportrarna på eller de som arbetade vid ARD:s "Tagesschau" i går kväll kan ha tänkt, när de hörde er använda ord som "folkuppviglande" och "utnyttjande".
What must be the feelings of the editorial staff of, who made the whole thing public, not to mention the reporters of the or those working on the ARD's 'Tagesschau' yesterday evening, when they hear you using words like 'rabblerousing' and 'misuse'.

| 8414 | **lagra** | **store** |
| | *vb* | |

Eftersom terrorattacker ofta planeras många år i förväg kan man helt enkelt inte förhindra dem genom att lagra uppgifter.
Since terrorists' attacks are often planned many years in advance, these simply cannot be prevented by the storage of data.

| 8415 | **borda** | **board** |
| | *vb* | |

SQ3 , Stoppa eller lägg bi. Jag kommer att borda er.
SQ3 , Stop or slow down, I wish to board your vessel.

| 8416 | **glittrande** | **glitter** |

nn	Man bör ta kontroll över de glittrande bilderna av euro- och dollartecken och stödja skyddet av den arktiska regionen med hjälp av samma sorts avtal som gäller för Antarktis.
	It should control the glittery images of euro and dollar signs and support the protection of the Arctic region by means of the same sort of agreement that applies to the Antarctic.

8417 benig — **bony | puzzling**

adj

Vi vill helt klart att det ska finnas mindre benig byråkrati och mer spelrum för näringslivet.

Clearly, we would like there to be less pernickety bureaucracy and we would like to give business a bit of air.

8418 töntig — **dorky**

adj

Han kanske är rolig men han är bara en töntig robot.

He may be funny, but he's just another geeky robot.

8419 hembesök — **home visit**

nn

Kommissionens tjänstemän och bemyndigade företrädare får bl.a. inte delta i hembesök eller formella förhör med personer inom ramen för den nationella lagstiftningen.

Commission officials and authorised representatives shall not take part, inter alia, in home visits or the formal questioning of persons within the framework of national legislation.

8420 uppgå — **amount to**

vb

I de nordliga regionerna måste all säd torkas i särskilda torkar eftersom vattenhalten vid skörden ännu kan uppgå till 30 %.

In northern regions, the entire grain harvest must be dried in special dryers, since its moisture content at harvest may be as high as 30 %.

8421 medelklass — **middle class; middle class**

nn; adj

Europaparlamentet framhåller att en stark och stabil medelklass är av stor ekonomisk och social betydelse, och att medelklassen i högre grad bör involveras i den politiska processen, vilket främjar tillväxt för alla.

Highlights the crucial economic and social importance of a strong, stable middle class; stresses the need to involve the middle class more closely in the political process, thus promoting inclusive growth.

8422 obetydligt — **slightly**

adv

Begäran innehöll tillräcklig prima facie–bevisning för att antidumpningsåtgärderna beträffande import av viss molybdentråd med ursprung i Kina kringgås genom import av viss obetydligt ändrad molybdentråd innehållande minst 97 viktprocent men högst 99,95 viktprocent molybden med ursprung i Kina.

The request contained sufficient prima facie evidence that the anti– dumping measures on imports of certain molybdenum wires originating in the PRC are being circumvented by means of imports of a certain slightly modified molybdenum wires, containing by weight 97 % or more but less than 99,95 % of molybdenum, originating in the PRC.

8423 kontrollpanel — **control panel**

nn

Det godkännandenummer som den behöriga myndigheten utfärdat skall anbringas varaktigt på anläggningens kontrollpanel så att det är tydligt läsbart även efter installationen.

The approval number assigned by the competent authority shall be affixed indelibly to the control unit in such a way that it remains clearly visible after the equipment has been installed.

8424 obligatorisk — **obligatory**

adj

Av de olika alternativ för uppgiftsinsamling som övervägdes i konsekvensbedömningen inom den temainriktade strategin för hållbar användning av bekämpningsmedel förordades obligatorisk uppgiftsinsamling som det bästa alternativet, eftersom det skulle möjliggöra en snabb och kostnadseffektiv framtagning av precisa och tillförlitliga uppgifter om utsläppande på marknaden och användning av växtskyddsmedel.

Among the different data collection options evaluated in the impact assessment of the Thematic Strategy on the Sustainable Use of Pesticides, mandatory data collection was recommended as the best option because it would allow the development of accurate and reliable data on the placing on the market and use of plant protection products quickly and cost–efficiently.

8425	**anpassad**	**fitted**

adj

Personer med nedsatt rörelseförmåga ska även kunna vistas och röra sig säkert på toaletter, så minst en toalett ska vara anpassad därefter.

Persons with reduced mobility shall also be able to stay and move safely in toilets, so at least one toilet shall be adapted accordingly.

8426	**beryktad**	**notorious**

adj

Just vid den tiden hade man en beryktad fånge som hette Barabbas.

Just at that time they were holding a notorious prisoner called Bar·ab'bas.

8427	**nysa**	**sneeze**

vb

Ska hologram nysa?

Are holograms supposed to, sneeze?

8428	**stänka**	**splash|spray**

vb

Kung Ahas befallde sedan prästen Urija: "Låt rök stiga upp från morgonens brännoffer på det stora altaret, likaså från kvällens sädesoffer och kungens brännoffer och hans sädesoffer och brännoffret för allt folket i landet samt deras sädesoffer och deras dryckesoffer; och allt blodet av brännoffer och allt blodet av ett slaktoffer skall du stänka på det.

And King A'haz went on to command him, even U·ri'jah the priest, saying: "Upon the great altar make the burnt offering of the morning smoke, also the grain offering of the evening and the burnt offering of the king and his grain offering and the burnt offering of all the people of the land and their grain offering and their drink offerings; and all the blood of burnt offering and all the blood of a sacrifice you should sprinkle upon it.

8429	**blodkropp**	**bloodcell**

nn

Den här molekylärtaxin behöver ingen chaufför eftersom den färdas inuti en röd blodkropp, som kan beskrivas som en container fullastad med hemoglobinmolekyler.

This molecular taxi does not require a driver, since it is riding inside a red blood cell, which could be described as a traveling container full of these hemoglobin molecules.

8430	**understå**	**presume|dare**

vb

Herr talman! Jag vill fråga Hannes Swoboda hur han kan understå sig att kritisera det ungerska ordförandeskapet när det precis har tillträtt.

Mr President, I would like to ask Mr Swoboda how he dares to criticise the Hungarian Presidency when it is just starting.

8431	**böta**	**pay a fine**

vb

Nederländska jordbrukare som bedriver jordbruk på marker i Tyskland och använder så kallad röd dieselolja som bränsle i sina jordbruksfordon, alltså dieselolja som har lägre accis än vanligt och är avsedd att användas inom jordbruket, får böta för tullen i Tyskland, eftersom det i Tyskland inte är tillåtet att använda sådan dieselolja med nedsatt accis.

Dutch farmers working their land in Germany with red diesel in the fuel tanks of their farm vehicles, face fines imposed by the German customs authorities, who do not allow this diesel, on which there are tax concessions, to be used on German territory.

8432	**lyckosam**	**fortunate**
	adj	Jag kan betrakta mig själv som lyckosam.
		I'd consider myself lucky.
8433	**försämra**	**impair**
	vb	I praktiken skulle detta till och med kunna försämra standarder för miljöskydd.
		In practice this would even impair standards of environmental protection.
8434	**misshandla**	**maltreat; rough up**
	vb; nn	Det senaste är en video som visades i går och som, så vitt man kan se, visar brittiska trupper misshandla irakiska ungdomar.
		Most recently, a video apparently showing British troops beating up Iraqi youths was revealed yesterday.
8435	**abstrakt**	**abstract; abstractly**
	adj; adv	Helt abstrakt sett skulle några av förmånerna kunna hänföras till både förordning nr 1 och förordning nr 2.
		Viewed from a purely abstract standpoint, some of the benefits may fall within the scope of both Regulation 1 and Regulation 2.
8436	**slam**	**sludge | slam**
	nn	Acceptansen för användningen av slam påverkas av livsmedelsprodukternas mätbara kvalitet, men beror framför allt på människors förtroende för en användning av slam i jordbruket och för avloppsreningssystemets förmåga att leverera icke–miljöfarlig växtnäring.
		Whether or not the use of sludge is acceptable will be influenced by the food products' measurable quality but will above all depend on the general public's confidence in the use of sludge in agriculture and in the waste water system's capacity to supply non–pollutant nutrients.
8437	**fördömande**	**denunciation; condemnatory**
	nn; adj	Det är naturligtvis inte rätt med ensidigt fördömande av Indien, men andra berörda länder måste verkligen vara varnade av denna händelse.
		Unilateral condemnation of India is not right, of course, but other countries concerned must indeed be warned by this incident.
8438	**stödjande**	**supporting; espousal**
	adj; nn	Bristen på skattetekniska och andra stödjande mekanismer på gemenskapsnivå och på nationell nivå som skall mobilisera privat och institutionellt sparande till investeringar i små och medelstora företag.
		The absence of fiscal and other supportive mechanisms at Community and Member State level to mobilise private and institutional savings into SME investments.
8439	**kult**	**cult**
	nn	Satan suger in en i en kult.
		Satan just creeps up behind you and sucks you into a cult.
8440	**spektakulär**	**spectacular**
	adj	Varje år, vid vintersolståndet, strömmar turister till Newgrange för att betrakta en i högsta grad spektakulär företeelse, som visar vad forntida folk var i stånd att utföra.

Each year at the time of the winter solstice, tourists flock to Newgrange to see a truly spectacular evidence of the abilities of the ancients.

8441	**klamra**	**cling**
	vb	Tyvärr avvisades alla förslag om ett fredligt maktöverlämnande av Laurent Gbagbo, som envisades med att olagligen klamra sig fast vid makten.

Unfortunately, all proposals for a peaceful handover of power were rejected by Mr Gbagbo, who insisted on clinging onto power illegally.

8442	**förolämpande**	**offensive**
	adj	För det andra tycker jag att ändringsförslag 4 helt enkelt är förolämpande.

Secondly, I find Amendment 4 quite simply insulting.

8443	**föregå**	**precede|anticipate**
	vb	Om EU ska få någon trovärdighet i denna debatt måste vi föregå med gott exempel.

If the EU is to have any credibility in this debate, it must lead by example.

8444	**programmerare**	**programmer**
	nn	Utarbetande av individuella intranät–, extranät– och Internetlösningar som tjänster tillhandahållna av en ADB–programmerare.

Implementation of individual intranet, extranet and Internet solutions, being computer programming services.

8445	**vrålande**	**yelling**
	adj	Anta ni har en slutsåld bautakonsert, och ni står framför 3.500 vrålande fans!

OK, you've sold out the Forum, you're standing in front of 3.500 screaming fans!

8446	**beroendeframkallande**	**habit-forming**
	adj	De måste ordna till det innan vi kan börja sälja det.Jag kan leva med att det är beroendeframkallande

And with what we stand to make from consumers demanding their fix, I can live with it being addictive

8447	**fisa**	**fart**
	vb	Samtidigt uppmanas vi av författaren till den centrala FN-rapporten om denna fråga, Sir Nicholas Stern, att bli vegetarianer för att kor ska sluta fisa.

Meanwhile, the author of the key UN report on this, Sir Nicholas Stern, urges us to become vegetarian to stop cows farting.

8448	**krita**	**chalk; chalk**
	nn; vb	Det syftar till att utöka direktivets tillämpningsområde till brännande av krita.

It is intended to extend the scope of this directive to the burning of chalk.

8449	**manet**	**jellyfish**
	nn	En grön fluorescerande gen från en manet och en röd fluorescerande gen från en havsanemom sörjer för att zebrafisken lyser i grönt eller rött under ultraviolett belysning i en mörk omgivning.

A green fluorescent gene from a jellyfish and a red fluorescent gene from a sea anemone make the zebra fish glow green or red in the dark under ultraviolet light.

8450	**minnesvärd**	**memorable**
	adj	Det gjorde bara att den sammankomsten blev särskilt minnesvärd.

It just made that assembly especially memorable.

8451	**kylare**	**cooler**

	nn	Detta avsnitt omfattar inte kylare till fordon.
		This item does not cover vehicle radiators.

8452 skoltid — **school**

nn Myndigheterna hjälper även till med att erbjuda fritidsverksamhet utanför skoltid och ger barn möjlighet att komma till skolan utanför de lagstadgade tiderna så att föräldrar bättre kan förena familje– och yrkesliv.

The authorities are also helping to provide after–school care and offering opportunities to send children to school before the stipulated opening hours, so that parenthood can be better reconciled with working life.

8453 tiondel — **tenth**

nn Det jag har sagt i dag är emellertid också sant, nämligen att vi endast har mottagit en tiondel av den utlovade utrustningen eftersom det formella åtagandet inte har ingåtts förrän nu.

What I have said today, however, is also true: since the formal commitment was adopted until now, we have only received one tenth of the equipment promised.

8454 infinna — **appear**

vb En gäldenär som har kallats i laga ordning, men som underlåter att infinna sig till förhandlingen, eller som under förhöret eller i egendomsförteckningen inte lämnat korrekta och sanna uppgifter ska dömas till böter på högst 4173 euro för fysiska personer, och 41730 euro för juridiska personer och enmansföretag.

A debtor who has been duly summoned but fails to appear at the hearing, or who, at the hearing or in the inventory of his property, does not state accurate and true data shall be punished by a fine not exceeding EUR 4173 in the case of natural persons, and EUR 41730 in the case of legal persons and sole proprietors.

8455 långvarig — **prolonged**

adj Några av de många riskfaktorer för att utveckla sjukdomen är: långvarig antiretroviral kombinationsbehandling, användning av kortikosteroider, alkoholkonsumtion, svår nedsättning av immunförsvaret och högre kroppsmasseindex

The length of combination antiretroviral therapy, corticosteroid use, alcohol consumption, severe immunosuppression, higher body mass index, among others, may be some of the many risk factors for developing this disease

8456 vrå — **corner|recess**

nn Men alla har inte hittat sin metod eller sin lugna vrå ännu.

But not everyone has found their method or quiet spot yet.

8457 måtta — **moderation; aim**

nn; vb Det krävs därför balans och måtta, och i stort sett anser jag att föredraganden har lyckats med det.

Balance and moderation must therefore be found and, broadly speaking, I feel that the rapporteur has succeeded in that aim.

8458 wienerbröd — **Danish pastry**

nn Bröd, Spannmålsbröd, Wienerbröd.

Bread, Multi–grain bread, Viennese breads.

8459 oförutsedd — **unforeseen**

adj Tyskland utgår från att ett läkemedel om det kontamineras med hiv– eller hepatitvirus skall klassas som en "oförutsedd" biverkning och därmed inte omfattas av den rapporteringsskyldighet som enligt direktiv 2 är begränsad till "oförutsedda" biverkningar i tredje land.

118

Germany assumes that contamination of a medicinal product with the HIV or hepatitis virus is to be classified as an "expected" adverse reaction and consequently to be excluded from the obligation to report which, in accordance with Directive 2, is restricted to "unexpected" adverse reactions.

8460 **förvaltare**   **trustee**

nn

Kommissionen är förvaltare av fördrag som redan är oacceptabla.

The Commission is the guardian of treaties that are already unacceptable.

8461 **sto**   **mare**

nn

I det beslutet föreskrivs bland annat att för att ett hästdjur ska föras in i huvudavsnittet i en stambok för sin ras ska det identifieras som föl vid sidan av sto enligt stambokens regler, vilka åtminstone bör kräva ett betäckningsintyg.

That Decision requires, amongst other things, that in order to be entered in the main section of a studbook of its breed an equine animal must be identified as foal at foot according to the studbook rules, which should at least require a covering certificate.

8462 **ogiltig**   **invalid**

adj

Nyckelåterkallningslistan för certifikatet har en ogiltig signatur.

The Compromised Key List for the certificate has an invalid signature.

8463 **frack**   **dress coat**

nn

Jag hoppas att du tog med din frack.

I'm saying I hope you brought your tuxedo.

8464 **otydlig**   **inexplicit**

adj

Med hänsyn till hur tolkningsfrågan formulerats, vars avgränsning kan verka något otydlig, anser jag det nödvändigt att börja med att precisera föremålet för begäran om förhandsavgörande samt de problem som är förenade med den innan jag föreslår ett sätt på vilket den kan besvaras.

In view of the way the question referred is framed, which may appear to be somewhat vague, it seems to me necessary to begin by defining the purpose and issues of that reference for a preliminary ruling before suggesting what form of a reply should be given to it.

8465 **oundvikligen**   **inevitably**

adv

Omställningen är oundvikligen en lång process, vilket är ytterligare en orsak till att man så fort som möjligt bör utforma och tillämpa dessa strategier.

The transition will inevitably take some time, and that is one more reason for not wasting time and drawing up and applying these strategies without further delay.

8466 **fräkne**   **freckle**

nn

Vad tror du att det här är?En fräkne?

What do you think this is, a freckle?

8467 **stöna**   **groan**

vb

Pusta och stöna inte.

Do not aargh and oooh.

8468 **dammig**   **dusty**

adj

Tavlan är väldigt dammig!

The picture's awful dusty!

8469 **påfrestande**   **trying**

adj

Jag inser att det varit påfrestande— och jag vill helst inte ställa fler frågor, men...

Dr. Jenner, I know this has been taxing for you and I hate to ask one more question, but...

8470	**hagelbössa**	**shotgun**
	nn	Vi behöver en hagelbössa!
		We need a shotgun!

8471	**välbyggd**	**set-up**
	adj	Ni är välbyggd, mr Douglas.
		Oh, you're all set up, Mr. Douglas.

8472	**likaväl**	**just as well**

adv

Parternas argument för att syntetisk diamant och aluminiumoxid skall tillhöra samma marknad som kiselkarbid skulle likaväl kunna användas om CBN, zirkonium–aluminiumoxid, fraktionerad aluminiumoxid i gel och borkarbid (parterna har inte angivit att borkarbid utgör en del av den relevanta produktmarknaden).

Indeed, the parties' argument for including synthetic diamonds and aluminium oxide in the same market as SiC could just as well be extended to CBN, zirconia, seeded gel aluminium oxide, and boron carbide (the latter has not been mentioned by the parties as forming part of the relevant product market).

8473	**stork**	**stork**

nn

Det bekräftar sanningen i Bibelns ord i Jeremia 8:7: "Storken under himlen känner sina bestämda tider; och turturduvan och tornseglaren och bulbylen iakttar noga den tid då de skall komma."

This confirms the words of the Bible found at Jeremiah 8:7: "The stork in the heavens—it well knows its appointed times; and the turtledove and the swift and the bulbul—they observe well the time of each one's coming in."

8474	**verkställa**	**execute**

vb

Den behöriga myndigheten i den verkställande staten får också vägra erkänna och verkställa beslutet, om det konstateras att

The competent authority in the executing State may also refuse to recognise and execute the decision if it is established that:

8475	**regnig**	**rainy|wet**

adj

Namnet Gihon är passande, eftersom det emellanåt bokstavligen forsar fram vatten ur källan – upp till fyra, fem gånger om dagen efter en regnig vinter, men inte lika ofta under den torra årstiden.

The name Gihon is particularly appropriate for this spring inasmuch as it 'gushes forth' intermittently, as much as four or five times a day following a rainy winter, less frequently in the dry season.

8476	**torde**	**should**

av

Den kapacitet som skulle skapas på detta sätt torde inte heller kunna konkurrera effektivt med den kapacitet som den avvikande aktören har tillagt under planeringsperioden, eftersom den både är försenad och av lägre kvalitet.

Capacity created in that way does not appear capable of competing effectively with capacity added by the operator which has broken ranks in the planning period, since it is both late and of lower quality.

8477	**epidemi**	**epidemic**

nn

Detta betyder att långvariga åtgärder inte kan införas i början av en epidemi.

This means that it is not possible, at the beginning of an epidemic, to introduce long–term measures.

8478	**vispgrädde**	**whipping cream**

nn	Annars tar jag vispgrädde, men bara om den är färsk.
	If not, then whipped cream, but only if it's real.

8479 egenhet — **eccentricity**

nn

Avskogningsprojekt har dock en egenhet: de är mycket svåra.

However, deforestation projects have a peculiarity: they are very difficult.

8480 tillhörande — **appurtenant**

adj

Författningsdomstolen behöver bara pröva, om ingångskriterierna, så som de är fastlagda i Maastrichtfördraget och tillhörande protokoll, är uppfyllda.

The Federal Constitutional Court will merely have to examine whether the entry criteria, as contained in the Maastricht Treaty and the appurtenant Protocols, are fulfilled.

8481 klassa — **classify**

vb

Om det inte är möjligt att klassa om posten enligt ovan skall detta anges i den bilaga som avses i artikel 203.

Where it is impossible to reclassify items, this shall be explained in the annex referred to in Article 203.

8482 snöa — **snow**

vb

Det kommer att snöa.

It is going to snow.

8483 dörröppning — **doorway**

nn

Datorprogram för telekommunikationsändamål i samband med elektriska och elektroniska anordningar i hus och hushåll samt för hus– och byggnadsautomatisering och i samband med drivanordningar för portar, mekanismer för dörröppning och –stängning, automatiskt drivna portar och dörrar.

Computer programs for telecommunications purposes in connection with electric and electronic household apparatus, for home and building automation and in connection with gate drives, door drives, automatic gates and doors.

8484 änkling — **widower**

nn

När en person dör betalar vissa länder ut en dödsfallsersättning till någon av de anhöriga (änkling, änka, partner, barn eller annan släkting).

When a person dies, some countries pay a death grant (also known as bereavement payment) to the surviving next–of–kin (widow, widower, civil partner, children or other relative).

8485 kopiering — **reproduction**

nn

Men det måste i framtiden finnas en fri marknad och en kopiering av delar på särskilda villkor, och här återstår tre år tills lämpliga bestämmelser tas fram.

In future there must be a free market, however, with replication under specific conditions.

8486 försumma — **neglect | be careless of**

vb

Länderna får inte under förberedelserna tillåta sig att försumma detta område.

They cannot afford to neglect this area in their negotiations.

8487 traska — **trudge**

vb

I skymningen vid dagens slut kunde man få se honom traska uppför stigen från floden.

At day's end he could be seen trudging up the path from the river in the fading light.

8488 kolv — **piston | flask**

	nn	Vad du ser på den här bilden är en person från mitt lab som håller en kolv med en bakteriekultur. ~~~ En harmlös vacker bakterie som kommer från haven, som heter Vibrio fischeri.

What you're looking at on this slide is just a person from my lab holding a flask of a liquid culture of a bacterium, a harmless beautiful bacterium that comes from the ocean, named Vibrio fischeri.

8489 tvär — **abrupt|sudden**

adj

Ritningar på fordonet som visar fordonstypen i tvär– och längdsnitt enligt kriterierna i punkt 13.1.2 i dessa föreskrifter varav det godkända bakre underkörningsskyddets anordning framgår, och detaljritningar av fastsättningen på fordonets chassi.

Drawings of the vehicle showing, according to the criteria referred to in paragraph 13.1.2 of this Regulation, the vehicle type in side and rear elevation with the indication of the position of the approved RUPD(s) and design details of its (their) fixing elements to the chassis of the vehicle.

8490 glittra — **glisten|shimmer**

vb

Jag har sett C– strålar, glittra i mörkret vid Tannhauser– porten.

I watched C– beams, glitter in the dark near the Tannhäuser Gate.

8491 judo — **judo**

nn

Utöver de kvantitativa begränsningar som fastställs i bilaga V a har ytterligare kvantiteter avsatts för kläder till kampsporter (judo, karate, kung fu, taekwondo och liknande) (1 000 styck):

In addition to the quantitative limits laid down in Annex Va, additional quantities are reserved for martial arts (judo, karate, kung fu, taekwondo or the like) clothing (1 000 pieces):

8492 stillhet — **silence**

nn

En kvinna skall i stillhet ta emot undervisning och helt underordna sig.

Let a woman learn in silence with full submissiveness.

8493 besvärjelse — **incantation**

nn

Detta begrepp med hållbar utveckling har blivit en besvärjelse, ett slags magisk bön som man tar till utan urskillning.

The concept of sustainable development has become a chant, a sort of enchanted prayer that is uttered indiscriminately.

8494 hjärnblödning — **cerebral haemorrhage**

nn

Dödsfall eller bestående invaliditet är inte ovanligt hos patienter som har stroke (inklusive hjärnblödning) eller andra allvarliga blödningsproblem.

Death or permanent disability are not uncommon in patients who have a stroke (including bleeding in the brain) or other serious bleeding problem.

8495 vässa — **sharpen; whet**

vb; nn

Jag vill uppmana kommitténs ledamöter att vässa sin förhörsteknik och vi kommer att få svar, för det är en prioritering.

I would urge the members of the committee to sharpen their interrogating skills and we will get answers, because that is a priority.

8496 skolfröken — **school teacher**

nn

Du lyssnade på skolfröken ända.

Seems like you paid some mind to that schoolteacher after all.

8497 avskräcka — **deter|frighten**

vb

Produkter som används för att bekämpa skadliga organismer (ryggradslösa djur t.ex. loppor och ryggradsdjur t.ex. fåglar) genom att avskräcka eller dra till sig de skadliga organismerna, inklusive sådana produkter som direkt eller indirekt används som hygienprodukter för människor eller djur.

Products used to control harmful organisms (invertebrates such as fleas, vertebrates such as birds), by repelling or attracting, including those that are used for human or veterinary hygiene either directly or indirectly.

8498	**tanka**	**refuel**

vb

Det är den lättaste vägen att ta sig hit och han råkar bara behöva tanka på vägen.

That is the easiest way to get here, and it just so happens that he has to fill up his tank .

8499 osjälvisk — **unselfish**

adj

En del invänder mot bilden av Florence Nightingale som en osjälvisk person och menar att andra förtjänar minst lika mycket beröm för sitt bidrag till sjukvården.

Some take exception to the altruistic image of Florence Nightingale, arguing that others deserved at least as much credit for their contributions to nursing.

8500 genomlida — **go through**

vb

Det som händer i Senegal är ur den synvinkeln en stark signal som bevisar att Afrika inte är dömt att genomlida konflikter, statskupper eller stamkrig.

From this point of view, what has taken place in Senegal sends out a strong message, proving that Africa is not automatically condemned to conflict, coups d' état or tribal warfare.

8501 kana — **slide; slide**

vb; nn

Några av världens största glaciärer åker nu kana från inlandsisen på Grönland ut i Nordatlanten.

Some of the world's biggest glaciers are now sliding from the inland ice in Greenland out into the North Atlantic.

8502 godtrogen — **credulous**

adj

Carlos, som man vet betalades av Ceaucescu, var trots det inte en godtrogen typ, inte mer än Bader och hans gäng.

Carlos, who we know was paid by Ceaucescu, was by no means innocent, no more than Bader and his gang.

8503 skolpojke — **schoolboy**

nn

Du skulle vara som en liten skolpojke i en värld av nobelpristagare.

You'd be a grade– school boy in a world of Nobel Prize winners.

8504 futtig — **paltry**

adj

Har någonsin ett så stort mänskligt projekt haft en så futtig siffra som utgångspunkt?

Has there ever been a great human endeavour that took such a palty figure as its basis?

8505 generera — **generate**

vb

De praktiska effekterna måste vara att erbjuda samhället ett mervärde och ge tillgång till kunskaper och resultat av samarbetet mellan universitet och företag, och på så sätt generera ekonomisk tillväxt och i förlängningen en bättre levnadsstandard för våra medborgare.

The practical impact must be to offer society added value and provide knowledge and results from the cooperation between universities and companies, thereby generating economic growth and, by extension, a better living for our citizens.

8506 förbinda — **conjoin|bandage**

vb

Som den längsta floden i EU kan den tillsammans med Rhen–Main–Donau–kanalen förbinda Svarta havet med Nordsjön.

As the longest river in the EU, in combination with the Rhine–Main–Danube canal, it can link the Black Sea with the North Sea.

8507	**kapp**	**against**
	prp	I maj 2015 hade område 4 nästan kommit i kapp de övriga områdena. På mindre än tre år har avståndet från genomsnittet minskats från 29 procentenheter till 10, med en kraftig ökning av takten efter maj 2014 (42 %).
		By May 2015, Axis 4 was almost catching up with the rest of the axes: in less than three years the distance from the average has been reduced from 29 percentage points to 10, with a strong acceleration after May 2014 (42%).

8508	**sysselsättning**	**employment|occupation**
	nn	Facksektionen för sysselsättning, sociala frågor och medborgarna, som svarat för kommitténs beredning av ärendet, antog sitt yttrande den 28 juni 2012.
		The Section for Employment, Social Affairs and Citizenship, which was responsible for preparing the Committee's work on the subject, adopted its opinion on 28 June 2012.

8509	**antropolog**	**anthropologist**
	nn	Observatörer som uppmärksammar obehagliga sanningar som den höga brottsfrekvensen bland marockanska ungdomar och våldstendenser bland radikal Islam, anklagas för att vara högerextrema propagandister och blir därefter ignorerade och utstötta." – Teun Voten, en holländsk kultur antropolog som bodde i ett muslimskt område i Bryssel mellan 2005 och 2014.
		Observers who point to unpleasant truths such as the high incidence of crime among Moroccan youth and violent tendencies in radical Islam are accused of being propagandists of the extreme–right, and are subsequently ignored and ostracized." – Teun Voten, a Dutch cultural anthropologist who lived in a Muslim area of Brussels between 2005 and 2014.

8510	**preparat**	**preparation**
	nn	Men ej inklusive farmaceutiska preparat för behandling av multipel skleros.
		But not including pharmaceutical preparations for the treatment of multiple sclerosis.

8511	**fallenhet**	**talent**
	nn	En positiv attityd till kommunikation på modersmålet innebär en fallenhet för kritisk och konstruktiv dialog, en förmåga att bedöma estetiska kvaliteter och en vilja att sträva efter att uppnå dem samt ett intresse för samverkan med andra.
		A positive attitude towards communication in the mother tongue involves a disposition to critical and constructive dialogue, an appreciation of aesthetic qualities and a willingness to strive for them, and an interest in interaction with others.

8512	**avsats**	**ledge**
	nn	Hur man hoppar ut från en avsats, en mycket hög avsats, en otroligt hög brädda.
		How to be able to jump from a high, a very high, an extremely high diving board.

8513	**beakta**	**observe**
	vb	Vid tolkningen av de rättigheter och de skyldigheter som föreskrivs i anställningsvillkoren skall ECB beakta principerna i de förordningar, de bestämmelser och den rättspraxis som är tillämpliga på gemenskapsinstitutionernas personal.

In interpreting the rights and obligations under the present Conditions of Employment, due regard shall be shown for the authoritative principles of the regulations, rules and case–law which apply to the staff of the EC institutions.

8514 sydost

nn

southeaster

Den vanliga kungsfiskaren förekommer över ett stort område från Irland i nordväst, tvärs över Europa (däribland Sverige) och Ryssland till Salomonöarna i sydost.

The common kingfisher has a vast range that stretches from Ireland in the northwest across Europe and Russia to the Solomon Islands in the southeast.

8515 krigsfånge

nn

prisoner of war

Euronest menar att Nadja Savtjenkos frihetsberövande som krigsfånge i ett ryskt fängelse strider mot Genèvekonventionen från 1949.

Is of the opinion that Nadiya Savchenko's detention as a prisoner of war in a Russian prison is a violation of the Geneva Convention of 1949.

8516 finans

nn

finance

filial till ett finans–eller kreditinstitut: ett driftsställe som utgör en rättsligt beroende del av ett finans– eller kreditinstitut och som självständigt utför alla eller vissa av de transaktioner som hänför sig till verksamhet i finans– eller kreditinstitut.

'branch' of a financial or credit institution means a place of business which forms a legally dependent part of a financial or credit institution and which carries out directly all or some of the transactions inherent in the business of financial or credit institutions.

8517 upphetsning

nn

excitement|arousal

Både lockelse och upphetsning härrör från detta oerhörda förflutna.

Both attraction and excitement arise from this tremendous past.

8518 sevärdhet

nn

sight

Då vi tittar på dem, iakttar de oss också med spänd uppmärksamhet, så skillnaden mellan turist och sevärdhet är obetydlig.

While we are watching them, they are watching us just as intently, so that the distinction between tourist and attraction becomes blurred.

8519 radioprogram

nn

radio program

Nyhetsbrev som handlar om eller är relaterade till tv–program, radioprogram eller spelfilmer, och deras karaktärer och ljudspår, nyhetsbrev som handlar om, eller är relaterade till, musikaliska framträdanden av ett musikband och dess medlemmar.

Newsletters featuring or relating to television programmes, radio programmes or motion picture films, and characters and soundtracks thereof, newsletters featuring, or relating to, musical performances by a musical band and members thereof.

8520 ärorik

adj

glorious

Ni företräder en nation som är liten till sin storlek men mycket ärorik i fråga om sin oerhörda historia.

Mr President, you are the representative of a nation that is small in size but so very glorious in terms of its immense history.

8521 tumult

nn

riot|uproar

Nu strax innan presidentvalet måste man göra allt för att undvika att detta tumult inte urartar i etnisk rensning.

On the eve of the presidential elections, everything must be done to stop these clashes turning into ethnic cleansing.

8522 korsord

crossword

nn

Såsom framgår av punkterna 26 och 27 i den överklagade domen liksom av delar av det omtvistade beslutet till vilka hänvisning görs i nämnda punkter, konstaterade harmoniseringsbyråns fjärde överklagandenämnd och förstainstansrätten att Technopol hade ansökt om registrering av kännetecknet "1000" för bland annat "tidskrifter, inklusive tidskrifter som innehåller korsord".

As is apparent from paragraphs 26 and 27 of the judgment under appeal and from the extracts from the contested decision to which those paragraphs refer, the Fourth Board of Appeal of OHIM and the General Court found that Technopol had applied for the sign '1000' to be registered, inter alia, in respect of 'periodicals, including periodicals containing crossword puzzles'.

8523 pant — **pledge**

nn

När kreditfordringar används som säkerhet i gränsöverskridande sammanhang (94) tillämpas en variant av korrespondentcentralbanksmodellen som grundas på överföring av äganderätt, en tilldelning eller en pant till förmån för centralbanken i hemlandet, eller en inteckning till förmån för den korrespondentcentralbank som agerar i hemlandets centralbanks ställe.

When credit claims are used as collateral in a cross–border context (94), a CCBM variant is applied to credit claims, which is based on a transfer of ownership to, an assignment to, a pledge in favour of the home central bank, or a charge in favour of the correspondent central bank acting as the agent for the home central bank.

8524 gyttja — **ooze | mire**

nn

Om de är besudlade så är det med slaveriets gyttja.

If they are stained, it's with the mud of slavery.

8525 ettusen — **one thousand**

nn

Enligt artikel 7 får kommissionen besluta att ålägga företag böter om lägst ettusen och högst en miljon ecu, eller ett högre belopp som dock inte får överstiga tio procent av föregående räkenskapsårs omsättning för varje företag som har deltagit i överträdelsen genom att uppsåtligen eller av oaktsamhet överträda bestämmelserna i artikel 8

Under Article 7 the Commission may by decision impose on undertakings fines ranging from ECU 1 000 to ECU 1 million, or a sum in excess thereof but not exceeding 10 % of the global turnover in the preceding business year of each of the undertakings participating in the infringement, where either intentionally or negligently they infringe Article 8.

8526 ultraljud — **ultrasound**

nn

Resultatet av mr Muellers ultraljud.

We got Mr Mueller's ultrasound back.

8527 mätning — **measuring**

nn

Dessutom föreklar förslaget kraven på mätning av energibesparingar i det befintliga energitjänstedirektivet.

Furthermore, this proposal simplifies the energy saving measurement requirements contained in the existing ESD.

8528 ålderdom — **old age**

nn

Deras beslut att sälja kvoterna grundar sig på sjukdom, krämpor eller ålderdom.

Their decision to sell the quotas is based on illness, infirmity or old age.

8529 dysenteri — **dysentery**

	nn	Trots att Hazel fick den ena omgången dysenteri efter den andra, blev varken hon eller Russell missmodiga.

Though Hazel had one spell of dysentery after another, she and Russell did not become discouraged.

8530 rättning   **correction|alignment**

nn

Kommissionen godtar att att rådet inte bibehåller ändring 17, vilken rörde en rättning av ett fel i presentationen av förslaget till beslut.

The Commission accepts amendment 17 not being included, as it is intended solely to rectify an error in presentation in the proposal for a decision.

8531 kränga   **heel|pitch**

vb

Å andra sidan, lät du mig behålla statyn, som jag lyckades kränga för några dollar.

On the other hand, you did lay that statue on me, which I was able to fence for a couple of bucks.

8532 dragspel   **accordion**

nn

Inom traditionell irländsk musik använder man bland annat de instrument som visas här nedan, från vänster till höger: harpa, säckpipa, fiol, dragspel, tin whistle (tennpipa) och bodhrán (en slags trumma).

Traditional Irish music uses instruments such as those shown above, from left to right: the Celtic harp, the Irish bagpipes, the fiddle, the accordion, the tin whistle, and the bodhran (drum).

8533 extraordinär   **extraordinary**

adj

Enligt alternativ 2 (och dess varianter) skulle kostnaderna bli liknande grundscenariot men dess potential på uppåtsidan skulle vara begränsad om fler passagerare kräver kompensation eller vid en extraordinär händelse med lång varaktighet. Kostnaden för regionala flygbolag skulle bli liknande som för andra typer av flygbolag.

Under option 2 (and its variants), the cost would be similar to baseline but its upward potential would be limited in case more passengers claim their compensation or in an extraordinary event of long duration; the cost for regional carriers would be similar as for other airline types.

8534 kontra   **counter; versus**

vb; prp

Tabell 3: Nya varor och tjänster av betydelse kontra ersättningar.

Table 3: Newly significant goods and services versus replacements.

8535 reservation   **reservation**

nn

Med denna allmänna reservation stöder vår politiska grupp betänkandet.

With this general reservation, our political group supports the report.

8536 försvarsadvokat   **defense lawyer**

nn

En försvarsadvokat måste inte vet a sanningen.

The last thing a good defense attorney needs to know is the truth.

8537 evangelium   **gospel**

nn

Das Evangelium nach Johannes, Siegfried Schulz, Göttingen.

Das Evangelium nach Johannes, by Siegfried Schulz, Göttingen, Germany.

8538 skör   **fragile|brittle**

adj

Återhämtningen är fortfarande skör och ojämnt fördelad.

Recovery is still fragile and unevenly spread.

8539 leverne   **life**

nn

Den polska regeringen har också vägrat att bevilja stöd för projekt som sponsras av hbt–organisationer inom ramen för det europeiska ungdomsprogrammet, och har motiverat detta beslut i en skrivelse till de berörda organisationerna genom att förklara att "ministeriets policy är att inte stödja verksamhet som syftar till att sprida homosexuellt leverne och förhållningssätt bland unga människor ,[och] dessutom är det inte ministeriets roll att stödja samarbetet mellan homosexuellas organisationer."

The Polish Government has also denied funding for projects sponsored by LGBT organisations in the framework of the European Youth Programme, and illustrated this decision in a letter to those organisations by stating that 'the policy of the Ministry does not support actions that aim to propagate homosexual behaviour and such an attitude among young people , [and] the role of the Ministry is not to support cooperation with homosexual organisations'.

8540	**tilltugg**	**snack**
	nn	Efter föredragen minglades det över kaffe med tilltugg.
		After preferred minglades it over coffee and snacks.

8541	**bräcklig**	**fragile|flimsy**
	adj	Även om de ovan undersökta indikatorerna visar att det har skett en viss förbättring av vissa ekonomiska indikatorer inom gemenskapsindustrin sedan de slutgiltiga utjämningsåtgärderna infördes 2001 är dessa indikatorer även ett bevis på att denna industri fortfarande är bräcklig och sårbar.
		While the indicators examined above show some improvement in some economic indicators of the Community industry, further to the imposition of definitive countervailing measures in 2001, they also provide evidence that the Community industry is still fragile and vulnerable.

8542	**omfattning**	**extent**
	nn	I detta avseende har unionslagstiftaren överlåtit på medlemsstaterna att inom ramen för dessa åtgärder bestämma både försäkringens omfattning och villkor.
		In so doing, the European Union legislature allows them to determine, in the context of these measures, both the 'the extent of the liability covered' and the 'terms and conditions of the cover' of that insurance.

8543	**regional**	**regional**
	adj	Genom ett samordnat och konsekvent tillvägagångssätt har den nuvarande strategin bidragit till kampen mot människohandel på regional, nationell, europeisk och internationell nivå.
		Through a coordinated and coherent approach, the current strategy has contributed to the combating of trafficking in human beings at regional, national, European and international levels.

8544	**löst**	**loosely; solved**
	adv; adj	Detta bekräftar den avskräckande effekten av det tidiga varningssystemet för känsliga produkter, men innebär definitivt inte att man kan säga att detta problem är löst.
		This confirms the dissuasive effect of the early warning system for sensitive products but does certainly not enable this problem to be considered solved.

8545	**åldrande**	**senescent; obsolescence**
	adj; nn	Utmaningen med en åldrande befolkning: Demografisk utveckling och allmänhetens uppfattning.
		The challenge of population ageing: demographic trends and public perceptions.

| 8546 | **yttrande** | **opinion** |

	nn	Förvaltningskommittén för fjäderfäkött och ägg har inte inkommit med yttrande inom den av ordföranden angivna tidsfristen.

Whereas the Management Committee for Poultrymeat and Eggs has not delivered an opinion within the time limit laid down by its chairman,

8547 ventilation — **ventilation**

nn

Arbeten för montering, rengöring, underhåll och reparation av anläggningar för uppvärmning, ventilation, luftkonditionering, kylning, värmeväxlare, såväl som kylanläggningar och kyltorn.

Assembly, cleaning, maintenance and repair of installations for heating, ventilating, air conditioning, refrigerating, heat, of heat exchangers, and of cooling installations and cooling towers.

8548 attentat — **attempt**

nn

I medierna har attentaten fördömts, och det står helt klart att en majoritet av befolkningen inte försvarar dessa attentat.

The attacks have been condemned in the media, and it is certainly not true that the majority of the population approve of them.

8549 inrikes — **internal; domestic**

adj; adv

Alla parter tar med sig sina inrikes restriktioner till dessa förhandlingar.

All sides are exporting their domestic constraints into these negotiations.

8550 enkelhet — **simplicity**

nn

Boken Vatikanens mysterier förklarar varför kyrkan motsatte sig projektet: "Nu började till och med lekmännen att jämföra den romerska katolicismen med urkristendomens enkelhet.

The Mysteries of the Vatican explains why the church was opposed: "The laity were thus enabled to compare the simplicity of primitive Christianity with contemporary Catholicism.

8551 underlag — **basis|support**

nn

Om kalciumtillskott måste förskrivas, bör serumkalciumnivåerna följas och utgöra underlag för justering av kalciumdosen.

If calcium supplements must be prescribed, serum calcium levels should be monitored and calcium dosage adjusted accordingly.

8552 piedestal — **pedestal**

nn

Kliv ner från din piedestal.

You ought to get off your pedestal.

8553 reinkarnation — **reincarnation**

nn

Erdogan kanske tror att han är det tjugoförsta århundradets reinkarnation av Saladin.

Erdogan may be thinking that he is the 21st–century reincarnation of Saladin.

8554 allergi — **allergy**

nn

.Allergi är vår tids endemiska sjukdom.

Allergy is the endemic disease of our time.

8555 företagare — **entrepreneur**

nn

Hur stor är enligt kommissionens uppfattning omsättningen av betalda tjänster som en företagare med säte i tredje land tillhandahåller en privatperson i EU?

How high is the turnover on paid services delivered by an entrepreneur located in a third country to a private individual in the EU?

8556 avlyssnad — **wired**

adj

Hur vet jag att du inte är avlyssnad?

How do I know you're not wired up?

8557 knubbig

adj

chubby|pudgy

En liten, knubbig hönsfågel som blir omkring 18 cm lång och som tillbringar det mesta av tiden på marken.

A small, plump–bodied bird, about 18 cm (7 in.) in length, that spends most of its time on the ground.

8558 klotter

nn

doodle|graffiti

Mina vänner, klotter har aldrig varit.

My friends, the doodle has never been.

8559 impotent

adj

impotent

Med sin förhalningstaktik fortsätter Milosevic sina krigsoperationer inför ett kraftlöst internationellt samfund och ett impotent Europa.

Our foot–dragging is allowing Milosevic to pursue his belligerence in the face of total impotence from the international community and Europe.

8560 taxichaufför

nn

taxi-driver

Centralafrikanska republiken: Ett gräl mellan en taxichaufför och hans muslimska passagerare ledde till slakt på minst 16 kristna i Bangui, landets huvudstad.

Central African Republic: An argument between a taxi driver and his Muslim passenger led to the slaughter of at least 16 Christians in Bangui, the nation's capital.

8561 utrop

nn

exclamation

Affärerna görs upp genom kontrakt mellan två parter, ingen clearingcentral är inblandad och marknaden existerar inte konkret (inga öppna utrop).

Deals are concluded by contract between two parties; no clearing house is involved and the market does not physically exist (no open outcry).

8562 vårdhem

nn

nursing home

När det gäller vårdhem och andra inrättningar för patienter med långvarigt vårdbehov har nationella indikatorer för förebyggande och kontroll av infektioner och antimikrobiell läkemedelsbehandling utvecklats och bedömts.

For nursing homes and other long–term care facilities, national performance indicators for infection prevention and control and antimicrobial stewardship were developed and assessed, which will be used as a basis for monitoring improvements of Member States in this area.

8563 närliggande

adj

nearby

Genom att anta lydelsen "närliggande regioner" kunde vi komma förbi de inledande reservationer som Ryssland uttryckte i frågan, och jag tror att både Europeiska unionen och Ryssland har mycket att vinna på vårt samarbete i denna del av världen där all utveckling får direkta återverkningar för Ryssland och EU.

Adoption of the wording 'adjacent regions' enabled us to overcome the initial reservations that Russia expressed on this subject and I think that both the European Union and Russia have much to gain from our cooperation in this region of the world where any developments have direct repercussions for Russia and the EU.

8564 istid

nn

glacial period

Min hypotes är att larvhålet ledde oss till jordens istid.

I assume the maggot hole put us on Earth, during the Ice Age.

8565 tillverkare

manufacturer; wright

	nn; sfx	Inom dagens näringsliv är det ofta svårt att klassificera företag som "tillverkare av försvarsmateriel". *It is often difficult in today's industry to classify companies as being 'defence equipment manufacturers'.*
8566	**åldrig** *adj*	**aged** Jåg hår åldrig sett en boxåre som är så orolig för sin frisyr *I've never seen an old fighter that concerned about his hair!*
8567	**fiskebåt** *nn*	**fishing boat** Det här är en fiskebåt, inte en lyxkryssare! *'cause this here's a fishin' boat, not the Pacific Princess!*
8568	**erfara** *vb*	**experience** Idag kommer ni att erfara kärnan av vår kultur. *Today you will experience the essence of our culture.*
8569	**trailer** *nn*	**trailer** Ett exempel är "Trailer Queens", bilar som bara ställs ut på bilshower och behöver transporteras på trailer för att de är så bräckliga. *One example of this is "Trailer Queens", cars that are only exhibited at car shows and have to be transported on trailers because they are so fragile.*
8570	**spirituell** *adj*	**spirited|spiritual** Herr talman! Tack för privilegiet att få vara här under parlamentets sista sammanträde för året och uppleva en spirituell politisk dialog där ideologiska hinder kan övervinnas i samarbetets namn. *Mr President, thank you for the privilege of allowing me to be present here in Parliament's last sitting this year and to witness spirited political dialogue in which ideological hurdles can be surmounted in the name of cooperation.*
8571	**kränkande** *adj*	**offensive** Sökanden yrkade att den nationella domstolen skulle fastställa att Belgacom hade åsidosatt belgisk lagstiftning om handelsbruk och konkurrens samt artikel 86 i fördraget, samt ålägga Belgacom att sluta sprida oriktig, vilseledande och kränkande information om sökanden. *The President was asked to rule that Belgacom had infringed the Belgian legislation on commercial practices and on competition, as well as Article 86 of the EC Treaty, and to order Belgacom to cease spreading false, misleading and disparaging information concerning the applicant.*
8572	**åkare** *nn*	**carrier** Å andra sidan betalar icke-brittiska åkare ingenting när de kör i Storbritannien. *On the other hand non-British hauliers pay nothing when travelling in Britain.*
8573	**torp** *nn*	**croft|homestead** Var skulle torparna hamna? *Where would all the village people go?*
8574	**grammatik** *nn*	**grammar** Ett hjälper till med lite interpunktion, lite grammatik i det aktuella avsnittet i punkt 4, det andra gäller punkt 6. *One helps with a bit of punctuation, a bit of grammar on the particular passage in point 4, the second in point 6.*
8575	**österifrån**	**from the east**

adv

Österifrån – Från byn Kolonia Budy i en rak linje till byn Sokoli Gród, därefter söderut till den lokala vägen som förbinder byarna Kulesze och Wilamówka.

From the east – from the village Kolonia Budy in a straight line to the village Sokoli Gród, then in the southern direction to the local road connecting the villages Kulesze and Wilamówka.

8576 mjälte

nn

spleen

Eventuella yttre eller inre skador ska provtas och under alla omständigheter ska prover tas från njurens mellersta del, hjärta, lever, bukspottskörtel, tarm, gäle och mjälte från enskilda fiskar med skalpell och överföras till 8–10 % (v/v) buffrad formalinlösning.

Any external or internal lesions shall be sampled and in any case samples of mid–kidney, heart, liver, pancreas, gut, gills and spleen shall be removed from individual fish using a scalpel and transferred to 8 % to 10 % (vol:vol) buffered formol saline.

8577 vaksam

adj; adv

vigilan; on the alert

Europaparlamentet uttrycker sin solidaritet med länderna på västra Balkan i den globala ekonomiska krisen och bekräftar åter sitt stöd till regionens ekonomiska och sociala konsolidering. Parlamentet välkomnar därför kommissionens nya förslag om att utvidga sin ekonomiska återhämtningsplan för Europa till att omfatta västra Balkan och uppmanar med kraft kommissionen att vara fortsatt vaksam och vid behov vidta tillräckliga åtgärder för att garantera en smidig fortsättning på stabiliserings– och associeringsprocessen.

Expresses its solidarity with the countries of the Western Balkans in the global economic crisis and reaffirms its support for the economic and social consolidation of the region; welcomes, therefore, the recent proposal by the Commission to extend its European Economic Recovery Plan to the Western Balkans and urges it to remain vigilant and, if necessary, to adopt adequate measures in order to guarantee the smooth continuation of the Stabilisation and Association process.

8578 krans

nn

wreath|crown

Måtte unionen nu äntligen bära en krans av olivkvistar, vishetens, fredens och Athenas krans, och inte Ares ', den antike krigsgudens, krigiska lans och sköld.

At last it can emerge wearing a olive wreath, Athena's olive wreath of wisdom and peace, rather than the spear and shield of Mars, the ancient god of war.

8579 bark

nn

bark|cortex

Grundytan per observationsyta för fem år sedan beräknas på grundval av den uppskattade diametern under bark för samtliga träd i observationsytan fem år tillbaka i tiden.

The basal area per plot of five years ago is calculated on the basis of the estimated diameter under bark of five years ago of all the trees in the plot.

8580 sångerska

nn

singer

Ni är en underbar sångerska fru Pleštinská.

You are a wonderful singer, Mrs Pleštinská.

8581 deklarera

vb

declare

Jordbrukaren skall separat deklarera den areal som ligger till grund för arealuttagsrättigheter och den areal som ligger till grund för andra stödrättigheter.

The farmer shall declare separately the area supporting set–aside entitlements and the area supporting other entitlements.

8582 uppspelt — **exhilarated**
adj
Jag kan bli lite uppspelt ibland.
I can get a little riled up sometimes.

8583 gnaga — **fret | gnaw**
vb
"Om de hålls inomhus", skriver miljöteknikern Alice Outwater, "kommer de att gnaga av benen på bord och stolar och bygga små dammar mellan möblerna."
"When kept indoors," writes environmental engineer Alice Outwater, "they will gnaw on the legs of tables and chairs and build little dams between pieces of furniture."

8584 stängningsdags — **closing time**
nn
De nationella centralbankerna skall överföra den statistiska information som inrapporterats i enlighet med artikel 3.1 och 3.2 till ECB före stängningsdags den femtonde arbetsdagen efter utgången av den månad som uppgifterna avser.
The NCBs shall transmit the statistical information reported pursuant to Article 3(1) and (2) to the ECB by close of business on the 15th working day following the end of the month to which they relate.

8585 förebrå — **reproach | blame**
vb
Moscovici säger att vi bör inte förebrå honom, vi bör förebrå andra regeringar vid rådsmötet.
Mr Moscovici says we should not blame him, we should blame other governments at the Council.

8586 uppstoppad — **stuffed**
adj
En hel uppstoppad kropp skall klassificeras under BOD och enbart ett skinn under SKI.
A whole stuffed body is recorded under 'BOD'. A skin alone is recorded under 'SKI'.

8587 fukt — **moisture | damp**
nn
Till stöd för sin ansökan anförde bolaget att varan främst var avsedd att användas för att skydda elektriska anslutningar mot elektriska stötar och/eller fukt.
In support of its application it pointed out that the article was supplied to its customers for use primarily in conditions where electrical connections had to be protected against the effects of electric shock and/or damp.

8588 rasera — **raze | destroy**
vb
En översyn av flexibilitetsmekanismerna 2014 riskerar att rasera allt det fina arbetet.
A review of the flexibility mechanisms in 2014 risks undoing all that good work.

8589 inbjuda — **invite**
vb
Kommissionen har försökt att stödja Greklands initiativ genom att inbjuda till ansökningar om finansiering av ytterligare projekt inom detta område inom ramen för sitt Agis–program 2004 för polissamarbete och rättsligt samarbete i straffrättsliga frågor.
The Commission has sought to support the initiative of Greece by inviting applications for the funding of further projects in this area under its 2004 AGIS programme for police and judicial cooperation in criminal matters.

8590 villebråd — **game | quarry**
nn
Och Isak kom att älska Esau, eftersom det betydde villebråd i hans mun, medan Rebecka älskade Jakob.
And Isaac had love for E'sau, because it meant game in his mouth, whereas Re·bek'ah was a lover of Jacob.

8591 limpa

nn

loaf

Utseende och form: En avlång limpa med rundade ändar som är minst dubbelt så lång som den är bred. Ovansidan kan ha ett mönster och sidorna vara skårade.

External appearance and shape: an elongated loaf with rounded ends, at least twice as long as it is wide; a mark may be made on the top of the crust, and imprints may be made on the sides.

8592 ihärdig

adj

persistent

Med tiden och med ihärdig ansträngning kunde Eleni uttrycka sig med ett mycket begränsat ordförråd.

In time, and with persistent effort, Eleni managed to express herself with a very limited vocabulary.

8593 meningsskiljaktighet

nn

disagreement

Herr rådsordförande! Vi invänder mot en utvidgning av befogenheterna för Europeiska byrån för luftfartssäkerhet, men denna meningsskiljaktighet kan vänta tills kommissionens meddelande står på föredragningslistan.

Mr President–in–Office of the Council, we disagree on the matter of extending the powers of the European Aviation Safety Agency, but this difference of opinion can wait until the Commission communication is on the agenda.

8594 rapa

vb

burp

Jag tror det är dags att rapa dem.

I think it's time to burp 'em.

8595 utsliten

adj

jaded|worn-out

Nålventilen är utsliten.

The needle valve is worn down.

8596 vriden

adj

twisted

En läkare konstaterade att hon hade skolios. Det innebär att ryggraden är vriden i sidled och är S– eller C–formad.

A doctor diagnosed scoliosis, a lateral, or sideways, curvature of the spine, the shape of the letter "C" or "S."

8597 maskineri

nn

machinery

Jo, det visar sig att det är exakt samma märkvärdiga maskineri som vi alla har.

Well, it turns out it's precisely the same remarkable machinery that all off us have.

8598 inspirationskälla

nn

source of inspiration

Tingatingakonstnärer har en outtömlig inspirationskälla – Afrikas växt– och djurliv i alla dess former: antiloper, apor, bufflar, elefanter, fiskar, flodhästar, fåglar, giraffer, lejon, zebror och även träd och blommor, särskilt sådana med starka färger.

Tingatinga art has an inexhaustible source of inspiration–African fauna and flora in all its forms: antelope, buffalo, elephants, giraffes, hippos, lions, monkeys, zebras, and other animals, as well as flowers, trees, birds, and fish–especially those with striking colors.

8599 krigsstig

nn

warpath

Jag stannar inne när indianerna är på krigsstigen.

With the Sioux on the warpath, I'm staying inside.

8600 nuna

nn

dial

Det är tänkbart att kommissionen har låtit sig förledas av Gaddafis vackra nuna, men jag litar inte ett skvatt på den mannen.

It could be that the European Commission has allowed itself to be led astray by Mr Gaddafi's pretty face, but I do not trust that man one inch.

8601 anordna — **organize**

vb

Anordna verksamhet som stimulerar och förbättrar utbytet av erfarenhet och bästa rutiner.

Organise activities that stimulate and improve the exchange of experiences and best practices.

8602 skjutbana — **shooting gallery**

nn

Men vår blå planet verkar färdas genom denna "skjutbana" i galaxen relativt oskadd.

Yet, our blue planet seems to fly through this galactic "shooting gallery" with relative impunity.

8603 radiostation — **radio station**

nn

Det är lika dumt som att ha en radio som bara kan spela en radiostation.

That would be as crazy as having a radio which only played one station.

8604 resebyrå — **travel bureau**

nn

Tydligen har ett avtal slutits med en ny resebyrå för att ersätta Wagonlit.

Apparently, a contract has been signed by a new travel agency to replace Wagonlit.

8605 nyckelben — **collarbone**

nn

Kycklingbröstfiléer, med eller utan nyckelben, utan skinn.

chicken breast fillet, with or without wishbone, without skin.

8606 batong — **baton**

nn

Jag har en batong.

I've got a baton.

8607 sinnestillstånd — **state of mind**

nn

Andra sjukdomar kan också skapa ett förvirrat sinnestillstånd, vilket somliga felaktigt skulle kunna tolka som vållat av demoner.

Other physical conditions may also cause mental confusion that some could mistakenly think is caused by demons.

8608 aggressivitet — **aggressiveness**

nn

Symtom Mycket vanliga symtom vid överdosering (> 5 % incidens) är takykardi, agitation/aggressivitet, dysartri, olika extrapyramidala symtom och sänkt medvetandegrad alltifrån sedering till koma.

Signs and symptoms Very common symptoms in overdose (> 5 % incidence) include tachycardia, agitation/aggressiveness, dysarthria, various extrapyramidal symptoms, and reduced level of consciousness ranging from sedation to coma.

8609 guldklocka — **gold watch**

nn

Det är en billig guldklocka, kompis!

It is a cheap gold watch, buddy!

8610 eldkastare — **flame-thrower**

nn

Stridsvagnar är pansrade, bandgående stridsfordon som är bestyckade med olika vapen (kanoner, kulsprutor, eldkastare etc.) som vanligen är inmonterade i ett vridbart torn ,

Tanks are armoured fighting vehicles mounted on tracks, and armed with various weapons (guns, machine–guns, flame–throwers, etc.) usually housed in a traversing turret. ,

8611 kur — **cure|treatment**

	nn	Patienter med Barretts esofagus > 10 cm skall få det resterande obehandlade området med Barrets epitel behandlat med en andra PDT–kur minst 10 dagar senare.
		Patients with BO > 10 cm, should have the remaining untreated length of Barrett 's epithelium treated with a second PDT course at least 10 days later.
8612	hovmästare	**head waiter	butler**
	nn	Jaså du, är du är både betjänt och hovmästare.
		I tell you what, you're the valet and the maître d'.
8613	tryckeri	**print shop**
	nn	Anordningar för applicering av industriella bindemedel och relaterad utrustning för användning i samband tryckeri–, förpacknings– och materialhanteringsindustrierna.
		Industrial adhesive applicator devices and related equipment for use in connection with the printing, packaging and material handling industries.
8614	adel	**nobility**
	nn	De franska myndigheterna har gjort en lång beskrivning av vilka åtgärder ADEL och RDI påstås ha vidtagit för att offentliggöra försäljningen.
		The French authorities gave a long description of the advertising measures supposed to have been taken by ADEL and RDI.
8615	forsa	**gush	stream**
	vb	Lät blodet forsa från strupen.
		Allow the blood to stream out of his throat.
8616	orolighet	**disturbance**
	nn	Ett negativt scenario vittnar om en fördjupning av klyftorna i nivån på levnadsstandarden, vilket skapar orolighet inom unionen, när oroligheterna nu finns utanför unionen.
		A bad scenario would be one in which the gap in living standards grows wider, creating unrest within the Union, whereas unrest is now to be found outside the Union.
8617	gruppchef	**squad commander**
	nn	Efter att ha gjort detta frågade sökanden på nytt enhetschefen vilka hennes arbetsuppgifter i egenskap av gruppchef skulle vara under seminariet, eftersom anvisningarna på intranätsplatsen EPIweb inte gav några upplysningar i det hänseendet.
		Having done so, the applicant again asked the Head of Unit what her duties would be as team leader in respect of the seminar, as the instructions given on the EPIweb intranet site did not provide any information on the subject.
8618	sägen	**legend	tale**
	nn	Allhelgona–traditioner grundas på sägen—om andliga aktiviteter den kvällen—så vi tog tillfället att locka ut dem.
		Halloween tradition is based on legends throughout history, that indicate a real increase in spiritual activity on that night, and I thought we could use the occasion to draw them into the open.
8619	plask	**splash	flop**
	nn	Föreställ er en människa dykande ner i vatten, knappt utan något plask.
		Trying to imagine a diver diving into water -- hardly makes a splash.
8620	prästerskap	**clergy**
	nn	LÖFTET OM ETT KUNGLIGT PRÄSTERSKAP!
		THE PROMISE OF A ROYAL PRIESTHOOD!

8621 annalkande
adj; nn

approaching; oncoming

Så här säger New Catholic Encyclopedia om detta: "Den grundläggande förpliktelsen för varje medlem , är att vittna om Jehova genom att förkunna om hans annalkande kungarike. ,

Commenting on this the New Catholic Encyclopedia says: "The fundamental obligation of each member . . . is to give witness to Jehovah by announcing His approaching Kingdom. . . .

8622 anstå
vb

become|postpone

President Moi måste få detta budskap, eftersom Internationella valutafonden och Världsbanken redan har låtit bistånd anstå.

President Moi will have to get the message, given that the IMF and the World Bank have already suspended aid.

8623 angivare
nn

informer

Nu vimlar det av angivare.

Now it's up to the informer.

8624 skolkamrat
nn

schoolfellow

Jag tar till orda med anledning av vad min gamla skolkamrat Olivier Duhamel just sade.

– Mr President, I rise to speak in response to what my old schoolfriend Mr Duhamel has just said.

8625 kvadda
vb

crash

Du kommer att kvadda hela bilen!

You'll crash the car!

8626 biblisk
adj

Biblical

Eftersom han respekterade Jehovas vittnen, tog jag mod till mig och frågade honom om vi kunde få ta emot lite biblisk litteratur från vårt kontor i Athen.

Since he respected the Witnesses, I mustered up the courage to ask him if we could receive some Bible literature from our office in Athens.

8627 regissera
vb

produce

Du får regissera teater istället för film.

You'll have to direct theatre, not cinema.

8628 näbb
nn

beak

Eftersom röret förs ner så ofta uppstår ofta skador på näbb och matstrupe.

The frequent insertion of this tube often causes wounds to the beak and the oesophagus.

8629 lä
nn

leeward

Det har också utförts en systematisk översikt som omfattade mer än 10 cancerpatienter i 9 kliniska lä.

A systematic review has also been performed involving more than 10 cancer patients participating in 9 clinical trials.

8630 tillsyn
nn

supervision

ii. Chile inte utövar tillsyn över lufttrafikföretaget eller om Chile inte är ansvarigt för att utfärda AOC (Air Operator Certificate) för lufttrafikföretaget.

ii. effective regulatory control of the air carrier is not exercised or not maintained by the Republic of Chile or the Republic of Chile is not responsible for issuing its Air Operators Certificate.

8631 krigsfartyg
nn

warvessel

Leverans, förändring, reparation, underhåll, befraktning och uthyrning av krigsfartyg.

The supply, modification, repair, maintenance, chartering and hiring of warships.

8632	**vattentät**	**watertight**

adj

Den lägsta punkten på varje ej vattentät öppning (t.ex. dörrar, fönster, luckor) ska ligga minst 0,10 m ovanför den skadade vattenlinjen.
The lowest point of every non–watertight opening (e.g. doors, windows, access hatchways) shall lie at least 0,10 m above the damaged waterline.

8633	**surra**	**lash	buzz**

vb

Vad är det för surrande ljud?
What's that buzzing sound?

8634	**närmande**	**approach**

nn

Under 2009 utfärdade kommissionen ett meddelande om Kosovo, som innehöll rekommendationer om ett antal praktiska åtgärder som EU kan vidta för att säkerställa Kosovos fortsatta närmande till EU.
In 2009, the Commission issued a Communication on Kosovo, which included recommendations for a number of practical steps the EU could take to ensure Kosovo's continued progress towards Europe.

8635	**uppenbara**	**reveal**

vb

Eftersom vi är en önation med en ganska liten befolkning har vi vissa klart uppenbara nackdelar i jämförelse med våra kontinentala grannar.
The Council, however, instead of increasing recycling or environmentally sound recovery to meet the recovery target, insisted on putting incineration on an equal footing with recovery, contrary to the ECJ ruling.

8636	**långsiktig**	**long-term**

adj

Att anta eller ändra gällande lagstiftning är en långsiktig åtgärd. Det finns emellertid ett antal åtgärder som kommissionen kan anta på kort sikt, t.ex. följande.
Although adaptation/amendment of current legislation is a long–term action, there are a number of actions, which can be taken by the Commission in the short–term.

8637	**pendla**	**commute	oscillate**

vb

Möjligheterna bör ökas för dem som av olika skäl inte kan pendla att delta i utbildning och ta anställning genom stöd till distansarbete eller arbete via telekommunikation.
Support for teleworking to provide more opportunities for those who, for various reasons, are unable to commute to attend training courses and take up employment.

8638	**rymning**	**escape**

nn

Är en rymning det också?
Including busting out from here?

8639	**manke**	**withers**

nn

Lägg manken till!
Come on, get your backs into it!

8640	**obesvarad**	**unanswered**

adj

Denna skrivelse lämnades obesvarad av kommissionen.
The Commission did not reply to that letter.

8641	**favör**	**favor**

nn

Hon beslutade i min favör.
She ruled in my favor.

8642	**stadsdel**	**district**

nn

Kommunalfullmäktige i Rom har godkänt en tomtstyckning i området Bufalotta för uppförande av byggnader och affärscentra omfattande 2 miljoner m3 i cement, i ett tätbefolkat område där mängden planterad yta per invånare är lägst i hela staden och framkomligheten är extremt dålig.Uppförandet av ett stort affärscenter skulle skada ekonomin i denna stadsdel och missgynna de små och medelstora företagarna inom handeln samt vissa platser av arkeologiskt intresse.

The municipal council in Rome has approved a large development in the Bufalotta district that involves the construction of buildings and commercial centres (requiring 2 million cubic meters of concrete) in a densely populated are where the ratio of open space to inhabitants is the lowest in the city and living conditions are particularly difficult.

8643 **aluminium**

aluminum

nn

Sammanställning, för andras räkning, för presentation och försäljning av detta, trafik– och säkerhetsspeglar, vagnpåkörningsskydd, säkerhetsbarriärer, aluminium– och metallprofiler i form av monteringsfärdiga skydd, metallelement för skyddsräcken, avspärrningsskydd i bygelform av metall, skyddsräcken av stål, stålelement för skydd av lyktstolpar, stolpar och bränslepumpar, glidskenor av metall.

The bringing together, for the benefit of others, for the purpose of presenting and selling the same, traffic and safety mirrors, trolley protection rails, safety barriers, aluminium and metal profiles as shield safety guards ready to montage, metal elements for rack protection, metal hoop barriers, steel safety railings, steel elements for protection of lampposts, posts and fuel dispensers, metal track guides.

8644 **handflata**

palm

nn

Jag börjar här, med handflatan neråt, ni kan hänga med.

I start here, palm down, you can follow.

8645 **chefredaktör**

editor in chief

nn

Biträdande chefredaktör för tidningen Sovetskaja Belarus.

Deputy Editor of the paper "Sovietskaia Belarus".

8646 **obegränsad**

unrestricted

adj

Vissa medlemsstater har inte några begränsningar av giltighetstiden för särskilda kategorier: obegränsad giltighetstid gäller fortfarande för bil– och motorcykelkörkort i följande länder:

Some Member States do not impose any limits to validity periods of specific categories: unlimited periods of validity still apply for car and motorcycle licences in:

8647 **gränsa**

border

vb

Kraftledningen skulle, enligt det förslag som har presenterats, gränsa till två områden som skyddas i enlighet med lag nr 413/85, kanalen i Vetrice och den kommunala skog som kallas Macchiarella och används till offentlig park.

According to the project submitted, the power lines would run alongside two areas protected under law No 413/85 – the ditch in the village of Vetrice and the wood called the 'Macchiarella' used as a public park.

8648 **mottagen**

received

adj

Utvidgningen måste vinna stöd och bli väl mottagen inom ländernas allmänna opinion.

Enlargement must be supported and well received by national public opinion.

8649 **smaskig**

yummy

	adj	Du ser så smaskig ut!
		You're looking very yummy!

8650 konstruera — **construct\|design**

vb

Eftersom endast en malaysisk exportör hade en inhemsk försäljning av den likadana produkten som var lönsam totalt sett användes den genomsnittliga vinstmarginalen vid försäljning av samma generella produktkategori på hemmamarknaden, dvs. 5,5 %, för att konstruera normalvärdet för de tre företag som saknade inhemsk försäljning, i enlighet med artikel 2.6 c i grundförordningen.

Since only one Malaysian exporter had overall profitable domestic sales of the like product, the average level of profit achieved on domestic sales of the same general category of products, 5,5 %, was used to construct normal value for the three companies with no domestic sales, in accordance with Article 2(6)(c) of the basic Regulation.

8651 vrist — **ankle**

nn

Greve Olaf har ett öga tatuerat på ena vristen.

Count Olaf had a tattoo of an eye on his ankle.

8652 flygresa — **flight**

nn

Sport– och kulturaktiviteter, ej inkluderande några tjänster avseende underhållning under flygresa, flyginstruktion, –utbildning eller –träning, eller eller några kulturaktiviteter relaterade till flygresor.

Sporting and cultural activities, not including any services relating to in–flight entertainment, flight instruction, education or training, or any cultural activities relating to air travel.

8653 betryggande — **adequate**

adj

Medlemsstaterna får tillämpa 10 % vikt beträffande fordringar på institut som har specialiserat sig på verksamhet inom interbank– och statslånemarknader i hemlandsmedlemsstaten och som är föremål för ingående tillsyn av behöriga myndigheter, under förutsättning att det för sådana tillgångsposter, enligt den bedömning som hemlandets behöriga myndigheter gör, finns fullgod säkerhet i form av en kombination av sådana tillgångar som anges i artikel 43.1 a och b som av myndigheterna godtagits som betryggande säkerhet.

The Member States may apply a weighting of 10 % to claims on institutions specialising in the inter–bank and public–debt markets in their home Member States and subject to close supervision by the competent authorities where those asset items are fully and completely secured, to the satisfaction of the competent authorities of the home Member States, by a combination of asset items mentioned in Article 43(1)(a) and (b) recognised by the latter as constituting adequate collateral.

8654 viskande — **whispering; whispering**

adj; nn

Jag är det enda barnet som bor vid en häst farm som ligger mitt i ingenstans— med en häst, en viskande mor och en far som jobbar för att undvika henne.

I'm an only child who lives on a horse farm in the middle of nowhere with a horse– whispering mother and a dad who works all the time to avoid her.

8655 anhalt — **halt**

nn

Därför är den europeiska grannskapspolitiken en mycket bra anhalt på vägen.

For this reason, the European neighbourhood policy makes perfect sense as a staging post.

8656 spetälsk — **leper**

adj	Den arameiske kungen Ben–Hadad II sänder sin högt aktade härförare Naaman, som är spetälsk, till Israels kung för att bli botad.
	During his reign, King Ben–hadad II of Syria sends his highly respected army chief Naaman, a leper, to the king of Israel to be healed of his leprosy.

8657 stordåd — **deed**

nn

Bevis på att vi alla kan uträtta stordåd!

Proof that we all can accomplish great deeds!

8658 skolgård — **playground**

nn

För min lillebror är Internet lika naturligt som tv eller samtalet på en skolgård under en rast.

For my younger brother, the Internet is as natural as watching television or chatting in the school playground at break time.

8659 garn — **yarn|cotton**

nn

I kommissionens förslag finns en hänvisning till bottensatta garn och liknande redskap.

The Commission's proposal makes a reference to bottom set gillnets or similar gear.

8660 kanonkula — **cannonball**

nn

Röd korall kan växa på vilken fast yta som helst – en klippa, ett skeppsvrak eller till och med en gammal sjunken kanonkula – ända ner till 250 meters djup, men den behöver lugna, rena hav med relativt hög salthalt och med en temperatur som varierar mellan 10 och 29 grader.

Red coral will grow on any solid surface–a rock, a shipwreck, or even an ancient cannonball–down to a depth of 800 feet [250 m], but it needs calm unpolluted seas of relatively high salinity and a water temperature oscillating between 50 and 85 degrees Fahrenheit [10 and 29° C].

8661 semifinal — **semifinal**

nn

I semifinalerna måste du ha tre poäng för att vinna.

From the semi-finals you have three points needed to win.

8662 infraröd — **infrared**

adj

Det finns en infraröd kamera här, bandspelare i axelvaddarna, en Beretta i knapphålet, och en söt liten minipistol i grenen.

There's an infrared camera, a tape recorder in the shoulder padding, a Beretta in the buttonhole, and a cute little minigun in the gusset.

8663 katastrofal — **catastrophic**

adj

Inom skogsbruket är situationen katastrofal, och det som hotar oss är att skogsarbetarna har slutat att plantera skog. Med det menar jag att en del av dem anser att yrket har blivit ohållbart.

In forestry the situation is catastrophic and what threatens us is that foresters have stopped foresting, by which I mean that some of them believe this profession has become unsustainable.

8664 avlossa — **fire**

vb

Nu är alla människor rädda för att avlossa skott.

Now, no–one dares to fire a shot.

8665 experimentell — **experimental**

adj

Världsledande forskning och utbildning med stark experimentell och tillämpad profil.

Leading research and education with a strong experimental and applied profile.

8666 ofattbar — **unimaginable**

| | adj | Denna åtgärd ledde till att de ledande företrädarna för Ampatuan–familjen greps och anklagades för flera mord samt till att en ofattbar mängd vapen och tusentals gömda valsedlar upptäcktes, vilket pekar på ett massivt valfusk till förmån för president Arroyos parti Lakas–Kampi–CMD. |

This move led to the arrest of the leading members of the Ampatuan family and their being charged with multiple murder and the discovery of a staggering arsenal of weapons and thousands of hidden voter–identification cards, hinting at massive vote–rigging in favour of President Arroyo's political party Lakas–Kampi–CMD.

8667 exponering

nn

exposure

Syftet är att förhindra och minska arbetstagarnas exponering för carcinogener.

Its aim is to prevent and reduce the exposure of workers to carcinogens.

8668 ihjälslagen

adj

killed

Våldför man sig på heliga djur i mitt hemland blir man ihjälslagen med bambupinnar!

In my country, for violating a sacred beast, you get beaten to death with bamboo sticks!

8669 decennium

nn

decade

Det är särskilt viktigt att ge dem tillträde till detta program eftersom det är avsett att bidra till den övergripande strategin för att uppnå unionens strategiska mål för nästa decennium, i enlighet med den överenskommelse som gjordes i Lissabon.

It is particularly important to open this programme, as it is designed to contribute to the overall strategy to achieve the Union strategy goal for the decade agreed in Lisbon.

8670 bakficka

nn

hip pocket

Förvarar du fotografiet i din bakficka?

You keep the photo in your back pocket?

8671 fixare

nn

fixer

Handverktyg och redskap för gör–det–själv–fixare, för jordbruk, landskapsvård och för byggnadsändamål, ingående i klass 8, ej verktygslådor av metall.

Hand–operated tools and implements for do–it–yourself, agriculture, landscape conservation and building purposes included in this class, except for tool boxes of metal.

8672 belgisk

adj

Belgian

Enligt nuvarande belgisk lag beräknas för en inteckning (utöver ett mycket begränsat antal fasta avgifter) dels ett arvode för registratorn, motsvarande 0,052 %, dels en registreringsavgift på 0,5 % av inteckningsbeloppet.

Under the current Belgian scheme, the charges made for registering a mortgage (in addition to a number of very limited fixed duties) are, on the one hand, a 0,052 % fee payable to the registrar of mortgages and, on the other hand, a 0,5 % registration duty payable on the amount of the mortgage.

8673 import

nn

import

Ändrade representativa priser och tilläggsbelopp från och med den 1 oktober 2017 för import av vitsocker, råsocker och produkter enligt KN–nummer 2.

Amended representative prices and additional duties applicable to imports of white sugar, raw sugar and products covered by CN code 2 applicable from 1 October 2017.

8674 kam

comb

	nn	Vill du låna min kam?
		Want to borrow my comb?

8675 barnsköterska — **nurse**

nn

Det framgår tydligt av artikel 1.2 b och c i de allmänna genomförandebestämmelserna att personer som anställts som barnskötare/barnsköterska tillhör tjänstegrupp II, såvida de inte har tjänstgjort som "administrativ personalsamordnare enligt belgisk rätt" i vilket fall de tillhör tjänstegrupp III.

It is clear from Article 1(2)(b) and (c) of those general implementing provisions that persons employed as nursery attendants belong to function group II, unless they have the status of 'staff administrative coordinator under Belgian law', in which case they belong to function group III.

8676 aptitretare — **appetizer|savoury**

nn

Etniska aptitretare och snacks.

Ethnic savouries and snacks.

8677 ockult — **occult**

adj

Andra bestämningar inkluderar keton, urobilinogen, bilirubin och ockult blödning.

Other determinations include ketone, urobilinogen, bilirubin, and occult blood.

8678 jämsides — **abreast**

adv

Förslaget syftar till att man jämsides med införandet av sedlar och mynt i euro den 1 januari 2002 skall sänka bankernas avgifter för gränsöverskridande betalningar i euro så att de kommer ner på den avgiftsnivå som tillämpas nationellt.

The aim of the proposal is to reduce bank charges for cross–border payments in euro to bring them into line with those applying at national level, at the same time as the introduction of euro notes and coins on 1 January 2002.

8679 teoretisk — **theoretical|pure**

adj

Detta är inte en helt teoretisk fråga som fallet med de danska teckningarna visar.

This is not entirely theoretical as the case of the Danish cartoons illustrates.

8680 överklagande — **appeal**

nn

Punkt 52 i Akzos och Akcros överklagande.

Paragraph 52 of the Akzo and Akcros' appeal.

8681 utförsäljning — **clearance**

nn

En utförsäljning av kusten och inlandet måste förhindras, och rationell utveckling av turism och varsam markanvändning är nödvändig.

A sell-out of the coastline and hinterland must be prevented, and judicious development of tourism and cautious land-use are the order of the day.

8682 föräldraskap — **parenthood**

nn

Äktenskap och föräldraskap i denna ändens tid.

Marriage and Parenthood in This Time of the End.

8683 förutsägelse — **prediction|forecast**

nn

Företagsövervakning och Konsulttjänster, Nämligen,Spårning av användare och andras annonsering för att ombesörja strategi, insyn, Rådgivning vid marknadsföring,Och för analys av, förståelse för och förutsägelse avseende konsumentbeteende och –motivationer, och marknadstrender.

Business monitoring and consulting services, namely, tracking users and advertising of others to provide strategy, insight, marketing guidance, and for analysing, understanding and predicting consumer behaviour and motivations, and market trends.

8684	**okontrollerat**	**unchecked**

adv

Medlemsstaterna ska vidta de åtgärder som är nödvändiga för att förbjuda att avfall överges, dumpas eller hanteras på ett okontrollerat sätt.
Member States shall take the necessary measures to prohibit the abandonment, dumping or uncontrolled management of waste.

8685	**förknippa**	**associate**

vb

När du talar om tjänsten, kan du framhålla den anda som Jesus visade i sin tjänst och förknippa tjänsten med vad Kristus som kung gör för att församla människor som skall få leva in i den nya världen.
When you discuss the field ministry, draw attention to the spirit Jesus showed as he carried on his ministry, and present the ministry in the light of what Christ as King is doing to gather people for preservation into the new world.

8686	**iller**	**ferret**

nn

Det ser uppenbarligen ut som det var en fransk iller som orsakat all oro om huruvida illrar kan sprida rabies.
One French ferret apparently seems to have been the cause of all the concern about whether ferrets can cause rabies.

8687	**enzym**	**enzyme**

nn

1 EPU motsvarar den mängd enzym som frigör 0,0083 mikromol reducerande sockerarter (xylosekvivalenter) per minut från havrespeltxylan vid pH 4,7 och 30 °C."
1 EPU is the amount of enzyme which liberates 0,0083 micromoles of reducing sugars (xylose equivalents) from oat spelt xylan per minute at pH 4,7 and 30 °C.'

8688	**irakier**	**Iraqi**

nn

Därför måste vi förhindra att irakier, engelsmän och amerikaner dör.
This is why we must prevent Iraqi, British and American citizens dying.

8689	**excellent**	**excellent**

adj

Han var en filosof; en trumspelare; han var en excellent lärare.
He was a philosopher; he was a drum player; he was a teacher par excellence.

8690	**överläggning**	**deliberation**

nn

Kommissionsledamöternas kollegium var på intet sätt bundet av detta uttalande och det hade vid sitt sammanträde den 13 december 2000 således även efter en gemensam överläggning kunnat besluta att inte anta det angripna beslutet.
The College of Commissioners was not in any way bound by that statement and, at its meeting of 13 December 2000, it could equally have decided, following collective deliberation, not to adopt the contested decision.

8691	**fortgå**	**continue**

vb

Om en automatisk funktion för laddningsavbrott inte fungerar, eller om en sådan funktion saknas, ska laddningen fortgå tills den anordning som provas har laddats med sin dubbla nominella laddningskapacitet.
Where an automatic interrupt function fails to operate, or if there is no such function the charging shall be continued until the tested–device is charged to twice of its rated charge capacity.

8692	**revy**	**revue**

| | nn | Jag skall låta några av dessa invändningar passera revy. |
| | | *I shall evaluate some of these arguments.* |

8693 inföding — **native**

nn — Lance, kocken är inföding.
Hey, Lance, the chef's a native.

8694 villigt — **willingly**

adv — Turkiet skulle villigt erkänna Cypern om hela Cypern var med i EU.
Turkey would readily recognise Cyprus if the whole of Cyprus was in the European Union.

8695 förstoppning — **constipation**

nn — De sekundära farmakologiska effekterna är andningsdepression, bradykardi, hypotermi, förstoppning, mios, fysiskt beroende och eufori.
Secondary pharmacological effects are respiratory depression, bradycardia, hypothermia, constipation, miosis, physical dependence and euphoria.

8696 geografi — **geography**

nn — Matematiken stämmer inte alltid, och lagar och geografi kan inte röstas ned.
Arithmetic is not always right, and laws and geography cannot be outvoted.

8697 betänka — **consider**

vb — Här måste man dock betänka att de ADB–instrument som var ämnade för medlemsstaterna beklagligtvis ännu inte är klara att användas fullt ut.
However, we must bear in mind that, unfortunately, the IT tools for the Member States for which provision has been made are still not fully ready for use.

8698 prästgård — **rectory**

nn — Ett jordstycke sattes åt sidan och överlämnades åt Jehova för att man där skulle bygga en kyrka och en prästgård."
A piece of land was set aside and dedicated to Jehovah for a church and parsonage."

8699 sabbat — **sabbath**

nn — Och några av kehatiternas söner, deras bröder, hade ansvaret för det staplade brödet, för att tillreda det sabbat efter sabbat.
And some of the sons of the Ko'hath·ites, their brothers, were in charge of the layer bread, to prepare it sabbath by sabbath.

8700 slakteri — **slaughterhouse**

nn — Som officiell veterinär intygar jag att de hudar/skinn som beskrivs ovan har erhållits från djur som har slaktats i ett slakteri, har genomgått besiktning före och efter slakten och har befunnits vara fria från allvarliga, till människor eller djur överförbara sjukdomar, och inte har slaktats för att bekämpa epizooti–sjukdomar.
I, the undersigned official veterinarian certify that the hides or skins described above have been obtained from animals which, have been slaughtered in a slaughterhouse and have undergone an ante and post–mortem inspection and found to be free of serious diseases communicable to man or animals and were not killed in order to eradicate epizootic diseases.

8701 ordinär — **ordinary|common**

adj — Lite mer ordinär, och hemma oftare?
A little more common, and around more?

8702 tabbe — **gaffe|boner**

nn	Det kan finnas en enkel förklaring vilket kan vara att det har förekommit en liten tabbe eller ett misstag i administrationen.
	There may be a simple explanation, and this may be due to a little slip–up or mistake in the administration.

8703 benägen — **prone**

adj

En nyfödd baby är benägen att bli sjuk.

A newborn baby is liable to fall ill.

8704 lom — **loon**

nn

Territoriet på Donaus högra strand, i nordvästra Serbien och nordvästra Bulgarien, som omfattar området från Ratanbergen till Donau och från Moraviadalen till Timocdalen i Serbien och Vidinregionen fram till Lom i Bulgarien, detta territorium befolkas huvudsakligen av rumäner.

The territory on the right bank of the Danube, in North–Western Serbia and North–Western Bulgaria, including, the area from the Ratan Mountains to the Danube, and from Moravia Valley to Timoc Valley in Serbia, and the Vidin region until Lom in Bulgaria, is primarily populated by Romanians.

8705 rökt — **smoked**

adj

Tillagad eller rökt ”West Wales Coracle Caught Salmon” har rik smak och kompakt, fast textur. Den har djupt rosa eller röd färg och låg fetthalt.

'West Wales coracle–caught salmon' when cooked or smoked is rich in flavour has a dense firm texture, is a deep pink/red in colour and is low in fat.

8706 hetsig — **fiery**

adj

 Vilken hetsig framfart det var!

What a fiery moment that was!

8707 företräde — **precedence|preference**

nn

Åtgärderna, som hade fått företräde framför mer ingripande åtgärder, i synnerhet åtgärder som begränsade importvolymerna, var ägnade att uppnå det eftersträvade målet, nämligen att hejda prisraset på varor på gemenskapsmarknaden. De vidtogs först när ett mindre ingripande system – importintygssystemet – visade sig vara otillräckligt.

Those measures, which were chosen in preference to more inhibitive measures, in particular measures restricting the volume of imports, were suited to the attainment of the objective pursued, namely to arrest the fall in product prices on the Community market and were adopted at a time when a less restrictive system, involving import licences, had proved insufficient.

8708 andfådd — **breathless; winded**

adj; adv

”Kroppen svullnar upp, och ibland blir jag andfådd, jag får panikattacker och börjar gråta okontrollerat, jag får hjärtklappning, ökad puls och vätskeansamlingar i lungorna.

"My body becomes bloated, and at times I experience shortness of breath, panic attacks with uncontrollable crying, heart palpitations, increased pulse rate, and fluid buildup in my lungs.

8709 fotfäste — **foothold**

nn

Att belöna flyktingar med flyktingstatus i EU, med fördelar och utbildningsprogram, kommer att belasta oss med en ännu större ström av asylsökande, där många drunknar i sina försök att få fotfäste på det europeiska fastlandet.

Rewarding refugees with European refugee status, benefits and training programmes will lumber us with an even bigger stream of asylum seekers, with many drowning in the attempt to get a foothold on the European mainland.

8710	**offentliggöra**	**post**
	vb	Klassificeringssällskapet skall offentliggöra sitt fartygsregister årligen.
		The classification society shall publish its register of vessels annually.

8711	**dunkel**	**dim|obscure; obscurity**
	adj; nn	Med andra ord kräver de dunkel och hemlighetsmakeri.
		In other words, they require obscurity and secrecy.

8712	**kokerska**	**female cook**
	nn	Vi förlorar visst en bra kokerska.
		Looks like we're losing a good cook.

8713	**skotte**	**Scotsman**
	nn	Herr talman! Jag skulle vilja tacka föredraganden, en skotte, för hennes arbete med detta dokument, och likaledes min kollega i SNP, MacCormick, för att han lett utskottets för rättsliga frågor och den inre marknaden prövning av detta betänkande, som jag stöder.
		Mr President, I should like to add my thanks to the rapporteur, a fellow Scot, for her work on this document, and likewise to my SNP colleague, Mr MacCormick, for leading the Committee on Legal Affairs' consideration of this report which I support.

8714	**tånagel**	**toenail**
	nn	Vi har inte behandlat nåt värre än en inåtväxt tånagel.
		We haven't been treating anything more serious than an ingrown toenail.

8715	**skrynklig**	**rumpled**
	adj	Yttre utseende och färg: produkt tillverkad av en blandning av nöt– och fläskkött, mörkbrun färg, måttligt skrynklig yta, synlig kornighet under skinnet.
		External appearance and colour: product made from a mixture of beef and pigmeat; dark brown in colour, moderately wrinkled surface, visible granulation beneath casing.

8716	**sluttning**	**slope|hillside**
	nn	Svårtillgänglighet, ogynnsamma klimatförhållanden och sluttning är andra faktorer som måste beaktas.
		Difficulty of access, harsh climate and declivity should also be taken into account.

8717	**sjuklig**	**unhealthy|sickly**
	adj	Gudsfruktan är aldrig sjuklig eller onödigt sträng.
		odly fear is never morbid or unduly restrictive.

8718	**åberopa**	**invoke|plead**
	vb	Följaktligen kan de turkiska medborgare som protokollet är tillämpligt på åberopa dessa bestämmelser inför nationella domstolar till stöd för att bestämmelser i nationell rätt som strider mot de nämnda bestämmelserna inte ska tillämpas.
		As a consequence, both those provisions may be relied on by the Turkish nationals to whom they apply before the courts or tribunals of the Member States in order to prevent the application of inconsistent rules of national law.

8719	**sammankalla**	**call together**
	vb	Om den internationella utvecklingen kräver det skall Europeiska rådets ordförande sammankalla ett extra möte i Europeiska rådet för att fastställa den strategiska inriktningen av unionens politik inför denna utveckling.

If international developments so require, the President of the European Council shall convene an extraordinary meeting of the European Council in order to define the strategic lines of the Union's policy in the face of such developments.

8720 kompakt — **compact**
adj

När "Sedano bianco di Sperlonga" saluförs som skyddad geografisk beteckning måste den uppvisa följande kännetecken för den lokala sorten "Bianco di Sperlonga": Medelstor planta, kompakt form, 10–15 ljusgröna blad, vita bladstjälkar med lätt ljusgrön skuggning, endas lätt trådig, knappt synlig räffling.
When released for consumption, 'Sedano bianco di Sperlonga' PGI must conform to the following specific characteristics of the local 'Bianco di Sperlonga' ecotype: plant of average height, compact in form, with 10–15 light green leaves; the stalks are white with a light–green tinge, not very fibrous, characterised by barely–visible ridges.

8721 rysa — **shudder|shake**
vb

Politisk och religiös extremism ökar och får många att rysa enbart vid tanken på de hemskheter som morgondagen kan föra med sig.
With political and religious extremism on the rise, many people shudder at the horrors that tomorrow may bring.

8722 obildad — **illiterate**
adj

Det mänskliga intresset, medborgarens intresse finns inte, eftersom det bara handlar om en obildad och därmed undergiven konsument.
The interests of human beings, of the citizen, are non–existent, because the citizen is just an uneducated consumer and therefore submissive.

8723 sinnessjukdom — **mental disease**
nn

Finns sinnessjukdom i familjen?
Any insanity in your family?

8724 allena — **alone**
adj

President Obama har rätt när han säger att ingen ideologi kan krossas på slagfältet allena.
President Obama is right to say that no ideology can be destroyed on the battlefield alone.

8725 utgångspunkt — **starting point**
nn

Slutligen anser jag att det är viktigt att konsumenterna tar ansvar för sina egna beslut, men detta är bara möjligt med utgångspunkt från öppen information.
Finally, I believe it is important for consumers to be able to take responsibility for their own decisions, but this is only possible on the basis of transparent information.

8726 vilkas — **whose**
prn

Europeiska datatillsynsmannen betonar att denna typ av behandling i princip är strängt reglerad i medlemsstaternas lagstiftning (om den inte är förbjuden) och att den är en uppgift för särskilda offentliga mydigheter, vilkas funktion även är strängt reglerad.
The EDPS stresses that this kind of processing is in principle strictly regulated in Member State legislation (if not prohibited), and it is the task of specific public authorities the functioning of which is also strictly regulated.

8727 rackare — **rascal|scoundrel**
nn

Du var mig en rackare till kanin.
Oh, you're a rascally rabbit.

8728 förgiftning — **poisoning**
nn

Om dödlighet eller tecken på förgiftning konstateras vid testerna skall bedömningen omfatta en beräkning av förhållandet toxicitet/exponering som kvoten av LC50–värdet och den uppskattade exponeringen uttryckt i mg/kg jord i torr vikt.

If mortality or signs of intoxication are observed in the tests the evaluation must include a calculation of toxicity/exposure ratios based on the quotient of the LC50 value and the estimated exposure expressed in mg/kg dry weight soil.

8729 väluppfostrad — **well-raised**
adj

Utåt varjag en väluppfostrad flicka.

Outwardly, I was everything a well– brought– up girl should be.

8730 affärsverksamhet — **business**
nn

En central motpart ska lämna in en begäran om utvidgning till den centrala motpartens behöriga myndighet, om den vill utvidga sin affärsverksamhet till verksamheter och tjänster som inte omfattas av den ursprungliga auktorisationen.

A CCP wishing to extend its business to additional services or activities not covered by the initial authorisation shall submit a request for extension to the CCP's competent authority.

8731 nazistisk — **Nazi**
adj

Det finns en liten fascistisk och nazistisk parentes, men det är som sagt bara parenteser.

There are some minor fascist, nazi variations but the essence is the same.

8732 optimism — **optimism**
nn

Det skulle inte vara en sådan brist på optimism om vi erkänner verkligheten: pessimismen tar hem segern om vi inte känns vid verkligheten.

There is not such a lack of optimism if we acknowledge the reality; pessimism wins the day if we do not know the reality.

8733 hoppfull — **hopeful**
adj

Dysterhet och pessimism har ersatts av tilltro, och känslan av maktlöshet inför globaliseringens utmaningar har avtagit och lämnat plats för en hoppfull inställning till vad ambitiösa, realistiska och beslutsamma politiska åtgärder kan leda till.

Moroseness and pessimism have been replaced by confidence, and the feeling of powerlessness in the face of the challenges of globalisation has lessened to make way for hope in the effects of ambitious, realistic and determined political action.

8734 busshållplats — **bus stop**
nn

Söndagen den 4 augusti dödades Cecilio Gallego Alaria och en sexårig flicka av en bilbomb som hade placerats i närheten av en busshållplats i den spanska staden Santa Pola i Alicante.

On Sunday, 4 August, Cecilio Gallego Alaria and a six–year–old girl were killed by a car bomb which had been placed near a bus stop in the Spanish town of Santa Pola in Alicante.

8735 melodramatisk — **melodramatic**
adj

Den var en smula melodramatisk.

There was a crumb of melodramaticy.

8736 återge — **reproduce**
vb

Ett överklagande som inte innehåller något argument som särskilt syftar till att visa att det har skett en felaktig rättstillämpning i den överklagade domen och som inskränker sig till att upprepa eller ordagrant återge de grunder och argument som redan har anförts vid förstainstansrätten, uppfyller inte detta krav.

That requirement is not satisfied by an appeal which, without even including an argument specifically identifying the error of law allegedly vitiating the contested judgment, confines itself to reproducing the pleas in law and arguments previously submitted to the Court of First Instance.

8737	**förlamning**	**paralysis**
	nn	Djuren observeras under 21 dagar i fråga om beteendestörningar, ataxi och förlamning.

The animals are observed for 21 days for behavioural abnormalities, ataxia, and paralysis.

8738 **idealisk**　　**ideal**

adj　　Det resultat som till slut antogs är resultatet av en kompromiss. Det är ingen idealisk text, men dokumentet innehåller inga kränkningar av antisemitisk karaktär, inga kränkningar av något specifikt land eller någon enskild region i världen, och inte heller av någon religion.

The final adopted document, which is the result of a compromise, is not an ideal text, but this document contains no defamation of an anti–Semitic character, no defamation of any specific country or region in the world, or of any religion.

8739 **manusförfattare**　　**scriptwriter**

nn　　Sökanden i målet vid den nationella domstolen (nedan kallad Martin Luksan) är manusförfattare och huvudregissör till en dokumentärfilm med titeln "Fotos von der Front" som handlar om den tyska krigsfotograferingen under andra världskriget.

The applicant in the main proceedings is the scriptwriter and principal director of the documentary film entitled 'Photos from the Front' on German war photography in the Second World War.

8740 **tolerant**　　**tolerant**

adj　　I en artikel i tidskriften China Today uttrycktes det så här: "Samhället har blivit alltmer tolerant mot utomäktenskapliga förbindelser."

An article in the magazine China Today put it this way: "Society is growing ever more tolerant towards extramarital affairs."

8741 **kommersiellt**　　**commercially**

adv　　En fakturadeklaration skall upprättas av exportören genom att den deklaration vars text återges i bilaga IV maskinskrivs, stämplas eller trycks på fakturan, följesedeln eller ett annat kommersiellt dokument, med användning av en av de språkversioner som anges i den bilagan enligt bestämmelserna i exportlandets nationella lagstiftning.

An invoice declaration shall be made out by the exporter by typing, stamping or printing on the invoice, the delivery note or another commercial document, the declaration, the text of which appears in Annex IV, using one of the linguistic versions set out in that Annex and in accordance with the provisions of the domestic law of the exporting country.

8742 **nöjesfält**　　**amusement park**

nn　　Låter som ett nöjesfält.

Sounds like an amusement park.

8743 **värktablett**　　**painkiller**

nn　　Nån som har en värktablett?

Anybody got some pain killers?

8744 **kärve**　　**sheaf**

	nn	Gud hade befallt israeliterna: "Ni [skall] föra en kärve av förstlingen av er skörd till prästen.
		God told the Israelites: "You must . . . bring a sheaf of the firstfruits of your harvest to the priest.
8745	**varstans**	**here**
	adv	Lite varstans!
		I've seen him around here!
8746	**begriplig**	**understandable**
	adj	Medlemsstaterna ska föreskriva att den personuppgiftsansvarige ska vidta rimliga åtgärder för att tillhandahålla den registrerade all information som avses i artikel 13 och alla meddelanden enligt artiklarna 11, 14–18 och 31 som avser behandling i en koncis, begriplig och lättillgänglig form och på ett klart och tydligt språk.
		Member States shall provide for the controller to take reasonable steps to provide any information referred to in Article 13 and makes any communication with regard to Articles 11, 14 to 18 and 31 relating to processing to the data subject in a concise, intelligible and easily accessible form, using clear and plain language.
8747	**spannmål**	**cereals**
	nn	De åtgärder som föreskrivs i denna förordning är förenliga med yttrandet från förvaltningskommittén för spannmål.
		The measures provided for in this Regulation are in accordance with the opinion of the Management Committee for Cereals.
8748	**ankomma**	**arrive**
	vb	Tåget beräknas ankomma kl. 6.
		The train was due to arrive at 6.
8749	**lynnig**	**moody**
	adj	Sen du kom ombord har du varit lynnig, sur och ohövlig.
		Ever since you've come on board, you've been moody, sullen and rude.
8750	**släp**	**trailer**
	nn	Han blev påkörd av en långtradare med släp.
		He was hit by a tractor trailer.
8751	**värderad**	**valued**
	adj	Om företaget har identifierat en finansiell skuld som värderad till verkligt värde via resultaträkningen, skall det lämna upplysning om:
		If the entity has designated a financial liability as at fair value through profit or loss, it shall disclose:
8752	**hydda**	**hut**
	nn	Leta igenom hyddorna!
		Search the huts!
8753	**överhängande**	**overhanging**
	adj	10. kris: varje situation i en medlemsstat eller i tredje land då en händelse med skadliga konsekvenser inträffar som tydligt går utöver omfattningen av en allvarlig händelse under vanliga omständigheter och som i hög grad hotar eller inskränker människors liv och hälsa eller i hög grad påverkar egendomsvärden eller kräver åtgärder för att tillhandahålla befolkningen livsförnödenheter; en kris ska också anses ha uppstått om det föreligger överhängande risk för att en sådan allvarlig händelse kommer att inträffa; väpnade konflikter och krig ska inom ramen för detta direktiv betraktas som kriser.

10. 'Crisis' means any situation in a Member State or third country in which a harmful event has occurred which clearly exceeds the dimensions of harmful events in everyday life and which substantially endangers or restricts the life and health of people, or has a substantial impact on property values, or requires measures in order to supply the population with necessities; a crisis shall also be deemed to have arisen if the occurrence of such a harmful event is deemed to be impending; armed conflicts and wars shall be regarded as crises for the purposes of this Directive.

8754	astronomi	astronomy

nn

Eftersom jag undervisar i astronomi, måste jag berätta för eleverna om de olika teorier som finns om universums början.

"As a teacher of astronomy, I am obliged to tell children about the different hypotheses on the beginning of the universe.

8755	militärtjänst	military service

nn

Detta gäller vanligtvis sjuklön (i den mån outnyttjad tidigare rätt inte ökar den framtida rätten), föräldraledighet och betald frånvaro för exempelvis juryuppdrag och militärtjänst.

This is commonly the case for sick pay (to the extent that unused past entitlement does not increase future entitlement), maternity or paternity leave and compensated absences for jury service or military service.

8756	plagg	garment

nn

Vävda bomullstyger använda för plagg ska motstå noppbildning till en nivå på minst 3.

Woven cotton fabrics used for garments shall resist pilling to a rating of a minimum of 3.

8757	bagatell	trifle

nn

Vi kan inte tillåta att ett fullständigt samarbete med Icty blir en bagatell, som man kan förbise i diplomatins intresse.

We cannot allow full cooperation with the ICTY to become a trifle which may be overlooked in the interests of diplomacy.

8758	kungadöme	kingdom

nn

Jehova uppfyllde därmed sitt löfte att Davids kungadöme skulle bli fast grundat till obestämd tid.

Jehovah thus fulfilled his promise that David's kingship would be firmly established to time indefinite.

8759	lönsam	profitable

adj

Detta gjorde man genom att för produkttypen i fråga fastställa andelen lönsam försäljning till oberoende kunder på hemmamarknaden.

This was done by establishing the proportion of profitable sales to independent customers on the domestic market of the type in question.

8760	erövring	conquest

nn

Det räckte inte med trettio år av diktatur under Mobutu och Kabilas militära erövring.

Thirty years of dictatorship and Kabila's military takeover have not been enough.

8761	såg	saw

nn

Jag vill köpa en såg.

I want to buy a saw.

8762	betalande	paying

nn

Alla betalande och icke betalande passagerare ombord på ett flygplan under en flygetapp (se –10–).

All revenue and non revenue passengers on board an aircraft during a flight stage (see–10–).

| 8763 | konstruktiv | constructive |

adj

Jag beslutade mig för att stödja detta betänkande som innehåller en bedömning av konkurrenspolitiken 2001 som har presenterats av kommissionen, eftersom jag tycker att man gör det på ett övervägt sätt och med en konstruktiv kritik.

I have supported this report, which concerns the Commission's assessment of competition policy in 2001, because I believe it does so in a well–considered way and makes constructive criticism.

| 8764 | köttätare | meat-eater |

nn

Bara nu i veckan ser vi att parlamentet kommer att underhålla vegetarianlobbygrupperna, som hävdar att köttätare, och därmed djuruppfödare, är klimatbrottslingar.

Only this week we see that this Parliament will be entertaining the vegetarian lobby, claiming that meat eaters and, by association, farmers, are climate criminals.

| 8765 | krock | crash\|collision |

nn

Skydd av de personer som befinner sig i bilen vid en krock.

United Nations: approval of vehicles with regard to the protection of occupants in the event of collisions.

| 8766 | kokong | cocoon |

nn

De tre första stegen är från ägg till larv till kokong.

The first three stages are from egg to larva to cocoon.

| 8767 | robust | robust |

adj

Lagstiftningen har medfört en rad nya konsumentskyddsåtgärder, däribland att kunder ska kunna byta elhandlare inom tre veckor, att det i varje medlemsstat ska finnas ett oberoende och robust system för klagomål, och att det ska finnas rätt till ersättning om elhandlarnas tjänster inte håller angiven kvalitet.

The legislation has seen a raft of new consumer protection measures set out, including ensuring that customers are able to switch suppliers within three weeks, the provision in each Member State of an independent and robust complaints system, and the right to compensation if service levels are not met.

| 8768 | diligens | stagecoach |

nn

Buford Tannen, du är anhållen för rånet på Pine Citys diligens.

Buford Tannen, you're under arrest for robbing the Pine City stage.

| 8769 | översvämma | flood\|float |

vb

Chryslerbilar kommer att översvämma EU, det kommer att finnas färre Renaulter, färre Mercedesar, färre Fiatar.

Chryslers will flood Europe; there will be fewer Renaults, fewer Mercedes, fewer Fiats.

| 8770 | vadslagning | betting |

nn

Organisation och genomförande av lotterier, vadslagning, spel, hasardspel, lotterier eller bookmaker–tjänster, nämligen genomförande av vinstspel baserade på kreditkort.

Arranging and conducting of lotteries, betting, gaming, games of chance, lotteries or bookmaking services, namely conducting credit card–based prize game.

| 8771 | marmelad | marmalade |

	nn	Endast sockerkaka som framställts av delar i kontrasterande färger som hålls ihop av sylt, marmelad eller bredbar gelé och omges av smaksatt sockerpasta (maximihalten gäller endast själva kakdelen utan fyllning och överdrag).

only sponge cakes produced from contrasting coloured segments held together by jam or spreading jelly and encased by a flavoured sugar paste (the maximum limit applies only to the sponge part of the cake).

8772 påhittig — **inventive**

adj

Konfliktlösning bör vara den viktigaste frågan när det gäller Cyperns anslutning, och unionen bör visa sig mycket mer kreativ och påhittig än den har varit hittills.

Conflict resolution should be at the centre of the Cypriot accession and the Union should prove itself far more creative, and even ingenious, than it has been so far.

8773 tillfalla — **accrue**

vb

I föreliggande ärende kommer hela Bioscope, inklusive näringsverksamheten, att tillfalla staten när koncessionen upphör efter 2017 år

In this particular case, Bioscope is returned to the State in its entirety, goodwill included, at the end of the 2017 year concession.

8774 lyrik — **lyrics**

nn

Varför kan vi njuta av sådant som musik, konst och lyrik?

Why do we enjoy music, painting and poetry?

8775 vackla — **falter; haver**

vb; nn

Stadig som Gibraltar Inte vackla, inte falla

As sturdy as Gibraltar Not a second did you falter.

8776 utropa — **proclaim | exclaim**

vb

Må alla oförskräckt och tydligt skilja sig från den här världen – vara som tecken – och utföra det verk som den större Jesaja, Jesus Kristus, fick sig anförtrott: "Utropa godviljans år . . . och hämndens dag från vår Gud."

Continue to stand out fearlessly–as signs–carrying forward the commission given to the Greater Isaiah, Jesus Christ: "Proclaim the year of goodwill . . . and the day of vengeance on the part of our God."

8777 tvättäkta — **washable**

adj

Detta sker genom ny europeisk kompetens, genom nya direktiv, genom en förstärkning av fackförenings–Europa och genom mobilisering av alla européer som vill ha en annan europeisk politik och som motsätter sig den tvättäkta liberalismen.

The way to achieve this is through new European powers, new directives, stronger unionization of Europe and the mobilization of all Europeans who want different European policies and reject unbridled free trade.

8778 lönande — **profitable; paying**

adj; nn

Men under de följande 20 åren krävde den lönande slavhandeln som pågick i fredstid ett sanktionerande.

Over the next two decades, however, the lucrative peacetime slave trade did require justification.

8779 präktig — **splendid**

adj

Det är en präktig skandal som vi har framför oss med hyrorna och Strasbourg.

This is a huge scandal we have here, what with the rents and Strasbourg.

8780 lire — **lira**

| | nn | Kommissionen har funnit att de återstående investeringarna i koksverket, till ett belopp av 10,1 miljarder italienska lire (12 euro), skulle ha behövts ändå, antingen av ekonomiska skäl eller av skäl som rör verkets återstående funktionsdugliga livslängd. |

The Commission has concluded that the remaining investments in the coking plant, amounting to ITL 10,1 billion (EUR 12), would have been carried out in any event, either for economic reasons or for reasons to do with the useful life of the plant.

8781 kollektion — **collection**

nn

Bolagets kollektion innehåller möbler som är tillverkade efter skisser av Charles-Édouard Jeanneret, mer känd som Le Corbusier.

Its collection includes furniture manufactured according to the designs of Charles–Édouard Jeanneret (Le Corbusier).

8782 fager — **fair**

adj

Vem sa att jag är fager?

Who said I am fair?

8783 förfallen — **overdue**

adj

Mervärdesskatten är enbart förfallen i den mening som avses i artikel 17.2 b i sjätte direktivet om den skattskyldige har en förpliktelse som kan åberopas mot denne inför domstol, att betala det motsvarande mervärdesskattebelopp för vilket den skattskyldige begär avdrag.

VAT is only "due" within the meaning of Article 17(2)(b) of the Sixth Directive if the taxable person has a legally enforceable obligation to pay the amount of VAT which he seeks to deduct as input VAT.

8784 bläddra — **browse**

vb

Bläddra i logg för flera filer.

Browse the Multi–File Log.

8785 bildning — **formation**

nn

Osteoklasternas aktivitet hämmas, men bildning och bindning av osteoklasterna påverkas inte/

Activity of osteoclasts is inhibited, but recruitment or attachment of osteoclasts is not affected.

8786 köksbord — **cook table**

nn

Här ser ni mig fundera vid mitt köksbord. ~~~ Och eftersom vi är i mitt kök får jag lov att presentera min fru.

Now you see me thinking at my kitchen table, and since you're in my kitchen, please meet my wife.

8787 skolstyrelse — **school board**

nn

Appellationsdomstolen i Dar es–Salaam, Tanzanias högsta domstol, fattade det enhälliga beslutet att en skolstyrelse handlade rättsvidrigt när fem elever blev relegerade och 122 elever blev avstängda för att de vägrade sjunga nationalsången.

The Court of Appeal at Dar es Salaam, Tanzania's highest court, unanimously found impermissible the actions of a school board that expelled five students and suspended another 122 for refusing to sing the national anthem.

8788 berövad — **bereft**

adj

När någon är lagligen arresterad eller på annat sätt berövad friheten för att förhindra att han obehörigen reser in i landet eller som ett led i ett förfarande som rör hans utvisning eller utlämning.

The lawful arrest or detention of a person to prevent his effecting an unauthorised entry into the country or of a person against whom action is being taken with a view to deportation or extradition.

8789	**militärbas**	**military base**
	nn	Militärt ändamål: direkt militär användning av kärnenergi såsom kärnvapen, militär kärndrift, militära kärnraketmotorer eller militära kärnreaktorer, men inte indirekt användning såsom kraft från ett civilt kraftverksnät till en militärbas eller produktion av radioisotoper avsedda att användas för att ställa diagnos på militärsjukhus.
		Military purpose means direct military applications of nuclear energy such as nuclear weapons, military nuclear propulsion, military nuclear rocket engines or military nuclear reactors but does not include indirect uses such as power for a military base drawn from a civil power network, or production of radioisotopes to be used for diagnosis in a military hospital.

8790	**export**	**export**
	nn	Dumpningmarginalen för export av kiselkarbid från Ryssland under undersökningsperioden konstaterades ligga under den miniminivå som föreskrivs i artikel 9.3 i grundförordningen.
		The dumping margin for exports of SiC from Russia during the IP was found to be below the de minimis threshold of Article 9(3) of the basic Regulation.

8791	**diskho**	**kitchen-sink**
	nn	Jag skulle kunna sätta in en liten diskho, montera en takränna för att ta vara på regnvattnet och med tiden kanske också sätta in en vattentoalett och dra in elektricitet.
		I could install a little sink, a water gutter to pick up rainwater and, in time, maybe a flush toilet and electricity.

8792	**kastrera**	**castrate|neuter**
	vb	Jag vill också nämna att när man skaffar sig en hund eller en katt bör man överväga att sterilisera eller kastrera den.
		I might mention that when a person brings a cat or a dog into his home, he should consider having it spayed or neutered.

8793	**flämta**	**gasp|flicker**
	vb	Det hebreiska namnet (tinshẹmeth) förekommer i förteckningen över de orena flygande skapelserna och kommer från en rot som betyder "flämta", "frusta".
		The Hebrew name (tin·she'meth), appearing in the list of unclean flying creatures, is from a root meaning "pant."

8794	**översvämning**	**flood|flooding**
	nn	För stödet till försäkringspremier för försäkring av utsäde och grödor likställs följande väderförhållanden med naturkatastrofer: vårfrost, hagel, blixtnedslag, brand till följd av blixtnedslag, storm och översvämning
		The measure for the payment of insurance premiums to insure crops and fruit includes the following adverse climatic events which can be assimilated to natural disasters: spring frost, hail, lightning, fire caused by lightning, storm and floods

8795	**kompositör**	**composer**
	nn	Och spelade återigen musik av samma kompositör.
		Again playing music by this same composer.

8796	**parallell**	**parallel; parallel**
	adj; nn	Grundrörelsen skall vara sinusformad och sådan att typmodellens fastsättningspunkter på vibrationsbordet huvudsakligen rör sig i fas och längs parallella linjer.
		The basic movement shall be sinusoidal and such that the mounting points of the sample basically move in phase and along parallel lines.

8797 motanfall

nn

counterattack

Arbetarklassen måste besvara det allt grymmare angreppet från kapitalet som är för ett enat Europa med ett motanfall, genom att upprätta en allians mot monopol – en allians som kräver gräsrotsmakt – och genom att lägga grunden till ett tillgodoseende av gräsrotsbehov och en blomstrande gräsrotsrörelse.

The working class must reply to the increasingly savage attack by euro–unifying capital with a counter–attack, by setting up an anti–monopoly alliance which will claim its grassroots power and lay the foundations for the satisfaction of grassroots needs and grassroots prosperity.

8798 återbetalning

nn

refund | back pay

Vi har nu ett procentuellt krav på återbetalning, tror jag, om inte ens 16 procent.

I believe I am right in saying that our recovery rate has not even reached 16 %.

8799 hårdvara

nn

hardware

I dag är deras enda export råvaror och militär hårdvara.

Today their only exports are raw materials and military hardware.

8800 användare

nn

user

f) den stöder vissa funktioner för att underlätta användning för användare med funktionshinder.

(f) it supports certain features in order to facilitate its use by users with a disability.

8801 pyton

nn

python

Denna debatt påminner mig lite om en berömd tv-sketch av de brittiska komikerna i Monthy Pyton.

This debate reminds me a little of a famous sketch by the British TV comedians Monty Python.

8802 anpassning

nn

adaptation | adjustment

Detta förhållande och de ändringar i den gemensamma organisationen av marknaden för nötkött som införs genom förordning 7 gör att en anpassning av förordning 9 är nödvändig, särskilt vad gäller avyttring när marknadspriserna är lägre än interventionspriset.

Whereas such practice and the changes made to the common organization of the market in beef and veal by Regulation 7 require that Regulation 9 be adjusted, in particular, as regards disposal where market prices are lower than the intervention price.

8803 barnvagn

nn

baby carriage

En av mina vänner berättade för mig om någon hon som hade mött vid en busshållplats i min hemstad Wolverhampton, en ung mor med ett barn i en barnvagn.

A friend of mine told me about somebody she met at a bus-stop in my home town of Wolverhampton, a young mother with a child in a buggy.

8804 påträffa

vb

find | come across

Dess nödåtgärd har till följd att vi snart kanske bara kommer att påträffa torsk i ett europeiskt vatten, nämligen i formalin!

Its emergency measure may result in our only finding cod in one kind of European water soon, that is to say in formalin.

8805 sond

nn

probe

Denna sond skall då passera jorden på ett avstånd av 500 engelska mil och med en hastighet av 68 000 km / h!

This probe is going to pass the earth at a distance of 500 miles and at a speed of 68 000 km/ h.

8806 skyttegrav   **trench**

nn

Påminn mig om att inte bli fast i en skyttegrav med dig!

Remind me never to get stuck in a foxhole with you!

8807 svinstia   **sty**

nn

Fy fan, vilken svinstia!

Hell, what a pigsty!

8808 laxermedel   **laxative**

nn

Behandlingen av överdosering med Tandemact består främst i att förhindra absorption av glimepirid genom att framkalla kräkning och därefter låta patienten dricka vatten eller läsk med aktivt kol (adsorptionsmedel) och natriumsulfat (laxermedel).

Treatment of overdosage of Tandemact primarily consists of preventing absorption of glimepiride by inducing vomiting and then drinking water or lemonade with activated charcoal (adsorbent) and sodium–sulphate (laxative).

8809 kartlägga   **map**

vb

Kommissionen vill kartlägga rättsliga, regleringsmässiga, administrativa och andra hinder för kunders rörlighet i samband med bankkonton och få råd om hur dessa hinder bör åtgärdas.

The Commission wishes to identify any legal, regulatory, administrative and other obstacles to customer mobility in relation to bank accounts, and to be advised on how to address these obstacles.

8810 utdrag   **extract | extraction**

nn

Med det här kommandot överför du ett AutoUtdrag som disposition till ett nytt presentationsdokument.

Use this command to transfer an AutoAbstract as an outline to a new presentation document.

8811 artificiell   **artificial**

adj

Produkt som erhålls genom artificiell torkning av fraktioner av den växtsaft som pressats ur lusern, vilka centrifugeras och värmebehandlas för att fälla ut proteiner.

Product obtained by artificially drying fractions of lucerne press juice, which have been separated by centrifugation and heat treated to precipitate the proteins.

8812 ansvarsfull   **responsible**

adj

Han blev tilldelad en ansvarsfull position.

He was appointed to a responsible position.

8813 byggande   **building**

nn

För att öka möjligheterna till hållbart byggande och för att underlätta framväxten av miljövänliga produkter bör prestandadeklarationen i tillämpliga fall åtföljas av information om innehåll av farliga ämnen i byggprodukten.

Where applicable, the declaration of performance should be accompanied by information on the content of hazardous substances in the construction product in order to improve the possibilities for sustainable construction and to facilitate the development of environment–friendly products.

8814 aspirant   **aspirant**

nn

Är du aspirant?

Are you a cadet?

8815 alstra   **generate | produce**

	vb	All utrustning som kan alstra bredbandsstrålning och vara permanent tillslagen av föraren eller passagerare skall vara tillslagen på maximal belastning, till exempel vindrutetorkarmotor eller fläkt. *All equipment capable of generating broadband emissions which can be switched on permanently by the driver or passenger should be in operation in maximum load, e.g. wiper motors or fans.*
8816	**destruktiv**	**destructive**
	adj	Denna statskupp i fråga om reglementet är oacceptabel och destruktiv för friheten. *This regulatory is intolerable and destructive of freedom.*
8817	**numrerad**	**numbered**
	adj	I detta fall ska förpackningen, i enlighet med artikel VI i denna bilaga, vara förseglad med en numrerad etikett som utfärdats av det behöriga organet i den medlemsstat där tillverkningen ägde rum. *In that case, the packaging referred to in Part VI of this Annex must be sealed by means of a numbered label issued by the competent body of the Member State of production*
8818	**latinsk**	**Latin**
	adj	Markera den här rutan om du vill att ett avstånd infogas automatiskt mellan asiatisk, latinsk och komplex text. *If you mark this field, a space is automatically inserted between Asian, Latin and complex texts.*
8819	**finansdepartement**	**ministry of finance**
	nn	Genom en skrivelse av den 10 juli 2006 från Islands delegation vid Europeiska unionen, vidarebefordrades en skrivelse från Islands finansdepartement av den 7 juli 2006, som båda togs emot och registrerades av övervakningsmyndigheten den 11 juli 2006. *By letter of 10 July 2006 from the Icelandic Mission to the European Union forwarding a letter from the Ministry of Finance dated 7 July 2006, both received and registered by the Authority on 11 July 2006 .*
8820	**uppbackning**	**backing**
	nn	Med tanke på den övergripande karaktär som resurseffektivitetsinitiativet har och i syfte att säkerställa att ökad resurseffektivitet även fortsättningsvis ges en hög politisk profil, krävs en uppbackning från europeisk nivå i form av en effektiv, centralt samordnad och adekvat finansierad förvaltningsstruktur för genomförandet, som arbetar öppet och med god insyn samt med största möjliga medverkan från berörda aktörer. *Given the cross–cutting nature of the Resource Efficiency initiative and in order to ensure that resource efficiency continues to be given a high political profile, it will need to be backed up at European level by an effective, centrally–coordinated and adequately resourced implementation governance structure, operating openly and transparently with maximum stakeholder participation.*
8821	**aktiemarknad**	**stock-market**
	nn	Finansiering av dessa tullkrediter skulle kunna uppbringas på en aktiemarknad. *Funding for these customs credits could be raised on a forward stock market.*
8822	**informatör**	**informant**
	nn	Vad ska jag med en ren informatör till? *What the fuck am I gonna do with a clean informant?*
8823	**fortplantning**	**reproduction**

	nn	Undersökning av effekterna på fiskars fortplantning och hormonrubbningar på lång sikt.

Long–term fish study on reproductive and endocrine effects.

8824 egentlig

adj

real | proper

Patienter som uppfyllde diagnostiska kriteria för egentlig depression exkluderades från dessa studier.

Patients meeting diagnostic criteria for major depressive disorder were excluded from these trials.

8825 världsklass

nn

world-class

I kommissionens meddelande Mot kluster i världsklass i Europeiska unionen: genomförande av den brett upplagda innovationsstrategin (3) anges att inrättandet av en europeisk grupp för klusterpolitik är ett viktigt steg i politiken för att stödja kluster i världsklass i EU.

In the Communication from the Commission 'Towards world–class clusters in the European Union: Implementing the broad–based innovation strategy' (3), the establishment of a European Cluster Policy Group is identified as an important step of the policy agenda in support of world–class clusters in the EU.

8826 kiosk

nn

kiosk

Detaljhandelstjänster inom området för en kiosk och en stormarknad.

Retail services related to kiosks and supermarkets.

8827 henna

adj

henna

Du har reagerat på en temporär tatuering med svart henna tidigare."

You have experienced a reaction to a temporary "black henna" tattoo in the past.'

8828 tvättmedel

nn

detergent

Tvättmedel på West Oakland — förlåt, East Oakland.

Laundry detergent at West Oakland — East Oakland, sorry.

8829 generalsekreterare

nn

Secretary General

Förbindelserna med Nato skall upprätthållas i överensstämmelse med de relevanta bestämmelser som fastställdes genom skriftväxlingen den 17 mars 2003 mellan generalsekreteraren/den höge representanten och Natos generalsekreterare.

Relations with NATO shall be conducted in accordance with the relevant provisions laid down in the 17 March 2003 Exchange of Letters between the Secretary–General/High Representative and the NATO Secretary– General.

8830 superstjärna

nn

superstar

Att jämföra med en superstjärna..

Comparing with a superstar..

8831 havande

adj

pregnant

När Maria var trolovad med Josef, men innan de hade blivit förenade, visade det sig att hon var havande genom helig ande. Skildringen lyder: "Men eftersom Josef, hennes man, var rättsinnig och inte ville göra så att hon blev offentligt beskådad, ämnade han skilja sig från henne i hemlighet."

While Mary was promised in marriage to Joseph, but before they were united, she was found to be pregnant by holy spirit, and the account states: "However, Joseph her husband, because he was righteous and did not want to make her a public spectacle, intended to divorce her secretly."

8832 forward

forward

nn   Vid de kvartalsvisa officiella mötena mellan företrädare för producenterna, förbrukarna, handeln och kommissionen diskuterades programmen med prognoser ("forward programmes") i enlighet med artikel 46 i fördraget.
Official quarterly meetings between representatives of producers, customers and traders, and those of the Commission, at which, in accordance with Article 46 of the ECSC Treaty, the forward programmes were discussed.

8833 diskett   **floppy disc**

nn   Förslag på indirekta FoTU–åtgärder som lämnas in på elektroniska lagringsmedier (t.ex. cd–rom eller diskett), via e–post eller fax kommer inte att beaktas.
Versions of proposals for indirect RTD actions submitted on a removable electronic storage medium (eg, CD–ROM, diskette), by e–mail or by fax will be excluded.

8834 flor   **gauze**

nn   Patricia FLOR utnämns härmed till den särskilda representanten för Centralasien för perioden 1 juli 2012–30 juni 2013.
Mrs Patricia FLOR is hereby appointed as the EUSR for Central Asia for the period from 1 July 2012 to 30 June 2013.

8835 knäckt   **cracked**

adj   Han blev helt knäckt.
Father's death broke him.

8836 knoge   **knuckle**

nn   Det är intressant att lägga märke till att det grekiska verb som Paulus här använde är härlett från ordet för ”knoge”.
Interestingly, the Greek verb Paul used here is derived from the word for “knuckles.”

8837 förslå   **suffice**

vb   Kan jag förslå, mot bakgrund av vår reaktion på de franska, nederländska och irländska folkomröstningarna, att vi helt enkelt struntar i omröstningarna och fortsätter som vi vill?
Can I suggest, in the light of our reaction to the French, Dutch and Irish referendums, that we simply disregard the votes and carry on as we wanted?

8838 hemvärn   **home defense**

nn   Det finns ingen armé.Inget hemvärn, inga soldater, finns bara bitar och stycken kvar av pojkscouterna.
There's no army, no militia, no soldiers and only bits and pieces of Boy Scouts left.

8839 österrikisk   **Austrian**

adj   Det är också en principfråga, inte bara en österrikisk, utan en europeisk.
This is also a question of principle, not just Austrian, but European principle.

8840 tillföra   **bring**

vb   Produkterna får inte tillföra jorden ett oacceptabelt antal ogräsfrön eller vegetativt reproducerbara delar av ogräs.
No product shall introduce unacceptable numbers of weed seeds or the vegetative reproductive parts of aggressive weeds into the soil.

8841 objuden   **uninvited**

adj   Hon kom objuden på min fest i går kväll.
She gatecrashed my party last night.

8842 slickepinne — **lollipop**

nn

När jag vann pennyn så åkte vi ner och åt på samma slickepinne.

I win that quarter, we all be down at the store licking on the same Popsicle.

8843 motionera — **exercise**

vb

Eftersom demenssjukdomar i större eller mindre utsträckning kan relateras till hjärt– och kärlproblem, omfattar förebyggande åtgärder en bra kost (7), att kontrollera blodtryck och kolesterol samt att inte röka, endast dricka måttliga mängder alkohol (8) och motionera.

Since dementias can, to a greater or lesser extent, be related to cardiovascular problems, prevention includes having a good diet (7), controlling blood pressure and cholesterol is important as well as not smoking, drinking only moderate amounts of alcohol (8) and taking exercise.

8844 utblottad — **destitute**

adj

Familjen blev helt utblottad.

His family was left impoverished.

8845 såpa — **soap; soap**

nn; vb

// – För framställning av tvål, såpa och organiska ytaktiva ämnen

// . For the manufacture of soaps and organic surface–active agents

8846 trapp — **staircase**

nn

Alla trappor som är dimensionerade för fler än 90 personer skall anbringas långskepps.

All stairways sized for more than 90 persons shall be aligned fore and aft.

8847 svindel — **swindle**

nn

Det är otroligt många problem som kommer igen år efter år efter år: Eländiga kontrollsystem i medlemsländerna, förlorade momsintäkter, byråkratiska och invecklade exportbidragssystem, jordbrukare som uppger för stora areal, svindel med strukturmedel och svindel med forskningsmedel i form av överkompensation, samt långsamma och byråkratiska förfaranden vad gäller EU:s externa bistånd.

There are an incredible number of problems which crop up again and again, year after year. Lamentable control systems in the Member States, lost income from VAT, bureaucratic and complicated export refund arrangements, farmers who overstate how much land they have, misappropriation of structural funds, fraud involving research funds in the form of over–payment, and long–winded and bureaucratic procedures concerning the EU's external aid.

8848 ränna — **chute; run**

nn; vb

Om den är högre kommer degen att jäsa i degdelarens ränna, och om den är lägre sker ingen jäsning.

If it is higher, the dough will ferment in the chute of the divider, while if it is lower, there will be no fermentation.

8849 societet — **society**

nn

Vi vill använda det som forum för att presentera våra unga skördeflickor till societeten.

We'd like to use it as a forum for introducing our young harvest girls to society.

8850 praktisera — **put into practice**

vb

Jag tror, vilket redan har berörts här några gånger, att man inom de små statliga områdena som t.ex. kommuner, städer, församlingar och regioner och naturligtvis ända upp till de stora statliga enheterna, under tre år skulle kunna praktisera dubbel prismärkning vid fastläggandet av avgifter och taxeringar, men också vid utbetalning av löner och liknande, eftersom man på så vis skulle leda medborgaren in i detta tema fram till år 2002, och han på ett självklart sätt skulle kunna räkna om denna euro i relation till den nationella valutan.

I believe, and several people have already touched on this today, that dual pricing could and should be applied for three years by authorities ranging from municipalities, cities, districts and regions to major state institutions, in setting and assessing charges and also in paying salaries and so forth. In this way people will be able to familiarize themselves with the euro by 2002 and will be able to relate it to their national currency and convert as a matter of course.

8851	**dominerande**	**dominant; predominantly**
	adj; adv	Det sista villkoret i artikel 81.3, som inte ger dessa företag möjlighet att sätta konkurrensen ur spel för en väsentlig del av varorna i fråga, är knutet till frågan om dominerande ställning.
		The last criterion of Article 81(3), no elimination of competition for a substantial part of the products in question, is related to the question of dominance.
8852	**järnvägsstation**	**railway station**
	nn	"Närmast lämpliga järnvägsstation" innebär den järnvägsstation eller terminal som är belägen närmast lastnings– eller lossningsplatsen och som är utrustad för att hantera stora containrar enligt punkt 2.
		'nearest suitable railway station' means a railway station or terminal nearest to the point of loading or unloading, which is equipped to handle the large containers defined in point 2.
8853	**föråldrad**	**obsolete**
	adj	Föråldrad, eftersom rättsakten endast gäller 2005.
		Obsolete as an act of temporary nature relating to 2005.
8854	**halvdussin**	**half-dozen**
	nn	De spanska myndigheterna är oroliga över att de franska myndigheterna inte har besvarat deras begäran om stöd i ett halvdussin vägprojekt för att förbättra genomfarten genom Pyrenéerna.
		The Spanish authorities are concerned at the lack of response from their French counterparts to their request for support for half a dozen road–building schemes aimed at improving the passes through the Pyrenees.
8855	**ovänlig**	**unfriendly**
	adj	Om den vi besöker visar sig likgiltig, klagar eller är ovänlig, vänder vårt fridfulla budskap bara "tillbaka till" oss.
		An apathetic response, a complaint, or an unkind remark by a householder only serves to allow our peaceful message to 'return to us.'
8856	**slägga**	**sledgehammer; maul**
	nn; vb	Har vi kniv och slägga?
		Have we got a maul and frow?
8857	**vågad**	**daring**
	adj	Det här är en något vågad film!
		This is a somewhat daring film!
8858	**galla**	**bile**
	nn	Ambra, bävergäll, sibet och mysk; spanska flugor; galla, även torkad; körtlar och andra animaliska produkter som används för beredning av farmaceutiska produkter, färska, kylda, frysta eller tillfälligt konserverade på annat sätt.

Ambergris, castoreum, civet and musk; cantharides; bile, whether or not dried; glands and other animal products used in the preparation of pharmaceutical products, fresh chilled, frozen or otherwise provisionally preserved.

8859	**draperi**	**curtain**

nn

Mot bakgrund av artikelns storlek och det faktum att den lätt kan klippas av till önskad längd och att den kan användas på flera olika sätt så har artikeln de objektiva egenskaper som karaktäriserar en gardin eller ett draperi.

Due to its size, the possibility to shorten it to the desired length by simply cutting, and the fact that it can be used for several purposes related to the use of the curtain, the article has the objective characteristics of a curtain or interior blind.

8860 ostadig — **unstable**

adj

Sökanden har således inte behållit sin tidigare bosättning och har inte heller haft andra kostnader som beror på att hans situation var ostadig.

Thus, the applicant did not retain his previous residence nor has he demonstrated other expenses connected with an allegedly unstable situation.

8861 bådadera — **both**

prn

Om inte annat följer av artikel 29.2, har genomgått det uttagningsförfarande som bygger antingen på meriter eller prov eller bådadera i enlighet med bilaga III.

He has, subject to Article 29 (2), passed a competition based on either qualifications or tests, or both qualifications and tests, as provided in Annex III.

8862 inblick — **insight**

nn

Sådana saker är som "släktklenoder" som ger oss bättre inblick i vårt teokratiska arv och gör att vi kan känna oss lugna när vi tänker på vår andliga familjs framtid.

Such items are "heirlooms" that enlighten us about our theocratic heritage and help us to look forward with confidence to the future of our spiritual family.

8863 utbryta — **break out**

vb

Situationen förvärras ytterligare av det kaos som förväntas utbryta på marknaden för olivolja inte bara på grund av överproduktionen utan också på grund av att det inte finns något förbud mot att blanda olivolja med fröolja och sälja sådan blandning som olivolja.

The situation is further aggravated by the turmoil expected to engulf the olive oil market owing to overproduction and the failure to prohibit the blending of olive oil with seed oil and the marketing of this mixture as olive oil.

8864 reling — **rail|gunwale**

nn

Den anbudslämnare vars anbud antagits skall stå varje risk i samband med varorna, särskilt risken att varorna går förlorade eller förstörs, till dess de faktiskt har passerat fartygets reling i utskeppningshamnen.

The successful tenderer shall bear all the risks relating to the goods, in particular of loss or deterioration to which goods are subject, until they have effectively passed the ship's rail at the port of shipment.

8865 vissen — **faded**

adj

Här är du, en vissen gammal ynkrygg!

Here you are, a shriveled up old coward!

8866 dy — **mud**

nn Om en roddbåt fastnar i dy, kan den som ror få loss båten genom att
kränga den från sida till sida.
*If a rowboat gets stuck in the mud, the rower may free it by rocking the
boat from side to side.*

8867 **formalitet** **formality**

nn Även om det kan tyckas som om antagandet av förslaget till rådets beslut
om ingående av avtalet (om förlängning av avtalet om vetenskapligt och
tekniskt samarbete mellan Europeiska gemenskapen och Ryssland)
egentligen är en formalitet av underordnad betydelse, anser jag inte att så
är fallet.
*Although it may seem that the adoption of the draft Council Decision on
the conclusion of the agreement (renewing the Agreement on scientific
and technical cooperation between the European Community and Russia)
is really a formality of only secondary importance, I do not think this is so.*

8868 **ämnesomsättning** **metabolism**

nn Dessutom har kvinnor mindre lungor och en långsammare
ämnesomsättning för cancerogena ämnen.
*Furthermore, women have smaller lungs and a slower metabolism for
carcinogenic substances.*

8869 **förkärlek** **fondness**

nn De visar sin förkärlek för naturen genom att brodera djurfigurer och
blommor i rött och svart på damblusar.
*The Chontal show their fondness for nature by embroidering animal
figures and flowers in red and black on women's blouses.*

8870 **påle** **pile**

nn Ormen förebildade hur Jesus Kristus skulle bli upphängd på en påle, till
evig nytta för oss.
*The serpent foreshadows the impalement of Jesus Christ for our eternal
benefit.*

8871 **intensitet** **intensity**

nn Den långa eftersmaken kännetecknas av intensitet, som kommer sig av de
stora temperaturskillnaderna mellan dag och natt under den naturliga
torkningen sommartid och den långsamma lagringen under hela året under
den naturliga lagringsfasen.
*Lastly, it has an intense and particularly persistent aftertaste, which is the
result of the large fluctuations between daytime and night–time
temperatures in the summer during the natural drying process and of the
slow natural maturing process which takes place throughout the year.*

8872 **krön** **crown**

nn Jag slöt ögonen för ett tag sedan, och jag såg hur han förvandlades till den
nye kungen av Afghanistan, med krona, spira, långt skägg och stor makt.
*I closed my eyes just now and saw him as the new king of Afghanistan,
with a crown, sceptre, a long beard and great power.*

8873 **statsminister** **Prime Minister**

nn Konferens anordnad av Sveriges statsminister och
jämställdhetsministrarna, 2–4 november 1999.
*Conference organised by the Swedish Prime Minister and the Ministers of
Equality, 2–4 November 1999.*

8874 **bråck** **hernia**

nn Kirurgiska och medicinska anordningar för reparation av bråck.
Surgical and medical devices for hernia repair.

8875 **läckage** **leakage**

nn	Rapporten redovisar en förenklad miljöriskbedömning med avseende på läckage från gummigranulat till ytvatten.
	The report presents a simplified environmental risk for leakage from the rubber granules to surface water.

8876 bjässe — **giant**

nn Vi talar alltså om en ekonomisk, historisk, kulturell och handelsmässig bjässe som i dag tycks vakna upp efter en mycket lång sömn.

So we are talking about an economic, historic, cultural and commercial giant which appears today to be waking up after a very long sleep.

8877 duglig — **capable**

adj En stark och duglig afrikansk union är av avgörande betydelse för Afrikas framtid.

A strong and able African Union is crucial for Africa's future.

8878 ägd — **owned**

adj Det ska dock påpekas att på den gemensamma jordbrukspolitikens område behöver inte nödvändigtvis all försäljning av statligt ägd mark till ett pris som understiger marknadspriset vara oförenlig med EG-fördraget.

However, it must also be pointed out that, in the context of the common agricultural policy, any sale of public land at a price lower than the market value need not necessarily be considered to be contrary to the EC Treaty.

8879 skakning — **shaking**

nn Enheter för processkontroll som simultant kan övervaka och styra två eller fler parametrar i ett fermentationssystem (t.ex. temperatur, pH, näringsämnen, skakning, upplöst syre, luftflöde, skumkontroll).

Process control units capable of simultaneously monitoring and controlling two or more fermentation system parameters (e.g., temperature, pH, nutrients, agitation, dissolved oxygen, air flow, foam control).

8880 halvdöd — **half-dead**

nn Om jag var den modern, så skulle jag hellre ha en halvdöd unge, än att se någon annan fostra mitt kött och blod.

If I was that mother, I'd rather have a half dead kid than watch someone else raise my flesh and blood.

8881 iver — **eagerness|fervor**

nn Dags kärlek till Jehova och hans iver för tjänsten smittade av sig.

Dag's love for Jehovah and his zeal for the ministry were contagious.

8882 självbiografi — **autobiography**

nn Men min favoritbok är trots allt Johnny Cashs självbiografi " Cash ".

But I have to say, my all– time favorite book is Johnny Cash's autobiography, "Cash" .

8883 skrin — **case**

nn Smyckeskrin, Askar av ädelmetall, Etuier eller skrin för urmakerivaror.

Jewelry cases [caskets], Boxes of precious metal, Ccses for watches.

8884 ljudlöst — **noiselessly**

adv På morgonen, när solen gick upp, försökte jag ljudlöst ta mig tillbaka in igen.

Then in the morning when the sun came up, I'd try to sneak back in.

8885 sammanfattning — **summary**

nn Sammanfattning av den föreslagna åtgärden Förslaget gäller en omarbetning av rådets beslut 2, Euratom i linje med det interinstitutionella avtalet om en omarbetningsteknik för rättsakter.

Summary of the proposed action This proposal is a recasting of Council Decision 2, Euratom in line with the Interinstitutional Agreement on the recasting technique for legal acts.

8886	**grotesk**	**grotesque; grotesque**
	adj; nn	Det är en grotesk idé, vars enda försonande drag är att vi då inte heller behöver lyssna på er, herr talman, eftersom Spanien inte heller var med i andra världskriget.
		This is a grotesque idea, the only redeeming feature of which is that we thus need not listen to the President either, as Spain was also a non–combatant country in the Second World War.
8887	**styrelseordförande**	**chairman**
	nn	Donald Rumsfeld, försvarsminister, styrelseordförande i ett läkemedelsföretag som inköptes 1985 av Monsanto.
		Then there is Donald Rumsfeld, US Secretary of Defence, the President of a laboratory that Monsanto bought in 1985.
8888	**näste**	**nest**
	nn	Fru talman! Jag är övertygad om att José Manuel Barroso i morgon kommer att säkra ytterligare fem år som kommissionens näste ordförande.
		Madam President, I am very confident that Mr Barroso will tomorrow secure another five–year mandate as the next president of the Commission.
8889	**osa**	**reek|stink**
	vb	Runt ett projekt om Europas framtid får det verkligen inte osa profithunger.
		There should certainly not be a whiff of profiteering surrounding a project concerning Europe's future.
8890	**lockig**	**curly**
	adj	De bar också långt korkskruvslockigt skägg, som kunde vara uppdelat i två eller tre lager, och trimmad mustasch som också var lockig.
		Their beards were also long, sometimes divided into two or three tiers of curls, with the mustache trimmed and also curled.
8891	**uppriven**	**worked up**
	adj	Hon är så uppriven...Vi pratar bara..
		She's really upset.. We're just talking..
8892	**samfund**	**community**
	nn	Verksamhet i religiösa samfund.
		Activities of religious organisations.
8893	**handlag**	**touch**
	nn	Jag skulle vilja ta tillfället i akt att gratulera alla de irländska förhandlarna, som visat gott handlag och mycket stor skicklighet.
		I should like to take this opportunity to congratulate all the Irish negotiators, who showed great savoir–faire and very great skill.
8894	**lasarett**	**hospital**
	nn	Det finns kanske 500 personer här på lasarettet?
		There's what, maybe 500 people in this hospital
8895	**mineral**	**mineral**
	nn	Beredda smörjmedel innehållande mindre än 70 viktprocent oljor erhållna ur petroleum eller ur bituminösa mineral.
		Lubricating preparations containing less than 70 % by weight of petroleum oils or oils obtained from bituminous minerals.
8896	**femtonde**	**fifteenth**

	num	Detta kommer att bli president Clintons femtonde och sista toppmöte mellan EU och USA.

This will be President Clinton's fifteenth and last EU/ US Summit.

8897 brännande
adj

burning|searing

EU–medborgarnas hälsa och oro inför framtiden, de kraftiga höjningarna av priser på jordbruks– och livsmedelsprodukter under den senaste tiden och det brännande problemet med svälten i världen bildar sammantaget ett akut problem som lyft fram de globala livsmedelsutmaningarna i fokus för samhällsdebatten.

The health of European citizens and their concern about the future, the recent sharp rise in the prices of agricultural and food products and the burning issue of world hunger in general have placed the global food challenge at the heart of public debate.

8898 målad
adj

painted

Låt sedan kvorumets eller klassens medlemmar ge idéer eller förslag på hur varje ungdom kan nå sitt mål.

Then invite quorum or class members to offer ideas and suggestions for how each youth can meet his or her goal.

8899 bulta
vb

hammer|beat

Muttrar och bultar för rullbrädor.

Nuts and bolts for skateboards.

8900 målarfärg
nn

painter colors

Målarmaskiner, automatiska sprutpistoler för färg, elektriska, hydrauliska och maskiner för pneumatisk perforering och pistoler, elektriska limpistoler, sprutpistoler för målarfärg.

Machines for painting, automatic spray guns for paint, electric, hydraulic and pneumatic punching machines and guns, electric glue guns, spray guns for paints.

8901 sus
nn

swish|murmur

Det gick ett sus genom publiken när de hörde skillnaden.

There was a gasp in the audience when they heard the difference.

8902 lavemang
nn

enema

Laxermedel för administrering genom lavemang.

Laxatives for administration by way of enema.

8903 överstiga
vb

exceed

Deras sammanlagda värde inte överstiger 15 % av produktens pris fritt fabrik, förutom för produkter som omfattas av kapitel 3 och kapitel 24 tulltaxenummer 1604, 1605, 2207 och 2208 i Harmoniserade systemet, då det sammanlagda värdet för icke–ursprungsmaterial inte får överstiga 10 % av produktens pris fritt fabrik.

Their total value does not exceed 15 % of the ex–works price of the product, except for products falling within Chapters 3 and 24 and HS Headings 1604, 1605, 2207 and 2208 where the total value of the non–originating materials does not exceed 10 % of the ex–works price of the product.

8904 bister
adj

grim|harsh

Vi glömmer hur bister hans vision var.

We forget how harsh his vision was.

8905 glömsk

forgetful

adj	Och när du kommer hem, var då inte "en glömsk hörare", utan gå igenom programmet tillsammans med familjen och resonera om hur ni kan göra Guds vilja mera helt och fullt. *When you return home, do not become "a forgetful hearer," but review the program as a family and discuss how you can work in harmony with God's will more fully.*

8906 sammanhängande — **coherent**

adj

Unionen kan göra en stor insats om den agerar sammanhängande och konsekvent.

8907 plakat — **placard; pissed**

nn; adj

I slutet av 1930–talet började Jehovas folk med en annan form av vittnande, nämligen informationsparader, där man bar plakat.
In the late 1930's, another form of witnessing activity opened up–information marches.

8908 bokhylla — **bookshelf**

nn

Ett annat vittne, som höll på att lära sig kinesiska, ändrade lite på intonationen och uppmanade åhörarna att ha tro på Jesu bokhylla i stället för på Jesu lösenoffer.
And by a slight change of intonation, an individual learning Chinese urged his audience to have faith in Jesus' bookcase rather than in the ransom.

8909 knackning — **knock|tap**

nn

Som en kristen uttryckte det: "Frestelser är som envisa knackningar på din dörr, trots att du hängt upp en skylt med texten 'Stör ej'."
As one Christian put it, "temptation is like a continuous knock at your door that ignores the Do Not Disturb sign."

8910 riktlinje — **guideline**

nn

Detta ska ses som en allmän riktlinje.
This approach shall be regarded as general guidance.

8911 bibehålla — **maintain|preserve**

vb

Jag befarar att det enda syftet med att bibehålla den franska konstitutionens obligatoriska samråd med befolkningen om nya anslutningar till EU är att låta medborgarna och enbart medborgarna ta ansvar för 45 år av politisk och diplomatisk feghet som inte kan tillskrivas Turkiet i sig, utan bara regeringarna.
I fear that the sole objective in retaining the French Constitution's compulsory consultation of the people on any new European accession is to let citizens and citizens alone take responsibility for 45 years of political and diplomatic cowardice not attributable to Turkey itself, but only to their governments.

8912 flyktingläger — **refugee camp**

nn

Vi behöver ett mandat från kammaren för att en delegation från parlamentet ska kunna skickas till UNHCR:s, Röda korsets och Röda halvmånens flyktingläger.
We need a mandate from this Chamber for a delegation of Parliament in the UNHCR, Red Cross and Red Crescent refugee camps.

8913 bevarad — **preserved**

adj

Dessutom har finanskrisen visat att de allmänna insolvensförfarandena för företag inte alltid är lämpliga för kreditinstitut, eftersom de inte alltid medger tillräckligt snabba ingrepp, fortsatt fungerande nyckelverksamheter inom kreditinstitut och bevarad finansiell stabilitet.
In addition, the financial crisis has exposed that general corporate insolvency procedures may not always be appropriate for credit

institutions as they may not always ensure sufficient speed of intervention, the continuation of the essential functions of credit institutions and the preservation of financial stability.

8914	**kaotisk**	**chaotic**
	adj	Pojkarna vaknade och kämpade, men detta ser lite mer kaotisk än de andra.

The boys woke up and fought, but this looks a bit more chaotic than the others.

8915	**violin**	**violin**
	nn	När jag var en pojke i din ålder köpte jag en vacker violin.

You know, when I— when I was a boy your age, I bought a violin, a beautiful violin.

8916	**depå**	**depot**
	nn	När den inspektion som avses i punkterna 1 eller 2 genomförs ska medlemsstaterna beslagta och bortskaffa artiklar (exempelvis genom att de förstörs, görs oanvändbara, läggs i depå eller överförs till en annan stat än ursprungs– eller destinationsstaten för omhändertagande) som det enligt detta beslut i överensstämmelse med punkt 16 i FN:s säkerhetsråds resolution 1, är förbjudet att leverera, sälja, överföra eller exportera.

In cases where an inspection referred to in paragraphs 1 or 2 is undertaken, Member States shall seize and dispose of (such as through destruction, rendering inoperable, storage or transferring to a State other than the originating or destination States for disposal) items the supply, sale, transfer or export of which is prohibited under this Decision in accordance with paragraph 16 of UNSCR 1.

8917	**försvaga**	**weaken**
	vb	Metoderna för genomförandet bör stärka EU–dimensionen, inte försvaga den.

Implementation methods should reinforce the European dimension, never weaken it.

8918	**ärftligt**	**by inheritance**
	adv	Företagaren kan antingen äga jordbruksföretaget, arrendera det, inneha ett ärftligt arrende på lång tid, inneha nyttjanderätt eller förvalta det.

The holder can own the holding outright or rent it or be a hereditary long–term leaseholder or a usufructuary or a trustee.

8919	**hårtork**	**hair dryer**
	nn	Tvätta sedan gelplattan med destillerat vatten (2 × 2 minuter) och låt lufttorka (2–3 timmar) eller torka med en hårtork (10–15 minuter).

Then rinse the gel plate with distilled water (2 × 2 minutes) and dry in the air (2 to 3 hours) or with a hairdryer (10 to 15 minutes).

8920	**uppgång**	**upturn|rise**
	nn	Jag tror att ett snabbt klargörande av frågan om status är en förutsättning för en ekonomisk uppgång och för att kunna avskaffa arbetslösheten och därigenom den största faran, nämligen radikalismen.

I believe speedy clarification of the status question is a prerequisite for an economic upturn and for eliminating unemployment and, hence, the most serious danger posed by radicalism.

8921	**nervgas**	**nerve gas**
	nn	Galina Kozlova fördes till avdelningen för neurokirurgi vid sjukhuset i Josjkar–Ola med skallskador, hjärnskakning och synskador till följd av att nervgas användes vid överfallet.

Galina Kozlova was brought to the neurosurgery department of Yoshkar–Ola City Hospital with cranial damage and a concussion, as well as damage to her sight resulting from the use of nerve gas in the attack.

8922	**gillra**	**set**
	vb	Det skall vara möjligt att gillra fällor och att övervaka fångade djur.
		It must be possible to set traps and monitor trapped animals.

8923	**vegetarisk**	**vegetarian**
	adj	Enligt vissa uppfattningar utesluter begreppet vegetarisk endast köttprodukter, medan den motsatta synpunkten är att alla produkter av animaliskt ursprung bör uteslutas, och däremellan finns det ett antal synsätt.
		According to some, the term vegetarian implies only that no meat products are consumed, whereas others believe that all products of animal origin should be excluded; there are also a number of different approaches between these two extremes.

8924	**gnällande**	**whining**
	adj	Kom inte gnällande.
		And don't come whining.

8925	**nordamerikansk**	**north-american**
	adj	En nordamerikansk hane kan väga mellan 10 och 15 kilo och en hona mellan 5 och 10 kilo.
		A North American male can weigh between 25 and 35 pounds [10–15 kg], and a female between 15 and 20 pounds [5–10 kg].

8926	**helium**	**helium**
	nn	Helium säljs på grossistnivå till distributörer (däribland de flesta andra industrigasföretag).
		Helium is sold at the wholesale level to distributors (including most other industrial gases companies).

8927	**tvivelaktig**	**doubtful**
	adj	Då blir nyttan med att fördela bördan som sagt tvivelaktig.
		At the same time the value of equal distribution is doubtful, as I have said.

8928	**hektisk**	**hectic**
	adj	I första hand är det nödvändigt att prioritera transportpolitiken, eftersom transportsektorn släpper ut höga halter av koldioxid och är en hektisk sektor som berör en stor mängd användare.
		There would appear to be no choice but to make transport policy the priority, as transport generates high levels of CO2 emissions while being a linchpin sector involving vast numbers of users.

8929	**förorening**	**contamination**
	nn	Demonstranterna tog också upp frågor som de ökade levnadskostnaderna, hälso– och sjukvård, bostäder, kollektivtrafik och förorening.
		The demonstrators also brought up issues such as the rising cost of living, healthcare, housing, public transportation and pollution.

8930	**obehörig**	**unauthorized**
	adj	Den skall i så fall skyddas av förfaranden som syftar till att förhindra obehörig radering, destruktion eller ändring.
		In such a case, it shall be protected by procedures aimed at preventing its unauthorised deletion, destruction or amendment.

8931	**begär**	**desire|craving**
	nn	Sökanden begär likaledes att EG–domstolen själv skall avgöra målet i sak och bifalla klagandens ursprungliga yrkanden i mål T–137/03 genom att:

The appellant also seeks an order that the Court of Justice should decide the case itself and, upholding the appellant's original action in Case T–137/03, should:

8932	**förpackning**	**packaging**

nn

Europaparlamentet understryker att investeringar i system för förvaring och förpackning av jordbruksprodukter i stor utsträckning kan bidra till att säkerställa skäliga priser på dessa produkter.

The Europarlament stresses that investment in facilities for the conservation and packaging of farm products could make a significant contribution to ensuring fair prices for these products.

8933	**tyna**	**languish**

vb

Ges inget ytterligare stöd kan EU dessutom komma att förlora sitt konkurrensförsprång till tredjeländer och då kommer även den tillväxt och sysselsättning som redan levererats av industrin att tyna bort.

Moreover, with no additional support the EU's competitive edge may be lost to third countries, withering away the growth and jobs already delivered by the industry.

8934	**utrikesminister**	**Secretary of State**

nn

EU har ingen konstitution, det är ingen rättslig enhet inom FN och det finns ingen europeisk utrikesminister utnämnd.

The EU has no constitution, is not a legal entity in the UN and there is no mandated European Foreign Affairs Minister.

8935	**ansjovis**	**anchovy**

nn

Art: Ansjovis Engraulis encrasicholus.

Species: Anchovy Engraulis encrasicholus.

8936	**merpart**	**main body**

nn

En övervägande merpart av företagets försäljning på export av den berörda produkten till gemenskapen under översynsperioden har skett till oberoende kunder.

The vast majority of export sales of the product concerned to the Community during the RIP have been made to independent customers.

8937	**ungrare**	**hungarian**

nn

Vi ungrare vet av erfarenhet att man inte är rädd när man är fri.

We Hungarians know, we have learned from experience, that being free is the same as not being afraid.

8938	**glaciär**	**glacier**

nn

"Att skapa en konstgjord glaciär tar uppskattningsvis två månader och kostar 80.000 rupier [18.600 kronor], av vilket det mesta är lönekostnader", heter det i tidskriften The Week.

"Creating an artificial glacier takes approximately two months and costs Rs 80,000 [$1,860], most of it being labour costs," says The Week.

8939	**scanning**	**scanning**

nn

I det här fallet är det en scanning av en levande person.

So in this particular situation, it's a scan of a living person.

8940	**anonymitet**	**anonymity**

nn

51 Personaldomstolen kommer först att pröva grunden avseende bristande opartiskhet från utredarens sida samt grunden att utredarens vägran att bevilja vittnena anonymitet var rättsstridig.

51 It is appropriate to consider first the plea alleging a lack of impartiality on the part of the investigator and the plea alleging that the refusal of the latter to guarantee the anonymity of the witnesses was illegal.

8941 primtal — **prime**

nn

Och två är ett primtal, vilket gör de till ett tur nummer.

And two is a prime number, which makes it a lucky number.

8942 hjärtattack — **heart attack**

nn

Om du nyligen har haft en myokardinfarkt (hjärtattack) eller om du lider av obehandlad.

If you have recently experienced a myocardial infarction (heart attack), or if you are suffering.

8943 trio — **trio**

nn

För det andra vill och hoppas jag att rådet och den nya kommissionen ser till att kärnfrågan i vår utrikespolitik i och med det nya Lissabonfördraget hanteras av en trio bestående av kommissionens ordförande, den höga representanten och kommissionsledamoten med ansvar för klimatfrågor och att förhandlingarna kan bedrivas utifrån en enda framförhandlad text.

Secondly, my wish and hope for the Council and for the new Commission is that now with the new Lisbon Treaty, the core issue in our foreign policy would be dealt with by the trio of the President of the Commission, the High Representative and the Climate Change Commissioner and allow for negotiation on the basis of a single negotiated text.

8944 byråkrat — **bureaucrat**

nn

Från Estland har vi Siim Kallas som under 20 år var byråkrat i det sovjetiska partiet innan hans nyligen förvärvade smak för kapitalismen gav honom problem.

From Estonia we have Mr Kallas, who for 20 years was a Soviet Party apparatchik until his newly acquired taste for capitalism got him into trouble.

8945 visselpipa — **whistle**

nn

Ankorna och kycklingarna har tränats för att jaga och äta upp insekterna, när de hör ett speciellt ljud från en visselpipa.

The ducks and chickens have been trained to pursue and eat the insects at the sound of a whistle.

8946 underbemannad — **undermanned | shorthanded**

adj

Kommissionen har meddelat att den enhet inom kommissionen som är ansvarig för genomförandet och övervakandet av strategin kan komma att bli underbemannad under den kommande tidsperioden.

It is understood that the unit in the Commission that is responsible for the implementation and monitoring of the Strategy may become under–resourced in the period ahead.

8947 olikhet — **inequality**

nn

Sådan olikhet i behandlingen av änkor och änklingar såsom den ifrågavarande i målet vid den nationella domstolen är oförenlig med artikel 119 i fördraget/

A difference in treatment between widows and widowers such as the one in issue in the main proceedings is incompatible with Article 119 of the Treaty.

8948 konstatera — **state**

vb

Det tvingar oss att ta itu med de här frågorna. Motsättningen mellan produktion av livsmedel, utsäde och bränsle är, som vi kunnat konstatera, helt klart en av de viktigaste frågorna.

The problem of competition – as we have witnessed – between food production, feed production and fuel, is obviously a key concern.

8949 obekant — **unknown; stranger**

	adj; nn	Bedöma, mot bakgrund av alla rapporterade misstänkta oförutsedda allvarliga biverkningar, huruvida ett prövningsläkemedel medför en obekant risk för försökspersonen. *Assess, in view of the various reported suspected unforeseen serious adverse reactions, whether a trial drug causes an unknown risk to the subject.*
8950	**ovisshet**	**uncertainty**
	nn	För att undvika alla former av ovisshet bör fordonsinnehavaren klart identifieras i det nationella fordonsregister (NVR) som avses i artikel 33 i järnvägsdriftskompatibilitetsdirektivet. *In order to avoid any doubt, the keeper should be clearly identified in the National Vehicle Register (NVR) provided for in Article 33 of the Railway Interoperability Directive.*
8951	**republikan**	**Republican**
	nn	Det betyder inte att jag försöker omvända dig från republikan till demokrat. *It doesn't mean that if you are a Republican that I'm trying to convince you to be a Democrat.*
8952	**bums**	**slap|right away**
	adv	Kom tillbaka hit, bums! *Get back here, right now.*
8953	**symfoni**	**symphony**
	nn	Som spelar en symfoni tillsammans. *Playing together to create a symphony.*
8954	**inledning**	**introduction**
	nn	När det gäller handlingsplanerna för energieffektivitet fick vi en ganska ljummen inledning. *Concerning the energy efficiency action plans, we had rather a lukewarm start.*
8955	**mocka**	**suede; muck**
	nn; vb	Ingen av nämnda varor för användning i relation till fotbeklädnader, mocka, skinn, tyger, kläder, mattor, textilier och möbeltyger. *None of the aforesaid goods to be used in relation to footwear, suede, leather, fabrics, clothing, carpets, textiles and furniture upholstery.*
8956	**synvilla**	**illusion**
	nn	Jesus kallade förvandlingen en "syn" (Mt 17:9), men han menade inte att den rätt och slätt var en synvilla. *Jesus himself called what took place a "vision" (Mt 17:9), but not a mere illusion.*
8957	**nationalsång**	**national anthem**
	nn	Förslagen om flagga och nationalsång skall strykas. *Its proposals concerning the flag and the anthem would be removed.*
8958	**pacifist**	**pacifist**
	nn	Trots att han kunde verka kylig var han en idealist, en universums pacifist. *Even if he seemed like a cold intellectual, he was really an idealist, a pacifist of the universe.*
8959	**tvångströja**	**straitjacket**
	nn	Men den grekiska regeringen har fastnat i eurons tvångströja. *But the Greek Government is stuck inside the euro straitjacket.*
8960	**respektlöshet**	**disrespect**

	nn	Med stadgar och konventioner och rättigheter försöker man mängdbestämma och ge exakta termer för de otillåtna formerna av respektlöshet och sedan ta avstånd från dem överallt.

Charters and conventions and rights seek to quantify and give exact terms to the impermissible forms of disrespect and then discountenance them everywhere.

8961 lokförare   **machinist**

nn

Kommissionen föreslår ett förfarande för behörighetsprövning av lokförare på grundval av enhetliga europeiska miniminormer.

The Commission is proposing a certification process for train drivers based on uniform minimum European standards.

8962 misär   **misery**

nn

Inbördeskriget i Sudan fortsätter med det lidande, den misär och de negativa effekter för civilbefolkningen, framför allt kvinnor och barn, som detta medför.

Deeply concerned by the continuing civil war in the Sudan, with its attendant suffering and misery, and its adverse effect on the civilian population, in particular women and children.

8963 brutalitet   **brutality**

nn

Metaxas, Franco, Mussolini, Salazar och flera mindre betydande diktatorer begick egna förbrytelser till följd av Hitlers och Stalins brutalitet.

Metaxas, Franco, Mussolini, Salazar and a host of lesser dictators perpetrated crimes of their own, following Hitler and Stalin's brutality.

8964 ister   **lard**

nn

d) Användning av ister vid beredning av mördegen och topplagret av fett.

(d) Use of lard to make the shortcrust pastry and for the fatty topping.

8965 notering   **quotation**

nn

Varför finns det därför just en notering i protokollet för Tjeckien?

Therefore, why, precisely, is there a note in the minutes for the Czech Republic?

8966 variabel   **variable**

nn

Definition av en variabel och inmatning av variabelvärdet.

Definition of a variable and input of the value of variables.

8967 telegraf   **telegraph**

nn

EUPOL Kinshasa skall ha rätt till obegränsad radiokommunikation (inklusive via satellit, mobil, radio eller bärbar radio), telefon, telegraf, fax och andra medel samt rätt att för uppdraget installera de medel som krävs för att upprätthålla sådana kommunikationer inom och mellan EUPOL Kinshasas anläggningar, inklusive kabelläggning och markledningar, i enlighet med värdpartens föreskrifter.

EUPOL Kinshasa shall enjoy the right to unrestricted communication by radio (including satellite, mobile or hand–held radio), telephone, telegraph, facsimile and other means, as well as the right to install, for the purpose of the Mission, the necessary means for maintaining such communications within and between EUPOL Kinshasa facilities, including the laying of cables and ground lines, in accordance with the regulations of the Host Party.

8968 utnämnd   **designate**

adj

EU har ingen konstitution, det är ingen rättslig enhet inom FN och det finns ingen europeisk utrikesminister utnämnd.

The EU has no constitution, is not a legal entity in the UN and there is no mandated European Foreign Affairs Minister.

8969	**index**		**index**
	nn		Om tillkännagivandet negativt skulle påverka konfidentialiteten när det gäller organisationens affärs– eller industriinformation, där sådan konfidentialitet föreskrivs i nationell lag eller gemenskapslagstiftning för att skydda ett rättmätigt ekonomiskt intresse, får organisationen indexera denna information i sin rapportering, t.ex. genom att fastställa ett basår (med index 1) som utvecklingen av den faktiska förbrukningen/påverkan hänför sig till.

If disclosure would adversely affect the confidentiality of commercial or industrial information of the organisation where such confidentiality is provided for by national or Community law to protect a legitimate economic interest, the organisation may be permitted to index this information in its reporting, e.g. by establishing a base line year (with the index number 1) from which the development of the actual input/impact would appear.

8970 efterlysa

vb

search for

En liknande analys föranledde förra året EESK att efterlysa en radikal förändring av synen på frågan om ett gemensamt försvar inom EU.

A comparable analysis brought the EESC to plead, last year, for a radical change of mind in Europe towards common defence issues.

8971 vakande

adj

waking

Lyckliga är dessa slavar som herren vid sin ankomst finner vakande!

Happy are those slaves whom the master on arriving finds watching!

8972 mucka

vb

demob|discharge

Är det någon som vill mucka?

Anyone want a piece of me?

8973 nudda

vb

touch

Nudda inte sprutans spets med händerna eller någon annan yta.

Do not touch the syringe tip with your hand or any surface.

8974 korkskruv

nn

corkscrew

Hur är det med korkskruvar och hullingar?

What about a corkscrew or-or a stingray barb?

8975 kvot

nn

quota

En stor del av denna kvot gäller fångster ämnade att användas i framställning av fiskmjöl.

A large part of Denmark's fishing rights concern catches used for fish meal.

8976 ämbetsman

nn

official

Under ett av mina många besök i de arabiska länderna frågade en högre islamisk ämbetsman mig hur muslimer lever i Europa.

On one of my many visits to Arab countries, I was asked by a senior Islamic dignitary how Muslims live in Europe.

8977 avseende

nn

respect|reference

Det skall i detta avseende påpekas att det anges i femte skälet i direktivet att medlemsstaterna också förblir fria att fastställa procedurregler för registrering, till exempel att bestämma sättet för registreringen.

In that regard, it should be noted that the fifth recital in the preamble to the directive states that Member States remain free to fix the provisions of procedure concerning the registration of trade marks, in order, for example, to determine the form of registration procedures.

8978 milstolpe

milestone

nn

Att återuppliva institutionsbyggandet som upplevt en viktig milstolpe vid anordnandet av valet nyligen.

To reinvigorate the institution–building process in Palestine, which has seen an important milestone in the recent elections.

8979 vederbörande — **the person concerned; concerned**

nn; adj

Detta skulle bland annat vara fallet när handelsagenten – oberoende av den ersättning som vederbörande har rätt till enligt agenturavtalet i egentlig mening och som han eller hon erhållit för att ha skaffat nya kunder eller för att ha konsoliderat huvudmannens befintliga kundunderlag samt för att kompensera för förlusten av framtida intäkter till följd av att kunder förloras – anser sig ha lidit en specifik skada som sammanfaller med att avtalets brutits.

This ought in particular to be the case when the commercial agent considers that, irrespective of the remuneration he has received for expanding or consolidating the principal's existing customer base and for the loss of future earnings consequent upon the loss of those customers, to which he is entitled under the agency contract itself, he has suffered particular damage at the same time as that resulting from termination of the contract.

8980 trassla — **make a fuss**

vb

Den avgörande frågan för mig är dock hur dessa länder kommer att gå med i Europeiska unionen 2007, om de på något vis kommer att trassla sig eller slinka igenom, eller om de kommer att tillträda med uppburna huvuden och kunna ge sitt samtycke med rent samvete.

The crucial thing for me, however, is how these countries will enter the European Union in 2007, whether they will somehow muddle through or slip in, or whether they will come in with their heads held high and we will be able to agree with a clear conscience.

8981 arsenik — **arsenic**

nn

Men i de fall de behöriga myndigheterna begär en analys av halten av oorganisk arsenik finns det ett gränsvärde fastställt för oorganisk arsenik i den bilagan.

But for cases in which the competent authorities request an analysis of the content of inorganic arsenic, that Annex sets out a maximum level for inorganic arsenic.

8982 förbehåll — **reservation**

nn

Detta övervägande förklarar de förbehåll som gjorts i skälen 72, 85 och 126 i det angripna beslutet.

That explains the reservations expressed at recitals 72, 85 and 126 in the preamble to the contested decision.

8983 synsätt — **approach**

nn

Domstolen ändrade emellertid detta synsätt år 1993.

However, the Court broke with that approach in 1993.

8984 anlägga — **build | found**

vb

I en skrivelse till industristyrelsen i Larisa tillkännager näringsministeriet att det enligt artikel 4 är förbjudet att anlägga stenbrott inom två kilometers radie från områden som klassats som arkeologiska platser eller skyddszoner och att det därför inte är tillåtet att anlägga stenbrott i områden som ingår i nätverket Natura 2000.

the Ministry of Development delivered an opinion to the Directorate for Industry in Larissa stating that Article 4 prohibits the establishment of quarries within a two–kilometre radius of designated archaeological sites or protected areas and that, therefore, it is not possible to set up a quarry within an area forming part of the Natura 2000 network.

8985	**livsmedel**	**food | provisions**
	nn	Därför bör det fastställas allmänna principer som gäller samtliga påståenden om livsmedel, i syfte att säkerställa en hög konsumentskyddsnivå och ge konsumenterna tillräckligt med information för att de skall kunna göra sina val med fullständig tillgång till alla fakta samt för att skapa likvärdiga konkurrensvillkor för livsmedelsindustrin.
		Therefore, general principles applicable to all claims made on foods should be established in order to ensure a high level of consumer protection, give the consumer the necessary information to make choices in full knowledge of the facts, as well as creating equal conditions of competition for the food industry.

8986	**allteftersom**	**as**
	conj	Finansieringslikviditet handlar om förmågan att finansiera ökade tillgångar och uppfylla betalningskrav allteftersom de uppstår.
		The funding liquidity risk relates to the ability to fund increases in assets and meet obligations as they become due.

8987	**barr**	**needle; parallel bars**
	nn; adj	Hos en fjärdedel av träden konstaterades en avsevärd förlust av blad eller barr.
		A quarter of trees were found to have lost a considerable proportion of their needles or leaves.

8988	**hållare**	**holder**
	nn	Ett prov hålls horisontellt i en U–formad hållare och utsätts för en definierad låga under 15 s i en förbränningskammare, varvid lågan påverkar provets fria ände.
		A sample is held horizontally in a U–shaped holder and is exposed to the action of a defined flame for 15 seconds in a combustion chamber, the flame acting on the free end of the sample.

8989	**oumbärlig**	**indispensable**
	adj	Den globala teleinfrastrukturen är oumbärlig för att säkerställa det flöde av information som stödjer driften av många industrier och tjänster, liksom Internet–, röst–, data–, fax– och andra teletjänster.
		The global telecommunications infrastructure as a whole is critical in assuring the flow of information to support the operation of many industries and services, as well as for the Internet, voice, data, fax, and other telecommunication services.

8990	**skafferi**	**pantry**
	nn	Alldeles som man kan ha matvaror i ett skafferi i sitt hem, så finns det ett överflöd av mat i jordens "skafferi".
		Just as food may be stored in a home, there is plenty in earth's pantry.

8991	**tidlös**	**timeless**
	adj	Det rör sig endast om allmänna kommentarer och min enda kritik är att förklaringen är tidlös.
		It contained general statements. My only criticism is that it is a timeless speech.

8992	**envar**	**everybody**
	prn	Jag säger detta för att det skall stå klart för alla och envar.
		I am saying this so it will be clear in everybody's mind.

8993	**lungsot**	**consumption**
	nn	Inget är någonsin sagt om en 14 årig skoputsare på Londons gator, som dog av lungsot.

Nothing is ever said about a 14 year-old bootblack in the streets of London who died of consumption.

8994	**gemål**	**consort**
	nn	Jupiters syster och gemål, Juno, som förknippades med månen, sades bevaka alla sidor av kvinnors liv.

Jupiter's sister and consort, Juno, who was associated with the moon, was said to watch over all aspects of the lives of women.

8995 högfärdig — **proud**

adj

Och de känner igen en högfärdig skunk när de luktar en.

And they recognise a high– toned skunk when they smell one.

8996 tillverkning — **manufacturing**

nn

Den förväntade ökningen av priserna för rostfritt stål gjorde det möjligt för gemenskapsindustrin att uppnå högre priser för den likadana produkten genom att de i sin tillverkning tillfälligt använde lager av relativt billigt rostfritt stål som anskaffats före den spekulativa prisökningen.

The anticipated increase of stainless steel prices, enabled the Community industry to achieve higher prices for the like product, by using temporarily in their production stocks of comparatively cheap stainless steel procured before the speculative increase in price.

8997 almanacka — **almanac**

nn

Jims hjärna ägnar sig åt att memorera almanackan.

Now, Jim's brain is memorizing the almanac.

8998 väte — **hydrogen**

nn

Det står klart att det är värt att stödja väte när det gäller beskattningsfrågor.

It is obviously worth supporting hydrogen in matters of taxation.

8999 formera — **form**

vb

Jag tror att vi återigen har anledning att fundera över om inte parlamentets partier inte bara skall se sig som europeiska partier, utan även formera och organisera sig som sådana, om en europeisk rösträtt skall få någon betydelse.

I believe that here too there are reasons for thinking that the parties present in this House must not just see themselves as European groups but should also align and organize themselves as such, if there is to be any point in having European electoral rights.

9000 midsommar — **midsummer**

nn

Ha en rolig semester och midsommar, Arvo!

Arvo, have a nice Midsummer and summer vacation!

9001 utrusta — **equip | provide**

vb

Utrusta aktörerna med lämpliga planer för att utrota självsådda rapsplantor som skulle kunna vara MON raps.

Provide operators with appropriate plans for eradicating volunteer oilseed rape plants that include MON oilseed rape.

9002 bieffekt — **side effect**

nn

Detta skulle kunna beskrivas som en välkommen bieffekt av inträdeshindren på vår marknad.

This could be described as a welcome side-effect of the entry hurdles to our market.

9003 tårögd — **with tears in one's eyes**

adj

Jag vet att du är blind, för om du hade sett tuttarna hade du blivit tårögd.

179

I know you're blind, because if you'd seen those tits you'd have tears in your eyes.

| 9004 | monolog | monologue |

nn

För att meddela oss med och förstå varandra måste vi ha en dialog, inte en monolog.

To communicate and understand one another, we need a dialogue, not a monologue.

9005 longitud longitude

nn

Om förbud mot fiske efter blåfenad tonfisk i Atlanten, öster om longitud ·° V, och i Medelhavet med fartyg som för portugisisk flagg.

establishing a prohibition of fishing for bluefin tuna in Atlantic Ocean, east of ·° W, and Mediterranean by vessels flying the flag of Portugal.

9006 helomvändning turnabout

nn

Kan kommissionen förklara vad denna helomvändning beror på, vilken dessutom kan försvaga vår ställning i förhandlingarna i Världshandelsorganisationen (WTO) om att skydda våra geografiska ursprungsbeteckningar?

Why has the Commission made this 180° turn, which could well weaken our position in the WTO negotiations to safeguard our geographical appellations?

9007 tändning ignition

nn

När tändningen varit avstängd i mer än 30 minuter och sedan slås på, ska en kortfristigt avaktiverad bältespåminnare aktiveras igen.

When the ignition is switched off for more than 30 minutes and switched on again, a short-term deactivated safety-belt reminder must reactivate.

9008 betänklighet misgiving|doubt

nn

Detta slags betänklighet kan uppstå i synnerhet om de tröskelvärden för marknadsandelar som anges i punkt 34 i dessa riktlinjer överskrids och om den leverantör som tillämpar denna slags begränsning har en ställning på den relevanta marknaden som gör det möjligt för denne att på ett betydande sätt bidra till den allmänna avskärmningseffekten.

This type of concern could arise in particular if the market share thresholds indicated in paragraph 34 of these Guidelines are exceeded and if the supplier applying this type of restraint has a position on the relevant market that enables it to contribute significantly to the overall foreclosure effect.

9009 dirigera direct

vb

Kommissionen har inte påstått att de amerikanska tillverkarna skulle sluta att exportera till Kanada och dirigera om denna försäljning till unionen.

The Commission did not claim that US producers would stop exporting to Canada and re–route those sales to the Union.

9010 jänta wench

vb

vad var det för jänta?

Who is this sucker?

9011 stärkande invigorating; consolidation

adj; nn

Associeringsavtalet syftar till att främja ett fortlöpande och väl avvägt stärkande av de ekonomiska och handelsmässiga förbindelserna mellan Republiken Turkiet och unionen.

The aim of the Association Agreement is to promote the continuous and balanced strengthening of trade and economic relations between the Republic of Turkey and the European Union.

9012 dementi retraction

nn

I brist på bevis på något krav från sökandens sida vad avser grossisternas export av levererade Adalatförpackningar kan det förhållandet att de vidtagit åtgärder för att få ytterligare kvantiteter endast tolkas som en dementi av deras påstådda samtycke.

In the absence of evidence of any requirement on the part of the applicant as to the conduct of the wholesalers concerning exports of the packets of Adalat supplied, the fact that they adopted measures to obtain extra quantities can be construed only as a negation of their alleged acquiescence.

9013 matematiskt

mathematically

adv

Mätaravläsningen av den högsta ljudnivån under denna driftperiod, matematiskt avrundad till en decimal, ska tas som provningsvärde.

The maximum sound level meter reading during this period of operation, mathematically rounded to the first decimal place, shall be taken as the test value.

9014 muntlig

oral

adj

En muntlig fråga till kommissionen från Monika Hohlmeier och Simon Busuttil för Europeiska folkpartiets grupp (kristdemokrater), om överföring av information om kostnaderna för att behandla ansökningar från asylsökanden i medlemsstaterna.

The oral question to the Commission, by Mrs Monika Hohlmeier and Mr Simon Busuttil, on behalf of the Group of the European People's Party (Christian Democrats), on the transmission of information on the cost of examining asylum seekers' applications in the Member States.

9015 absorbera

absorb

vb

Förstärkningar av kreditkvalitet eller stöd inkluderar hänsyn till den finansiella situationen för garanten och/eller, för räntor emitterade i värdepapperiseringar, huruvida underställda räntor förväntas kunna absorbera förväntade kreditförluster (till exempel för de lån som ligger till grund för säkerheten).

Credit quality enhancements or support include the consideration of the financial condition of the guarantor and/or, for interests issued in securitisations, whether subordinated interests are expected to be capable of absorbing expected credit losses (for example, on the loans underlying the security).

9016 sympatisera

sympathize

vb

När det gäller Jacksons synpunkter om ändringsförslag nr 5 - redogörelsen om enhetlig prissättning rörande antikviteter - kan kommissionen sympatisera med Jacksons iakttagelser.

Insofar as Mrs Jackson's point on Amendment No 5 is concerned - the recital on unit pricing for antiques - the Commission can empathise with Mrs Jackson's observation.

9017 moms

value-added tax

nn

Spanien har i sina kommentarer förklarat att sänkningen av procenttalet för att fastställa kvartalsavgifterna för moms inom det förenklade systemet inte påverkar de index genom vilka avgifterna bestäms.

Spain has explained in its comments that the reduction in the percentages used for calculating quarterly VAT payments under the simplified arrangements does not affect the indices used to determine the payments.

9018 avel

breeding

nn

Det ska vara tillåtet att transportera svin som är avsedda för avel eller produktion till medlemsstater eller regioner i medlemsstater som är fria från Aujeszkys sjukdom enligt förteckningen i bilaga I från andra medlemsstater eller regioner som inte finns upptagna i bilagan på följande villkor:

The dispatching of pigs intended for breeding or production destined for the Member States or regions free of Aujeszky's disease listed in Annex I and coming from any other Member State or region not listed in that Annex is authorised subject to the following conditions:

9019	**överflödigt**	**copiously; superfluos**
	adv	

De urvalskriterier som Coto Moreno angav är dessutom så självklara att det var överflödigt att motivera eller rättfärdiga valet av dem.

Moreover, the selection criteria given by the applicant are so clear that reasons or justification for choosing them were superfluous.

9020	**glädjande**	**gratifying**
	adj	

De största framstegen har glädjande nog gjorts när det gäller de små och medelstora företagen: bättre förutsättningar för nya företag och avskaffande av administrativa hinder.

I am pleased to say that the most gratifying progress has been with small and medium–sized companies, which are now working in an improved environment for new start–ups, as various administrative burdens have been lifted.

9021	**reflektera**	**reflect**
	vb	

Konventet borde reflektera över detta.

The Convention should reflect upon these issues.

9022	**löständer**	**dentures**
	nn	

Material för användning vid utformning av konstgjorda tänder, löständer, stift för tänder, tandimplantat, tandkronor, proteser och protesimplantat.

Dental impression materials, dentures, pins for artificial teeth, dental implants, dental crowns, prostheses and implant prostheses.

9023	**fakultet**	**faculty**
	nn	

För närmare information kontakta utbytesansvariga på respektive fakultet.

For further information contact the exchange student office at your respective faculty.

9024	**egoist**	**egoist**
	nn	

Vår bästa vän dejtar en egoist.

Our best friend is dating an egoist.

9025	**ankomsttid**	**time of arrival**
	nn	

Restid: skillnaden mellan tidtabellsenlig avgångs– och ankomsttid.

'Elapsed journey time' means the time difference between scheduled departure and arrival time.

9026	**famla**	**grope**
	vb	

Forskning är att famla i mörkret, utforska ett okänt landskap, samla och sortera uppgifter, finna nya ledtrådar, leta efter sammanhang och mönster, känna igen nya samband, utveckla matematiska modeller, utarbeta nödvändiga koncept och symboler, utveckla och konstruera ny utrustning och finna enkla lösningar och harmoni.

Research is groping in the mist, hunches, surveying an unknown landscape, collecting and collating data, finding new signs, tracing underlying connections and patterns, recognising new correlations, developing mathematical models, developing the necessary concepts and symbols, developing and building new equipment, searching for simple solutions and harmony.

9027	**problematisk**	**problematic**

adj

En sådan anmälningsskyldighet förefaller framför allt problematisk när en exponering kan uteslutas, men även när det gäller varor som levereras i särskilt små kvantiteter.

Such a duty of examination appears problematical above all where exposure can be excluded, but also in the case of particularly small quantities of supplied articles.

9028 adresserad   **addressed**

adj

Postförsändelse: en adresserad försändelse i den slutliga utformning som den skall överlämnas i, oavsett vikt.

postal item: means an item addressed in the final form in which it is to be carried, irrespective of weight.

9029 undersökande   **investigative; surveying**

adj; nn

I fallet med sockermajs hänvisades det till de relevanta WTO–bestämmelserna, som enligt överprövningsorganet innebar att när de undersökande myndigheterna granskar en viss del av en inhemsk industri, bör de i princip, på motsvarande sätt, granska alla andra delar av den industrin, liksom industrin i sin helhet.

In the sweetcorn case a reference was made to the relevant WTO provisions that pursuant to the Appellate Body where investigating authorities undertake an examination of one part of a domestic industry, they should, in principle, examine, in like manner, all of the other parts that make up that industry, as well as examine the industry as a whole.

9030 upprepning   **repetition**

nn

För att öka tillgången till information om användning av läkemedel vid behandling av barn och för att undvika onödig upprepning av sådana studier på barnpopulationen som inte tillför någonting till den samlade kunskapen, bör den europeiska databas som föreskrivs i artikel 1 innehålla ett europeiskt register över kliniska prövningar av läkemedel för pediatrisk användning, som omfattar alla pågående, i förtid avslutade och slutförda pediatriska studier, både i gemenskapen och i tredjeländer.

In order to increase the availability of information on the use of medicinal products in the paediatric population, and to avoid unnecessary repetition of studies in the paediatric population which do not add to the collective knowledge, the European database provided for in Article 1 should include a European register of clinical trials of medicinal products for paediatric use comprising all ongoing, prematurely terminated, and completed paediatric studies conducted both in the Community and in third countries.

9031 anspråkslös   **unassuming**

adj

En anspråkslös man.

A man of humble origin.

9032 barnunge   **babe**

nn

”Jag kände mig som en barnunge när jag var tvungen att avbryta kvällen för alla andra bara för att någon skulle följa mig hem”, påminner sig Andrea, som nu är 21 år.

“I felt like such a baby having to interrupt everyone else's evening so that someone could bring me home early,” recalls Andrea, now 21.

9033 urna   **urn**

nn

Vi letar efter en urna.

We are shopping for an urn.

9034 planka   **plank; crash**

nn; vb

Stel som en planka framför kameran.

Stiff as a board in front of the camera.

9035	**protestant** *nn*	**protestant** Jag hade aldrig träffat en protestant förr. *Because I had never met a Protestant.*

9036	**improviserad** *adj*	**improvised** Vad vi däremot inte kan göra är att hoppa över den normala handläggningsgången och ersätta utskottets betänkande, med ändringsförslag och därtill hörande debatt, med en improviserad debatt nu där varje politisk grupp har tre minuter. *What we cannot do is depart from normal procedure and replace the committee's report, any amendments and the ensuing debate with an improvised debate held here and now, in which each of the political groups would be allowed three minutes.*

9037	**nakenhet** *nn*	**nakedness** Alla som ärade henne behandlar henne nu med förakt, ty de har sett hennes nakenhet. *All who were honoring her have treated her as something cheap, for they have seen her nakedness.*

9038	**personalavdelning** *nn*	**personnel department** Det var inte alla arbetstagare i bolaget eller i driftsställena som hade tillgång till arbetstidsregistret. Det var dessutom endast den person som hade dataåtkomst, nämligen Wortens regionansvarige, som hade tillgång till registret. Eftersom denna person var frånvarande under inspektionen kunde uppgifterna i registret endast erhållas från Wortens centrala personalavdelning. *Not only was the record of working time not accessible to any worker of the undertaking or of the establishment where they carried out their duties, but it could also be consulted only by the person who had computerised access to it, namely the regional manager of Worten, who was not present at the time of the inspection; in such a case, only Worten's central human resources department could provide the data in that register.*

9039	**upplysande** *adj*	**informative** För att en framställning skall vara upplysande behöver man inte alltid ha något nytt att säga. *Being informative does not always mean having something new to say.*

9040	**lufttryck** *nn*	**air-pressure** Högst 1000 m.ö.h. (eller motsvarande lufttryck på 90 kPa). *An altitude not exceeding 1 000 metres (or equivalent atmospheric pressure of 90 kPa),*

9041	**femåring** *nn*	**child of five** Du behöver inte vara rädd för sånt du var rädd för som femåring. *You don't need to be afraid of the things you were afraid of when you were five.*

9042	**hemlighetsmakeri** *nn*	**mystery making** Men varför detta hemlighetsmakeri? *The question is why, why all this mask and mystery?*

9043	**avspänd** *adj*	**relaxed** Tidigare visumskandaler visar naturligtvis vilken avspänd strategi vissa stater tillämpar när det gäller att utfärda visum. *Past visa scandals, of course, show how relaxed an approach some states take to the issuing of visas.*

9044	**berättiga**	**justify	qualify**

vb

Det kommer att berättiga dessa regioner en maximal mängd regional–, jordbruks–, fiskeri–, sociala och sammanhållningsfonder efter 1999.

This will entitle such regions to the maximum amount of European regional, agricultural, fisheries, social and cohesion funds post–1999.

9045	**synkronisera**	**synchronize**

vb

Godkännande kan beviljas för kortare perioder då avsikten är att synkronisera förnyade bedömningar av likartade produkter för att på så sätt kunna göra en jämförande bedömning av produkter som innehåller ämnen som kan bytas ut i enlighet med artikel 2.

Authorisations may be granted for shorter periods to synchronise the re–evaluation of similar products for the purposes of a comparative assessment of products containing candidates for substitution as provided for in Article 2.

9046	**tillsätta**	**appoint**

vb

Ändringen gör att producenterna får tillsätta ett mindre antal pärlhöns i flockarna för att de ska skrämma bort rovfåglar genom sitt beteende.

The amendment allows producers to include a small number of guinea fowl in the consignments so that they can scare off predators with their behaviour.

9047	**lidelse**	**fire	passion**

nn

Jag tänkte bara att för mig hade det nog inte varit möjligt att bara ta emot pengar fran nan och sen latsas känna lidelse.

I was just thinking that, for me, I just don't think it would be possible,.. for me to just take money from someone and then pretend to feel passion.

9048	**dröjsmål**	**delay**

nn

I ett sådant fall ska kommissionen upphäva akten utan dröjsmål efter det att Europaparlamentet eller rådet har delgett den sitt beslut om invändning."

In such a case, the Commission shall repeal the act without delay following the notification of the decision to object by the European Parliament or by the Council.".

9049	**mellersta**	**middle**

adj

I detta fall är råvaran durumvete om det mellersta bandet har starkare färg än det övre bandet.

In this case, the raw material used is durum wheat if the middle band is brighter than the upper band.

9050	**nedslag**	**impact**

nn

Till yttermera visso tillåter lagen regeringsspioner att placera kameror och mikrofoner i privata hem och installera "keylogger"–software för att i realtid spela in nedslag på tangentbord på de datorer man är intresserad av.

Moreover, the law allows government spies to place cameras and microphones in private homes and install "keylogger" software to record real–time key strokes on targeted computers.

9051	**praktfull**	**magnificent**

adj

APOSTELN JOHANNES fick se en syn av en praktfull tron i himlen.

THE apostle John had a vision of a glorious throne in heaven.

9052	**trådlös**	**wireless**

adj

Ansluten teleutrustning – Mobil och trådlös kommunikation.

Connected telecommunications – Mobile and wireless communications.

9053	**kalk**	**lime**

| | *nn* | Anläggningar för produktion av cementklinker i roterugn med en produktionskapacitet som överstiger 500 ton per dag, eller av kalk i roterugn med en produktionskapacitet som överstiger 50 ton per dag eller i andra typer av ugnar med en produktionskapacitet som överstiger 50 ton per dag. |

Installations for the production of cement clinker in rotary kilns with a production capacity exceeding 500 tonnes per day or lime in rotary kilns with a production capacity exceeding 50 tonnes per day or in other furnaces with a production capacity exceeding 50 tonnes per day.

9054 tegel — **tile**

nn

Wienerberger: Tillverkning av tegel och takpannor av lera med produktionsanläggningar i 27 länder.
Wienerberger: producer of bricks and clay roof tiles with production facilities in 27 countries.

9055 avdelningschef — **department chef**

nn

Var några avdelningschefer från kommittén också närvarande?
Were there any department heads from... the Committee who were also present?

9056 hölje — **cover|case**

nn

För att nämna några exempel: det behövs pengar för att reparera det hölje som har byggts runt om den exploderade reaktorn.
To quote a few examples: funding is needed to repair the casing built around the exploded reactor as it is deemed unsafe.

9057 reservat — **reserve|sanctuary**

nn

I september 2009 tvingade han safariarrangörer att avstå sina andelar i rancher och reservat.
In September 2009 forced for safari operators to give up shares in ranches and conservancies.

9058 konfetti — **confetti**

nn

Och det fin ns ingen konfetti.
And there's no confetti.

9059 referera — **commentate**

vb

Rapporten skall referera till den nationella handlingsplanen för sysselsättning.
The report shall refer to the national action plan on employment.

9060 afrikan — **African**

nn

Stackars lilla afrikan!
Aw, poor African boy!

9061 geologisk — **geological**

adj

En lagringsanläggning som är godkänd enligt direktiv 2009/31/EG för långsiktig geologisk lagring.
A storage site permitted under Directive 2009/31/EC for the purpose of long–term geological storage.

9062 paradox — **paradox**

nn

Keynes kallade det för "sparsamhetens paradox".
Keynes called this the "paradox of thrift".

9063 möjliggöra — **make possible**

vb

Av de olika alternativ för uppgiftsinsamling som övervägdes i konsekvensbedömningen inom den temainriktade strategin för hållbar användning av bekämpningsmedel förordades obligatorisk uppgiftsinsamling som det bästa alternativet, eftersom det skulle möjliggöra en snabb och kostnadseffektiv framtagning av precisa och tillförlitliga uppgifter om utsläppande på marknaden och användning av växtskyddsmedel.

Among the different data collection options evaluated in the impact assessment of the Thematic Strategy on the Sustainable Use of Pesticides, mandatory data collection was recommended as the best option because it would allow the development of accurate and reliable data on the placing on the market and use of plant protection products quickly and cost–efficiently.

9064	**hastig**	**hasty**
	adj	Mördaren, som till din förvåning blev frisläppt efter en hastig rättegång
		Vengeance against the killer who to your surprise and dismay...... was set free after a hasty trial
9065	**skrota**	**scrap|dismantle**
	vb	Vi har inte råd att göra dem besvikna genom att skrota ett framgångsrikt program och redan i förväg beröva mottagarna möjligheterna till en utvecklande växelverkan.
		We cannot afford to disappoint them by scrapping a successful programme and, in advance, depriving subsidy–providers of the opportunity for instructive interaction.
9066	**parodi**	**parody**
	nn	Att omgruppera några tusen soldater i Bekaadalen, 30 km från Beirut, är inte något tillbakadragande och liknar enbart en parodi.
		Repositioning a few thousand soldiers in the Bekaa valley, 30 kilometres from Beirut, is not a withdrawal and merely looks like a charade.
9067	**resenär**	**traveler**
	nn	En resenär som reser lagligen och som antingen förlorar eller blir bestulen på en resehandling måste gå igenom ett komplicerat förfarande för att få nya resehandlingar.
		If travel documents are lost or stolen, bona fide travellers must complete a complicated process to acquire new travel documents.
9068	**genetik**	**genetics**
	nn	Kommissionen stöder också projekt om juverinflammationens genetik och mjölkproduktion.
		It also supports projects on the genetics of mastitis and milk production.
9069	**upptäcktsresande**	**explorer**
	nn	Kilimanjaro ligger i närheten av ekvatorn, och den eviga snön och isen på toppen förbryllade europeiska geografer och upptäcktsresande för 150 år sedan.
		The perpetual presence of snow and ice on Kilimanjaro, which lies near the equator, intrigued European geographers and explorers 150 years ago.
9070	**litium**	**lithium**
	nn	Reversibla ökningar av serum–litiumkoncentration och toxicitet har rapporterats vid samtidig användning av litium med angiotensin converting enzyme hämmare.
		Rreversible increases in serum lithium concentrations and toxicity have been reported during concomitant administration of lithium with angiotensin converting enzyme inhibitors.
9071	**östeuropa**	**Eastern Europe**
	nn	När det gäller programmen för utbildning, yrkesutbildning och ungdomsfrågor deltog alla länder i Central– och Östeuropa under 1999 i

den första etappen av programmen Leonardo da Vinci, Sokrates och Ungdom för Europa.

In the case of the education, training and youth programmes, all the CEECs have been participating in 1999 in the first phase of the Leonardo da Vinci and of the Socrates programmes, and in the Youth for Europe programme.

9072	**bända**	**pry**
	vb	Kan de inte bända upp dörrarna?
		Can't they just pry the doors open?

9073	**kungafamilj**	**royal family**
	nn	Regenter och andra högt uppsatta medlemmar av en kungafamilj, när de inbjudits av medlemsstaternas regeringar eller internationella organisationer för ett officiellt ändamål.
		Sovereigns and other senior members of a royal family, when they are invited by Member States' governments or by international organisations for an official purpose.

9074	**gudagåva**	**godsend**
	nn	Det är nämligen inte bra för en demokrati att ha en gud som president, för det var och är Mandela: en gudagåva.
		It is not good for a democracy to have a god as President, and Mandela was and remains a godsend.

9075	**frispark**	**free hit**
	nn	Det är frispark. Ta den!
		it's a free kick, now take it!

9076	**tuffing**	**tough guy**
	nn	Hur känns det, tuffing?
		How do you feel, tough guy?

9077	**slinga**	**loop|trail**
	nn	Det säkerställs att ett fel (t.ex. strömavbrott, kortslutning, jordningsfel) som inträffar i en slinga inte sätter hela slingan ur funktion.
		Means are provided to ensure that any fault (e.g. power break, short circuit, earth) occurring in the loop will not render the whole loop ineffective.

9078	**rutt**	**route|lane**
	nn	Lufttrafikföretaget redan har tillstånd att bedriva luftfart enligt ett bilateralt avtal mellan Nya Zeeland och en annan medlemsstat, och Nya Zeeland kan visa att lufttrafikföretaget – genom att utöva trafikrättigheter enligt det här avtalet på en rutt där en ort i den andra medlemsstaten ingår – skulle kringgå bestämmelser om begränsningar av trafikrättigheter i det andra avtalet.
		The air carrier is already authorised to operate under a bilateral agreement between New Zealand and another Member State and New Zealand can demonstrate that, by exercising traffic rights under this Agreement on a route that includes a point in that other Member State, it would be circumventing restrictions on the traffic rights imposed by that other agreement.

9079	**kapitalism**	**capitalism**
	nn	Enligt villkoren i denna text kommer en allt aggressivare kapitalism att befästas, samhället kommer att struktureras enligt nyliberala riktlinjer, allt kommer att kommersialiseras och människorna kommer att bli allt mindre värda.

Under the terms of this text, an increasingly aggressive form of capitalism will become entrenched, society will be structured along neoliberal lines, everything will be commercialised and people will become increasingly devalued.

| 9080 | **uppehållstillstånd** | **residence permit** |

nn

I punkt 10 krävs att procedurerna för att bevilja uppehållstillstånd ska förenklas.

Paragraph 10 calls for the procedures for granting a residence permit to be simplified.

| 9081 | **matador** | **matador** |

nn

I beslut av den 4 februari 2004 har Conseil d'État vänt sig till EG-domstolen för att få klarhet i huruvida direktiven 70/458 och 92/33 endast möjliggör registrering i den gemensamma sortlistan av varieteter av schalottenlök som förökats vegetativt utan utsäde eller om sorterna matador och ambition kan registreras under den rubrik som avser denna grönsak.

By order of 4 February 2004, the Conseil d'État asked the Court of Justice to clarify whether Directives 70/458 and 92/33 permit only varieties of shallot reproduced by vegetative propagation, without seed, to be included in the common catalogue, and to determine whether the 'Matador' and 'Ambition' varieties may be listed under the heading reserved for shallots.

| 9082 | **poliskonstapel** | **policeman** |

nn

Det är en poliskonstapel här.

There is a police officer here.

| 9083 | **arbetskamrat** | **workmate** |

nn

En arbetskamrat uppmuntrade mig verkligen, när han sade: "Vi hade inte väntat oss något annat när det gäller dig, Reg, eftersom du varit så engagerad i det där bibliska arbetet under så många år."

A colleague greatly encouraged me when he said: "We would not expect anything else of you, Reg, since you have been engaged in that Bible work for so many years."

| 9084 | **bildäck** | **car deck** |

nn

Däck, Innerslangar för fordonsdäck, Ytterskydd för luftringar, Däckreparationslappar, Slitbanor för regummering av däck, Ringar för regummering av däck, Bildäck (däck), Cykeldäck, Cykeldäck, Innerslangar för pneumatiska däck, Självhäftande reparationslappar av gummi för innerslangar, Slitbanor för regummering av däck, Dobbar för däck, Halkskyddsdubbar för fordon, Däckreparationslappar, Reparationssatser för innerslangar.

Tires, inner tubes for pneumatic tires (tyres), casings for pneumatic tires (tyres), tire repair patches, treads for retreading tires, rings for retreading tires, automobile tires (tyres), bicycle tires (tyres), cycle tires (tyres), inner tubes, adhesive rubber patches for repairing inner tubes, tread used to retread tires, spikes for tires (tyres), anti–skid studs for vehicle, tire repair seals, repair outfits for inner tubes.

| 9085 | **kupong** | **coupon** |

nn

Detta inbegriper men är inte begränsat till situationer då vi tagit emot klagomål från en kund om din kupong eller efterlevnad av erbjudandena i kupongtexten.

This includes, but is not limited to, a response to customer complaints about your coupon or fulfillment thereof.

| 9086 | **regnskog** | **rainforest** |

nn	Låt oss garantera att vi med hjälp av detta får en kulturell regnskog, för att citera vår stora författare Maureen Duffy.
	Let us ensure that out of this we have a cultural rainforest, in the words of our great author Maureen Duffy.

9087 fetma

vb; nn

fatten; fatness

"Men de är ändå smalare än amerikaner och drabbas betydligt mer sällan av fetma.

"Yet they are leaner than Americans and far less likely to be obese.

9088 reva

vb; nn

reef; tear

En ny reva måste ha uppstått.

A new rift may have occurred.

9089 infrastruktur

nn

infrastructure

EESK framhåller att energipolitiska åtgärder som vidtas inom EU kraftigt kan minska beroendet av energi utifrån och förbättra energiförsörjningstryggheten, särskilt vad gäller energieffektivitet, en diversifierad energimix, tillräckliga investeringar i infrastruktur samt krismotverkande åtgärder som t.ex. tidig varning, informationsutbyte och lagerhållning/energibyte.

The EESC underlines that internal energy policy measures can decisively decrease external energy dependence and increase security of supply, in particular energy efficiency, a diversified energy mix, sufficient investments in infrastructure as well as crisis averting measures like early warning, information sharing and stockpiling/substitution.

9090 jylland

nn

Jutland

Vestjysk Bank är för närvarande den tionde största banken i Danmark med sin viktigaste regionala närvaro på Jylland och Fyn.

Vestjysk bank is currently the tenth largest bank in Denmark with its main regional presence in Jutland and Funen.

9091 bandy

nn

bandy

Den största skillnaden mellan bandy och innebandy är att bandy spelas på is.

The biggest difference between bandy and floorball is that bandy is played on ice.

9092 startbana

nn

runway

Beteckning för landningsbana och beteckning för startbana, om tillgängliga.

Arrival and departure runway designator, where available.

9093 iakttagelse

nn

observation

Min första iakttagelse är att vi har ett institutionellt problem.

First observation: we have an institutional problem.

9094 simning

nn

swimming

De kommer att vara europeiska skolmästare i friidrott, fotboll och basket, kampsport eller simning.

They will be European school champions in athletics, football and basketball, martial arts or swimming.

9095 våldsamhet

nn

violence

Detta är ett medgivande som bekräftar alla våra onda aningar och som gör det än angelägnare att parlamentet tar ställning i frågan och samtidigt kräver att man kastar ljus över andra fall där journalister försvunnit i den tjetjenska konflikten och att man garanterar rätten till information i samband med en konflikt som har nått oacceptabla nivåer vad gäller våldsamhet.

This is an admission that confirms all our concerns and makes Parliament's position on the case all the more appropriate, as it calls for a concurrent explanation of other cases of journalists who have disappeared in the Chechen region during the conflict and the safeguarding of media coverage of a conflict that has reached unacceptable levels of violence.

9096	**oförändrad**	**unchanged ǀ unmodified**
	adj	Det framgår av IDC:s prognoser att Microsofts andel av marknaden för operativsystem för arbetsgruppsservrar som används på sådana servrar som kostar mindre än 25 000 USD, under perioden 2003–2008 nästan kommer att förbli oförändrad, medan Linux marknadsandel kommer att fördubblas.
		IDC's projections indicate that over the period 2003 to 2008 Microsoft's share of the market for work group server operating systems used on servers costing under USD 25 000 will remain virtually stable, whereas Linux's share will double.
9097	**informell**	**informal**
	adj	IPPC–expertgruppen är en informell grupp som ursprungligen bildades för att främja diskussioner mellan medlemsstaterna och kommissionen om vissa oklarheter som måste redas ut innan direktivet överfördes i nationell lagstiftning.
		The IPPC Experts Group is an informal group that was originally created to further discussions between Member States and the Commission on various ambiguities that needed to be dealt with when the Directive was transposed into national law.
9098	**diktera**	**dictate**
	vb	Europaparlamentet har också genom sin talman Pat Cox gjort klara och tydliga uttalanden om att vi inte kan tillåta USA att diktera lagar i Europa.
		The European Parliament, via its President Pat Cox, made its views clear: 'we cannot let the US dictate law in Europe'.
9099	**siare**	**seer**
	nn	Joseph Smith var det han påstod sig vara, en Guds profet, siare och uppenbarare.
		Joseph Smith was what he professed to be, a prophet of God, a seer and revelator.
9100	**bagare**	**baker**
	nn	Om du vill jobba som bagare i Tyskland, ska du klicka på "Bäcker (DE)".
		If you want to work as a baker in Germany, click on "Bäcker (DE)".
9101	**hårdkokt**	**hard-boiled**
	adj	Du ser ut som en oskyldig frisör, men i själva verket är du en hårdkokt fan.
		You Iook Iike an innocent barber, but reaIIy you're a badass.
9102	**statsman**	**statesman**
	nn	Jag följde med stor uppmärksamhet hans historiska föredrag, även om kritiken mot Mahathir förvånade mig mycket, eftersom professor Rinsche tidigare alltid talade om för oss att Mahathir var Asiens största statsman.
		I have listened to his history lesson most attentively but was somewhat surprised by his criticism of Mr Mahathir, as Professor Rinsche has always taught us that Mr Mahathir was the greatest of all Asian statesmen.
9103	**polka**	**polka**
	nn	Här kommer en polka för min gode vän Frenchy.
		Well, a good polka it is for my good friend Frenchy.

9104	**blåögd**	**blue-eyed**
	adj	Jag sa att du är blåögd.
		I say you have blue eyes.

9105	**rökelse**	**frankincense**
	nn	Rök har visat sig innehålla 4 000 olika ämnen, av vilka 50 är cancerframkallande.

9106	**fyllning**	**filling | stuffing**
	nn	Jag hoppas att det som saknas kommer att fyllas ut för att resultera i en verklig fyllning.
		I hope that these gaps can still be filled, so that we are talking about a real filling.

9107	**världsberömd**	**world-famous**
	adj	Greven betraktades inte längre som en excentriker. Nu var han världsberömd.
		The count was no longer an eccentric; he was a world celebrity.

9108	**verb**	**verb**
	nn	Vetenskap är inte en sak, det är ett verb.
		It's a verb.

9109	**ackord**	**chord | composition**
	nn	En behörig myndighet fattade den 1 juli 2017 beslut om att delvis avskriva fordringarna i och med att skattekontoret godkände det ackord som stödmottagaren föreslog.
		The decision of the competent authority to write off some of its claims was taken on 1 July 2017, when the tax office agreed to the arrangement proposed by the beneficiary

9110	**fördela**	**distribute**
	vb	I enlighet med artikel 1 ska medlemsstaterna vid fördelning av de fiskemöjligheter som är tillgängliga för dem tillämpa transparenta och objektiva kriterier, inbegripet miljömässiga, sociala och ekonomiska kriterier, samt sträva efter att rättvist fördela nationella kvoter mellan olika flottsegment, med hänsyn tagen till traditionellt och icke–industriellt fiske, och att ge incitament till unionsfiskefartyg som använder selektiva fiskeredskap eller miljövänligare fiskemetoder.
		In accordance with Article 1, when allocating the fishing opportunities available to them, Member States shall use transparent and objective criteria, including those of an environmental, social and economic nature, and shall also endeavour to distribute national quotas fairly among the various fleet segments giving consideration to traditional and artisanal fisheries, and to provide incentives to Union fishing vessels deploying selective fishing gear or using fishing techniques with reduced environmental impact.

9111	**chansa**	**chance**
	vb	Jag får väl chansa
		I'll have to take my chances.

9112	**oanmäld**	**unannounced**
	adj	Om kommissionen emellertid klassificerar en oanmäld åtgärd under genomförande som ett "nytt stöd" samt förordnar att ett formellt granskningsförfarande ska inledas med avseende på den ifrågavarande åtgärden ger den i varje fall uttryck för allvarliga tvivel om åtgärdens lagenlighet och dess förenlighet med den inre marknaden.
		None the less, by classifying a measure that is not notified and in the course of implementation as 'new aid', and by ordering the initiation of

the formal investigation procedure in respect thereof, the Commission has at least serious doubts as to the legality of that measure and its compatibility with the internal market.

9113	**ivrigt**	**urgently | eagerly**

adv

Längre ner på gatan stod 16 män och väntade ivrigt på att få prata med bröderna.
Further down the road, a group of 16 men waited eagerly for the brothers.

9114 **droska**   **cab**

nn

Vid slutet av de sex månaderna, förs ni till Buckingham Palace, i en droska, vackert klädd.
At the end of six months, you shall be taken to Buckingham Palace, in a carriage, beautifully dressed,

9115 **motverka**   **counteract**

vb

Vad beträffar den ekonomiska och sociala sammanhållningen har kommissionens förslag lett till att de nu gynnade länderna fruktar att de framgångar de har uppnått när det gäller att motverka deras ekonomiska eftersläpning i förhållande till EU:s mest utvecklade länder och regioner kommer att omintetgöras genom att transfereringsvolymen och solidariteten mellan de nuvarande medlemsländerna minskas.
The Commission's proposals for economic and social cohesion have caused concern among some of the current beneficiaries, who fear that cutting the volume of transfers and support between the existing Member States could threaten the progress already made in closing the gap between their economies and the economies of the most advanced EU countries and regions.

9116 **sammansatt**   **composite**

adj

Odeklarerat arbete är en komplicerad och sammansatt företeelse.
Undeclared work is a complex multi-faceted phenomenon.

9117 **pingla**   **tinkle**

vb

Hon är en pingla.
She's a knockout.

9118 **groll**   **grudge**

nn

Så att inget gammalt groll finns kvar från valet..
If there are any hard feelings over what happened during the primary..

9119 **armbandsur**   **wristwatch**

nn

Nu, de som är över 25, kan ni räcka upp handen om ni har på er ett armbandsur?
Now, those over 25, could you put your hands up if you're wearing your wristwatch?

9120 **inrikesminister**   **minister of the interior**

nn

Ingen inrikesminister i någon medlemsstat skulle kunna säga detsamma i dag.
No Home Secretary in any Member State could say that today.

9121 **otillräcklig**   **insufficient**

adj

Alla åtgärder som vidtagits antingen i gemenskapen eller i Färöarna i fråga om en viss produkt skall beaktas tillsammans när det fastställs om den bearbetning eller behandling som produkten genomgått skall anses vara otillräcklig i den mening som avses i punkt 1.
All operations carried out either in the Community or in the Faroe Islands on a given product shall be considered together when determining whether the working or processing undergone by that product is to be regarded as insufficient within the meaning of paragraph 1.

9122	**nationalitet**	**nationality**
	nn	Detta kommer inte att lösa problemet med diskriminering på grund av nationalitet.
		This would not solve the problem of discrimination on the basis of nationality.
9123	**auktoriserad**	**certified**
	adj	Kontots administratör kan kräva att de handlingar som lämnas åtföljs av en auktoriserad översättning till det språk som den nationella administratören anger.
		The administrator of the account may require that the documents submitted are accompanied with a certified translation into a language specified by the national administrator.
9124	**presenterad**	**presented**
	adj	Utbildningsplanen ska inbegripa en analys av flyg– och teoriundervisningen, presenterad antingen veckovis eller etappvis, en förteckning över standardövningar samt en översikt över kursinnehållet.
		The training programme shall include a breakdown of flight and theoretical knowledge instruction, presented in a week–by–week or phase layout, a list of standard exercises and a syllabus summary.
9125	**kennel**	**kennels**
	nn	Det kan bli 10 år på kennel.
		It looks like ten years in the kennels.
9126	**förkrossande**	**crushing**
	adj	Med andra ord, när allting är rätt i det stora hela och när en förkrossande majoritet av länderna kan tillämpa de administrativa föreskrifterna riktigt, det är i synnerhet då som vi måste ta itu med de länder som inte lyder order, skurkarna.
		In other words, when, on average, everything is correct and when the overwhelming majority of countries are able to apply the administrative regulations appropriately, it is then in particular that we must deal with the countries which do not toe the line, the bad guys.
9127	**ordnad**	**orderly**
	adj	I artikel 21.5 i Europaavtalet föreskrivs att gemenskapen och Tjeckien i associeringsrådet skall undersöka möjligheterna, produkt för produkt och på en ordnad ömsesidig grundval, att bevilja varande ytterligare jordbrukskoncessioner.
		Article 21(5) of the Europe Agreement provides that the Community and the Czech Republic shall examine in the Association Council, product by product and on an orderly and reciprocal basis, the possibility of granting each other additional agricultural concessions.
9128	**snok**	**snake**
	nn	Genom att tolerera verksamheter som allvarligt äventyrar Paralimnisjöns ekologiska egenskaper och genom att inte ha vidtagit nödvändiga skyddsåtgärder för att bevara populationen av arten Natrix natrix cypriaca (cypriotisk snok), som utgör det ekologiska intresset med avseende på sjön och Xyliatosdammen.
		By tolerating activities which seriously compromise the ecological characteristics of Paralimni Lake and by not having taken the protective measures necessary to maintain the population of Natrix natrix cypriaca (Cypriot grass snake), the species which constitutes the ecological interest of the lake and Xyliatos Dam.
9129	**träbit**	**piece of wood**

	nn	På Bibelns tid var nyckeln ofta en platt träbit med ett antal spetsar som motsvarade hålen i en regel på insidan av dörren.

The key of Biblical times was often a flat piece of wood having pins that corresponded to holes in a bolt that was inside the door of a home.

9130 motvilja   **aversion|dislike**

nn

Beteende hos djuret efter fångst, även omfattande ljud, extrem panik, tiden tills djuret återgår till normalt beteende efter frisläppandet från fällan och motvilja.

Behavioural responses after trapping, including vocalizations, extreme panic, delay before return to normal behaviour after release from trap and aversiveness.

9131 vattenhål   **watering hole**

nn

I brist på vatten red Smith i förväg för att hitta ett vattenhål eller källa.

Running low on water, Mr. Smith went ahead of the wagon train to find a watering hole or spring.

9132 anordning   **device**

nn

Vid användning skall dessa manöverdon vara överordnade varje annan anordning som styr samma rörelse, med undantag för nödstoppsanordningar.

In operation, those control devices must override any other devices controlling the same movement with the exception of emergency stop devices.

9133 trollspö   **magic wand**

nn

Nej, jag kan inte använda mitt trollspö.

No, I can't just wave my magic wand.

9134 morrhår   **whisker**

nn

När du säger ' möss ', menar du de små håriga, vita varelserna med morrhår, öron, ost?

When you say mice, do you mean the little furry white creatures with whiskers, ears, cheese?

9135 skattefri   **tax-free**

adj

Härigenom åtgärdas i synnerhet den situation där ett företag betalar bolagsskatt men omfattas av särskilda nationella skatteregler enligt vilka ränta eller royalty från utlandet är skattefri.

In particular this addresses the situation of a company paying corporate tax but benefiting from a special national tax scheme exempting foreign interest or royalty payments received.

9136 blåslampa   **blowtorch**

nn

Från parlamentets sida kommer vi att ha dem under uppsikt, och de som sviker sina löften här kommer vi att jaga med blåslampa.

From Parliament's point of view, we will keep them under observation and we will hunt down with a blowtorch any who break the promises they have made here.

9137 därigenom   **thereby**

adv

Vi stärker därigenom medvetenheten hos gemenskapen och de europeiska medborgarna.

We are thereby improving Community spirit and European citizenship.

9138 självbehärskning   **self-control**

nn

Det är också en tid då de måste utöva självbehärskning!

It is also a time to exercise self–control!

9139 festlighet   **festivity**

	nn	Nämnde krönikören Claudio Zardaín i Remembranzas de antaño y hogaño de la villa de Tineo att chosco åts på marknaderna i San Roque, som var en lokal festlighet.

In his Remembranzas de antaño y hogaño de la villa de Tineo, the chronicler Claudio Zardaín writes of the chosco that was enjoyed at the local festival of San Roque.

9140 verktygslåda — **tool box**

nn

Jag ber om ursäkt för att jag upprepar vad jag redan sagt, men det är mycket viktigt att understryka att referensramen i sig är en verktygslåda, och att parlamentet till fullo kommer att vara delaktigt när man beslutar om vilka delar av texten som ska översättas.

I am sorry to repeat myself, but it is very important to stress that the CFR will be a toolbox by nature, and Parliament will be fully involved in the decision on which parts of the text are to be translated.

9141 vek — **weak | soft**

adj

Franco Frattini var vek i specifika frågor men skarp i allmänhet.

Mr Frattini was soft on specifics, but sharp in general.

9142 oförglömlig — **unforgettable**

adj

Det måste ha varit en oförglömlig syn.

It must have been an unforgettable sight.

9143 barnkammare — **nursery**

nn

Anemonen är inte bara ett tryggt hem, utan också en säker barnkammare.

The anemone provides a safe nesting site as well as a home.

9144 nedslående — **disheartening**

adj

Vi kan inte tvingas till Mexiko av det vaga och nedslående avtalet från Köpenhamn.

We cannot be driven to Mexico by the vague and disheartening Copenhagen agreement.

9145 lovord — **praise**

nn

Det var väl synd att ni måste inskränka era lovord.

What a pity you had to qualify your praise.

9146 häpen — **flabbergasted**

adj

Imponerad av öns skönhet och häpen över invånarnas amorösa läggning kallade Bougainville Tahiti för Nouvelle Cythère efter den grekiska ön Kythera, där Afrodite (kärlekens och fruktbarhetens gudinna) sades ha stigit i land.

Impressed by the beauty of the island and amazed at the amorous ways of its inhabitants, Bougainville named Tahiti "Nouvelle Cythère, after the Peloponnesian Island of Kithira near which Aphrodite [the goddess of love and beauty] was said to have risen from the sea," says the book Cook & Omai–The Cult of the South Seas.

9147 oförmåga — **inability | incapacity**

nn

ELIAS och Polyconcept hävdade att en orsak till det uppgivna dåliga resultat var sökandens oförmåga att upptäcka förändringarna i efterfrågan på EU–marknaden.

ELIAS and Polyconcept claimed that one of the reasons of alleged weak performance was the failure by the applicant to recognise changes in EU market demand.

9148 ansenlig — **considerable | substantial**

adj

En ansenlig del av verksamheten ägnades även åt att hantera fall av missbruk av dominerande ställning på de avreglerade marknaderna såsom energi, telekommunikation och transport, och i synnerhet metoder som syftar till att utestänga konkurrenter från marknaden.

A sizeable portion of their activities was also dedicated to tackling abuses of dominant position in liberalised markets such as energy, telecom and transport, in particular, practices tending to exclude competitors from the market.

9149	**förströelse**	**amusement**
	nn	Men jag lyckas hitta en och annan förströelse.
		But I do manage to find the odd distraction.

9150	**obarmhärtig**	**merciless|ruthless**
	adj	Dess myndighet, eller makt, ligger i att den är förledande, påträngande och obarmhärtig.
		Its authority, or power, lies in its persuasiveness, persistence, and relentlessness.

9151	**violett**	**violet**
	adj	Därefter titreras med natriumhydroxid 0,01 mol/l till dess att den första färgskiftningen från gröngult till violett framträder.
		Then titrate with sodium hydroxide 0,01 mol/l until the first signs of change from greenish–yellow to violet.

9152	**medelpunkt**	**center**
	nn	Europeiska liberala, demokratiska och reformistiska partiets grupp tog ställning till unionens interna differentiering genom en ståndpunkt som gruppen godkände i november i fjol och där man för Europeiska unionen föreslog ett system av cirklar med en gemensam medelpunkt, "en lökmodell".
		Last November, the Group of the European Liberal Democrat and Reform Party adopted a position on internal differentiation within the Union when it proposed a system of concentric rings for Europe: the onion skin model.

9153	**utkräva**	**wreak**
	vb	Jag ska utkräva hämnd!
		I will be avenged!

9154	**kejsardöme**	**empire**
	nn	Detta kejsardöme gick under beteckningen? Völkerkerker?, nationernas fängelse.
		That empire was known as the 'Völkerkerker ', the prison of nations.

9155	**förkämpe**	**champion|advocate**
	nn	Jag vet att Magda Kósáné Kovács är en övertygad demokrat och en hängiven förkämpe för den europeiska enheten.
		I know that Mrs Kovács is a convinced democrat and a committed campaigner for European unity.

9156	**styvbror**	**stepbrother**
	nn	Sen finns det en styvbror!
		And there's a stepbrother!

9157	**rosett**	**rosette**
	nn	Byggnadsförankringen i Kedge Safety fästs däremot med en rosett med bituminös takbeklädnad.
		The Kedge Safety anchor, by contrast, is attached to the roof by causing its rosette component to adhere to the bituminous roof cladding.

9158	**handelsman**	**shopkeeper**
	nn	Varje handelsman var tvungen att kunna de fyra inhemska språken.
		Every merchant had to know the four local languages.

9159	**fladdra**	**flutter|flap**
	vb	Jag har sett dig se hennes kjol fladdra upp när hon går ur bilen.
		I've seen you watch her skirt fly up when she got out of the car.

9160	**gips**	**plaster**
	nn	Ni ser för första gången, en helt ny gipsväggsproduktion, helt utan någon form av gips.
		You're seeing for the first time, a brand new drywall production line, not made using plaster at all.

9161	**debattera**	**debate**
	vb	Vi behöver inte debattera i all oändlighet.
		We do not need to have one debate after another.

9162	**lagförslag**	**measure**
	nn	Rådet och Europaparlamentet har enats om att lägga till en skyldighet för kommissionen att se över bestämmelserna i denna förordning senast i slutet av 2015 och, om lämpligt, att lägga fram ett nytt lagförslag.
		The Council and Parliament have agreed to add an obligation for the Commission to review the provisions of this Regulation by the end of 2015 and, if appropriate to submit a new legislative proposal.

9163	**slängd**	**clever**
	adj	För att bli lika slängd med teknologin.
		To achieve the level of comfort and ease with the technology.

9164	**ammoniak**	**ammonia**
	nn	Blanda 2% volymdel ammoniak med ·98% volymdel vatten.
		Mix 2% volume of ammonia with 98% volume of water.

9165	**duett**	**duet**
	nn	Jag vet att ni tycker om franska chansoner, men, herr Sarkozy och herr Barroso, er Françoise Hardy–duett om kärlek, "la main dans la main, et les yeux dans les yeux, ils s'en vont amoureux sans peur du lendemain", lurar faktiskt ingen.
		Following on from that, I know that you like French chanson, but, really, your Françoise Hardy lover's duet of 'la main dans la main, et les yeux dans les yeux, ils s'en vont amoureux sans peur du lendemain', Mr Sarkozy and Mr Barroso, is fooling no one.

9166	**fimpa**	**stub out**
	vb	Men skulle jag Fimpa Montana, skulle jag använda nån från A. V
		If I wanted Montana, I'd have used a freelancer.An AVer, so it couldn't be traced

9167	**följaktligen**	**consequently**
	adv	Vad beträffar den första omständigheten har det närmare bestämt inte klarlagts av vilken anledning den omständigheten att projektet inte har fullgjorts – och följaktligen medel inte har kunnat tilldelas andra företag inom ramen för samma program – skulle ha förorsakat kommissionen en skada.
		As regards the first criterion, in particular, it is not clear why the failure to accomplish the project – hence the impossibility of directing the funds to other undertakings under the same programme – should have caused the Commission to suffer damage.

9168	**byggare**	**builder**
	nn	Om vi vill ha byggare som kan bygga energisnåla hus, måste vi utbilda dem.

If we want builders who can construct energy–efficient buildings, we need to train them.

9169	**ecuador**	**Ecuador**
	nn	Den 13 juni 2006 träffades presidenterna i Bolivia, Columbia, Ecuador och Peru i Quito och ställde sig positiva till den begäran som framförts i Wienförklaringen. De beslutade då att befästa sin integrationsvilja och påbörja förfarandet för att inleda förhandlingarna om ett associationsavtal mellan den Andinska gemenskapen och EU.
		On 13 June 2006 the Presidents of Bolivia, Colombia, Ecuador and Peru met in Quito, responded positively to the requirements laid down in the Vienna Declaration and agreed to consolidate their desire for integration and push forward the process leading to the start of negotiations on the Association Agreement between the CAN and the EU.
9170	**gräshoppa**	**grasshopper**
	nn	jag skakas av som en gräshoppa.
		I have been shaken off like a locust.
9171	**mosse**	**bog**
	nn	Marken under Rigshospitalet är en gammal mosse.Här låg blekningsdammarna.
		The Kingdom Hospital rests on ancient marshland where the bleaching ponds once lay.
9172	**läckande**	**leaky; leakage**
	adj; nn	I tunnlar läckande kablar eller mycket riktade antenner (spårnära).
		In tunnels leaky cables or helical antennas (lineside).
9173	**snurr**	**whir**
	nn	Bara en liten snurr.
		Just a little whir.
9174	**medfödd**	**congenital**
	adj	Det är en sorts, medfödd defekt.
		It's kind of a, birth defect, thing.
9175	**årligen**	**yearly**
	adv	Klassificeringssällskapet skall offentliggöra sitt fartygsregister årligen.
		The classification society shall publish its register of vessels annually.
9176	**tråkighet**	**tediousness**
	nn	Lite tråkighet passar mig bra.
		Little boredom suits me just fine.
9177	**livslång**	**lifelong**
	adj	I detta hänseende noterar kommittén att Europeiska kommissionen talar om ett skifte från ”anställningstrygghet” till ”sysselsättningstrygghet” (vilket betyder att livslång anställning inte längre kan förväntas vara den normala sysselsättningsformen).
		It notes, in this regard, the European Commission's reference to a shift away from 'job security' to 'employment security' (implying that keeping the same job for life can no longer be considered to be the rule).
9178	**realist**	**realist**
	nn	Jag är realist, och vet vad kärlek gör med människor.
		I'm a realist, and I know what love does to people.
9179	**bereda**	**prepare|dress**
	vb	Det framgår visserligen av den överklagade domen att tribunalen beaktade den i syfte att bedöma böterna, men därigenom tillskrev tribunalen

klagandena ansvar utan att bereda dem möjlighet till en kontradiktorisk diskussion.

It is apparent from the judgment under appeal that the General Court took it into account for the purposes of assessing the fine. However, in so doing, the General Court held the appellants liable without giving them the opportunity to have their arguments heard.

9180	**förövare**	**perpetrator**
	nn	Rätt att undvika kontakt mellan brottsoffer och förövare.
		Right to avoid contact between victim and offender.

9181	**optisk**	**optical**
	adj	Parlamentsledamoten nämnde särskilt direktivet om optisk strålning.
		The honourable Member specifically mentioned the optical radiation directive.

9182	**krasslig**	**seedy|off-colour**
	adj	Pojken ser krasslig ut. Ta med honom så att han får lite frisk luft?
		The boy's doing so poor these days, why not take him along and air him?

9183	**ärelystnad**	**ambition**
	nn	Ett ogrumlat öga är uppriktigt, har rena motiv och är fritt från girighet och självisk ärelystnad.
		A simple eye is sincere, pure in motive, and free from greed and selfish ambition.

9184	**himlavalv**	**heavens**
	nn	Klart som högsommarens blå himlavalv.
		As clear as an azure sky of deepest summer.

9185	**susa**	**whiz|swoosh**
	vb	Jag hör vinden susa.
		I hear the wind howl.

9186	**slumpvis**	**randomly**
	adv	ControlsKontroller av att lagen upprätthålls skall utföras regelbundet och slumpvis och skall inbegripa säkerhetsgranskningar.
		ControlsLaw enforcement controls must be performed regularly and randomly, and must include security audits.

9187	**vattenyta**	**surface of water**
	nn	Djurtäthet: i samband med vattenbruk, djurens vikt per kubikmeter vatten vid varje tidpunkt under tillväxtstadiet och, när det gäller plattfisk och räkor, vikten per kvadratmeter vattenyta.
		'Stocking density' in the framework of aquaculture, means the live weight of animals per cubic metre of water at any time during the grow–out phase and in the case of flatfish and shrimp the weight per square metre of surface.

9188	**kejsarsnitt**	**Caesarian operation**
	nn	”Förklaringen kan vara att barn som är förlösta med kejsarsnitt inte får chans att svälja nyttiga bakterier under födseln; tarmbakterier spelar en viktig roll i utvecklingen av immunsystemet”, enligt New Scientist.
		According to New Scientist, "the explanation might be that babies born by Caesarean do not get a chance to swallow beneficial bacteria during birth; colonisation of the gut plays a key role in the development of the immune system."

9189	**sjaskig**	**shabby|sleazy**
	adj	Sjaskig forskning kan jag ta, men, invecklade författarstiler är för mycket!

Shabby research I can stand, but, involuted style really makes my ass drag!

9190	**relik**	**relic**	
	nn	Jag är dock rädd att det är alltför förenklat att beskriva dödsstraffet som en relik från medeltiden.	

However, I am afraid it is rather simplistic to describe the death penalty as a relic of the Middle Ages.

9191 **konvertera** **convert**
vb

Här kan Du t ex inte konvertera ett textfält till ett numeriskt fält eller tvärtom.
For example, you cannot convert a text field to a numeric field or vice versa.

9192 **förförelse** **seduction**
nn

Vilken ljuv förförelse väntar oss nu?
What sweet seduction lies before us?

9193 **överklass** **upper-class**
nn

Herodes tjänstemän och officerare, och även de flesta från Galileens överklass, kommer till festen.
All of Herod's top–ranking officials and army officers, as well as the leading citizens of Galilee, assemble for the party.

9194 **uppretad** **enraged**
adj

Vi kan illustrera det så här: Tänk dig att du ser en god vän bli hånad och slagen av en uppretad folkhop.
To illustrate: Imagine you see an admired friend being reviled and struck by an enraged mob.

9195 **svängrum** **elbow room**
nn

Budgetmålet med offentliga finanser som är nära balans eller i överskott ger de automatiska stabilisatorerna svängrum nog att verka fullt ut vid ekonomiska nedgångar och tackla de budgetmässiga verkningarna av större reformer.
The budgetary objective of close to balance or in surplus provides ample room to allow the automatic stabilisers to operate fully in response to economic downturns and to cope with the budgetary impact of major reforms.

9196 **symbolisk** **symbolic**
adj

Denna omröstning kan betraktas som symbolisk för de dubbla standarder som man kan hitta i betänkandet om de mänskliga rättigheterna.
This vote may be taken as emblematic of the double standards to be found in the human rights report.

9197 **bestrida** **contest|challenge**
vb

Tillgången till en domstol måste nämligen för att kunna fungera säkerställa att det för var och en finns en tydlig och effektiv möjlighet att bestrida en rättsakt som har inkräktat på hans rättsliga sfär.
It is now enshrined in Articles 6 and 13 of the ECHR, which guarantee everyone the right to a hearing by a tribunal having jurisdiction to determine any issue as to his rights or obligations, on the basis that access to a tribunal, if it is to be effective, requires that everyone has a clear and effective opportunity to challenge acts that have adversely affected his legal situation.

9198 **vira** **wind|twine**
vb

Maskiner för trådlindning vilka är utformade för att tillverka kompositstrukturer eller laminat från fibrer eller fiberliknande material där rörelserna för att placera, vira och linda fibrer samordnas och programmeras i tre eller flera axlar, samt samordnings– och programstyrning härför.

Filament winding machines of which the motions for positioning, wrapping and winding fibres can be coordinated and programmed in three or more axes, designed to fabricate composite structures or laminates from fibrous or filamentary materials, and coordinating and programming controls.

9199	**delegat**	**delegate**
	nn	

Det slöts ett icke rättsligt bindande avtal i Köpenhamn, där jag deltog som delegat från Europaparlamentet.

In Copenhagen, where I was present as a delegate of the European Parliament, a non-legally binding accord was reached.

9200	**klaustrofobi**	**claustrophobia**
	nn	

De kan inte behandlas med politisk kontroll, vilket inte heller är möjligt med klaustrofobi eller spindelfobi.

Therapy is needed to help them: they cannot be treated through political control, no more than claustrophobia or arachnophobia can.

9201	**dödsoffer**	**fatality**
	nn	

Fem malariavaccin har nu tagits fram. Ett oerhört viktigt steg med tanke på att malaria är den sjukdom som kräver flest dödsoffer.

Five malaria vaccines have now been developed – an extremely important step, given the fact that malaria is the disease that kills most people.

9202	**dricksvatten**	**drinking water**
	nn	

Medlemsstaterna uppmanas att fortsätta utvidga upprättandet av säkerhetszoner för att skydda områden som används för uttag av dricksvatten, särskilt när det gäller ytvatten.

Member States are encouraged to continue extending the establishment of safeguard zones to protect areas used for the abstraction of drinking water, in particular as regards surface waters.

9203	**börd**	**birth**
	nn	

Med all respekt måste jag informera József Szájer om att det inte finns en tillstymmelse till diskriminering på grund av härkomst eller börd i den spanska konstitutionen.

With all due respect, I must inform Mr Szájer that no shadow of discrimination by reason of origin or birth exists in the Spanish constitution.

9204	**oärlig**	**dishonest**
	adj	

Men i stället för att försöka hitta en enkel men oärlig utväg, arbetar de hårt och samvetsgrant.

Rather than look for an easy but dishonest way out, they strive to work hard and be diligent.

9205	**sammansättning**	**composition**
	nn	

Enligt riktlinje 8 ändrad genom riktlinje av den 16 november 2000 om sammansättning, värdering och villkor för den inledande överföringen av reservtillgångar, samt denominering och avkastning på motsvarande fordringar.

Pursuant to Guideline 8 as amended by the Guideline of 16 November 2000 on the composition, valuation and modalities for the initial transfer of foreign–reserve assets, and the denomination and remuneration of equivalent claims.

9206	**respektfull**	**respectful**
	adj	

Respektfull konkurrens och sportsliga ideal har nu solkats av idrottarnas intensiva ansträngningar att vinna och utmärka sig själva.

Polite rivalry and sporting ideals have now been sullied by athletes' intense efforts to win and distinguish themselves.

9207 arkivera — **file**

vb

Det tredje exemplaret märkt med "Copy for the Importer" ska importören behålla och arkivera.

The third copy marked 'Copy for the Importer' shall be retained by the importer for the importer's records.

9208 multiplicera — **multiply**

vb

Ni behöver bara multiplicera kapitlen med antalet medlemsstater.

You have only to multiply the number of headings by the number of Member States.

9209 väderleksrapport — **weather forecast**

nn

Och för vår publik där inne kommer nu en väderleksrapport.

And for our audience, cooped up inside, here's a weather report.

9210 brasiliansk — **Brazilian**

adj

Undersökningen visade emellertid att det inte fanns något bevis för att någon brasiliansk tillverkare har en dominerande ställning eller för att priserna fastställs på ett konkurrensbegränsande sätt.

However, the investigation showed that there was no evidence of a dominant position of one of the Brazilian producers or that prices are established in a non–competitive manner.

9211 obevakad — **unguarded**

adj

Säker obevakad leverans av varor med kort hållbarhet.

Secure unattended delivery of age restricted goods.

9212 stillsam — **quiet**

adj

Det är en stillsam konsert.

it's just a quiet little concert.

9213 blindhet — **blindness**

nn

Jehova visar dessutom att han en dag skall göra slut på all blindhet.

Jehovah himself indicates that in time he will do away with blindness.

9214 glasyr — **glaze|frosting**

nn

Medel för rengöring av glasyr, natursten och konststen.

Cleaning preparations for tiles, natural and artificial stone.

9215 delegation — **delegation**

nn

Är det möjligt att låta EU:s delegation vidta åtgärder direkt?

Is it possible to authorise the EU delegation to take direct action?

9216 festande — **partying**

nn

Inget festande!

No partying!

9217 medvetenhet — **awareness**

nn

Det europeiska mervärdet av åtgärderna, däribland småskaliga och nationella åtgärder, ska bedömas utifrån sådana kriterier som deras bidrag till konsekvent och enhetlig tillämpning av unionsrätten och till omfattande medvetenhet hos allmänheten om de rättigheter som följer av den, deras potential för att skapa ömsesidigt förtroende mellan medlemsstaterna och öka det gränsöverskridande samarbetet, deras gränsöverskridande inverkan, deras bidrag till framtagande och spridning av bästa praxis eller deras potential för att bidra till skapandet av minimistandarder, praktiska verktyg och lösningar för att komma till rätta med utmaningar som är gränsöverskridande eller gemensamma för hela unionen.

The European added value of actions, including that of small–scale and national actions, shall be assessed in the light of criteria such as their contribution to the consistent and coherent implementation of Union law, and to wide public awareness about the rights deriving from it, their potential to develop mutual trust among Member States and to improve cross–border cooperation, their transnational impact, their contribution to the elaboration and dissemination of best practices or their potential to contribute to the creation of minimum standards, practical tools and solutions that address cross–border or Union–wide challenges.

9218	**formaldehyd**	**formaldehyde**

nn

Polymer som består av ett polykondensat av formaldehyd och naftalendiol, kemiskt ändrad genom reaktion med en alkynhalid, upplöst i propylenglykolmetyleteracetat.

Polymer consisting of a polycondensate of formaldehyde and naphthalenediol, chemically modified by reaction with an alkyne halide, dissolved in propylene glycol methyl ether acetate.

9219	**nirvana**	**nirvana**

nn

Och om jag har funnit Nirvana och jag fortfarande lever, då kan alla som lever finna Nirvana.

And if I have found Nirvana and I'm still alive, then everyone who is alive can find Nirvana.

9220	**nedlagd**	**disused**

adj

kod 2 = insats nedlagd efter genomförande till viss del (för vilken vissa utgifter har intygats till kommissionen).

code 2 = operation abandoned following partial implementation (for which some expenditure has been certified to the Commission).

9221	**gaspedal**	**accelerator**

nn

Gaspedal till vänster om bromspedalen.

Accelerator pedal on the left of brake pedal.

9222	**avvaktan**	**awaiting**

nn

Om parterna inte kan enas om en lösning inom en månad, får den provisoriska begränsning som avses i punkt 3 antingen förnyas för ytterligare en tremånadersperiod i avvaktan på vidare samråd, eller göras definitiv på en årlig nivå som inte understiger 110 % av importen under den tolvmånadersperiod som upphörde två månader eller, då uppgifter inte finns tillgängliga, tre månader före den månad då en begäran om samråd framställs.

Should the consultations not lead to an agreed solution within one month, then the provisional restraint referred to in paragraph 3 can be either renewed for a further three–month period pending further consultations, or made definitive at an annual level not lower than 110 % of the imports for the 12–month period terminating two months, or where data is not available three months, preceding the month in which the request for consultation is made.

9223	**tärna**	**bridesmaid**

nn

Du har sex tärnor och en brudtärna.

But anyway, you've got six bridesmaids and a maid of honor.

9224	**pincett**	**tweezers**

nn

Man måste arbeta med pincett för att få in dom små sakerna.

You even have to work with the tweezers to get some of the small stuff in.

9225 **motsäga**
vb

contradict

Dels var dessa försök, som kommissionen har hävdat och vilket den italienska regeringen inte har kunnat motsäga, baserade på antaganden som det var svårt att föreställa sig skulle kunna föreligga i verkligheten.

First, as the Commission claimed without being effectively contradicted by the Italian Government, the reference conditions of those tests are difficult to imagine in reality.

9226 **överensstämma**
vb

agree|comply

Förfarandena för säkerställande av produktionens överensstämmelse skall överensstämma med de som anges i tillägg 2 till överenskommelsen med följande krav:

The conformity of production procedures shall comply with those set out in the Agreement, Appendix 2), with the following requirements:

9227 **återvinna**
vb

recycle|recover

Endast på detta sätt kan Frankrike återvinna den moraliska ledningen i Europa.

In this way only can France recover the moral and cultural leadership of Europe.

9228 **dis**
nn

haze|fog

Ur en disig dröm dyker vår väg upp ett slag - och försvinner sen i en dröm.

Out of a misty dream our path emerges for a while then closes within a dream.

9229 **banbrytande**
adj

pioneering

I denna exceptionella tid måste dessa – och det är vi alla övertygade om – uppmuntras och få stöd att investera i banbrytande idéer, ny teknik och innovation.

In these exceptional times, we are convinced that they must all be encouraged and assisted to invest in ground–breaking ideas, in new technologies and in innovation.

9230 **relevans**
nn

relevance

Några överväganden till nitratdirektivet som är av relevans.

Relevant considerations from the preamble to the Nitrates Directive.

9231 **ihålig**
adj

hollow

Mycket ofta utgör dessa europeiska värden en ihålig fras.

The phrase 'European values' is often an hollow one.

9232 **ätbar**
adj

eatable

En kvarts miljon ton ätbar fisk som används som djurfoder är alldeles för mycket.

A quarter of a million tonnes of edible fish being used for animal feed is excessive.

9233 **humanitär**
adj

humanitarian

I slutrapporten från den internationella undersökningskommissionen om Centralafrikanska republiken, som offentliggjordes den 20 januari 2015, drogs slutsatsen att såväl regeringsstyrkorna under ledning av den tidigare presidenten Bozizé som Séléka– och anti–Balakagrupperingarna begick allvarliga brott mot internationell humanitär rätt och de mänskliga rättigheterna.

The final report of the International Commission of Inquiry on the CAR, which was published on 20 January 2015, concluded that government forces under former President Bozizé and the Séléka and anti–Balaka groups all committed serious violations of international humanitarian law and human rights.

9234 fraktur

nn

fracture

Det är en svår fraktur men, jag tror det ska gå att ordna.

it's a closed fracture, but I think I can set it.

9235 vilseledande

adj

deceptive|deceitful

Sökanden yrkade att den nationella domstolen skulle fastställa att Belgacom hade åsidosatt belgisk lagstiftning om handelsbruk och konkurrens samt artikel 86 i fördraget, samt ålägga Belgacom att sluta sprida oriktig, vilseledande och kränkande information om sökanden.

The President was asked to rule that Belgacom had infringed the Belgian legislation on commercial practices and on competition, as well as Article 86 of the EC Treaty, and to order Belgacom to cease spreading false, misleading and disparaging information concerning the applicant.

9236 födelsedatum

nn

date of birth

Djuret skall vara äldre än 6 månader men yngre än 30 månader, vilket skall fastställas genom ett officiellt dataregister med uppgifter om dess födelsedatum.

The animal is more than six months but less than 30 months of age, determined by reference to an official computer record of its date of birth.

9237 trikå

nn

tricot

Träningsoveraller, av trikå, ull, bomull eller konstfibrer.

Track suits of knitted or crocheted fabric, of wool, of cotton or of man–made textile fibres.

9238 friktion

nn

friction

Friktion och slitage orsakar problem som hög energiförbrukning och produktionsstopp.

Friction and wear cause problems such as high energy consumption and production stops.

9239 fotgängare

nn

pedestrian

Europaparlamentets ståndpunkt fastställd vid första behandlingen den 18 juni 2008 inför antagandet av Europaparlamentets och rådets förordning 4 om typgodkännande av motorfordon med avseende på skydd av fotgängare och andra oskyddade trafikanter, om ändring av direktiv C och om upphävande av direktiven 2.

Position of the European Parliament adopted at first reading on 18 June 2008 with a view to the adoption of Regulation 4 of the European Parliament and of the Council on the type–approval of motor vehicles with regard to the protection of pedestrians and other vulnerable road users, amending Directive C and repealing Directives 2.

9240 vägskäl

nn

fork

Lissabonmålet om att förbättra konkurrenskraften genom noga målinriktade reformer, i kombination med en varaktig och sysselsättningsstimulerande ekonomisk tillväxt och stärkt social sammanhållning, är fortfarande relevant för EU, som nu står vid ett vägskäl.

The objective set at Lisbon of improving competitiveness by means of carefully targeted reforms and coupling this with sustainable, employment–generating economic growth and a strengthening of social solidarity remains relevant to Europe, which is now at a crossroads.

9241 biokemi

nn

biochemistry

Expertkunskap som krävs: Riskbedömning inom panelens ansvarsområde enligt beskrivning ovan, vilket innefattar ett eller flera av följande ämnesområden: toxikologi (helst tillämpad på riskbedömning av livsmedel), verkningsmekanismer, toxikokinetik och toxikodynamik, patologi och fysiologi, carcinogenitet, gentoxicitet och mutagenitet, allergenitet och immunotoxicitet, utvecklings– och reproduktionstoxicitet, alternativa toxikologiska testmetoder, kemi, biokemi, livsmedelskonsumtion och exponeringsbedömning, livsmedelsteknologi och mikrobiologi, inom panelens ansvarsområde enligt beskrivningen ovan.

Required expertise: Risk assessment within the area of the Panel as described above comprising one or more of the following topics: toxicology (preferably applied to risk assessment of chemicals), mechanisms of action, toxicokinetics and toxicodynamics, pathology and physiology, carcinogenicity, genotoxicity and mutagenicity, Allergenicity and Immunotoxicity, Developmental and reproduction toxicity, Alternative toxicological testing, Chemistry, Biochemistry, Food consumption and exposure assessment, Food technology and Microbiology within the area of the Panel as described above.

9242	**impulsivt**	**impulsively**
	adv	Gör nat impulsivt för en gangs skull.
		Do something impulsive for once in your life,
9243	**värsting**	**bad boy**
	nn	Bosco är en värsting som är ute och samlar huvuden.
		Bosco's a badass, out collecting scalps.
9244	**vålnad**	**ghost|phantom**
	nn	Jag låter er döma själva om toppmötet i Hampton Court och Catherine Howards vålnad.
		I will let you be the judges of the Hampton Court summit and the ghost of Catherine Howard.
9245	**förvaring**	**custody**
	nn	Dom kallar det 'förvaring', men det är stöld.
		They call it 'safe–keeping' but it's theft.
9246	**must**	**must**
	nn	Metoden möjliggör mätning av isotopkvoten 13C/12C i vinetanol och i etanol som erhållits efter jäsning av produkter från vindruvor (must, koncentrerad must, rektifierad koncentrerad must).
		The method permits the measurement of the isotope ratio 13C/12C of ethanol in wine and that of ethanol obtained after fermentation of products derived from the vine (must, concentrated must, rectified concentrated must).
9247	**daghem**	**nursery**
	nn	FI: Uppgifterna inkluderar barn i daghem men inte andra former av barnomsorg.
		FI: Data include children in kindergartens, but not other forms of day–care.
9248	**belönad**	**rewarded**
	adj	Jag blir rikligt belönad för i stort sett ingen arbetsinsats.
		I receive a large reward for pretty much zero effort and contribution.
9249	**hjärntumör**	**brain tumor**
	nn	Tänk på erfarenheten med en kristen äldste som fick veta att han hade en elakartad hjärntumör.
		Consider the experience of a Christian elder who was diagnosed with a malignant brain tumor.
9250	**drastisk**	**drastic**

adj Mot bakgrund av det nya uppdraget meddelande GFC våren 1999 kommissionens gemensamma forskningsgrupp för kärnfrågor att det avsåg att vidta en drastisk revidering av sina internationella förbindelser för att kunna inrikta sig på målen i sitt uppdrag.

In the context of its new mission, the JRC had announced to the joint Group Research/Atomic Questions in spring 1999 that it intended to undertake a dramatic revision of its international relations to focus on the aims set by its mission.

9251 snöboll **snowball**

nn Vill du ha en snöboll?

You want a snowball or something?

9252 produktiv **productive**

adj Ökning av produktiv sysselsättning och minskning av arbetslöshet, ökad kvalitet i arbete och sysselsättning.

Expansion of productive employment and reduction of unemployment, Enhanced quality of work and employment.

9253 tillämpa **apply**

vb Det är nödvändigt att vidta övergångsåtgärder så att beredarna i Tjeckien, Estland, Lettland, Litauen, Ungern, Polen och Slovakien (nedan kallade "de nya producerande medlemsstaterna") på ett korrekt sätt skall kunna tillämpa rådets förordning 1 om den gemensamma organisationen av marknaden för lin och hampa som odlas för fiberproduktion(1).

Transitional measures should be laid down to ensure correct application of Council Regulation 1 on the common organisation of the markets in flax and hemp grown for fibre(1) to processors in the Czech Republic, Estonia, Latvia, Lithuania, Hungary, Poland and Slovakia (hereinafter referred to as the new producer Member States).

9254 återuppväcka **resurrect|reawaken**

vb Job var övertygad om att Jehova längtade efter att återuppväcka sin trogne tjänare.

Job felt sure that Jehovah longed for the day when He would resurrect His faithful servant.

9255 snåljåp **tightwad**

nn Men hjälten i denna berättelse, som var en riktig snåljåp, genomgick en total förändring.

Yet the hero of this tale, who was a real miser, underwent a transformation.

9256 kolossal **colossal**

adj De klimatförändringar som äger rum längst i norr kommer att få kolossal betydelse för hela mänskligheten.

The climate change taking place in the far north is going to have colossal significance for all of humanity.

9257 adjektiv **adjective**

nn Om ett varumärke eller firmanamn, fristående, som ordstam eller som adjektiv, innehåller en av benämningarna i bilaga I eller en benämning som lätt kan förväxlas med denna, ska emellertid artiklarna 11, 14, 15 och 16 tillämpas.

However, where a trade mark or name of an undertaking contains, on its own or as a root or as an adjective, one of the names listed in Annex I or a name liable to be confused therewith, Articles 11, 14, 15 and 16 shall apply.

9258 mana **exhort**

vb	Tyvärr har jag ingen piska som jag kan mana på medlemsstater som inte klarar att fullgöra sina skyldigheter med.
	Unfortunately, I do not have any stick with which to force Member States that backslide to honour their obligations.

9259 bekvämlighet　**comfort**

nn

För att öka konkurrensen vid utbudet av transporttjänster när det gäller bekvämlighet och service bör medlemsstaterna behålla det övergripande ansvaret för utveckling av lämplig järnvägsinfrastruktur.

Whereas, in order to boost competition in railway service management in terms of improved comfort and the services provided to users, it is appropriate for Member States to retain general responsibility for the development of the appropriate railway infrastructure.

9260 inneha　**hold|possess**

vb

De ska inneha ett läkarintyg på att deras fysiska och mentala hälsa är lämplig för arbetet i fråga.

They have a medical certificate certifying that their physical and mental health is adequate for the task to be performed.

9261 mångfald　**diversity**

nn

Mot bakgrund av att särskilt vissa lokala myndigheter, till exempel Frosinones kommun, är i stort behov av att utnyttja europeiska medel för att framhäva det gemensamma kulturarvet med dess mångfald och traditioner, uppmuntra konstnärers kreativitet och rörlighet och främja tillgång till och spridning av konst och kultur, önskar jag att kommissionen lämnar upplysningar om följande.

Bearing in mind that some local authorities, such as the City of Frosinone, urgently need to use European funds to enhance the common cultural area in all its diversity and respecting all its traditions, nurturing professional mobility, and promoting access to and dissemination of art and culture, can the Commission state.

9262 omsättning　**turnover**

nn

Hos Pepsi kom två tredjedelar av deras ökade omsättning från deras nyttigare mat.

At Pepsi, two–thirds of their revenue growth came from their better foods.

9263 blåsig　**windy|blistery**

adj

Länet Jinxiang ligger i den tempererade zonen och har halvfuktigt och halvtorrt kontinentalt monsunklimat som kännetecknas av fyra tydliga årstider och tillräckligt solljus. Vintern är torr och kall, sommaren är varm och regnig, hösten är klar och kylig och våren blåsig.

Jinxiang County is located in the temperate zone with a semi–humid and semi–arid continental monsoon climate and is characterized by distinctive four seasons and sufficient sunshine, where the winter is dry and cold, the summer is hot and rainy, the autumn is clear and chilly and the spring is windy.

9264 månsken　**moonlight**

nn

Med er vita dräkt vågar ni nog inte gå ut.Inte ens på natten om det är månsken.

With that, uh, white nun's dress, you won't dare stick your nose outside, even at night, if there's a moon.

9265 swing　**swing**

nn

Den swing på 10 miljoner DEM som beviljades i december 1993 utnyttjades aldrig.

As for the swing of DEM 10 million granted in December 1993, it was never used.

9266 färdigställa — complete|get ready
vb
Kommissionen började samtidigt utarbeta särskilda tillämpningsregler för IPA II och strategiska planeringsdokument för att färdigställa ramen för programplanering och stöd från detta instrument.
In parallel, the Commission started to prepare the draft IPA–specific Rules of Application and the strategic planning documents, in view of completing the framework for programming and delivering IPA II assistance.

9267 sågspån — sawdust
nn
Exempel på detta är frukt–, grönsaks– och trädgårdsavfall, skogsavfall, rötslam, sågspån och kakaoskal.
Examples are fruit, vegetable, and garden refuse, waste timber, manure, slurry, sawdust and cacao shells.

9268 illavarslande — evil-boding
adj
Detta är ett illavarslande tecken, särskilt som dödläget i fråga om budgetplanen för 2007–2013 heller inte brutits.
This is a bad sign, all the more so because the deadlock on the Financial Perspective for 2007–2013 has also not been broken.

9269 framfart — rampaging|progress
nn
Bara på det sättet kan vi hejda EU-skeptikernas framfart.
Only in this way will we stop the Eurosceptics from succeeding.

9270 uppvaktning — courtship|attendance
nn
Åtgärderna diskuterades med Er vid Europeiska unionens uppvaktning den 1-1-2017.
These measures were discussed with you at the time of the demarches undertaken by the European Union on 1-1-2017.

9271 cirkulation — circulation
nn
Såsom Hoppenstedt betonade finns det i dag 70 miljarder mynt i cirkulation.
As Mr Hoppenstedt emphasized, there are now 70 billion coins in circulation.

9272 utskrattad — laughed to scorn
adj
Jag har blivit öppet utskrattad, hånad från passerande bilar.
I've been openly laughed at, abused from passing cars.

9273 läromästare — teacher
nn
Jag tror att Patten och Solana skulle göra klokt i att läsa dessa betänkanden, och då särskilt det som min vän och läromästare Sami Naïr har skrivit, eftersom hans betänkande har ett mycket sammanhängande innehåll som inspirerar till ett politiskt förslag.
I believe that Mr Patten and Mr Solana would do very well to read these reports, and in particular, the report by my friend and teacher, Sami Naïr, because it makes a very coherent and well put together list of themes, which calls for a political proposal.

9274 skyffel — shovel
nn
När det antal enheter som krävs för provtagning enligt kapitel 5 har valts ut ska en del av innehållet i varje enhet tas ut med spjut eller skyffel.
Having selected the required number of units for sampling as indicated in chapter 5, part of the contents of each unit shall be removed using a spear or shovel.

9275 röntgenbild — radiograph
nn
Andra tecken och symtom kan inkludera tecken och symtom från luftvägarna som dyspné, ont i halsen, hosta och onormala fynd på

röntgenbild (framför allt identifierbara infiltrat), gastrointestinala besvär som illamående, kräkningar, diarré eller buksmärta, och kan leda till att överkänslighetsreaktionen feldiagnostiseras som en sjukdom i luftvägarna (pneumoni, bronkit, faryngit) eller som en gastroenterit.

Other signs and symptoms may include respiratory signs and symptoms such as dyspnoea, sore throat, cough and abnormal chest x–ray findings (predominantly infiltrates, which can be localised), gastrointestinal symptoms, such as nausea, vomiting, diarrhoea, or abdominal pain, and may lead to misdiagnosis of hypersensitivity as respiratory disease (pneumonia, bronchitis, pharyngitis), or gastroenteritis.

9276	**hårfin**	**subtle|hair's breadth**
	adj	

Det är verkligen en hårfin skillnad mellan moroten och piskan för vår bilindustri, och när det kommer till kritan måste vi verkligen se till att vi faktiskt exporterar våra bästa produkter, inte vår industri.

There is an extremely fine line between carrot and stick for our car industry, and at the end of the day we must take great care to ensure that we really do export the best products and not perhaps our industry.

9277	**komisk**	**comic**
	adj	

Historien om Erika är onekligen en historia som ter sig komisk.

Of course, the story of the Erika seems comical.

9278	**nosa**	**sniff**
	vb	

För att han kan nosa på alla häckar?

Because he can sniff anyone's arse he wants?

9279	**baptist**	**Baptist**
	nn	

Ja, han är baptist.

Well, he's a Baptist.

9280	**korrespondent**	**correspondent**
	nn	

Bland dessa personer kan nämnas Ali Dilem, korrespondent för CNN, Bachir El Arabi och Hakim Laâlam, kolumnist vid Volksrant.

They include Ali Dilem, the correspondent of CNN , Bachir El Arabi and Hakim Laâlam, the columnist for Volkskrant.

9281	**bistånd**	**assistance**
	nn	

Dessutom måste vi minska eller ställa in europeiskt bistånd till de länder som vägrar att minska militärutgifterna, och som fortsätter att lägga ut mer än 1 procent av sin årsinkomst på vapen och arméer.

In addition we must reduce or cancel European aid for those countries who refuse to reduce military spending and continue to spend more than 1 % of their annual income on arms and armies.

9282	**rackartyg**	**mischief|monkey business**
	nn	

Det förekom också en senare influens från det franska ordet picard, som ledde till det abstrakta picardía (rackartyg), genom en anspelning på den pyreneiska regionen Picardía, där många av innevånarna under den perioden, i allmänhet soldater, förde ett sorglöst och bohemiskt liv.

There was also a later influence by the French word 'picard', which gave rise to the term 'picardía', alluding to the French region of Picardy, many of whose inhabitants at that time, soldiers in the main, had a relaxed, carefree and bohemian lifestyle.

9283	**stelna**	**stiffen**
	vb	

Det innehåller en unik uppsättning proteiner som när de kombineras får limmet att stelna under vatten – och det snabbt!

It contains a unique set of proteins that when combined cause the glue to solidify under water—and quickly!

9284 sagolik
adj

fabulous

Kan du föreställa dig att ett moget kristet par skulle vilja ha ett "kungligt" bröllop med en slösaktig, sagolik mottagning?

Can you imagine a mature Christian couple wanting to have a "royal" wedding with a lavish fairy–tale reception?

9285 tendera
vb

tend

Hur den bristande finansieringen av universitet och stipendier skall förbättras, inskränkningarna av den akademiska friheten, centraliseringen av de autonoma regionernas behörighet i frågor rörande universiteten, uttrycken för åtgärder som skulle tendera att gynna privata universitet före offentliga samt en politisering av processen för val till universitetens styrande organ.

The funding of universities and grants, restrictions on university autonomy, the recentralisation of university powers assigned to the autonomous communities, measures likely to favour private over state universities and the politicisation of the procedure for electing university administrative bodies.

9286 generalmajor
nn

major general

Rådet noterande att en militärdomstol på sju man har satts upp under ledning av generalmajor Malu för att döma 26 människor som misstänks för att ha planerat en kupp.

The Council has noted that a seven-man military tribunal has been constituted under the chairmanship of Major General Malu to try 26 people held under suspicion of coup plotting.

9287 rebell
nn

insurgent

Men medans dom tog mig djupare in i rebell territoriet,.. Det är klart dom ville någonting.

But as they took me deeper into rebel territory, it was clear they wanted something.

9288 beslagta
vb

seize

Upprätta en tvärministeriell byrå med uppgift att beslagta inkomster från brottslig verksamhet.

Establish an inter–ministerial agency for the purpose of seizing proceedings from crime.

9289 odling
nn

cultivation

Har Europeiska kommissionen finansierat program som syftar till att bekämpa odling av indisk hampa och opiumvallmo för att stärka jordbruksekonomin i Libanon, och om svaret är ja, vilka är de?

Has the Commission provided funding for programmes to combat the cultivation of cannabis and opium and strengthen Lebanon's agricultural economy and if so what are these programmes?

9290 välbehag
nn

delight

Och vi glömmer inte att göra gott och att dela med oss åt andra, "ty Gud finner välbehag i sådana offer".

And may we "not forget the doing of good and the sharing of things with others, for with such sacrifices God is well pleased.".

9291 förvisa
vb

banish|expel

De skulle förvisa de återstående vittnena 500 mil österut, långt in i det ryska Sibirien.

They would exile the remaining Witnesses 3,000 miles [5,000 km] eastward, far into Russian Siberia.

9292 odräglig
adj

insufferable

Dessa saker är odrägliga, men är oftast godartade.

These things are insufferable, but usually benign.

9293 tålmodigt — **patiently**
adv
I Strasbourg, som är säte för Europadomstolen, köar resande vid centralstationen tålmodigt för att få sitt exemplar.
In Strasbourg, home of the European Court of Human Rights, travelers at the central station line up patiently to receive their copy.

9294 fyllig — **mellow**
adj
Ett beslut där det krävs att den berörda registranten eller nedströmsanvändaren skall utföra de föreslagna testen och där det fastställs en tidsfrist för inlämnande av en rapportsammanfattning eller en fyllig rapportsammanfattning om så krävs enligt bilaga I.
A decision requiring the registrant(s) or downstream user(s) concerned to carry out the proposed test and setting a deadline for submission of the study summary, or the robust study summary if required by Annex I.

9295 halvfull — **half-full**
adj
Herr ordförande! Jag uppskattade starkt McMillan–Scotts betänkande, men jag tycker i likhet med Colajanni att parlamentet inte visar prov på seriositet när man diskuterar en fråga av sådan vikt i en halvfull plenisal, samtidigt med fotbollsmatcher och annat.
Mr President, I greatly appreciated the report by Mr McMillan–Scott, but I share Mr Colajanni's view that this Parliament is not demonstrating a serious attitude in holding the debate on such an important issue before a half–empty Chamber, in competition with football matches and so much else.

9296 omodern — **outdated; out**
adj; adv
När det gäller påståendena rörande subventionering och omodern utrustning i Förenta staterna, konstateras det att dessa måste avvisas, eftersom det inte lades fram någon konkret bevisning till stöd för sådana påståenden och eftersom det inte finns någon relevant kontrollerbar information.
With respect to the claims made on subsidisation and outdated equipments in the USA it is noted that these had to be rejected since no concrete evidence was presented to support such claims and there is no relevant verifiable information.

9297 försvåra — **aggravate**
vb
Om inte kommissionen klart och tidigt utstakar den önskade EU–inriktningen för deras genomförande, finns det risk för att de EU–medlemsstater som kommer att utvärderas först väljer lösningar som inte nödvändigtvis sammanfaller med den föreslagna EU–inriktningen. Detta skulle försvåra ett samförstånd kring gemensamma EU–bestämmelser.
Unless the Commission provides clear and early indications of the desired EU approach to their implementation, there is a risk that those EU Member States who will be evaluated first will opt for solutions which may not coincide with the proposed EU approach, thus rendering agreement of common EU rules more difficult.

9298 administrativ — **administrative**
adj
I sådana fall skall lämpliga åtgärder genom lagstiftning och/eller administrativ reglering tillgripas för att säkerställa att sådana försök inte utförs i onödan.
In such cases appropriate legislative and/or administrative measures shall be taken to ensure that no such experiment is carried out unnecessarily.

9299 maskinist — **engineer**

nn   För certifiering som maskinchef, ha fullgjort minst 24 månaders godkänd sjötjänstgöring, av vilka minst tolv månader med behörighet att tjänstgöra som förste maskinist.

For certification as chief engineer officer, shall have not less than 24 months approved seagoing service of which not less than 12 months shall be served while qualified to serve as second engineer officer.

9300 anmärkning   **remark**

nn   Anmärkning: Övriga upplysningar: a) faderns namn: Abdullah Shalabi; b) moderns namn: Ammnih Shalabi; c) för närvarande i häkte i avvaktan på rättegång.

Remark: Other information: (a) Name of father: Abdullah Shalabi; (b) Name of mother: Ammnih Shalabi; (c) Currently in detention awaiting trial.

9301 tysta   **silence|muzzle**

vb   Åhörarläktaren deltar inte i sammanträdet, så jag ber er att vara tysta.

The attorney does not attend the meeting so I ask you to be silent.

9302 tabu   **taboo; taboo**

adj; nn   Det verkar dock vara tabu att rikta någon som helst kritik mot denna politik.

However, it seems to be taboo to express any criticism of this policy.

9303 observatorium   **observatory**

nn   DE SOM besöker Jantar Mantar i New Delhi i Indien kanske förundrat stirrar på konstruktionerna och undrar: Kan det här verkligen vara ett observatorium?

VISITORS to the Jantar Mantar in New Delhi, India, may gaze at the structures there with amazement, wondering, 'Can this really be an observatory?'

9304 gungning   **swinging**

nn   De sätter mäns öden i gungning.

They sway the destinies of men.

9305 linjal   **ruler**

nn   Om Du vill flytta högermarginalen, gör Du det med markeringen till höger på linjalen.

If the right margin is to be moved, you can do this via the right character on the ruler.

9306 klartext   **plain language**

nn   För att i klartext säga vad som krävs – vi förväntar oss att de internationella finanskapitalisterna ska övervakas, att deras transaktioner ska medge insyn och, naturligtvis, att deras makt ska inskränkas. Vi kommer att stödja er strävan mot dessa mål.

To spell out what is needed, let me say that we expect the international financial capitalists to be subject to supervision, their operations to be transparent and, of course, their power to be curtailed, and your pursuit of these aims will have our support.

9307 festmåltid   **banquet**

nn   Detsamma kan sägas om den andliga festmåltid som serveras vid områdessammankomsten.

We can say the same regarding the spiritual banquet that will be served at the district convention.

9308 helgerån   **sacrilege**

nn   Jag vet att det är ett helgerån att bjuda in generaldirektoraten III och XII till samma bord, men jag tror inte att det är en dum idé.

I know it is sacrilege to invite DG III and DG XII to the same table, but I do not think it is such a bad idea.

9309	**uran**	**uranium**
	nn	Naturligt uran innehåller till mer än 99 procent isotopen uran 238 och mycket mindre uran 235.
		Natural uranium contains over 99 % uranium 238 and very little uranium 235.
9310	**självbelåten**	**self-satisfied**
	adj	Detta är en nedlåtande och självbelåten attityd. Det är en attityd som är fullständigt omodern och helt i otakt med var vi befinner oss i dag.
		This is a patronising and complacent attitude and one that is completely out of date and out of tune with where we are today.
9311	**utelämna**	**omit|pass over**
	vb	Att utelämna denna hänvisning skulle innebära att man sänder ett negativt budskap till de projektansvariga i dessa länder, som tvärtom behöver garantier för att det nya programmet är öppet även för dem.
		Its removal sends a negative message to project promoters from these communities, who on the contrary needs assurance that the new programme is open to them.
9312	**mört**	**roach**
	nn	Denna mor är modellen för all altruism för mänskligheten i spirituella traditioner.
		The mother is the model of all altruism for human beings, in spiritual traditions.
9313	**sanningsenligt**	**truly**
	adv	Orden "som kommissionen har ingett av misstag" identifierar endast den berörda handlingen, men betyder inte att sökandens ombud har medgett att detta påstående är sanningsenligt.
		The words `which the Commission filed by mistake' merely identify the document concerned, but do not mean that the applicant's representative accepts that they reflect the truth.
9314	**smuggelgods**	**contraband**
	nn	Utbildning för hundskötare så att tullen skall kunna söka och upptäcka smuggelgods mera effektivt,
		Training for dog–handlers, to allow the customs service to function more efficiently in detection of contraband.
9315	**förlägga**	**locate|mislay**
	vb	Det kommer dock alltid att vara nödvändigt för ett antal annonsörer att förlägga åtminstone en del av de sammanlagda reklaminsatserna till televisionen.
		However, it will always be necessary for a number of advertisers to have at least a part of total advertising on TV.
9316	**doktorand**	**postgraduate**
	nn	Nej, jag var doktorand, i två år.
		No, I went to post– grad, naturally, two years.
9317	**återstod**	**arrear**
	nn	Arbetsgruppens slutrapport offentliggjordes i januari 2009 och innehöll 264 olika rekommendationer, vilket inte bara bekräftade att mycket återstod att göra, utan även att det rådde stor enighet bland experterna om hur de befintliga problemen bäst kan hanteras.
		The final report of the Task Force was published in January 2009 and contained 264 separate recommendations, confirming not only that there was still a lot of work remaining, but also that there was a strong

consensus amongst experts on how the existing issues could best be tackled.

9318	**nostalgi**	**nostalgia**
	nn	Vi är fullt medvetna om att det finns problem i rådet, där en stat – känd som "de mänskliga rättigheternas födelseort" – ägnar sig åt ett slags imperialistisk nostalgi, riktar stor uppmärksamhet åt försäljningen av och hyser extremt bisarra antiamerikanska åsikter.

We are quite aware that there are problems in the Council, in which one State known as 'the birthplace of human rights' is cultivating some imperalistic nostalgia, is paying a great deal of attention to the sale of and harbours extremely bizarre anti–American opinions.

9319	**skälva**	**tremble|shake**
	vb	I Mika 4:4 beskrivs den här tiden: "De kommer verkligen att sitta, var och en under sin vinstock och under sitt fikonträd, och det kommer inte att finnas någon som får dem att skälva; ty så har härars Jehovas egen mun talat."

Regarding that time, Micah 4:4 says: "They will actually sit, each one under his vine and under his fig tree, and there will be no one making them tremble; for the very mouth of Jehovah of armies has spoken it."

9320	**likvärdig**	**equivalent**
	adj	Att förbjuda prissättning i efterhand skulle vara samma sak som att fastställa den multilaterala mellanbanksavgiften till noll, och en sådan noll–mellanbanksavgift skulle konkurrensmässigt sett vara likvärdig med – och lika öppen för insyn som – den aktuella multilaterala mellanbanksavgiften. Den enda skillnaden skulle vara avgiftens storlek.

Thus, the prohibition of ex post pricing would effectively impose a MIF set at zero which, from a competitive aspect, would be equivalent to and just as transparent as the current MIF, the only difference being the level at which it is set.

9321	**krigsförbrytare**	**war criminal**
	nn	Han är en krigsförbrytare, och han måste ställas inför Internationella brottmålsdomstolen.

He is a war criminal and he must be brought before the International Criminal Court.

9322	**storväxt**	**tall**
	adj	Jag vet bara att han frågade efter en storväxt kvinna i lila hatt.

I only know, when he come in, he asked me if I'd seen a tall woman in a purple hat.

9323	**tsar**	**tsar**
	nn	Konstantin von Tischendorf (i mitten) och Alexander II, rysk tsar.

Konstantin von Tischendorf (center) and Alexander II, czar of Russia.

9324	**vidarebefordra**	**forward**
	vb	Uppdrar åt sin ordförande att vidarebefordra denna resolution till rådet, kommissionen och medlemsstaternas regeringar och parlament.

Instructs its President to forward this resolution to the Council and Commission and the governments and parliaments of the Member States.

9325	**bredd**	**width; breadthways**
	nn; adv	Transparent självhäftande polyetynelfilm, utan orenheter och fel, på den ena sidan belagd med ett självhäftande tryckkänsligt akrylskikt, med en sammanlagd tjocklek på 60 μm – 70 μm och en bredd på 1 245 mm – 1 255 mm.

Transparent poly(ethylene) self–adhesive film, free from impurities or faults, coated on one side with an acrylic pressure sensitive adhesive, with a thickness of 60 µm or more, but not more than 70 µm, and with a width of more than 1 245 mm but not more than 1 255 mm.

9326 påbud
nn

decree

Denna sorts hjälp strider mot en fatwa (religiöst påbud) och gör att hjälparbetarna betraktas som mohareb och döms till åtföljande straff.
This kind of assistance contravenes a fatwa (religious edict) and puts those who do so into the category of mohareb, with the concomitant penalties.

9327 hederskodex
nn

etiquette

Anser att man bör avstå från att revidera artikel 3b i fördraget inom ramen för regeringskonferensen, men önskar däremot att tillsammans med rådet och kommissionen överväga förbättrade tillämpningar av den hederskodex som har upprättats på grundval av den interinstitutionella förklaringen från den 25 oktober 1993.
Considers that the wording of Article 3b should not be reviewed by the IGC but that consideration should be given, together with the Council and the Commission, to improving the implementation of the code of conduct drawn up on the basis of the interinstitutional agreement of 25 October 1993.

9328 siamesisk
adj

Siamese

Siamesiska tvillingar som blivit kirurgiskt separerade.
Siamese twins who've been surgically separated.

9329 prestera
vb

perform

Av denna anledning är det en kollektiv framgång, och det är precis vad EU kan prestera!
A collective success, therefore, and that is precisely what Europe can achieve!

9330 rumsren
adj

housetrained

En valp kan bli rumsren när den är sex till åtta veckor gammal.
A puppy can be housebtrained when six to eight weeks old.

9331 sjösjuka
nn

seasickness

Jag känner mig sjösjuk.
I feel seasick.

9332 opartisk
adj

impartial

Gud är opartisk.
God is impartial.

9333 ledband
nn

leash

Mot denna bakgrund är det tydligt att delegationen från Alleanza Nazionale inte kan annat än hoppas att de diplomatiska ansträngningar som görs skall sluta lyckligt, framför allt det initiativ som tagits av FN: s generalsekreterare Kofi Annan, som inte kan anses gå i någons ledband.
Having said that, it is obvious that the National Alliance delegation can only hope for the successful outcome of the current diplomatic initiatives, particularly the initiative whose deadline is nearly up, led by the UN Secretary General, Kofi Annan, whom no–one can consider to be under anyone's leash.

9334 likasinnad
adj

like-minded

Sydkorea är en central och likasinnad partner i en allt viktigare del av världen.
The Republic of Korea is a key, like–minded partner in an increasingly important part of the world.

9335 **extatisk**
adj
ecstatic
Så extatisk Applådåskor åt vår furor!
So exciting, the audience will stomp and cheer!

9336 **borste**
nn
brush
Jag menar, jag går upp, borstar mina tänder.
I mean, I get up, I brush my teeth.

9337 **överrumpla**
vb
catch off-guard
Genom att byta taktik har de överrumplat sitt byte.
They have changed their tactics and, by doing so, have taken their prey by surprise.

9338 **nötkött**
nn
beef
Detta förhållande och de ändringar i den gemensamma organisationen av marknaden för nötkött som införs genom förordning 7 gör att en anpassning av förordning 9 är nödvändig, särskilt vad gäller avyttring när marknadspriserna är lägre än interventionspriset.
Whereas such practice and the changes made to the common organization of the market in beef and veal by Regulation 7 require that Regulation 9 be adjusted, in particular, as regards disposal where market prices are lower than the intervention price.

9339 **dragning**
nn
drawing|draw
Trots allt har ju människor som ni och jag en dragning till ondska av alla de slag.
After all, people like you and I are prone to evil of all kinds.

9340 **yrkesman**
nn
professional
Detta betänkande är viktigt, det är utformat av en yrkesman.
Mr President, this is an important report and the work of a professional.

9341 **förlag**
nn
publishing house
Och tog dem till MITs förlag, och de sade "Fiffigt. Men inte vår grej.
And I took it to MIT press and they said, "Cute, but not for us.

9342 **beräknande**
adj
calculating
När det gäller Gazproms planer, ställs vi inför kallsinnigt politiskt beräknande beteende.
In the case of Gazprom's plans, we are confronted with cold political calculation.

9343 **konfiskera**
vb
confiscate
Jag måste konfiskera ert sidovapen.
I will have to confiscate your side arm.

9344 **utmärka**
vb
distinguish
Jämvikten mellan det offentliga och privata inslaget måste respekteras. De enskilda deltagarna måste ha en bevisad förmåga att utmärka sig inom områdena forskning, kunskap, patent och tekniköverföring under de närmast föregående fem åren.
The balance between the public and private components must be respected; the individual partners must have demonstrated the capacity, over the previous five years, to deliver excellence in the areas of research, knowledge, patents and technology transfer.

9345 **inflation**
nn
inflation
Denna summa justeras med en inflation på 2 %.
This figure will be corrected on the basis of a 2 % inflation rate.

9346 **påträngande**
intrusive

	adj	Det måste i ärlighetens namn sägas att alla berörda har en stark känsla av att organets uppgift kan upplevas som mycket påträngande.
		It is fair to say that there is a high degree of sensitivity on all sides about how intrusive the role of the Board can be.
9347	**mandat**	**mandate**
	nn	Tillfälliga utskottet för klimatförändringar (förlängning av mandat): se protokollet.
		Temporary Committee on Climate Change (extension of term of office): see Minutes.
9348	**brottslig**	**criminal**
	adj	Kina och Ryssland måste förstå att situationen där nu är ännu mer brottslig, ännu mer allvarlig, än den var kort efter cyklonen.
		China and Russia must understand that the situation there now is even more criminal, even more serious, than shortly after the cyclone.
9349	**fanatisk**	**fanatical**
	adj	Palestina utgör för närvarande en måltavla för en fanatisk ideologi som använder religionen för att dölja sin makthunger, och som nu ödelägger Libanon och Irak.
		Palestine is at the moment being targeted by a fanatical ideology that uses religion to conceal its greed for power and that is currently laying waste to Lebanon and Iraq.
9350	**osmaklig**	**distasteful**
	adj	De främsta ratinginstitutens roll och beteende under finans– och skuldkriserna har haft en minst sagt osmaklig prägel.
		The role and behaviour of the main ratings agencies throughout the financial and debt crises have been unsavoury to say the least.
9351	**förenkla**	**simplify**
	vb	Vi måste förenkla inför framtiden, men också lägga det förflutna till handlingarna.
		We must simplify the future, but also settle the past.
9352	**styrning**	**steering**
	nn	Beroende på märkning och överensstämmelse med annan relevant lagstiftning har vi haft något större överseende med doft– och smakspel.
		Subject to labelling and consistency with other relevant legislation, we are somewhat more lenient in the case of educational aromatic and flavour games.
9353	**huvudperson**	**chief person**
	nn	En annan punkt som hör hit är utan tvekan ett beslut om åtgärder för att skydda besättningarna, och möjligheten att åtala andra som är inblandade i händelsekedjan.
		A further relevant point is undoubtedly the establishment of measures to protect crews, and the possibility of prosecuting others involved in the chain.
9354	**krypta**	**crypt**
	nn	Så här har hon levt de senaste fem åren – som i en krypta på en kyrkogård.
		This has been her life in the last five years, as in the crypt of a cemetery.
9355	**frände**	**kinsman**
	nn	Boromir dog för att rädda oss, min frände och mig.
		Boromir died to save us, my kinsman and me.
9356	**användande**	**usage; manipulating**
	nn; adj	Det finns en avsevärd potential i rationellt användande av energi. Om forskning om förnybara energikällor hade understötts i samma

utsträckning som kärnenergin under de senaste 40 åren, skulle vi i dag befinna oss i ett helt annat läge.

There is considerable potential in rational use of energy; if research into renewable energy had been funded at the same rate as nuclear energy has been over the last 40 years, we would be in a very different position.

9357 utrikes **foreign; abroad**

adj; adv

med beaktande av det gemensamma förslaget från unionens höga representant för utrikes frågor och säkerhetspolitik och kommissionen...

Having regard to the joint proposal from the High Representative of the Union for Foreign Affairs and Security Policy and the Commission...

9358 blixtsnabbt **like lightning**

adv

Framför allt utvecklar sig också de tekniska skyddsmöjligheterna blixtsnabbt.

Technical means of protection in particular are developing at a very fast pace.

9359 insyn **insight**

nn

Hur utkasten formuleras: tydlighet, konsekvens, insyn och rättslig säkerhet vid tillämpningen av texterna.

The wording of drafts: clarity, consistency, transparency and legal certainty in the application of the texts.

9360 folkbildning **general level of education**

nn

De ska vara delaktiga i folkbildningen i frågor om miljö och hållbar utveckling.

They shall participate in education in the environment and sustainable development.

9361 tolk **interpreter**

nn

Detta kunde i vissa fall innebära att en tolk står till deras förfogande.

This could involve in certain cases putting an interpreter at their disposal.

9362 skyhög **sky-high**

adj

Men det är irrelevant, för med dig ur bilden— och med brottsstatistiken skyhög kommer åklagaren och snuten— att be om omedelbar frigång för dig.

But it's irrelevant because with you out of the picture, and with the crime rate going up through the roof, the DA and the cops, they're all gonna call for your immediate release.

9363 ompröva **reconsider**

vb

Å andra sidan måste beslutsfattare inom husdjursuppfödning och livsmedelsindustri ompröva branschens organisation och policy mot bakgrund av den pågående epidemin.

On the other hand decision–makers in livestock production and the agri–food industry need to rethink their structures and policy in the light of the current epidemic.

9364 rymdstation **space station**

nn

Se artikeln "Linjerna i Nasca – en rymdstation för UFO?"

See the article "The Nazca Lines – A UFO Spaceport?"

9365 översvämmad **awash**

adj

Bottenvåningen var översvämmad.

The ground floor was flooded.

9366 incest **incest**

nn

Familjelivet urartade, och jag blev offer för incest.

Family life deteriorated to the point that I became a victim of incest.

9367 köa — **queue**
vb

Om insättare vet att deras insättning kommer att täckas och litar på att deras försäkrade insättningar kommer att ersättas snabbt behöver de inte ställa sig och köa utanför en bank.

If depositors know that their deposit will be covered and if they feel confident that the insured deposits will be reimbursed rapidly, there is no need for them to join any queue outside a bank.

9368 provokation — **provocation**
nn

Jag bad er kontakta de turkiska myndigheterna omedelbart för att fråga om gripandet, som jag och många andra ledamöter här i parlamentet såg som en öppen provokation, eftersom det var uppenbart för alla och envar att det var kopplat till Leyla Zanas framträdande i Europaparlamentet.

I asked you to contact the Turkish authorities immediately to inquire about this arrest, which I, along with many other Members of this House, saw as an outright provocation, it being clear to everyone that this arrest is linked to Leyla Zana's appearance in the European Parliament.

9369 röntga — **X-ray**
vb

Vi skulle vilja att du går med på att röntga dig.

We would like to submit you to an X–ray.

9370 klättrare — **climber**
nn

Katter är mycket goda klättrare och använder ofta upphöjda strukturer (t.ex. hyllor) både som utkiksplats och vid grupphållning för att hålla distansen till andra katter.

Cats are excellent climbers and utilise raised structures (e.g. shelves) extensively, both as vantage points and, when housed in groups, to maintain a distance from other cats.

9371 reflektion — **thought**
nn

Vita reflexanordningar får inte ge upphov till avvikande ljusreflektioner. Detta innebär att de trikromatiska koordinaterna "x" och "y" för standardljuskälla "A" som används för att belysa reflexanordningen inte får ändras mer än 0,01 efter reflektion från reflexanordningen.

Clear retro–reflecting devices must not produce a selective reflection, that is to say, the trichromatic coordinates 'x' and 'y' of the standard illuminant 'A' used to illuminate the retro–reflecting device must not undergo a change of more than 0,01 after reflection by the retro–reflecting device.

9372 möblera — **furnish**
vb

Han kan till exempel använda dem för att möblera sin nya bostad eller lagra dem i flyttfirmans lokaler.

He can, for example, use them for furnishing his new residence or store them at the premises of his removal company.

9373 extern — **external; day scholar**
adj; nn

Intern och extern verifiering av fakturor.

Internal and external verification of invoices.

9374 balsam — **conditioner|balm**
nn

Geler, lotioner, oljor, balsam, puder, talkpuder och sprejer för fötter, kropp och hud.

Gels, lotions, oils, balsams, powders, talcum powders and sprays for use on the feet, body and skin.

9375 gensvar — **response**

	nn	Jag tog upp frågan vid det senaste ministerrådet med arbetsmarknadsministrarna, och jag måste säga att flera länder gav ett positivt gensvar och stödde behovet av att institutet inrättas.
		I put this question to the last Council of Employment Ministers and I must say that several countries reacted positively and supported the need to set up this Institute.
9376	**behörig**	**competent**
	adj	Importörer i EU ansöker om det importtillstånd som krävs hos en behörig myndighet i EU.
		EU importers apply for the necessary import authorisation to the an EU competent authority.
9377	**sydöst**	**southeast**
	nn	Sisera dog i det tält som tillhörde Jael, keniten Hebers hustru, och som stod "nära det stora trädet i Saanannim, som ligger vid ["i närheten av", 2000] Kedes", möjligen det Kedes som låg sydöst om Megiddo i Isaskars område.
		Sisera met death in the tent of Jael, the wife of Heber the Kenite, "near the big tree in Zaanannim, which is at ["by" (JP) or "near" (AT, RS)] Kedesh," perhaps the Kedesh SE of Megiddo in Issachar.
9378	**överflödig**	**superfluous|redundant**
	adj	Diskussionen om det rättsliga instrumentet är således fullständigt överflödig.
		The discussion about the legal instrument is therefore completely superfluous.
9379	**trafikljus**	**traffic light**
	nn	Vi behöver även trafikljus.
		We also need traffic lights.
9380	**uppsägning**	**termination**
	nn	Här ökar - det har PPE visat på i förslagen - hela tiden risken för uppsägning.
		Here, as the PPE Group has pointed out in its amendments, the danger of dismissal is ever-present.
9381	**modifiera**	**modify**
	vb	Varje substans eller kombination av substanser som kan användas på eller administreras till djur i syfte antingen att återställa, korrigera eller modifiera fysiologiska funktioner genom farmakologisk, immunologisk eller metabolisk verkan eller att ställa diagnos.
		Any substance or combination of substances which may be used in or administered to animals with a view either to restoring, correcting or modifying physiological functions by exerting a pharmacological, immunological or metabolic action, or to making a medical diagnosis.
9382	**pilbåge**	**longbow**
	nn	Räck mig min pilbåge.
		Give me my bow.
9383	**räddare**	**rescuer**
	nn	Hundarna måste bevisa sig som vär diga räddare och komma över sin rädsla
		If dogs are to prove their worth as rescuers they must overcome their fears.
9384	**akademi**	**university**
	nn	Från och med januari 2001 inrättas den europeiska polisakademin som ett nätverk av nationella utbildningshögskolor, en virtuell akademi.

From January 2001 the European police college is set up as a network of national training institutes, a virtual academy.

9385	**knopp**	**bud | knob**
	nn	Reglage som kan manövreras med vänster hand utan att ratten eller rattillbehören (knopp, gaffelgrepp, etc.) måste släppas.
		Control devices operable without releasing the steering wheel and accessories (knob, fork, etc.) with the left hand,

9386	**transaktion**	**transaction**
	nn	Kontakta därför oss eller din bank i varje enskild transaktion.
		Therefore – always consult us, or your bank, in each specific transaction.

9387	**ravioli**	**ravioli**
	nn	Pastaprodukter, såsom spagetti, makaroner, nudlar, lasagne, gnocchi, ravioli och cannelloni, även kokta, fyllda (med kött eller andra födoämnen) eller på annat sätt beredda; couscous, även beredd.
		Pasta, whether or not cooked or stuffed (with meat or other substances) or otherwise prepared, such as spaghetti, macaroni, noodles, lasagne, gnocchi, ravioli, cannelloni; couscous, whether or not prepared.

9388	**lama**	**lama**
	nn	Det finns fyra arter av kameldjur i Sydamerika: alpacka, guanaco, lama och vikunja.
		Four types of lamoids reside in South America: alpacas, guanacos, llamas, and vicuñas.

9389	**stift**	**pin | pencil**
	nn	Varför skulle du försöka stift här på Rollins?
		Why would you try and pin this on Rollins?

9390	**dotterson**	**grandson**
	nn	1759 beskrev han för sin dotterson, olika saker som han såg.
		And in 1759, he described to his grandson various things he was seeing.

9391	**luftgevär**	**air rifle**
	nn	Luftgevär eller patrongevär för användning i industrin eller för human bedövning av djur.
		Air– and cartridge–powered guns designed as industrial tools or humane animal stunners.

9392	**matematisk**	**mathematical**
	adj	Dessutom fastställs det pris som Corus skall betala för släta rör i respektive avtal enligt en matematisk formel som inbegriper det pris som Corus erhöll för sina rör med gängade ändar.
		Moreover, each contract provides that the price payable by Corus for plain end pipes is to be determined on the basis of a mathematical formula which takes account of the price it receives for its threaded pipes.

9393	**röstning**	**voting**
	nn	Dessa jobb kunde förstöras mycket snabbt genom vårt missförstånd och vår röstning.
		Those jobs could be destroyed very quickly by our misunderstanding and our vote.

9394	**ledningscentral**	**operations room**
	nn	Krisanordningar: särskilda anordningar som finns tillgängliga för användning under en kris (ledningscentral, krisrum m.m.), tillgång på systemutrustning, t.ex. videokonferenser, telekonferens, logistik under en kris. Epidemiologiska omvärldsbevakningsförfaranden.
		Crisis facilities: specific facilities available for use during a crisis (Emergency Operation Centre, crisis room, etc); availability of systems

equipment, e.g. videoconference, teleconference, etc ; logistics to be used during a crisis. Epidemic intelligence procedures.

9395 **dåtid** **past**

nn

Det finns egentligen 6 olika tidsperspektiv; två för nutid– två för dåtid– och två sätt att vara framtidsorienterad.

Well there is actually six of them. There are two ways to be present–oriented. Two for the past and two ways to look to the future.

9396 **nattduksbord** **bedside table**

nn

Tjänstepistolen från kraschen skulle polisen hitta på Kjikeruds nattduksbord.

Service pistol from the crash which the Police find in Kjikerud's bedside table.

9397 **relatera** **relate**

vb

Du ska kunna relatera till det.

You should be able to relate to that.

9398 **sfär** **sphere**

nn

Med förbehåll för huvudförfarandets roll och för samordningsskyldigheten medges i förordningen att det sekundära förfarandet visserligen inte ska ha en verklig autonomi men åtminstone en egen sfär.

Subject to respect for that role and the obligation concerning coordination, the regulation attributes to secondary proceedings, if not genuine autonomy, at least their own sphere of action.

9399 **modem** **modem**

nn

Om ingen information tillhandahålls anses produkten inte vara en nätverksansluten produkt om den inte tillhandahåller funktionerna för en router, nätverksväxel, trådlös nätverksanslutningspunkt (som inte är en terminal), hubb, modem, IP–telefon, bildtelefon.

If no information is provided, the equipment is considered not to be networked equipment unless it provides the functionalities of a router, network switch, wireless network access point (not being a terminal), hub, modem, VoIP telephone, video phone.

9400 **fredstid** **peacetime**

nn

I december förra året råkade vi ut för en brand i en oljedepå utanför London, vilket var den största branden i sitt slag i fredstid i Europa.

Last December, at an oil–storage depot near London, we had the biggest fire in peacetime Europe.

9401 **instans** **instance**

nn

Genom ett överklagande som ingavs den 27 augusti 2012 har kommissionen begärt att domstolen ska upphäva den överklagade domen, pröva målet i sak och ogilla talan om ogiltigförklaring av avvisningsbeslutet samt förplikta sökandena i första instans att ersätta de kostnader som kommissionen orsakats i första instans och inom ramen för förevarande överklagande.

By its appeal brought on 27 August 2012, the Commission asks the Court to set aside the judgment under appeal, rule on the substance of the case and dismiss the action for annulment of the decision on inadmissibility, and to order the applicants at first instance to pay the costs incurred by the Commission at first instance and in the context of the present appeal.

9402 **handgranat** **hand-grenade**

nn

Brick var har du fått tag på en handgranat?

Brick, where'd you get a hand grenade?

9403 **avväg** **byway**

nn		Här blir det tydligt att detta inte är en väg för framtiden, och därför bör vi göra halt på denna ekonomiska och ekologiska avväg och inrikta oss mot något annat.

Clearly, then, the future does not lie down this particular road, and we should therefore turn back from this economic and ecological blind alley and find ourselves a new direction.

9404 korsett — **corset**

nn

Om alla åtgärder som medlemsstaterna vidtar på dessa områden på grund av lojalitetsplikten skulle undersökas med hänsyn till åtgärdernas återverkningar på konkurrensen, skulle medlemsstaterna även på dessa områden vara tvingad in i en "konkurrensrättslig korsett".

If all national legislation in those areas were reviewed on the basis of the duty of good faith for its effects on competition, the Member States would be forced into a 'competition law straitjacket' even in relation to measures in those areas.

9405 söndagsskola — **Sunday school**

nn

Nej, vi har söndagsskola.

No, no, we have Sunday School.

9406 täppa — **obstruct; garden plot**

vb; nn

Genom detta betänkande kommer vi att kunna täppa till de hittillsvarande kryphålen i lagstiftningen om EU:s fiskeflotta, och därigenom förbättra EU:s trovärdighet inom området och bidra till bekämpningen av olagligt fiske.

This report will allow us to close the legal loopholes which have existed to date with regard to legislative provisions on European Union fleets, which will improve the European Union's credibility in this field, and contribute to the fight against illegal fishing.

9407 fälttåg — **campaign**

nn

Vid samma fälttåg hände det att en rik man vädjade att hans son skulle slippa tjänstgöra i armén. Då lät Xerxes hugga sonen mitt itu och hänga upp honom som avskräckande exempel.

In the same campaign, when a wealthy man begged that his son be excused from joining the army, Xerxes had the son cut in half, his body displayed as a warning.

9408 närapå — **nearly**

adv

Kommande utmaningar: Trots närapå rekordnivåer när det gäller sysselsättningen och låg arbetslöshet förblir inkomstskillnaderna höga och antalet hushåll där ingen har arbete är fortfarande ett problem, särskilt i de mest eftersatta bostadsområdena, och andelen människor som uppbär bidrag under lång tid för arbetsoförmåga eller andra bidrag är särskilt hög.

Challenges ahead: Despite near record employment levels and low unemployment, income disparities remain high and the number of workless households continues to be an issue, especially in the most deprived neighbourhoods and the proportion of people on long–term incapacity, or other benefits, is particularly high.

9409 obducera — **autopsy**

vb

Vi borde kanske obducera honom bara för att vara säkra.

Maybe we'd better do an autopsy just to make sure.

9410 dekadent — **decadent**

adj

Marcel Proust, som var övertygad om hur läcker osten var, använde sig senare av den vid sidan av utsvävningarna hos en dekadent socialklass som en avbild av den sanna naturen hos en av hans personfigurer,

Verdurin, som till följd av omständigheterna och hustruns ambitioner socialt kom att upplyftas mer än vad förutsättningarna tillät.(

Later on, Proust uses cheese as a counterpoint to the excesses of a decadent group of individuals who consider themselves refined, and as a reflection of the true nature of one of them, M. Verdurin, whose social position, because of his wife's circumstances and ambition, is higher than his resources permit.

9411	**närgången**	**familiar**
	adj	

Att bli alltför närgången eller självsäker är ungefär som att vara vårdslös i trafiken.

To take liberties with each other or to be overconfident is like driving dangerously.

9412	**tidsfrist**	**deadline**
	nn	

I överensstämmelse med det förfarande som normalt tillämpas enligt denna förordning kom mötet därför fram till att det fanns behov av ytterligare information eller testning, och att denna information skulle tas fram inom en tidsfrist på 18 månader räknat från september 2001.

Therefore, in line with the usual procedure under this Regulation, the meeting agreed on a conclusion (i) there is a need for further information and/or testing, and agreed on a deadline of 18 months from September 2001 to obtain this information.

9413	**antågande**	**advance**
	nn	

När fängelsevakterna hörde att tyskarna var i antågande, öppnade de cellerna och flydde.

When the prison guards heard that the Germans were nearby, they opened the prison doors and fled.

9414	**ormbett**	**snakebite**
	nn	

Instrument för behandling av ormbett.

Instruments for treating snake bites.

9415	**irritation**	**irritation**
	nn	

Därför har jag med största irritation deltagit i denna korta Miller–omröstning.

It was therefore with extreme annoyance that I took part in this brief vote on the Miller report.

9416	**sippra**	**trickle|ooze**
	vb	

Kommittén anser att bekämpningsmedel som kan sippra ned i grundvattnet konsekvent bör räknas till förordningens högriskgrupp.

The commission urges that pesticides which can seep into the groundwater should consistently be included among high–risk substances in the Regulation.

9417	**sabotör**	**saboteur**
	nn	

Om någon vågade vägra, blev han hängd i ett träd eller under en bro med orden "förrädare" eller "sabotör" skrivna på en skylt över bröstet.

Anyone who dared to refuse was hanged on a tree or a bridge with the sign "traitor" or "saboteur" on his chest.

9418	**cyniker**	**cynic**
	nn	

Forntida cyniker – deras ursprung och trosuppfattningar.

Ancient Cynics–Their Origins and Beliefs.

9419	**tjurfäktning**	**bullfighting**
	nn	

Det är viktigt att påpeka att endast ett fåtal tjurar föds upp för att användas i tjurfäktning och att uppfödarna gör detta urval långt efter den ålder då djuret berättigar till stöd enligt ordningen för handjursbidrag.

It should be pointed out that the breeders concerned earmark only a very small number of their male bovine animals for bullfights and that the use of the animals for this purpose is generally decided well after the age at which they benefited from the grant of the premium for male bovine animals.

| 9420 | **psykiatri** | **psychiatry** |

nn

Vi är säkert överens om att sådana metoder inte har någon plats i modern psykiatri.

I am sure we all agree that such methods have no place in modern psychiatry.

| 9421 | **turnera** | **tour** |

vb

Jag ska turnera ett år med denna, något.

I'll tour a year with this one, anything.

| 9422 | **ogenomtränglig** | **impervious** |

adj

Högen placeras på en kall, icke ledande, ogenomtränglig basplatta.

The pile is placed on a cool, non–combustible, non–porous and low heat–conducting base plate.

| 9423 | **efterlängtad** | **longed for** |

adj

Byrån borde bedriva och finansiera forskning samt utvärdera befintlig information och på så sätt fungera som den länk mellan vetenskaplig forskning och de politiska beslutsfattarna, som är så efterlängtad.

The Agency would have to produce and commission studies and evaluate existing data, and thus act as the much–needed link between scientific research and the political decision–makers.

| 9424 | **omoralisk** | **immoral** |

adj

Det är en oetisk, omoralisk obalans.

That is an unethical, immoral imbalance.

| 9425 | **förläggning** | **accommodation** |

nn

Denna rapport är en allmän redogörelse för hur medlemsstaterna har genomfört rådets direktiv 9 om arbetstidens förläggning i vissa avseenden (nedan kallat arbetstidsdirektivet).

This report gives a general overview of the way in which Member States have implemented Council Directive 9 concerning certain aspects of the organisation of working time (hereinafter the 'Working Time Directive').

| 9426 | **dräng** | **farmhand\|stooge** |

nn

Marknadskrafterna är en bra dräng, men de är en dålig husbonde.

Market forces are a good servant, but a bad master.

| 9427 | **bråte** | **lumber** |

nn

Det är massor av bråte som ramlar ner på mig.

I got this all shit falling from above.

| 9428 | **marginal** | **margin** |

nn

Sex månader efter det att bedömningen färdigställts och beslut fattats om att införa driftsrestriktioner, får det i jämförelse med motsvarande tidsperiod för året före inte ges ytterligare tillstånd för ny trafik med luftfartyg som uppfyller bullernorm med liten marginal på den aktuella flygplatsen.

Six months after the completion of the assessment and decision on the introduction of an operating restriction, no services over and above those operated in the corresponding period of the previous year shall be allowed with marginally compliant aircraft at that airport;

| 9429 | **glödlampa** | **light-bulb** |

	nn	Detta är liktydigt med att skruva ur varannan glödlampa i landet.

This is the equivalent of unscrewing every second light bulb in the country.

9430 mognad

nn

maturity | ripeness

Päronen ska ha nått ett sådant utvecklingsstadium och en sådan mognadsgrad att mognadsprocessen kan fortsätta tills frukten når en mognad som krävs med hänsyn tagen till sortegenskaperna.

The development and state of maturity of the pears must be such as to enable them to continue their ripening process and to reach the degree of ripeness required in relation to the varietal characteristics.

9431 prägel

nn

touch

Fru kommissionär, detta förslag till budget för 2005 har från början en särskild prägel.

Commissioner, this draft 2005 budget is characterised from the outset by a special feature.

9432 förvränga

vb

distort | scramble

för att kunna förvränga bevisen som de ger till doktorer och patienter.

in order to distort the evidence that they give to doctors and patients.

9433 skuta

nn

small cargo ship

Det kan inte flyga iväg med en skuta i munnen.

I don't mean flying off with a ship in its mouth.

9434 tillgodose

vb

cater for

Gemenskapsdelarna i systemet för datorbehandling skall vara de gemensamma specifikationerna, de tekniska varorna, tjänsterna inom det gemensamma kommunikationsnätet/systemgränssnittet (CCN/CSI) och de samordningstjänster som är gemensamma för alla medlemsstater med uteslutande av variationer eller anpassningar av dessa som är avsedda att tillgodose enskilda medlemsstaters behov.

The Community components of the system shall be the common specifications, the technical products, the services of the CCN/CSI network, and the coordination services used by all the Member States, to the exclusion of any variant or special feature of any such services designed to meet national requirements.

9435 släktdrag

nn

affinity

Det är ett släktdrag.

It's a family trait.

9436 bogsera

vb

tow

Alla maskiner som används för att bogsera eller bli bogserade skall vara utrustade med bogserings–eller kopplingsanordningar som är konstruerade, tillverkade och placerade på sådant sätt att de säkerställer en enkel och säker till–och frånkoppling och förhindrar att de oavsiktligt kopplas ifrån under användning.

All machinery used to tow or to be towed must be fitted with towing or coupling devices designed, constructed and arranged to ensure easy and safe connection and disconnection, and to prevent accidental disconnection during use.

9437 trumf

nn

trump

Det är faktiskt så att det som framstår som en sårbarhet för små och medelstora företag, ofta är en enorm trumf i termer av snabb anpassningsförmåga, intern kommunikation och rörlighet.

In fact, the apparent vulnerability of SMEs is often a considerable trump in terms of ability to adapt rapidly, internal communication and mobility.

9438 upplyftande

nn

uplifting

Det var upplyftande att se att beslut tidigt fattades om Guantánamo – vi talade om detta här för bara några få veckor sedan – ett förnyat åtagande om engagemang i Mellanöstern, och sammankallandet till en konferens om Afghanistan som kommer att hållas den 31 maj i Haag.

It was encouraging to see early decisions on Guantánamo – we were talking about that here just a few weeks ago – a renewed commitment to engage on the Middle East, and the convening of the conference on Afghanistan, which will be held on 31 May in The Hague.

9439 framförande

nn

performance

Arrangemang och framförande av komedievenemang.

Arrangement and performance of comedy events.

9440 nedgång

nn

decline|fall

En genuint sund och tillväxtinriktad ekonomi är den bästa grunden för att kunna hantera en nedgång.

A fundamentally sound growth–orientated economy is the best platform to resist a downturn.

9441 skramla

nn; vb

rattle; rattle

Skramla i kedjor, blinka med ljus?

Rattle chains, make lights flicker?

9442 svetsa

vb

weld

Här finns det utrymme för att experimentera och att svetsa och att testa saker.

There's space to experiment and to weld and to test things.

9443 frambringa

vb

bring forth|bring

Kommissionen och rådet måste därför se till att frambringa ytterligare nya medel.

The Commission and the Council must therefore ensure that additional new funds are created.

9444 oacceptabel

adj

unacceptable

Folk använder privata bilar, för situationen för kollektivtrafiken är oacceptabel.

People use private transport because the situation of public transport is not acceptable.

9445 dispyt

nn

dispute

I modern tid, 1930, stödde Iran kurdiska uppror mot Turkiska republiken – något som följdes av en dispyt om den turkisk–iranska gränsen.

In more modern times, Iran, in 1930, supported Kurdish uprisings against the Republic of Turkey; they were followed by a dispute over the Turkish–Iranian border.

9446 diskmaskin

nn

dishwasher

Energieffektivitetsindex (EEI) för en diskmaskin för hushållsbruk ska beräknas enligt punkt 1 i bilaga VII.

The Energy Efficiency Index (EEI) of a household dishwasher shall be calculated in accordance with point 1 of Annex VII.

9447 bärande

adj; nn

carrying; carry

Det bärande inslaget i dessa projekt för att stärka banden mellan myndigheterna kommer att bli att långsiktigt ställa experter från medlemsstaterna till förfogande för tjänstgöring i kandidatländerna och att i medlemsstaterna ta emot praktikanter från kandidatländerna.

The backbone of these twinning projects will be the long–term secondment of experts from the Member States in the candidate countries and the hosting of trainees from the candidate countries in the Member States.

| 9448 | **arbetsledare** | **foreman** |

nn

I stället för koppar skall jag föra in guld, och i stället för järn skall jag föra in silver, och i stället för trä koppar och i stället för sten järn; och jag skall insätta frid som dina tillsyningsmän och rättfärdighet som dina arbetsledare.

Instead of the copper I shall bring in gold, and instead of the iron I shall bring in silver, and instead of the wood, copper, and instead of the stones, iron; and I will appoint peace as your overseers and righteousness as your task assigners.

| 9449 | **förmånstagare** | **beneficiary** |

nn

Sättet för handläggning av klagomål på försäkringsavtal från försäkringstagare, försäkrade eller förmånstagare och, i förekommande fall, förekomsten av ett särskilt organ som handlägger sådana klagomål utan inskränkning av rätten att vidta rättsliga åtgärder.

The arrangements for handling complaints concerning contracts by policy holders, lives assured or beneficiaries under contracts including, where appropriate, the existence of a complaints body, without prejudice to the right to take legal proceedings.

| 9450 | **kunnig** | **knowledgeable｜proficient** |

adj

I det avseendet fann överklagandenämnden att formgivaren hade en hög grad av frihet men att denna omständighet, från en kunnig kvinnlig användares synpunkt, i det aktuella fallet inte utplånade de betydande skillnader i form, struktur och ytdetaljer som förelåg mellan de båda handväskorna.

In that regard, the Board of Appeal found that the degree of freedom of the designer was high, but that, in the present case, it did not, from the point of view of the informed user, cancel out the significant differences in shape, structure and surface finish which differentiated the two bags.

| 9451 | **förfalla** | **decay｜lapse** |

vb

Europaparlamentet beklagar dock att senaten låtit lagförslaget om våld i hemmet förfalla trots att nationalförsamlingen antog det redan 2009. Parlamentet anser att det är nödvändigt, och i linje med den kvinnovänliga lagstiftning som nyligen antagits, att återinföra och brådskande anta lagförslaget för att bekämpa våld i hemmet.

Regards it as regrettable, nonetheless, that the Senate has let the Domestic Violence Bill lapse although the National Assembly passed it in 2009; believes that it is necessary, and in the spirit of the pro–women legislation recently passed, to reintroduce and speedily adopt the Bill in order to fight domestic violence.

| 9452 | **uppvaknande** | **awakening** |

nn

Napoleon sa till oss att vi skulle låta Kina sova, för Kinas uppvaknande kommer att bli omtumlande för världen.

Napoleon told us that we should let China sleep, for when she wakes, she will shake the world.

| 9453 | **arta** | **shape** |

vb

Vad beträffar de påstådda bristerna avseende återköp av apelsiner i förvaltningsområdet Arta har Republiken Grekland anfört att vidare utbetalningar omedelbart inställdes, att ytterligare information begärdes av de behöriga lokala myndigheterna och att en särskild undersökningsgrupp tillsattes, som dock kom till den slutsatsen att inga oegentligheter förekommit i förevarande fall.

With regard to the supposed deficiencies in the withdrawal of oranges in the nomos of Arta, further payments were suspended immediately, further information was requested from the competent local authorities and a special investigation group was appointed which nevertheless concluded that no irregularities had occurred in that case.

9454	**båtsman**	**boatswain**

nn

Jag tycker att det är mycket viktigt att tillägga att mer resurser borde avsättas för att öka yrkeskunnigheten hos alla sjömän som har ansvar för navigering – från kaptenen, maskinchefen, båtsman, väbeln, rorsman och till alla sjömän – eftersom människors liv och säkerhet till sjöss är beroende av dem.

I think it is very important to add that more should be spent on the professionalism of all seamen responsible for navigation – from the captain, to the chief engineer, to the boatswain, to the master–at–arms, to the helmsman and to all seamen – because the lives and safety of men at sea depends on them.

9455	**substantiv**	**noun**

nn

Eftersom orden ultra och plus kan vara särskiljande om de kombineras med ett adjektiv eller ett substantiv, anser sökanden att deras placering sida vid sida – som ger mer utrymme för fantasin – är särskiljande för vilken typ av varor som helst.

Furthermore, according to the applicant, if the words ultra and plus combined with an adjective or a noun can be distinctive, the juxtaposition of the two, which leaves more to the imagination, must be distinctive for any type of goods.

9456	**överträdelse**	**violation|offence**

nn

Samma sak gäller de konkurrensbegränsande åtgärder som vidtagits på europeisk nivå och som i sig utgör en enda överträdelse. Denna består av avtal (om fastställande och höjning av priser för EES, för nationella marknader samt för enskilda kunder, om tilldelning av kunder, om fördelning av marknadsandelar och om kontroll av distributörer och bearbetare) samt av samordnade förfaranden.

The same applies to the anti–competitive activities at the European level which in themselves constitute a single and continuous infringement consisting of agreements (on fixing and increasing prices for the EEA, for home markets and also for individual customers, on the allocation of customers, on the allocation of market shares and on the control of distributors and converters) and also of concerted practices..

9457	**lösdrivare**	**vagabond**

nn

När någon är lagligen berövad friheten för att förhindra spridning av smittosam sjukdom eller därför att han är psykiskt sjuk, alkoholmissbrukare, missbrukare av droger eller lösdrivare.

The lawful detention of persons for the prevention of the spreading of infectious diseases, of persons of unsound mind, alcoholics or drug addicts or vagrants.

9458	**tjafs**	**yapping**

nn

Saken är alltför allvarlig för att vi skall kunna ägna tiden åt tjafs.

The matter is too serious for us to waste time on tomfoolery.

9459	**ömsint**	**tender**

adj

Att vara skild från en ömsint hustru och små barn som inte har upplevt en kärleksfull fars ömhet!

To separate from a tender wife and young children who haven't known the tenderness of a loving father!

9460 flinta
nn

flint

Pilspetsarna var från början av flinta eller ben och senare av metall.

Arrowheads were at first made of flint or bone and later of metal.

9461 förorena
vb

contaminate

De utgör en administrativ, tilldelad och abstrakt rättighet att förorena atmosfären.

They represent an administratively allocated abstract right to pollute the atmosphere.

9462 satt
adj

stocky

Jag vill i synnerhet betona den positiva roll som Italien har spelat, och detta är ingen motsägelse: Italien ville inte återkalla eller stå i vägen för de ambitiösa mål som vi hade satt upp för oss tillsammans, men vi hade samtidigt skyldighet att försvara vårt nationella tillverkningssystem.

I would particularly like to point out the positive role played by Italy, and this is not a contradiction: Italy had no desire to withdraw, or to obstruct the ambitious targets we had together set ourselves, but at the same time we had a duty to defend our national manufacturing system.

9463 oersättlig
adj

irreplaceable

Kunskapssamhället måste ligga till grund för världens mest avancerade ekonomiska, sociala, tekniska och kulturella område. I detta sammanhang utgör kvalitetssäkringssystemen och kvalitetsprocesserna en oersättlig grund för framsteg och bättre service för kunden eller användaren.

In a knowledge society which is to provide the basis for building up the most advanced economic, social, technological and cultural area in the world, quality assurance systems and overall quality processes are indispensable for progress and for improving the service provided to customers and users.

9464 släckt
adv

out

Därefter skall lampan vara släckt en timme.

Period of rest for one hour.

9465 trojansk
adj

trojan

Samtidigt som man förstärker det rättsliga skyddet av gravida kvinnors trygghet och hälsa, fyller i luckorna och konkretiserar det som varit otydligt – en "trojansk häst" i fråga om att kringgå och bryta mot reglerna – måste man ta itu med medlemsstaternas regeringar och deras bristande politiska vilja att tillämpa direktivet. Denna bristande vilja kan man lätt få bevis för, om man betraktar medlemsstaternas kontrollapparater under den föregående perioden.

Not only must we strengthen the legal framework protecting the health and safety of pregnant women and rectify omissions and clarify ambiguities – the "Trojan horses" used to bypass and infringe legislation –, we also need to deal with the lack of political will on the part of national governments to apply the directive properly, a lack which is sorely in evidence from the sluggish state of control mechanisms in the Member States during the previous period.

9466 klingande
nn; adj

clink; high-sounding

Samtidigt hävdar avfällingarna att de tjänar Jehova och representerar honom, och de använder skenheligt sådana religiöst klingande uttryck som: "Må Jehova bli förhärligad!"

At the same time, these false servants of Jehovah claim to represent him, piously using such religious–sounding phrases as "May Jehovah be glorified!"

9467 upphöjd

elevated

	adj	Jehova är "upphöjd i kraft", men han vill så att säga komma ner till oss på vår nivå för att hjälpa oss när vi är missmodiga och förtvivlade.
		Although he is "exalted in power," Jehovah is willing to come down to our level, as it were, to help us when we are low.

9468 revolt — **revolt**

nn

Framför allt var det emellertid en dag av frigörelse även för Tyskland.

Above all, however, it was also a day of liberation for Germany.

9469 aristokrat — **aristocrat**

nn

En sann aristokrat!

He's a real aristocrat!

9470 smultron — **wild strawberry**

nn

Citrusfrukter, aprikoser, körsbär, persikor, inbegripet nektariner, jordgubbar och smultron, på annat sätt beredda eller konserverade.

Citrus fruit, apricots, cherries, peaches, including nectarines, and strawberries, otherwise prepared or preserved.

9471 rekonstruera — **reconstruct**

vb

De franska myndigheterna påpekar därför, vilket kommissionen uppmärksammade i sitt beslut från 2003, att företaget självt har bidragit tillräckligt mycket till planen för att rekonstruera sitt eget kapital på grund av avyttringen av anläggningstillgångar till ett värde av 30,2 miljoner euro.

To that effect, the French authorities note that, as the Commission recognised in its 2003 decision, the undertaking has itself contributed sufficiently to the restructuring plan from its own resources by virtue of the disposal of assets for the sum of EUR 30,2 million.

9472 stekpanna — **frying pan**

nn

Tar man i en het stekpanna känns en sekund som en timme.

Grab hold of a hot frying pan, a second can seem like an hour.

9473 triumferande — **triumphant; exultant**

nn; adj

15 min. "Vad är din 'anledning till triumferande glädje'?"

15 min: "What Is Your 'Cause for Exultation'?"

9474 punktligt — **punctually**

adv

Följande skall rapporteras punktligt med ordinarie regelbundenhet:

To be reported with standard periodicity and timeliness:

9475 terrier — **terrier**

nn

Nu går Storbritannien som en stolt terrier bredvid den amerikanska elefanten och säger: hör nu hur vi stampar fram tillsammans.

Like a proud terrier, Great Britain is walking next to the American elephant, and is saying: listen to us making all this noise.

9476 tidskrift — **magazine**

nn

Det är världens mest spridda tidskrift med en upplaga på 42 182 000 exemplar.

It is the most widely circulated magazine on earth, with a circulation of 42,182,000 copies each issue.

9477 komiker — **comedian**

nn

Administrering av individuella karriärer för mannekänger, modeller, kändisar, skådespelsartister, idrottare, komiker och modeskapare.

Individual career management for models, celebrities, entertainers, athletes, comedians and fashion designers.

9478 stickande — **prickle; prickly; stabbing**

nn; adv; adj

Klar, färglös eller svagt gulaktig, korrosiv vätska med stickande lukt.

Clear, colourless or slightly yellowish, corrosive liquid having a pungent odour.

9479	**narkoman**	**drug addict**
	nn	Dels kan det röra sig om ett enstaka dåd av en narkoman, som vill skaffa sig pengar för inköp av droger.
		Firstly, it may be a single act by a drug addict needing money to buy drugs.
9480	**kollidera**	**collide|impact**
	vb	Om en veckotimer ingår i en modell av en multifunktionsmaskin skall den inte kollidera med lågeffekt– och vilolägesfunktionerna.
		If included in multifunction device models, weekly timers shall not conflict with the functioning of the low–power and sleep mode features.
9481	**rakhyvel**	**razor**
	nn	Skulle jag få en rakhyvel för 100 kr?
		Would 20 bucks buy me a razor?
9482	**omformulera**	**rephrase**
	vb	Ledamot Theonas vill omformulera sin fråga.
		Mr Theonas wishes to rephrase his question.
9483	**snus**	**snuff**
	nn	Det nuvarande förbudet mot snus behölls.
		The existing ban on tobacco for oral use (snus) was upheld.
9484	**utväxling**	**exchange**
	nn	Vi har alltid varit ivriga förespråkare för principen om utväxling av goda erfarenheter.
		We have always been great advocates of the principle of exchange of best competitive practice.
9485	**smida**	**forge|hammer**
	vb	Enligt far måste man hantera svärdet för att kunna smida det.
		Father says you can't forge a sword if you don't know how to use one.
9486	**mittpunkt**	**center**
	nn	Detta beror inte på att vi är världens mittpunkt.
		That is not because we are the centre of the world.
9487	**darrande**	**trembling**
	adj	Ett onormalt högt tonläge eller en darrande röst kan vara ett tecken på nervositet.
		Vocal evidences of nervousness may include an abnormally high–pitched or trembling voice.
9488	**valnöt**	**walnut**
	nn	I Nederländerna har vi ett ordspråk som, grovt översatt, betyder att man inte skall knäcka en valnöt med en slägga.
		In the Netherlands, we have a saying which, roughly translated, means that you should not crack a walnut with a sledgehammer.
9489	**dragkedja**	**zipper**
	nn	Avfallspåsar och skyddsomslag (med och utan snabbförslutning) för förslutning och återförslutning, med och utan inarbetat dragband och andra förslutningsband samt dragkedja av papper eller plast.
		Refuse sacks and protective covers (with and without quick closures) for sealing and resealing, with and without an integrated drawstring or other sealing bands, and zip fasteners of paper or plasltic.
9490	**välgörande**	**beneficial**

	adj	Där ingår fibrer, som är kända för att ha välgörande effekter för matsmältningen, och växtextrakt.

Fibre, which is known to aid digestion, in the same way as plant extracts, is included.

9491 havsbotten — **seabed**

nn

Att hämta upp förlorade fiskeredskap från havsbotten för att bekämpa spökfiske.

Remove lost fishing gear from the sea bed in order to combat ghost fishing.

9492 statstjänsteman — **civil servant**

nn

Herr rådsordförande! Som före detta statstjänsteman har jag vid flera tillfällen fört protokoll i rådsförsamlingar, och jag vet därför att dessa möten inte nödvändigtvis är världens mest spännande, och 28 000 människor som tittar – jag tror jag förstår varför!

President–in–Office, as a former civil servant, having taken many notes in Council meetings, I know that those meetings are not necessarily the most exciting events in the world and, therefore, 28 000 viewers – hmm, I kind of understand!

9493 dissekera — **dissect**

vb

Dissekera vävnader för VTG–analys.

Dissect tissues for VTG analysis.

9494 nyhetssändning — **newscast**

nn

Liknande situationer har inträffat nyligen, till exempel i Spanien, där Fernando Sánchez Dragó uttalade sig om melatonin i en nyhetssändning med höga tittarsiffror,(3) och även, såsom den tjeckiska regeringens ombud uppgav vid förhandlingen, när en novellsamling med titeln ”Nu är Viagras tid förbi, här kommer Cialis” publicerades i Tjeckien.(

Similar situations have arisen recently, for example, in Spain, with the statements made by Mr Sánchez Dragó about melatonin in a widely broadcast news programme (3) and also, as the representative of the Czech Government related at the hearing, with the publication in his country of a collection of stories called 'Yesterday Viagra, today Cialis'.

9495 dammsuga — **vacuum**

vb

Det är emellertid fortfarande så att pengar behövs oavsett källan, och vi behöver mer eller mindre dammsuga våra resurser för att klara av det som måste göras i Afghanistan.

Still, money is needed regardless of the source, and we need to more or less mop up resources to do what needs to be done in Afghanistan.

9496 kröning — **coronation**

nn

Eftersom Jesus, skördemannen i Johannes syn i Uppenbarelsebokens 14:e kapitel, bär en krona (vers 14), förstår vi att hans kröning som kung 1914 redan ägt rum.

Since John's vision in Revelation chapter 14 shows Jesus, the Harvester, wearing a crown (verse 14), his appointment as King in 1914 had already taken place.

9497 utforma — **formulate|model**

vb

Skriftligt prov på franska, på grundval av en samling dokument, i syfte att bedöma din förmåga att utföra de arbetsuppgifter som beskrivs i avsnitt A.2 samt din förmåga att utforma rättsakter.

Drafting test in French, on the basis of a set of documents, to verify the ability of candidates to perform the duties described under Section A.2 and their legal drafting skills.

9498 blodspår — **track of blood**

235

nn	Dessutom blodspår som var kvinnliga på sidan av datorn.
	I also found blood trace from a female on the side of the computer,

9499 nyttja — **make use of**
vb

I samband med att kabelnätsavtalen bringades i överensstämmelse med den gemenskapsram som blev följden av 2002 års telekompaket omvandlades dessa avtal till tillstånd att nyttja offentlig egendom genom att bestämmelser infördes som gav kabel–tv–leverantörerna odelad äganderätt till näten.
As part of the process of bringing them into compliance with the Community framework resulting from the 2002 Telecoms Package, the cable agreements were converted into licences to occupy publicly–owned property by incorporating clauses which acknowledged a right of ownership on the part of cable operators without the network being shared.

9500 konsekvent — **consistent; consistently**
adj; adv

Vår potentiella tillväxt i EU ligger konsekvent under den siffran, och därför håller inte pakten.
Our potential growth in Europe is consistently below that figure, and so the Pact does not hold.

9501 sommarlov — **summer vacation**
nn

Snart har alla institutionerna sommarlov.
Soon, it will be the summer recess for all our institutions.

9502 komplicera — **embroil**
vb

Dessutom skulle dessa ändringar komplicera systemet betydligt.
Moreover, these changes would complicate the scheme significantly.

9503 varierande — **varying**
adj

Forskningen bedrivs i ett flertal projekt i varierande omfattning.
The research is conducted to a varying extent in a number of projects.

9504 tvångsmässig — **compulsive**
adj

Verkligt värde minus försäljningskostnader mäts inte med utgångspunkt från en tvångsmässig försäljning, om inte företagsledningen är tvungen att avyttra tillgången omedelbart.
Fair value less costs to sell does not reflect a forced sale, unless management is compelled to sell immediately.

9505 förordning — **ordinance**
nn

I överensstämmelse med det förfarande som normalt tillämpas enligt denna förordning kom mötet därför fram till att det fanns behov av ytterligare information eller testning, och att denna information skulle tas fram inom en tidsfrist på 18 månader räknat från september 2001.
Therefore, in line with the usual procedure under this Regulation, the meeting agreed on a conclusion (i) there is a need for further information and/or testing, and agreed on a deadline of 18 months from September 2001 to obtain this information.

9506 trasslig — **tangled**
adj

Kom ih? g, Paul,V? rt samhälle är en trasslig väv av tävlande styrkor.
You must remember, Paul, our society is a tangled web of competing forces.

9507 kannibalism — **cannibalism**
nn

De första tecknen på ett samhälle i kaos uppträder – kanske förekommer det till och med kannibalism.
The first signs of social chaos appear, possibly even of cannibalism.

9508 faktura

nn

invoice

När det gäller de anläggningar som i dag fortfarande är i drift leder en första bedömning av en framtida nedmontering till en faktura om ytterligare 220 miljoner euro.

Initial calculations of the costs of the future decommissioning of installations still being used for research suggest additional costs of EUR 220 million.

9509 lykta

nn

lantern

Får inte bilda flerfunktion med någon annan lykta.

May not be reciprocally incorporated with any other lamp.

9510 rämna

nn; vb

rupture; burst

Ett förebud (mōfęth) kunde utgöras av en mirakulös handling som vittnade om övernaturlig kraft, som då Jehova fick Jerobeams altare att rämna. Det var ett förebud om att Jehova i framtiden skulle verkställa en större dom över detta altare och över dem som utförde tjänst vid det.

The portent (moh·pheth') might be a miraculous act manifesting divine power, as when the altar of Jeroboam was ripped apart by God, portending the still future and greater execution of his adverse judgment regarding that altar and those serving at it.

9511 bekämpningsmedel

nn

means of control

I sjätte miljöhandlingsprogrammet anges att en temainriktad strategi skall utarbetas för hållbar användning av bekämpningsmedel.

In the sixth environment action programme, it is stated that a thematic strategy will be drawn up on the sustainable use of pesticides.

9512 förväntansfull

adj

expectant | anticipatory

Sen kommer torsdag och jag skuttar upp från britsen, förväntansfull som ett barn på julafton.

Then comes a Thursday when I bound from my cot, excited as a kid at Christmas.

9513 iögonfallande

adj

conspicuous

3) Skall artikel 1 första stycket a första strecksatsen i förbindelse med andra stycket av artikel 3 tolkas på så sätt att det beträffande tyska kvalitetsviner fso är förbjudet att, utöver beteckningen 'Weißherbst' angiven med bokstäver som är lika stora som eller mindre än dem som används för att ange det specificerade området, på ett iögonfallande sätt upprepa beteckningen 'Weißherbst' på etiketten med större bokstäver och som del av märkesnamnet?

Must Article 1, first indent, in conjunction with the second subparagraph of Article 3, be interpreted as meaning that, in the case of quality wines psr from Germany ("Qualitaetsweine b.A."), repetition on the label of the term "Weissherbst" – in addition to its use in characters which are the same size as or smaller than those used for indicating the specified region – in higher letters, particularly in a conspicuous manner as part of a brand name, is prohibited?

9514 skyla

vb

cover | veil

Vi får inte skyla över att Europa precis som större delen av den utvecklade världen kommer att ha en låg tillväxt under lång tid om vi inte agerar.

We must not hide the fact that Europe, like most of the developed world, will go through a long period of slow growth if we remain inactive.

9515 programmering

nn

programming

Kunskap inom datornätverk, programmering och operativsystem rekommenderas.

Knowledge of computer networking, programming and operating systems is recommended.

9516	**universell** *adj*	**universal** Datum och uppskattad tid ska anges i koordinerad universell tid (UTC). *Date and estimated time shall be recorded in in coordinated universal time (UTC).*

9516 universell
adj

universal

Datum och uppskattad tid ska anges i koordinerad universell tid (UTC).

Date and estimated time shall be recorded in in coordinated universal time (UTC).

9517 svikta
vb

sag

De parlamentariska organ och ledamöter som representerar EU:s medborgare bör, i dag och i framtiden, låta sitt handlande vägledas av dessa klimatpolitiska grundprinciper liksom av principerna om hållbarhet, socialt ansvar och en fördelning av bördorna och rättvisa mellan generationerna och olika befolkningsgrupper, och de bör inte svikta vid genomförandet av de nödvändiga klimatmålen

whereas parliamentary representatives of the citizens of Europe, not only now but in the future, should be guided by these climate policy principles and by the principles of sustainability, social responsibility and equity between the generations and people, and should not cease from putting the necessary global climate objectives into practice

9518 slemmig
adj

slimy

Gastrointestinala symtom, särskilt mjuk avföring, slemmig avföring, diarré och, vid högre doser, blod i avföringen sågs hos hund.

Gastrointestinal symptoms, particularly soft faeces, mucoid faeces, diarrhoea and, at higher doses, faecal blood were observed in dogs.

9519 pilgrim
nn

pilgrim

Kolla på scenen, pilgrim.

Eyes to the stage, pilgrim.

9520 seglare
nn

sailer

Den måste inte bara upprätthållas, den kan det också, ty denna Yad Vashems stad och staden som lund för de rättfärdiga från alla folk, står för att terrorn kan besegras.

Not only must it be maintained, but it can be, because this city, the city of Yad Vashem and of the Grove of the Righteous of All Nations, is a symbol of the vulnerability of terrorism.

9521 fotoalbum
nn

photograph album

Det framgår i detta avseende av den preliminära förordningen (se punkt 23 i övervägandena) och av den omtvistade förordningen (se punkt 17 i övervägandena) att de uppgifter som lämnats av sökanden inte avsåg den totala exporten från Kina av den ifrågavarande produkten, det vill säga fotoalbum inbundna som böcker med KN–nummer 4.

In that regard, according to the provisional regulation (see point 23 thereof) and to the regulation at issue (see point 17 thereof), the information supplied by the applicant did not relate to all Chinese exports of the product in question, namely photo albums in bookbound form falling under CN Code 4.

9522 smutskasta
vb

smear

Vad beträffar dessa anklagelser har Romano Prodis advokater vidtagit de mått och steg som lagen tillåter för att skydda ordförandens anseende och för att ställa de personer till svars som försöker smutskasta honom.

In response to these allegations Mr Prodi's lawyers are already taking the legal steps necessary to protect his good name and to ensure that those who have been throwing mud are brought to account for their actions.

9523 stoff

stuff|matter

	nn	Därför kan jag inte förklara mig införstådd med ändringsförslag 18 och 34, även om de må innehålla stoff till vidare överläggningar.

That is why I cannot agree to Amendments Nos 18 and 34, even though they definitely contain further food for thought.

9524 vietnamesisk   **Vietnamese**

adj

I mål C hölls slutligen Thi Ly Pham, som är vietnamesisk medborgare, i förvar under perioden 29 mars–10 juli 2012 i fängelseanläggningen i staden Nürnberg (delstaten Bayern) och hon samtyckte för övrigt till att hållas i förvar tillsammans med vanliga interner.

Finally, in Case C, Ms Thi Ly Pham, who is a Vietnamese national, was placed in detention from 29 March to 10 July 2012 in the Nuremberg city prison (Bavaria) and, furthermore, consented to be detained with ordinary prisoners.

9525 laganda   **team spirit**

nn

En tom gest eftersom laganda inte är något som kan framkallas: den uppstår genom spelets natur, dvs. att kombinera olika tekniker, att spela för varandra, att täcka upp för varandras misstag och den sociala stämningen efter matchen.

An empty gesture, because team spirit cannot be manufactured: it arises from the game's culture of combining various skills, of playing for each other, of covering each other's mistakes and of the post–match social atmosphere.

9526 rankad   **ranked**

adj

Du är en högt rankad medlem av den militära styrkan!

You are a high–ranking military service member!

9527 hårsmån   **trifle**

nn

Mina damer och herrar, vi vet helt säkert att det var en hårsmån ifrån att gå omkull.

It came within a whisker – and we know this for certain, ladies and gentlemen – of failing.

9528 prutta   **fart**

vb

Ät den här osten utan att prutta och du kan ha sex med min syrra.

Here, eat this cheese without farting and you can sleep with my sister.

9529 förtränga   **repress**

vb

De säger att vi skall ge uttryck åt vår sorg och inte förtränga den.

They say that we should express our grief, not repress it.

9530 apokalyps   **apocalypse**

nn

innan en brinnande apokalyps snuvade dem på herraväldet.

before their hegemony was snuffed out in a fiery apocalypse.

9531 option   **option**

nn

Ett derivatkontrakt som avser ett råvaruderivat, exempelvis en option på framtida råvaror (ett derivat som avser ett derivat), utgör en indirekt investering i råvaror och bör därför fortfarande betraktas som ett råvaruderivat vid tillämpningen av direktiv 2.

A derivative that relates to a commodity derivative, such as an option on a commodity future (a derivative relating to a derivative) would constitute an indirect investment in commodities and should therefore still be regarded as a commodity derivative for the purposes of Directive 2.

9532 stormarknad   **supermarket**

nn

Jag bodde i Brasilien i en stad som gränsar till Paraguay och fick ett jobb där jag importerade produkter åt en stormarknad i Paraguay.

I lived in Brazil in a city that borders Paraguay and found employment importing products for a large supermarket on the Paraguayan side.

9533 **renässans** **renaissance**

nn Rozstriliane Vidrodzenniya (exekutionsplutonernas renässans) symboliserade Ukraina under 1900–talet.

The Rozstriliane Vidrodzenniya ('Firing–squad Renaissance') symbolised Ukraine in the 20th century.

9534 **moped** **moped**

nn EG–typgodkännandeintyg avseende montering av belysnings– och ljussignalanordningar på en typ av tvåhjulig moped.

Certificate of EC component type–approval in respect of the installation of lighting and light–signalling devices on a type of two–wheel moped.

9535 **bult** **bolt**

nn En bult i hjärnan gör susen.

One bolt to the brain does the trick.

9536 **HIV** **HIV**

abr Denna grupp fokuserar framför allt på sjukdomarna malaria, hiv och tuberkulos.

This group is focusing in particular on the diseases of malaria, HIV and tuberculosis.

9537 **konsument** **consumer**

nn Men en kostnadsfrihet, även för den slutliga konsumenten, kommer det aldrig att finnas!

But no costs for the last user either, that can never be!

9538 **geometri** **geometry**

nn Skulle inte varierande geometri vara en mer passande lösning?

Would variable geometry not be a more appropriate solution?

9539 **islamisk** **Islamic**

adj Rötterna till detta krig är fortfarande i allt väsentligt av nationell natur, trots den ökande och farliga nedsmittningen med islamisk fundamentalism, framför allt när det gäller metoder och instrument.

The roots of the war remain essentially nationalistic in nature, despite its growing and dangerous susceptibility to Islamic extremism, particularly as regards the methods and instruments used.

9540 **kallfront** **cold front**

nn Och sedan neutralisera denna tillfälliga kallfront med en enkel men kärleksfull gest.

Then neutralize this temporary cold front with a simple but affectionate gesture.

9541 **partiledare** **party leader**

nn Europaparlamentet välkomnar Kinas framgångsrika ekonomiska politik, men delar oberoende kinesiska forskares och observatörers kritik att upprätthållandet av denna trend allvarligt hotas av korruptionsskandaler, bristande öppenhet och en "röd aristokrati" av nära familjemedlemmar till tidigare och nuvarande partiledare som har enorma förmögenheter på grund av sina politiska och ekonomiska förbindelser, en allvarlig situation som nyligen avslöjades genom Bo Xilai–affären.

Welcomes China's successful economic policy, but shares the criticism made by independent Chinese scholars and observers that the preservation of this trend is seriously threatened by corruption scandals, a lack of transparency and a 'red aristocracy' of close family members of former and present party leaders who possess enormous fortunes owing to their political and economic connections, a grave situation which was recently laid bare by the Bo Xilai affair;

9542 naturvetenskap
nn
science
Tillämpad naturvetenskap utesluter ingenjörsvetenskap.
Applied natural science excludes engineering.

9543 bombning
nn
bombing
Att vi kan låta denna olagliga bombning få fortsätta är för mig ofattbart.
How we can allow illegal bombing like this to continue is just beyond credibility.

9544 lätthet
nn
ease|lightness
Om tillvägagångssättet inte beskrivs i bruksanvisningen krävs det för att funktionen dv in skall kunna anses utgöra videokamerans väsentliga kännetecken, att justeringen med lätthet kan utföras av en användare som saknar särskild kompetens och utan att videokameran genomgår någon materiell modifiering.
If the procedure is not mentioned in the instruction manual, it is necessary, in order for the DV–in function to constitute the essential characteristic of the camcorder, that the modification can be effected easily by a user who lacks any special skills, without the camcorder being subjected to modification of its hardware.

9545 lerig
adj
muddy
Ofta var jag blöt och lerig när jag kom fram och fick byta om på Rikets sal.
I often arrived wet and muddy and had to change my clothes at the hall.

9546 oförskämdhet
nn
insolence
Vi bestämde oss för att förbigå hennes oförskämdhet med tystnad.
We decided to pass her insults over in silence.

9547 gebit
nn
domain
Joaquín Almunia, som gjorde bra ifrån sig när det gällde ekonomiska och monetära frågor, har nu fått hand om konkurrens, vilket inte är hans gebit.
Joaquín Almunia, who was a safe pair of hands in managing monetary and economic affairs, is now transferred to competition, which is not his cup of tea.

9548 komposition
nn
composition
Den neoliberala komposition som Fritz Bolkestein lade fram för oss var inte ett genomförbart förslag.
The neoliberal composition which Mr Bolkestein presented to us was not a workable proposition.

9549 kyffe
nn
hovel|kennel
Det är ett riktigt kyffe.
This is, uh, quite a shithole, ain't it?.

9550 skeppare
nn
skipper
Försöket att se över direktivet om skeppare inom Naiades I var inriktat på att endast godkänna intyg för skeppare och kunde inte uppvisa några betydande ekonomiska och sociala resultat.
The attempt to revise the boat masters Directive under NAIADES I focused on recognition of certificates for boat masters only and could not demonstrate significant economic and social impacts.

9551 kvittra
vb
chirp|twitter
Men nu har de ett nytt ljud på sin repertoar – de har lärt sig att kvittra som mobiltelefoner.

But now they have added a new sound to their repertoire–the warbling of cell phones.

9552	**spinn**	**tailspin**
	nn	Skywalker har gått i spinn!
		Skywalker's spinning out of control!

9553	**sorgset**	**sadly**
	adv	Från år till år minskar järnvägarnas personaltäthet och underhåll, och investeringarna och utbildningsinsatserna avtar alltmer. Då är det oundvikligt att vi får befatta oss med olyckor igen, och sorgset högtidlighålla de drabbades minne.
		If, each year, there are fewer railway workers, less maintenance, less investment and less training, it is inevitable that we will have to address the issue of accidents once again and pay mournful tributes.

9554	**loft**	**loft**
	nn	Andra åtgärder omfattar installering av fullständigt centrala uppvärmningssystem, eller isolering i hålmurar eller på loft.
		Other measures include installation of full central heating systems, or the provision of insulation in cavity walls or lofts.

9555	**inreda**	**furnish|fit**
	vb	Vi måste slutligen förbjuda nattarbete för kvinnor och män inom de sektorer där det inte är oundvikligt, hellre än att försöka inreda för gravida kvinnor.
		Finally, night work must be prohibited for both men and women in sectors where it is not absolutely essential, rather than seeking to modify the conditions for pregnant women.

9556	**renlighet**	**cleanliness**
	nn	De ligger under genomsnittet vad beträffar renlighet.
		They are below average where cleanliness is concerned.

9557	**fixering**	**fixing|stare**
	nn	Appreturmedel, preparat för påskyndande av färgning eller för fixering av färgämnen samt andra produkter och preparat.
		Finishing agents, dye carriers to accelerate the dyeing or fixing of dyestuffs and other products and preparations.

9558	**sensationell**	**sensational**
	adj	Uppgörelsen om roaming i går var sensationell och kommer att gagna EU–medborgarna.
		Yesterday's deal on roaming was sensational and the citizens of Europe stand to gain from it.

9559	**förnäm**	**noble**
	adj	I en värld med miljontals internationella resor och ekonomiska transaktioner varje år kan idéer om ”förnäm avskildhet” eller retorik om ”Dovers vita klippor” inte göra någonting för att ta itu med internationell brottslighet, terrorism eller grov och organiserad brottslighet eller handskas med de internationella migrationsmönstren.
		In a world with millions of international journeys and economic transactions every year, ideas of 'splendid isolation' or rhetoric about 'the White Cliffs of Dover' can do nothing to address international criminality, terrorism or serious and organised crime or address patterns of international migration.

9560	**trimma**	**trim**
	vb	Vidare har mellanhänder stor betydelse som förmedlare mellan kretsar som just har börjat lära känna varandra, eftersom de kan hjälpa till att

skapa tillit och förståelse för mål och förväntningar och utveckla eller trimma in arbetsmetoder.

Furthermore, intermediary institutions have an essential role to play in acting as an interface between worlds which are only starting to know each other, helping to build trust and understanding of objectives and expectations, and developing or fine–tuning working methods.

9561	**trängas**	**crowd**
	vb	

Allt detta i syftet att uppnå en sänkning av det pris som är resultatet av normala marknadsmekanismer och utan att inrätta någon som helst ersättning till förmån för innehavarna av anläggningar för försäljning till allmänheten (detaljhandel), vilka i hög utsträckning kommer att försvinna och trängas bort från marknaden.

The purpose of all this would be to enable cooperatives to offer prices lower than those prevailing under normal market conditions, without providing any compensation for holders of facilities selling to the general public (retail distributors), many of whom will be eliminated from the market.

9562	**orienten**	**orient**
	nn	

Angående: Terrorangrepp mot kristna i Orienten.

Subject: Act of terrorism against Christians in the Near East.

9563	**formligen**	**literally**
	adv	

De praktiska arrangemangen var enligt uppgift formligen kaotiska.

According to sources, the practical arrangements could be described as little short of chaotic.

9564	**etapp**	**stage|depot**
	nn	

Gäller inte gasdrivna motorer i etapp A och etapp B1 och B2.

Not applicable for gas fuelled engines at stage A and stages B1 and B2.

9565	**urverk**	**clockwork**
	nn	

Kompletta urverk, inte sammansatta eller delvis sammansatta (urverkssatser); ofullständiga urverk, sammansatta; råurverk.

Complete watch or clock movements, unassembled or partly assembled (movement sets); incomplete watch or clock movements, assembled; rough watch or clock movements.

9566	**fason**	**manners**
	nn	

Nu ska vi få fason på denna familjen.

Come on, let's put this family back together.

9567	**tankbil**	**petrol truck**
	nn	

Lägsta provtagnings– och analysfrekvens för dricksvatten som tillhandahålls genom ett distributionsnät eller från en tankbil/tankbåt eller som används i ett livsmedelsproducerande företag.

Minimum frequency of sampling and analyses for water intended for human consumption supplied from a distribution network or from a tanker or used in a food–production undertaking.

9568	**avtala**	**prearrange**
	vb	

Vi kan därför avtala om andra möten.

So perhaps we should arrange some other type of meeting.

9569	**lastad**	**loaded|heavy**
	adj	

Om huvudkålen transporteras i lös vikt (lastad direkt i ett fordon eller ett fordonsutrymme) skall ovanstående upplysningar framgå av en följesedel eller av ett anslag som är synligt placerat inuti fordonet.

For headed cabbages transported in bulk (loaded directly into a vehicle or vehicle compartment), the above particulars must appear on a document accompanying the goods or on a notice placed in a visible position inside the vehicle.

| 9570 | **kryssare** | **cruiser** |

nn

Våra kryssare kan inte stå emot sån eldkraft!

Our cruisers can't repel firepower of that magnitude!

| 9571 | **lufta** | **air** |

vb

De inser vårt behov av att lufta vår oro när den väcks.

They understand our need to air concerns when they arise and when they are brought to us.

| 9572 | **tvätteri** | **laundry** |

nn

Jag antar att vara bakom en tvätteri, inte är din drömdejt precis.

So, I'm assuming that a behind– the– scenes tour of a laundry wasn't exactly on your dream– date itinerary.

| 9573 | **ofrälse** | **untitled** |

adj

En ofrälse, vid namn William Wallace.

A commoner, named William Wallace.

| 9574 | **nedsättande** | **derogatory|depreciatory** |

adj

Ansvarig för att sprida statlig propaganda i pressen, som har stöttat och försvarat förtrycket av den demokratiska oppositionen och det civila samhället, som med hjälp av förfalskad och osann information systematiskt framställs på ett negativt och nedsättande sätt, särskilt efter presidentvalet 2010.

Responsible for relaying state propaganda in the printed press, which has supported and justified the repression of the democratic opposition and of civil society, systematically highlighted in a negative and derogatory way using falsified and untrue information, in particular after the Presidential elections in 2010.

| 9575 | **avvärja** | **ward off|fend** |

vb

All förebyggande verksamhet, testning, vaccinationer och andra åtgärder som kan avvärja nya utbrott av djursjukdomar är viktiga när det gäller att förhindra allvarliga skador som de som vi redan drabbats av på grund av BSE, mul– och klövsjuka, blåtungevirus och andra sjukdomar, eftersom det är livsmedelssäkerheten och också folkhälsan som står på spel.

All prevention, testing, vaccination and other measures which may allow new outbreaks of animal diseases to be avoided are important in terms of preventing serious damage such as that already suffered due to BSE, foot– and–mouth disease, bluetongue virus and other diseases, because it is food safety and also public health that are at stake.

| 9576 | **uppvisa** | **exhibit|display** |

vb

Hans efterträdare måste uppvisa samma egenskaper och vara precis lika ståndaktig.

His successor will have to show the same qualities and be just as uncompromising.

| 9577 | **värdepapper** | **security** |

nn

De är inga värdepapper eller aktier.

They are not stocks and shares.

| 9578 | **äckla** | **nauseate** |

vb

Lägg av att äckla dig!

You're so gross!

9579 spänne
nn

buckle | clasp
Ett spänne kan ersättas.
A clip can be replaced.

9580 hämma
vb

inhibit | impede
Detta kan allvarligt hämma pressfriheten och bana väg för godtyckliga avgöranden.
This could seriously inhibit press freedom and leave the way clear for arbitrary rulings.

9581 slak
adj

slack | flabby
Obs: När de sex perifera stubinlängderna är spända efter monteringen måste mittstubinen förbli något slak.
NB: When the six peripheral lengths of cord are taut after assembly, the central cord must remain slightly slack.

9582 glasklar
adj

as clear as glass
Tryckpack av glasklar PVC–film med baksida av aluminiumfolie försedd med värmeförseglat skikt (vinylcopolymer) på insidan som är i kontakt med tabletterna.
Blister package of clear PVC film backed by aluminium foil provided with heat seal coating (vinyl copolymer) on the side in contact with the tablets.

9583 förtära
vb

consume | devour
"Nåväl, om jag är en gudsman skall eld komma ner från himlen och förtära dig och dina femtio man."
"Well, if I am a man of God," he said, "let fire come down from the heavens and eat up you and your fifty."

9584 avbytare
nn

replacement
När det gäller avbytare, den faktiska kostnaden för att ersätta en jordbrukare, dennes partner eller en anställd vid sjukdom och ledighet.
Concerning farm replacement services, the actual costs of the replacement of a farmer, the farmer's partner, or a farm worker, during illness and holidays.

9585 förnyelse
nn

renewal
Om ansökan gäller medicinskt intyg klass 1, eller klass 2 då en instrumentbehörighet ska läggas till det aktuella certifikatet, ska hörseln testas med tonaudiometri vid den första undersökningen och vid efterföljande undersökningar för förlängning eller förnyelse, vart 5:e år upp till 40 års ålder och därefter vartannat år.
In the case of Class 1 medical certificates and Class 2 medical certificates, when an instrument rating is to be added to the licence held, hearing shall be tested with pure tone audiometry at the initial examination and, at subsequent revalidation or renewal examinations, every 5 years until the age 40 and every 2 years thereafter.

9586 snopp
nn

willy | schlong
Rektorn han har knockat den där kvinnan med hans snopp.
Provost, he has knocked that woman out with his schlong.

9587 ockupera
vb

occup
Ett kandidatland kan inte ockupera Europeiska unionens territorium.
A candidate country cannot occupy European Union territory.

9588 utefter
prp

along
valsade, strängpressade, dragna eller smidda produkter, inte i ringar eller rullar, med likformigt och lika stort, massivt tvärsnitt utefter hela sin längd i form av cirkel, oval, kvadrat, rektangel, liksidig triangel eller regelbunden konvex månghörning (inbegripet tillplattad cirkel och

modifierad rektangel, dvs. figurer i vilka två motstående sidor utgör konvexa bågar och de två andra sidorna är raka, av samma längd och parallella).

Rolled, extruded, drawn or forged products, not in coils, which have a uniform solid cross–section along their whole length in the shape of circles, ovals, rectangles (including squares), equilateral triangles or regular convex polygons (including 'flattened circles` and 'modified rectangles`, of which two opposite sides are convex arcs, the other two sides being straight, of equal length and parallel).

9589	**böljande**	**surging|flowing**
	adj	

De egentliga ökenområden som nämns i Bibeln var sällan sandöknar, som vissa delar av Sahara är med sina böljande sanddyner.
Even those regions meriting the description "desert" in the Bible were rarely of the sandy type, as certain portions of the Sahara Desert are with their rolling sand dunes.

9590	**förteckning**	**list**
	nn	

Förteckning över tidigare offentliggöranden:
List of previous publications:

9591	**regnrock**	**raincoat|gabardine**
	nn	

De har på sig tåliga kläder och rejäla skor eller stövlar och har med sig en regnrock i ryggsäcken ifall det plötsligt skulle komma en regnskur.
They wear rugged clothes, including sturdy shoes or boots, and carry a raincoat in their backpack in case of a sudden shower.

9592	**dyrkan**	**cult|adoration**
	nn	

På ett genialiskt sätt kan denna typ av journalism kombinera dyrkan av omoral med en ovanligt stor trångsynthet att göra produktiva affärer: provocera, fördöma och tjäna pengar.
In an ingenious way, this type of journalism can combine the adoration of immorality with extraordinary narrow–mindedness to make a productive business: provoke, condemn and make money.

9593	**notis**	**news item**
	nn	

Nyhetsbyrån Reuters rapporterar att dokumentet erkändes formellt genom följande ganska tama formulering: "Konferensen , tar notis om Köpenhamnsackordet".
This accord was formally accepted with these rather bland words: "The conference . . . takes note of the Copenhagen Accord," says Reuters news service.

9594	**väntetid**	**wait**
	nn	

En så lång väntetid som den som parlamentsledamoten nämner utgör ett undantag som endast kan förklaras med speciella svårigheter i samband med projekten i fråga.
A delay as long as that referred to by the Honourable Member constitutes an exception, which can only be a result of special difficulties peculiar to the projects concerned.

9595	**kroppsbyggnad**	**physique**
	nn	

Du har tyvärr varken kroppsbyggnad eller utseende för att bli det.
I hate to break it to you, but the problem here is you don't have the build for it.

9596	**ovanifrån**	**from above**
	adv	

Förtroende kan inte införas ovanifrån genom harmonisering av lagstiftning.
Confidence cannot be enforced from above by harmonising legislation.

9597	**landgång**	**gangway**
	nn	Arbetsutrymme: Område där besättningen skall utföra sitt arbete, inbegripet landgång, lyftbom och arbetsbåt.
		'Working station': an area where members of the crew carry out their duties, including gangway, derrick and ship's boat.
9598	**konserv**	**tinned provisions**
	nn	Vårat grönska och konserv förråd är inslutna i titanium skåp... för att försäkra maximal färskhet.
		Our vegetable stores and canned goods are kept in titanium lockers... to ensure maximum freshness.
9599	**spett**	**crowbar**
	nn	Spett avsedda för användning vid grillning, matlagningsredskap för användning med utomhusgrillar för hemanvändning, halster, grillstativ.
		Skewers for use with barbecues, cooking utensils for use with domestic barbecues, grills, grill supports.
9600	**sötma**	**sweetness**
	nn	Trots sin sötma har de en unik syrlig ton som saknas hos frukt av samma sort som odlats i andra områden.
		This means that although the fruit is very sweet, it always has a particular tartness, which the same varieties of fruit grown elsewhere do not exhibit.
9601	**brevpapper**	**notepaper**
	nn	Papper och varor därav, skrivpapper, brevpapper och kuvert.
		Paper and goods made thereof, except for writing paper, letter paper and envelopes.
9602	**korsfästelse**	**crucifixion**
	nn	Europaparlamentet påminner på nytt om EU:s motstånd mot tillämpningen av dödsstraff och parlamentets begäran om ett världsomfattande moratorium mot denna praxis. Parlamentet beklagar i detta sammanhang det faktum att dödsstraffet fortfarande är i bruk i samtliga medlemsstater tillhörande GCC. Parlamentet uppmanar staterna att anta ett moratorium mot dödsstraff. Parlamentet vill särskilt uppmana de stater som tillämpar omänskliga avrättningsmetoder såsom halshuggning, stening, korsfästelse, piskning och amputation, att avskaffa denna praxis.
		Restates the EU's opposition to the death penalty and Parliament's call for a global moratorium on it; deplores, in this regard, the continuing retention of the death penalty by all GCC member states; invites them to adopt a moratorium on executions; calls in particular on states practising executions and punishments involving methods such as decapitation, stoning, crucifixion, flagellation or amputation to cease these practices.
9603	**visare**	**viewer|hand**
	nn	Som er analys visare, fru ledamot, är spektrumet av problem som bibliotekens konfronteras med mycket brett.
		As the rapporteur's analysis shows, libraries are confronted with a very wide range of problems.
9604	**värja**	**defend**
	vb	Jag beklagar att den tjeckiska sidan inte kan värja sig här och lägga fram sin ståndpunkt, för i en så komplicerad fråga är det alltid bra om bägge sidor hörs.
		I regret that the Czech Republic is unable to defend itself here and present its case, as it is always good to hear both sides of such a complicated argument.
9605	**inbegripa**	**include**

vb	Detta samråd måste dessutom inbegripa andra berörda parter, framför allt för att få information om bästa tillgängliga tekniska och ekonomiska medel för genomförandet. *Furthermore, the consultation must also include other relevant stakeholders, particularly in order to inform of the best available technical and economic means of implementation.*

9606 foga   **add|join**

vb

Importörer skall till sin licensansökan foga en deklaration om att de erkänner och uppfyller bestämmelserna i artikel 7.
Importers shall attach to their applications for licences a declaration stating that they acknowledge and conform to the provisions laid down in Article 7.

9607 skiftnyckel   **monkey wrench**

nn

Det är bara ett verktyg, som en skiftnyckel.
it's a tool, just like a monkey wrench.

9608 försmak   **taste**

nn

Och den glädje vi känner när vi får försköna det är bara en försmak av den glädje vi kommer att få uppleva när vi ska göra hela jorden till ett bokstavligt paradis.
The enjoyment we have now in working to enhance its beauty is but a foretaste of the joy we will have later in working to make the earth a physical paradise.

9609 spanare   **tracker|spotter**

nn

Och har han nån plan för hur vi ska stoppa 250 000 spanare?
And does the commander have a plan for stopping 250, 000 sentinels?

9610 lekfull   **playful|gamesome**

adj

Apan är söt, lekfull och enormt nyfiken. Den rör sig fritt omkring, går på våra böcker, rycker tag i våra pennor och sticker sina små händer i våra bröstfickor på jakt efter något gott.
Cute, playful, and extremely inquisitive, he moves about freely, walking on our papers, snatching our pens, sticking his little paws into our shirt pockets in search of a treat.

9611 fräsa   **mill**

vb

Maskiner eller maskinverktyg använda för att hantera, lasta och lyfta material, gräva, hacka, rensa, perforera, genomföra jordfräsningsarbeten och/eller jordvändning, sopa, sortera, räfsa, hamra, fräsa, komprimera, borsta, asfaltera, blanda, dikesgräva, skärna, sänka, nivellera, driva på, röja, lasta av, bryta sönder för jordbruks– och landskapsändamål.
Machines and machine tools used to handle, load and lift materials, excavate, hoe, weed, bore, carry out earthworks and/or move earth, sweep, sort, rake, hammer, mill, compact, trim, asphalt, mix, cut trenches, cut, lower, level, push, clear, unload, crush for agricultural and landscape purposes.

9612 vidöppen   **wide open**

adj

"En stor dörr som leder till verksamhet" står fortfarande vidöppen för alla som tjänar Jehova.
"A large door that leads to activity" is still wide open to all of Jehovah's servants.

9613 överilad   **rash|overhasty**

adj

Dessutom går förslaget längre än vad som är nödvändigt. Den fullständiga översynen av den befintliga lagstiftningen är överilad och för långtgående och innebär ett potentiellt brott mot proportionalitetsprincipen, eftersom det finns andra mindre restriktiva sätt att uppnå det önskade resultatet.

Moreover, the proposal goes further than necessary; the wholesale review of the existing legislation is premature and too far–reaching and presents a potential breach of the principle of proportionality since there are other less restrictive ways to achieve the desired results.

9614	**prydnad**	**decking|ornament**
	nn	

En människas insikt* bromsar hennes vrede, och det är till prydnad för henne att hon överser med överträdelse.
The insight of a man certainly slows down his anger, and it is beauty on his part to pass over transgression.*

9615	**handelsbod**	**shop**
	nn	

Bokhandeln är – som vi säger i Österrike – " hjärnans kvartersbutik" eller – som man säger i Tyskland – " hjärnans egen handelsbod" .
It is the intellectual 'grocer's shop', as we would say in Austria, or in Germany, the 'corner shop' for the mind.

9616	**åtnjuta**	**enjoy**
	vb	

Samtidigt skulle T–Systems, operatören av den multiplex som används av de privata programbolag, kunna åtnjuta en indirekt fördel av åtgärden.
At the same time, T–Systems, the operator of the multiplexes used by the commercial broadcasters, would also be able to enjoy an indirect benefit from the measure.

9617	**valdag**	**polling day**
	nn	

Ett styre som inte ger möjlighet att ändra ett lands kurs nästa valdag är inte en demokrati utan en oligarki.
Government that provides no opportunity for adjusting a country's course at the date of the next election is not democracy, but oligarchy.

9618	**biolog**	**biologist**
	nn	

Han är biolog på Veta La Palma.
He's a biologist at Veta La Palma.

9619	**månadslön**	**salary**
	nn	

Dock skall extraordinära bonusar eller andra speciella utbetalningar (extra månadslön, retroaktiva betalningar osv.) bokföras när de förfaller till betalning.
However, ad hoc bonuses or other exceptional payments (·th month pay, back–dated pay arrears, etc.) are recorded when they are due to be paid.

9620	**byrålåda**	**drawer**
	nn	

När det gäller grundliga förberedelser i fråga om energieffektivitet frågar jag: Vad anser ni om att handlingsplanen för energieffektivitet fortfarande ligger i en byrålåda och att det därför inte finns minsta chans att diskutera den vid toppmötet?
As regards thorough preparations on the subject of energy efficiency: what is your view of the fact that the energy efficiency action plan is still lying in a drawer and so there would in fact be absolutely no chance of debating it at the summit?

9621	**snappa**	**snatch**
	vb	

Vi har snappat hans order om kongressdeltagarnas arrestering.
We've intercepted his order about the arrest of our congress participants.

9622	**motvind**	**head-wind**
	nn	

Även om den privata sektorns skuldsättning alltjämt ligger över tröskelvärdet, har skuldavvecklingen fortskridit väl trots stark motvind i form av minskningar av den disponibla inkomsten.

Although the private sector debt remains above the threshold, deleveraging has progressed well despite strong headwinds from falls in disposable income.

9623	**australisk**	**Australian**
	adj	

Utlämnandet av information i enlighet med punkt 1 kan enligt australisk rätt göras till föremål för skäliga begränsningar, i syfte att säkerställa möjligheterna att förebygga, upptäcka, utreda och lagföra brott, och för att skydda allmänheten eller den nationella säkerheten, med vederbörlig hänsyn till den berörda personens legitima intressen.

Disclosure of information pursuant to paragraph 1 may be subject to reasonable legal limitations applicable under Australian law to safeguard the prevention, detection, investigation, or prosecution of criminal offences, and to protect public or national security, with due regard for the legitimate interest of the individual concerned.

9624	**födelseort**	**birthplace**
	nn	

P.o.b. (place of birth) översätts med födelseort.

P.o.b means place of birth.

9625	**landstiga**	**land|debark**
	vb	

I väntan på att amerikanska styrkor skulle landstiga på det japanska fastlandet planerade vi att utföra självmordsattacker mot amerikanska örlogsfartyg genom att skjuta i väg Ohkabomber från berget.

In anticipation of the landing of U.S. forces on the mainland of Japan, plans were made to launch Ohkas from the mountain to make suicide attacks on U.S. naval vessels.

9626	**förtjusning**	**delight|enthusiasm**
	nn	

Från Bahamas till Hongkong firas halloween med stor förtjusning.

From the Bahamas to Hong Kong, Halloween is being celebrated with gusto.

9627	**tingshus**	**courthouse**
	nn	

Har inte du ett tingshus att hitta?

Don't you have a courthouse to find?

9628	**efterträda**	**succeed|supersede**
	vb	

Det var utan tvivel på grund av Jehovas löfte som David med ed hade lovat Batseba att Salomo skulle efterträda honom på tronen.

David, doubtless on account of Jehovah's promise, had previously sworn to Bath–sheba that Solomon would succeed him on the throne.

9629	**klagan**	**complaint**
	nn	

Men vi kommer för den skull inte att vara kvitt.

But even then, we shall not have heard the last of this.

9630	**karavan**	**caravan**
	nn	

En karavan mot Midjan väntar på dig och din son.

A caravan for Midian awaits you and your son.

9631	**guldmedalj**	**gold medal**
	nn	

I årsboken för Spanien 1912 av Bailly–Baillière anges bönor som en av de viktigaste produkterna från flera kommuner i domkretsen La Bañeza. Där citeras också en annons med följande lydelse: ”Ceferino Martin – La Bañeza – Spannmål, grönsaker, ull, plånor, potatis och kvalitetsklassade bönor, belönade med guldmedalj.”

The Anuario General de España (General Yearbook of Spain) of 1912 by Bailly–Baillière, in addition to citing garden beans as one of the main crops of several municipalities in the rural district of La Bañeza, contains an advertisement: 'Ceferino Martín – La Bañeza – Cereals, Pulses, Wool, Tow, Potatoes and graded, gold medal Garden Beans'.

9632	**trumfkort**	**trump card**
	nn	

Idrotten i Frankrike har trumfkort men också svagheter. Enligt våra vänner inom unionen är fransmännen dåliga i idrott kanske på grund av skolelevernas höga frånvaro, vilken ligger runt femton procent i idrott, som ändå är ett obligatoriskt ämne.

France as a sporting nation has its advantages but also its weaknesses and, according to our friends in the Union, France is often bad at sport because so many schoolchildren do not attend sport at school, as many as 15 %, even though it is compulsory.

9633	**osedd**	**unseen**
	adj	

Det här är en osedd primitiv värld.

I'm talking about a primitive world never before seen by man.

9634	**blixtra**	**flash**
	vb	

Samma ljud låter, och ljuset kommer blixtra igen.

And the same tone is going to play, and the light is going to flash again.

9635	**renad**	**refined**
	adj	

Naturlig kristallgrafit, kolanrikad, renad och malen.

Natural crystalline graphite, with enriched carbon content, refined and ground.

9636	**rubin**	**ruby**
	nn	

Han stal rubinen från mig.

He stole the ruby from me!

9637	**rörlighet**	**mobility**
	nn	

Regionkommittén stöder kommissionen i dess åtagande att arbeta för en ökad rörlighet och konstaterar att rörligheten inom EU ligger kvar på otillfredsställande nivåer.

The COR supports the Commission's commitment to take action to promote mobility, noting that mobility levels within the EU remain unsatisfactory.

9638	**syntetisk**	**synthetic**
	adj	

På transportområdet måste vi forska fram nya förnybara bränslen, t.ex. satsa på syntetisk diesel.

The diagnosis is shared and the formulae for alleviating the macroeconomic imbalance within a context of rising crude prices are very similar to each other.

9639	**målmedveten**	**purposeful**
	adj	

Jesus betonade i sin lära att man skall vara renhjärtad, uppriktig, målmedveten och fri från hyckleri – alltsammans sådant som kännetecknar den som är ostrafflig.

Jesus' teachings emphasized purity of heart, singleness of outlook and intent, freedom from hypocrisy–all these being qualities that characterize integrity.

9640	**kriga**	**war**
	vb	

Jag kommer inte att kriga

I don't come for war.

9641	**hallon**	**raspberry**
	nn	

Det framgår därmed otvetydigt att smakämnena inte kommer från hallon eller vanilj, utan bara har sådan smak.

That list thus expresses, in a manner free from doubt, the fact that the flavourings used are not obtained from vanilla and raspberries but only taste like them.

9642	**dominans**	**dominance**
	nn	Vad beträffar de två fall där RR är enda leverantör är inget av dem på något vis uttryck för GE:s bristande dominans.

As far as the only two RR sole–source positions are concerned, none of them are in any way an expression of GE's lack of dominance.

9643	**bod**	**shed**
	nn	Jag fortsätter att bo i boden.

I'll stay out here in the shed.

9644	**fullmäktig**	**authorized representative**
	nn	Han har vitsordat att det vid denna tidpunkt inte kunde finnas någon ställföreträdare eller fullmäktig som kunde företräda Freeport AB.

He states that on that date there could have been no legal representative or agent in a position to represent Freeport AB.

9645	**fiendeland**	**hostile country**
	nn	Det är förbjudet att skicka information till fiendeland

Do you realize sending information in and out of enemy territory is a crime?

9646	**livfull**	**vibrant; lively**
	nn; adj	Jesus målar här upp en livfull bild av en höna som samlar ihop sina små under sina vingar.

Jesus here painted a vivid word picture of a mother hen sheltering her young with her wings.

9647	**tattare**	**gipsy**
	nn	Att folk, kommer att anse dem för slödder, kringvandrande tattare, och att det kanske gäller dig också?

Is your worst fear that people will now and forever believe, they were indeed just good old trailer– camp, tornado– bait gypsies, and that perhaps you are too?

9648	**nedersta**	**bottommost**
	adj	Marknära ozon : ozon i den nedersta delen av troposfären,

'Ground–level ozone' means ozone in the lowermost part of the troposphere;

9649	**rotation**	**rotation|wheel**
	nn	Ordförandeskapens rotation är det mest demokratiska vi har inom Europeiska unionen.

The rotation of the presidencies is the most democratic thing about the EU.

9650	**tillfångata**	**capture**
	vb	Sir, dödar jaffa, eller tillfångatas kan vi göra framtiden riktigt illa.

Sir, we kill those Jaffa, or worse, get captured, and we could alter the future immeasurably.

9651	**bukt**	**bay**
	nn	Kommissionärer, tillåt inte att vår vackra bukt förvandlas till en simpel verkstad för atomskrot.

Commissioners, do not allow our gorgeous bay to become nothing but a workshop for nuclear junk.

9652	**lånad**	**borrowed**

	adj	Om motparten erhåller rätten att sälja eller pantsätta tillgången omklassificerar överföraren tillgången i sin balansräkning, exempelvis som lånad tillgång eller fordran enligt återköpsavtal.

If the transferee obtains the right to sell or pledge the asset, the transferor reclassifies the asset on its balance sheet, for example, as a loaned asset or repurchase receivable.

9653 gedigen — **solid**

adj

Herr talman, mina damer och herrar! Detta är ett mycket väl avvägt betänkande som lägger en gedigen grund för arbetet i nästa Europaparlament, dock utan att inverka på våra efterträdares beslut – vilket vi förresten inte kan göra.

Mr President, ladies and gentlemen, this is a very well–balanced report and provides a sound basis for the work of the next European Parliament without seeking to prejudice our successors' decisions, which it could not do anyway.

9654 accent — **accent**

nn

Med bred arabisk accent tänkte jag– –"Berfekt."

In a thick Arabic accent, my brain went, "Berfect."

9655 genomsnittlig — **average**

adj

En genomsnittlig kines kunde 1965 förvänta sig at leva 10 år längre än en genomsnittlig indier.

On average, as a Chinese in 1965, you lived 10 years more than an average Indian.

9656 inrikta — **target|concentrate**

vb

För det första måste vi inrikta oss på de fattigaste länderna i våra samarbetsprogram.

Firstly, we must target the poorest countries in our cooperation programmes.

9657 häri — **herein**

adv

Anmärkningen att Republiken Polens resonemang i den andra grunden var oklart, eftersom det häri hänvisades till andra bestämmelser än artikel 9.3 i direktivet, saknar slutligen grund.

Finally, the complaint that the Republic of Poland's reasoning in the second plea lacked clarity because it referred to provisions other than Article 9(3) of the Directive is unfounded.

9658 riksdag — **parliament**

nn

Med beaktande av debatten vid det parlamentariska mötet den 2 och 3 oktober 2006, som anordnades gemensamt med Finlands riksdag.

With regard to the debates held at the parliamentary meeting of 2– 3 October 2006, organised in conjunction with the Finnish Parliament.

9659 vårdslöst — **carelessly**

adv

Operatören ska vidta alla rimliga åtgärder för att säkerställa att ingen handlar hänsynslöst eller vårdslöst eller underlåter att handla.

The operator shall take all reasonable measures to ensure that no person recklessly or negligently acts or omits to act.

9660 högvatten — **high tide**

nn

Jesus sade: "När det , blev högvatten, vräkte sig floden mot det huset men var inte stark nog att skaka det, eftersom det var väl byggt."

Jesus stated: "When a flood arose, the river dashed against that house, but was not strong enough to shake it, because of its being well built."

9661 onekligen — **undeniably**

adv

Det finns onekligen utrymme för att en och samma förlust utnyttjas två gånger.

There is clearly scope for the same loss to be used twice.

9662 årtusende
nn

millennium

Blotta fortskridandet av status quo är säkerligen ingen modell för nästa århundrade.

Simply continuing the status quo is certainly not a model for the next millennium.

9663 skolgång
nn

school attendance

Barnen var dömda att göra detta under hela sin livstid och gå miste om sin skolgång.

They were sentenced to do this for life and to miss out on schooling.

9664 björk
nn

birch

Grupp av träslag som innefattar exempelvis asp, bok, björk och eukalyptus.

Group of wood species including aspen, beech, birch and eucalyptus.

9665 säkerhetskontroll
nn

security check

Angående: Säkerhetskontroll av flygplatspersonal

Subject: Security checks on employees in airports

9666 propp
nn

stopper | plug

Tillsätt 25 ml dietyleter (4.4), förslut röret med en kork genomfuktad med vatten eller med en vattenfuktad propp (5.6). Skaka röret kraftigt under en minut, men inte för mycket (det kan då bildas beständiga emulsioner) samt vänd det upp och ned flera gånger.

Add 25 ml of diethyl ether (4.4.), close the tube with a cork saturated with water or with a stopper wetted with water (5.6.), and shake the tube vigorously, but not excessively (in order to avoid the formation of persistent emulsions), with repeated inversions for one minute.

9667 inskränka
vb

restrict | reduce

Kommissionen anser därför att lagstiftaren bör inskränka sig till att fastställa systemets principer och en övre gräns för hur stora böter och viten en organisation sammanlagt kan ådömas.

The Commission therefore considers it is sufficient for the legislator to determine the principles of the system and to establish a maximum amount of fine that can be imposed on a recognised organisation committing an infringement.

9668 reducera
vb

reduce | discount

Det överskrider kommissionens befogenhet.

It goes well beyond the remit of the Commission.

9669 efterlikna
vb

imitate | emulate

Hur kan vi efterlikna Jesus i hans unika uppgift som "Amen"?

How can we imitate Jesus in his unique role as "the Amen"?

9670 fjortonde
num

fourteenth

Vi läser därför: "Nu hände det sig i kung Hiskias fjortonde år att Sanherib, Assyriens kung, drog upp mot alla Judas befästa städer och började erövra dem."

Hence, we read: "It came about in the fourteenth year of King Hezekiah that Sennacherib the king of Assyria came up against all the fortified cities of Judah and proceeded to seize them."

9671 oupptäckt
adj

undetected

Hiv/aids är en smittsam sjukdom och personer med oupptäckt smitta riskerar därför att sprida sjukdomen.

HIV/AIDS is a communicable disease, and there is a risk of contagion even from infected persons whose infection has not been detected.

9672	**belysa**	**illustrate|illuminate**
	vb	Där det varit viktigt att belysa snabba förändringar har dock årssiffrorna för 1999 kommenterats.

However where it is important to highlight rapid changes, 1999 annual figures have been commented upon.

9673 **kirurgisk** **surgical**

adj

Delar av tillverkningen av medicinsk, kirurgisk och ortopedisk utrustning som utförs av underleverantörer.

Sub–contracted operations as part of manufacturing of medical and surgical equipment and orthopaedic appliances.

9674 **askkopp** **ashtray**

nn

Det måste finnas askkoppar, liksom det bör finnas åtskilda utrymmen så att de som röker och de som inte röker kan sätta sig där de önskar.

There must be ashtrays, just as there must be separate areas in which smokers can smoke and non–smokers can feel comfortable.

9675 **förarsäte** **driver's seat**

nn

Förarsäte med sidostöd för god sittstabilitet.

Driver seat with lateral support for good sitting stability.

9676 **danmark** **Denmark**

nn

Dessutom driver Haniel i Danmark en kalksandstensfabrik för reveteringssten och är delägare i tre fabriker för färdigblandad betong i Frankrike.

It also operates a sand–lime facing brick factory in Denmark and has a stake in three ready–mixed concrete plants in France.

9677 **stålverk** **steelworks**

nn

Här ingår förbrukning av alla flytande bränslen i järn– och stålverk med hjälputrustning, inklusive i elkraftverk men exklusive koksugnar.

Includes the consumption of all liquid fuels in the iron and steelworks and their auxiliary plant, in electricity generating stations, but with the exception of coke ovens.

9678 **satsning** **investment**

nn

Direktivet kan och måste inleda en verklig satsning på energieffektivitet.

This directive can and must usher in a real drive for energy efficiency.

9679 **medvind** **tailwind**

nn

I början hade de stark medvind, men jag tror att man i dag har tacklat frågan från alla håll.

There was undoubtedly a great deal of resistance to begin with, but I believe that the subject has now been aired as thoroughly as possible.

9680 **tristess** **aridity**

nn

Tristess är väsentligt sämre och apati är riktigt negativt , man känner inte att man utför någonting, man använder inte sina färdigheter, det finns ingen utmaning.

Boredom begins to be very aversive and apathy becomes very negative: you don't feel that you're doing anything, you don't use your skills, there's no challenge.

9681 **kranium** **skull**

nn

Dan hittade ett mänskligt kranium några meter från vägen.

Dan found a human skull a few yards from the road.

9682 **konsumtion** **consumption**

nn	Statusdriven, iögonfallande konsumtion frodas av nymodighetens språk.
	Status-driven, conspicuous consumption thrives from the language of novelty.

9683 massmedia — **mass media**

nn

Jag anser att partnerskapet med massmedia för att uppmärksamma de europeiska programmen och projekten för ungdomar är en viktig faktor som kan hjälpa oss att uppnå våra mål.

I believe that the partnership with the mass media aimed at raising the profile of the European programmes and projects for young people is a key factor in helping us achieve our objectives.

9684 kommunal — **municipal**

adj

Kommunal Kontaktperson: Eva Fornefors, Dristriktsombudsman www.kommunal.se

The Swedish Municipal Workers' Union Contact information: Yvonne Stolt, Dristriktsombudsman www.kommunal.se

9685 skorpa — **crust|cake**

nn

Och här är några av de saker som sägs motverka cancer: skorpor, rödpeppar, lakrits och kaffe.

Here are some of the things they say prevents cancer: crusts, red pepper, licorice and coffee.

9686 gnällspik — **whiner**

nn

Han är en riktig gnällspik.

He has is a true whiner.

9687 konsultera — **consult**

vb

Ett bundet anbudsförfarande är offentligt eller öppet när anbudsgivningen är öppen för alla; det är selektivt när endast de som man har beslutat att konsultera på grund av deras särskilda kvalifikationer får lämna in anbud.

The award of contract shall be termed public or open, where it is open to all comers to submit a tender; it shall be termed restricted where tenders may be entered only by those whom it has been decided to consult because of their special qualifications.

9688 försöksdjur — **laboratory animal**

nn

Vid en sådan undersökning måste man nå en balans mellan skyddet av människors hälsa och miljön och skyddet av försöksdjur.

In such an exercise it is essential to achieve a balance between the protection of human health and the environment, and the protection of laboratory animals.

9689 svartskalle — **wog**

nn

En svartskalle med krigstrauma som uppför sig som en rocker.

He's a wog with a war trauma who acts like a biker.

9690 pyssling — **leprechaun**

nn

Du fångade en pyssling!

You just caught yourself a leprechaun!

9691 paraguay — **Paraguay**

nn

Utkast till avtal mellan Republiken Paraguays regering och Förenade konungariket Storbritannien och Nordirlands regering om luftfart, paraferat i Asuncion den 28 augusti 1998 som bilaga B till det godkända protokollet mellan luftfartsmyndigheterna i Republiken Paraguay och Förenade kungariket, i bilaga II kallat "utkastet till Paraguay–UK–avtal".

Draft Agreement between the Government of the Republic of Paraguay and the Government of the United Kingdom of Great Britain and Northern Ireland concerning air services, initialled in Asuncion on 28 August 1998 as Annex B to the Agreed Protocol between the aeronautical authorities of the Republic of Paraguay and the United Kingdom, hereinafter referred to as 'Draft Paraguay–United Kingdom Agreement' in Annex II.

9692 **arbetslag**
nn

team

Jag vill tacka kommissionsledamot Stavros Dimas, hans arbetslag och Jos Delbeke.
I would like to thank Commissioner Dimas, his team and Jos Delbeke.

9693 **veckoslut**
nn

weekend

Det var uppenbart vid ministermötet i Évian detta veckoslut.
It was evident at Evian with ministers this weekend.

9694 **muskulös**
adj

muscular

Jag föredrar din muskulösa kristendom.
I prefer your more muscular brand of christianity

9695 **leksaksaffär**
nn

toyshop

Leksaksaffären var nästan det senast skadade av er seriepyroman.
This toy store was almost the latest casualty of your serial arsonist.

9696 **marknadsföra**
vb

market

Har en spelarrangör som har fått tillstånd att bedriva viss spelverksamhet i ett land och kontrolleras av behörig myndighet i det landet rätt att i andra medlemsstater marknadsföra sina spelerbjudanden, genom till exempel annonser i tidningar, utan att först ansöka om tillstånd av dessa länders behöriga myndigheter?
Is a gaming operator who has been granted a licence to operate certain gaming activities in a State and is supervised by the competent authority in that State entitled to market its gaming products in other Member States through, for example, advertisements in newspapers, without first applying for a licence from those States' competent authorities?

9697 **arbetsförmedling**
nn

employment agency

Det här förslaget yrkar på en utvidgning av det befintliga Eures-nätverket till en europeisk tjänst för arbetsförmedling.
This proposal argues for the expansion of the existing EURES network into a European employment service.

9698 **svullna**
vb

swell

De viktigaste tecknen på kadmiumförgiftning hos däggdjur är blodbrist, minskad fortplantningsförmåga, svullna leder, ruggig päls, nedsatt tillväxt samt skador på lever och njurar.
The most important signs of cadmium poisoning of mammals are anaemia, reduced productivity, enlarged joints, shabby fur, reduced growth along with lever and kidney injuries.

9699 **ofrånkomlig**
adj

inevitable|inescapable

Det europeiska tekniska godkännandets väg till CE–märkningen ses som ofrånkomlig men de administrativa förfarandena för dess utfärdande ska strömlinjeformas och riktlinjerna för det europeiska tekniska godkännandet bör avskaffas.
The European technical approval route for CE marking is perceived as necessary, but the administrative procedures for its delivery must be streamlined and guidelines for European technical approval (ETAG) should disappear.

9700 **alkoholism**
nn

alcoholism

Kommissionsledamoten tog upp frågan om alkoholism.
Mr President, the Commissioner raised the issue of alcoholism.

9701 ärt
nn
pea
You don't have to be an Art History major... to appreciate art.
Du behöver inte plugga konsthistoria... för att uppskatta konst.

9702 autentisk
adj
authentic
Texten i avtalet skall avfattas på grekiska och denna text skall vara autentisk på samma sätt som originaltexterna.
The text of the Agreement shall be drawn up in Greek and that text shall be authentic in the same way as the original texts.

9703 målgrupp
nn
target group
Målgrupp för handboken är doktorander och personal vid universitetet.
The target group for the handbook is doctoral students and personnel at the university.

9704 utgåva
nn
edition
Jag skall göra lite reklam och säga att 1999-2000 års utgåva nu finns tillgänglig.
Let me do a little advertising by announcing that the 1999-2000 edition is now available.

9705 initiera
vb
initiate
så snart som möjligt initiera eller uppmuntra till samordnade lösningar mellan de berörda parterna i syfte att få till stånd konkreta, effektiva, rimliga och proportionella lösningar som gynnar utvecklingen av ett lagligt utbud av kulturellt och kreativt innehåll på Internet samt förhindrande av och kamp mot piratkopiering.
launch or encourage concerted approaches by the parties concerned, as soon as possible, designed to find concrete, effective, fair and proportionate solutions promoting the development of legal online offer and the prevention and combating of piracy.

9706 monetär
adj
monetary
Om vi ska ha en monetär union ska det vara en fast monetär union.
If we are to have a monetary union, it must be a hard monetary union.

9707 kannibal
nn
cannibal
Munbato är en Kannibal men han gick på Harvard.
Moombata's a cannibal, but he went to Harvard.

9708 rusningstid
nn
rush-hour
Sökanden uppgav att den inte kunde svara för rusningstiden, det vill säga mellan klockan 7 och 9 samt mellan klockan 19 och 22, eftersom det var tekniskt och ekonomiskt omöjligt att tillhandahålla ifrågavarande tjänster under rusningstid.
It stated that it was unable to provide transport services during peak periods, that is to say from 07.00 hrs to 09.00 hrs and from 19.00 hrs to 22.00 hrs owing to the fact that the provision of such services was technically and financially not feasible.

9709 isbit
nn
ice cube
Det är inte ett land, det är en isbit.
it's not a country, it's an ice cube.

9710 kladda
vb
smudge
Förlåt?Nämen ta gärna på den, för jag har stått där hela dagen och väntat på att, en liten flicka som du skulle komma och kladda med sina sköra fingrar på den.
Spread your hand and touching, why stand there and wait throughout the day, a bum like you to touch precious claws of the exhibits.

9711	**presentkort**	**gift voucher**
	nn	Tillhandahållande av en webbplats med en direktansluten marknadsplats för utbyte av lagrat värde, värdeinnehåll hos förbetalda kort, presentkort och betalkort med andra användare.
		Providing a website featuring an online marketplace for exchanging stored value, prepaid, and gift card value and payment cards with other users.

9712	**tejpa**	**tape**
	vb	I början måste du tejpa över stick– kontakterna.
		At the beginning you'll have to tape over the electrical wall– plugs with sticking plaster.

9713	**öppenhet**	**openness**
	nn	Samtidigt håller vi med om att det för att uppnå god förvaltning är mycket viktigt med berörda parters deltagande, öppenhet i beslutsfattandet och tillämpning av fastställda regler.
		At the same time agrees that it is essential that stakeholder participation, transparency of decision–making, and implementation of agreed rules, are ensured for good governance to be attained.

9714	**vakuum**	**vacuum**
	nn	De nya tidsfristerna för införlivande gör att ett rättsligt vakuum förhindras.
		The effect of these transposition deadlines is to prevent a legal vacuum.

9715	**blink**	**blink|wink**
	nn	När du markerar den här kryssrutan visas markerad text som blinkande.
		Mark this check box to have the selected text blink.

9716	**kräfta**	**crayfish**
	nn	Det kan ha sina goda sidor, men jag undrar om det är rätt att putsa till initiativen i detta skede.
		It may have its good aspects, but I do not know if it is right to trim down the initiatives at that stage.

9717	**estland**	**Estonia**
	nn	Estland var det enda ockuperade landet där provokationsåtgärder inte lyckades.
		Estonia was the only occupied country where provoking programmes did not succeed.

9718	**bojkotta**	**boycott**
	vb	Majoriteten av det albanska ledarskapet har beslutat att bojkotta de officiella valen i Kosovo eftersom Kosovoparlamentets makt enligt den serbiska konstitutionen är mer eller mindre symbolisk.
		The majority of the Albanian leadership has decided to boycott the official elections in Kosovo precisely because under the Serb constitution the powers of the Kosovo parliament are more or less symbolic.

9719	**ekonomichef**	**financial manager**
	nn	För sju år sen, nästan åtta hade jag just blivit ekonomichef.
		Seven years ago, almost eight, I'd just become treasurer.

9720	**berättare**	**narrator**
	nn	Och o, mina bröder, kan ni tänka er, att er trogne vän och länge plågade berättare, sträckte ut sin röda sulik ett par kilometer, för att slicka de kackiga tåjamsdojorna.
		And, O my brothers, would you believe, your faithful friend and long– suffering narrator, pushed out his red yabzick a mile and a half, to lick the grahzny, vonny boots.

9721	**anteckningsblock**	**notepad**
	nn	Skriv ner upplevelserna du har medan du inbjuder andra att komma till Kristus i en dagbok eller ett anteckningsblock.
		Write down in a journal or a notebook the experiences you have as you invite others to come unto Christ.

9722	**diva**	**diva**
	nn	Nej Mickey, du tar fel. Jag uppträder inte som en diva!
		No, Mickey, you're wrong. I wasn't acting like a diva!

9723	**duggregn**	**drizzle**
	nn	Badmasker för skydd, skydsmasker för ögonområde och ansikte, masker för skydd mot duggregn och regn.
		Bath masks for protection, protection masks for the eye area and face, masks for protection against drizzle and rain.

9724	**fiktion**	**fiction**
	nn	Den aktuella nationella lagstiftningen fungerar så, att den skapar en rättslig fiktion som tillåter att inhemska pensionsplaner behandlar sådana utdelningar som kostnader.
		The national legislation at issue operates by creating a legal fiction that allows resident pension plans to treat such distributions as expenses.

9725	**stadgar**	**statutes**
	nn	När det gäller de övriga, bör de följa de skyldigheter som finns i deras stadgar.
		For the rest, they should comply with what is required of them under their statutes.

9726	**penetrera**	**penetrate**
	vb	De beräknade extra kostnaderna på 0,25 eurocent per liter för bensin och cirka 0,60 eurocent för diesel är mycket lägre än den nivå för skattesänkning som fastställs i ett nyligen antaget rådsbeslut, på förslag från kommissionen. Enligt rådsbeslutet tillåts en medlemsstat, i enlighet med direktiv 92/81/EG, att minska skatten på dessa produkter med 1,53 eurocent per liter, för att bränslen med låg svavelhalt snabbare skall penetrera marknaden.
		The additional costs, estimated at 0.25 eurocents per litre for petrol and approximately 0.60 eurocents for diesel, are far lower than the 1.53 eurocents per litre by which a recent Council decision, prompted by the European Commission, authorises a Member State to reduce the tax on these low–sulphur products in order to facilitate their rapid market penetration.

9727	**hjord**	**flock|herd**
	nn	Det är så man gör i en hjord.
		That's what you do when I'm hurt.

9728	**drabbning**	**battle**
	nn	I vilket fall som helst kan vi inte skjuta upp en drabbning som borde äga rum i januari till juni.
		In any case, we cannot defer until June the battle that we must wage in January.

9729	**sminkad**	**made-up**
	adj	Håret fixat och sminkad.
		Hair made and in full makeup.

9730	**räkenskap**	**account**
	nn	Bibeln påminner oss om att allting är "blottat inför ögonen på honom som vi har att avlägga räkenskap för".

The Bible reminds us that all things are "openly exposed to the eyes of him with whom we have an accounting."

9731	**halvö**	**peninsula**
	nn	Jag bor på en halvö, så jag förstår ömentaliteten.
		I live on a peninsula, so I understand island mentalities.

9732 arrestering — **arrest**

nn

Parlamentets godkännande i förväg krävs emellertid om en domstol avser att mot en ledamot av parlamentet vidta en sådan åtgärd som anges i artikel 68.2 och 68.3 i den italienska konstitutionen, vilket omfattar kroppsvisitering, arrestering eller annat frihetsberövande, avlyssning och konfiskering av korrespondens. Med stöd av dessa bestämmelser ges de italienska parlamentsledamöterna en form av kvalificerat privilegium.

The Italian Parliament's prior authorisation, though, is necessary if a court intends ordering one of the measures listed in Articles 68(2) and 68(3) to be taken against an MP; these include search, arrest or other deprivation of liberty, interception of communications and seizure of correspondence.

9733 häkta — **arrest; hook**

vb; nn

Man hade nämligen absolut kunnat häkta vissa krigsförbrytare, men man gjorde det inte.

We could have arrested certain war criminals perfectly easily, but we did not do so.

9734 svärma — **swarm**

vb

Kurt menade att han accepterade att svärma eden på Bibeln för att han "respekterade alla heliga böcker och ville svära eden på den heliga bok som gällde i landet han bodde i".

Kurt insisted that he accepted taking the oath on the Bible because "he respected all holy books and wanted to swear on the holy book of the country in which he was residing."

9735 dövstum — **deaf-mute**

adj

Hon är dövstum.

She's deaf– mute.

9736 bakvänt — **backwards**

adv

Bakvänt beröm, men det duger.

That's a backhanded show of appreciation, but I'll take it.

9737 middagsbjudning — **dinner party**

nn

Nu kan vi ha en liten middagsbjudning.

Now we can throw a dinner party.

9738 gom — **palate**

nn

I Bibeln används ordet "gom" ibland synonymt med "mun".

In the Scriptures, "palate" is, in some cases, used synonymously with "mouth."

9739 önskvärd — **desirable**

adj

Alla de politiker som nu beklagar sig över de problem som Sydkorea vållar oss har fel om de påstår att globaliseringen är omöjlig att stoppa, att man inte kan påverka den; detta är ju precis den typ av globalisering som politikerna inte kan påverka, om de inte betraktar den som önskvärd.

All those politicians who are now complaining about the problems South Korea has caused us are wrong if they claim that globalisation is irreversible and that we can do nothing about it. Globalisation is something which politicians can do nothing about if they do not want to.

9740 bättring

nn

improvement

Jag skulle, genom er, verkligen vilja tillönska honom god bättring.

I should like to extend to him, via yourself, my warmest wishes for a very speedy recovery.

9741 armada

nn

armada

Bara genom att vara så långt från armada—kan hjärnan börja fyllas av underliga tankar, tvivel.

Just being so far from the armada, the mind can start to fill with strange thoughts, doubts.

9742 papperslapp

nn

scrap of paper

De fick bara en papperslapp där det stod " kol ".

All they got was a piece of paper with " coal " written on it.

9743 överkropp

nn

torso

Dockan består av: X.Y. två delar, föreställande rygg respektive sätesdel, vridbara runt en axel som motsvarar axeln mellan överkropp och lår.

This manikin shall comprise: X.Y. two components, one simulating the back and the other the seat of the body, hinged along an axis representing the axis of rotation between the torso and the thigh.

9744 krök

nn

elbow|crook

Överallt ser vi berg, regnskog och vattenfall, och vi får storslagna vyer över havet i nästan varenda krök.

Mountains, rain forest, waterfalls, and spectacular ocean vistas greet us at almost every turn.

9745 mäkta

vb; adv

be capable of; mighty

Vattnet är mäkta kallt, Ers nåd.

That water's powerful cold, your Lordship.

9746 hejduk

nn

henchman

Jag vill bara se till att vi dödar mr Davis och alla hans hejdukar.

I just want to make sure that we kill Mr. Davis and every one of his loyal followers.

9747 förruttnelse

nn

putrefaction

Profeten visar där de två sätt på vilka lik vanligtvis förintades: förruttnelse och förbränning.

There the prophet shows the two ways corpses were usually destroyed: putrefaction and incineration.

9748 antydning

nn

cue

Låt mig svara på den antydning om att det på något sätt var ett brott mot tilliten.

Let me reply to the suggestion that somehow there was a breach of confidentiality.

9749 jordbrukare

nn

farmer

Som kommissionsledamot Charlie McCreevy redan nämnt godtar vi också en utvidgning av stödet för unga jordbrukare till att omfatta subventionerade lån.

As Commissioner McCreevy already mentioned, we also accept the extension of support for young farmers to subsidise loans.

9750 stöddig

adj

cocky

Stöddig värre!

The nerve of that guy!

9751 importerad

importable

	adj	Eftersom Energifonden finansieras genom ett påslag på distributionsavgiften, vilket också påverkar importerad energi, måste stödordningens finansiering genom en skatteliknande avgift bedömas i detta fall.

As the Energy Fund is financed via a levy on the distribution tariff which also affects imported energy, the financing of the aid scheme by way of a parafiscal charge needs to be assessed in this case.

9752 mahogny — **mahogany**

adj

De vinägersorter som omfattas av den skyddade ursprungsbeteckningen "Vinagre de Jerez" har en färg som ligger mellan bärnsten och mahogny och en tät och oljig konsistens.

The vinegars included in the Designation of Origin 'Vinagre de Jerez' present a colour between gold and mahogany and a dense and oily appearance.

9753 kriminalpolis — **criminal police**

nn

"Mamma var som en kriminalpolis – hon sökte alltid efter sådant som jag hade gjort fel.

"My mother seemed like a police detective–always looking for areas where I failed.

9754 dagdrömma — **daydream**

vb

Stänga sin laptop, sluta dagdrömma.

Close your laptop, end your daydream.

9755 avvägning — **consideration**

nn

Jag har gjort allt jag kunnat för att uppnå en samarbetsnivå i parlamentet där denna avvägning görs på ett konstruktivt men ändå kritiskt sätt.

I have made every effort to arrive at a level of cooperation in Parliament in which this balance is struck in a constructive, yet critical, manner.

9756 hjärtklappning — **palpitation**

nn

Varningssignalerna för lågt blodsocker kan komma plötsligt och yttra sig som: kallsvett, kall och blek hud, huvudvärk, hjärtklappning, illamående, stark hungerkänsla, tillfälliga synförändringar, dåsighet, ovanlig trötthet och svaghet, nervositet eller darrningar, oroskänslor, förvirring, koncentrationssvårigheter.

The warning signs of a hypo may come on suddenly and can include: cold sweat; cool pale skin; headache; rapid heart beat; feeling sick; feeling very hungry; temporary changes in vision; drowsiness; unusual tiredness and weakness; nervousness or tremor; feeling anxious; feeling confused; difficulty in concentrating.

9757 ryta — **roar|shout**

vb

Vad skulle du göra om du hörde ett lejon ryta på nära håll mitt i natten?

What would you do if you heard a lion roar nearby in the stillness of the night?

9758 virvelvind — **whirlwind**

nn

När religion och politik färdas tillsammans, följer en virvelvind.

When religion and politics ride in the same cart, the whirlwind follows.

9759 tålmodig — **patient|enduring**

adj

När israeliterna var olydiga var Gud tålmodig och barmhärtig, men de undgick inte straff.

When Israel was disobedient, God was patient and merciful, but he punished them, nevertheless.

9760 otränad — **untrained**

	adj	Vi påminner om att olyckor på utvinningsplatsen ofta beror på otränad personal eller på att man inte har tillämpat säkerhetsinstruktionerna alls eller på rätt sätt.

The commission reminds that onsite accidents are often a result of untrained personnel, negligence or incorrect behaviour with regards to safety instructions.

9761 plikttrogen

adj

dutiful|loyal

Han var mycket plikttrogen.

He had a great sense of duty.

9762 säl

nn

sea-calf

I sammanstötningsögonblicket är ögat oskyddat, kanske för de klösande klorna på en säl.

At the moment of impact, the eye is left exposed, perhaps to the flaying claws of a seal.

9763 hälare

nn

receiver

Hur skall EU annars kunna undgå att i medborgarnas ögon framstå som medskyldig till stöld av andras egendom, eftersom EU stödjer de hälare som har lagt beslag på egendomen och auktionerar ut den i offrens närvaro?

How can the EU not be thought of by its citizens as an accessory to robbery, since it is funding the receivers of stolen property, who are auctioning it off in the presence of their victims?

9764 bjudning

nn

party

Detta är ingen vanlig bjudning!

This isn't a graduation party!

9765 specialisera

vb

specialize

Han tycks specialisera sig på tekniska, svåra betänkanden, men utför dem alltid mycket väl.

He seems to specialize in technical, difficult reports but always does it very well.

9766 smil

nn

smile|smirk

Får vi ett smil för vår krokodil?

Can you smile at a crocodile?

9767 blyghet

nn

shyness

Enligt psykologen och forskaren Robin Abrahams lider nu hälften av befolkningen av blyghet i sociala situationer, vilket är en markant ökning från tidigare.

According to psychologist and researcher Robin Abrahams, shyness in social situations now affects about half the population, which represents a significant rise over past levels.

9768 nonchalant

adj; adv

nonchalant; offhand

EU visade sig obegripligt nonchalant när det inte inom ramen för internationella organisationer vidtog bestämda diplomatiska åtgärder för att på grundval av mänskliga rättigheter fördöma den illegala verksamhet som Förenta staterna var inblandad i.

The European Union proved an incomprehensively lackadaisical community when it did not take any firm diplomatic action in the context of international organisations to condemn, on the basis of human rights, the illegal activity the United States of America was engaged in.

9769 felbedömning

nn

misjudgment

Parlamentet har i sin duplik tillagt att sökanden förefaller blanda samman objektivitet och utrymme för skönsmässig bedömning för en upphandlande myndighet. Förstainstansrättens prövning med avseende på en upphandlande myndighet ska enbart avse huruvida det skett en uppenbar felbedömning.

In its reply, the Parliament adds that the applicant appears to confuse a lack of objectivity with the discretion of the contracting authority, with regard to which review by the Court of First Instance must be confined to verifying that no manifest error of assessment has been committed.

9770 etablissemang
nn

establishment

Tjänster utförda av personer eller etablissemang avseende tillagning av mat och dryck färdig för konsumtion (catering).

Services provided by persons or establishments whose aim is to prepare food and drink for consumption (catering).

9771 abborre
nn

perch

Jag har väl varit abborre, jag har så knölig rygg.

You think I'm a perch ' cause I'm hunch– backed.

9772 hörapparat
nn

hearing aid

Obligatorisk användning av hörapparat/kommunikationsstöd.

Mandatory use of hearing aid/communication aid.

9773 vånda
nn

agony

Lev dig in i den vånda och smärta som Jehova kände, när hans tålamod och barmhärtighet tänjdes till det yttersta av ett förhärdat och otacksamt folk.

Feel Jehovah's anguish and pain as his mercy and patience were stretched to the very limit by a people who were callously unappreciative.

9774 opposition
nn

opposition

Skulle Europeiska kommissionen kunna upplysa oss om hur den ställer sig till ovanstående uttalanden som med största tydlighet ger uttryck för opposition och stark oro inför det planerade kärnkraftsbygget i Akköy, samt om de konsekvenser detta kommer att medföra för miljön, turismen och med tanke på hälsan för de miljontals människor som bor i södra Turkiet och närliggande länder, bland dem även EU–medborgare mot bakgrund av att det område där kärnkraftverket skall uppföras är ett område där risken för jordbävningar betecknas som mycket hög?

Could the Commission say what its position is with regard to the above statements, which very clearly demonstrate opposition to and pronounced unease over the planned construction of a nuclear power plant at Akkuyu and also over the consequences that this will have for the environment, tourism and the health of millions of citizens living in southern Turkey and neighbouring countries, including EU citizens, since the region where the plant will be established is one of considerable seismic activity?

9775 administratör
nn

administrator

Kräver uppdatering godkännande från nationell administratör?

Is approval from the national administrator needed for update?

9776 förringa
vb

minimize|lessen

Tidigare hörde jag några av mina kolleger förringa den globala uppvärmningens omfattning.

Earlier I heard a number of my fellow Members understate the extent of this global warming.

9777 ingivelse
nn

inspiration

Han sade också: "De ord jag säger till er talar jag inte av egen ingivelse; utan Fadern som förblir i gemenskap med mig, han utför sina gärningar."

Further, he said: "The things I say to you men I do not speak of my own originality; but the Father who remains in union with me is doing his works."

9778	**astronom**	**astronomer**
	nn	Det var emellertid inte förrän på 100–talet f.v.t. som en grekisk astronom delade in djurkretsen i 12 lika stora delar ("tecken") om vardera 30°. Delarna kom att kallas djurkretsens stjärntecken, och de fick namn efter närliggande stjärnbilder.
		It was not until the second century B.C.E., however, that a Greek astronomer divided the zodiac into 12 equal parts of 30 degrees each; these parts came to be called the signs of the zodiac and were named after the related constellations.

9779	**diskbänk**	**sink**
	nn	Jag fick iden att skriva en kokbok. Och titeln på den skulle vara "Att äta utan smulor: Konsten att äta över diskbänken."
		And the title for my cookbook was going to be "Dining Without Crumbs: The Art of Eating Over the Sink."

9780	**skröna**	**tall tale**
	nn	Omöjligt, det där är en modern skröna!
		Impossible, that's an urban legend!

9781	**utvilad**	**rested**
	adj	Jag är utvilad, jag är i form!
		I'm rested, I'm fit!

9782	**fräta**	**corrode|fret**
	vb	Beträffande ämnen som bedöms att inte orsaka synlig vävnadsdöd av hudvävnad från människa, skall hänsyn tas till deras benägenhet att fräta på vissa metallytor.
		Substances which are judged not to cause full thickness destruction of human skin shall still be considered for their potential to cause corrosion to certain metal surfaces.

9783	**sinnad**	**minded**
	adj	En andligt sinnad människa vägleds alltså av Guds ande.
		In short, a spiritually–minded person is one who is guided by God's spirit.

9784	**hänförande**	**ravishing**
	adj	Vår kollega Marcello Vernola har gett en strålande - jag skulle säga levande - bild av Montenegro, som är det mest hänförande hörnet på Balkan.
		Mr President, our fellow Member Mr Vernola has given an excellent - vivid, I would say - picture of Montenegro, which is the most enchanting corner of the Balkans.

9785	**thriller**	**thriller**
	nn	Du är fem blixtlås från " Thriller ".
		You're five zippers away from Thriller.

9786	**gnistrande**	**brilliant**
	adj	En gnistrande, mycket dyrbar ädelsten av det hårdaste mineral man känner till.
		A brilliant precious stone, the hardest natural mineral yet discovered and among the most valuable of gems.

9787	**lastfartyg**	**cargo ship**
	nn	Dessa omfattar bl.a. ett undantag från förbudet att fortsätta använda halon på befintliga lastfartyg.

This includes an exemption to allow the continued use of halon on existing cargo ships.

9788 föreläsa — **lecture**

vb

Jag vill också be vissa av mina kolleger i kammaren att inte föreläsa om den europeiska andan.

I would also like to ask some of my fellow Members not to lecture about Europeanism.

9789 distraktion — **distraction**

nn

Bland de mänskliga faktorerna har forskning pekat ut fortkörning, distraktion och rattfylleri som några av de viktigaste aspekterna.

Amongst the main human factor related accident causes research has identified excessive speed, distraction and drink–driving as some of the most important aspects.

9790 tillmötesgå — **accommodate**

vb

Jag är besviken över beslutet att inte tillmötesgå min begäran.

I very much regret the decision not to grant my request.

9791 gapande — **gaping; gape**

adj; nn

Är inte nedsättande uttryck, skrikande och gapande, ständig kritik och förnedrande ord svärdsstötar som ger djupa känslomässiga sår?

And what are name–calling, shouting, constant criticism, and degrading insults if not the stabs that cause deep emotional wounds?

9792 vattenskida — **water-ski**

nn

En ekorroren kan åka vattenskidor.

That squirrel can water-ski.

9793 förväxling — **confusion**

nn

Gemenskapsvarumärke – Definition och förvärv av gemenskapsvarumärke – Relativa registreringshinder – Invändning från innehavaren av ett identiskt eller liknande äldre varumärke som registrerats för varor eller tjänster som är identiska eller av liknande slag – Risk för förväxling med det äldre märket.

Community trade mark – Definition and acquisition of the Community trade mark – Relative grounds for refusal – Opposition by the proprietor of an earlier identical or similar mark registered for identical or similar goods or services – Likelihood of confusion with the earlier mark.

9794 överbefälhavare — **commander in chief**

nn

Tjänsteställning: Biträdande överbefälhavare.

Official function: Commander in Chief of Staff to the Armed Forces.

9795 älv — **river**

nn

Gå tillbaka in i skogen och leta på så många älvor och jättar som du kan.

I need you to go back into the forest and rally all the elves and giants you can find.

9796 otyg — **pest**

nn

Men det är ett otyg att ge Europeiska unionen allt mer ansvar, utan att garantera de finansiella medlen för detta.

But it is absurd to find ever more responsibilities for the European Union without providing it with the necessary financial funds.

9797 upprorisk — **rebellious**

adj

En upprorisk andevarelse, som längre fram blev känd som Satan, Djävulen, övertygade Eva om att det var till hennes bästa att inte lyda Gud.

A rebellious spirit creature, later identified as Satan the Devil, convinced Eve that it was not in her best interests to obey God.

9798 obemannad — **unmanned**
adj
Flygning över öppet hav med tung obemannad friballong får inte ske utan föregående samordning med leverantören/leverantörerna av flygtrafiktjänst.
A heavy unmanned free balloon shall not be operated over the high seas without prior coordination with the ANSP(s).

9799 telefonautomat — **slot telephone**
nn
En telefonautomat vid Mondo Mart i Reisterstown på Cold Spring Lane.
it's a pay phone at a Mondo Mart in Reisterstown on Cold Spring Lane.

9800 akrobat — **acrobat**
nn
Du skulle vara utbildad akrobat.
She claims to be a trained acrobat.

9801 badhus — **baths**
nn
Spår av regelbundna gatunät, flervåningshus, hus med flera bostäder, sinnrika reningsverk och avloppssystem, jättelika spannmålsmagasin, tempel och badhus för rituell rening pekar alltsammans på en högt utvecklad stadskultur.
Evidence of grid–patterned streets, multistoried houses and tenement blocks, excellent sewer and septic–tank drainage, enormous granaries, temples, and baths for ritual cleansing all point to an advanced urban civilization.

9802 fnissa — **giggle|snigger**
vb
Jag kallade dem ofta gentlemän, vilket fick dem att fnissa.
I often called them gentlemen, which made them giggle.

9803 härd — **hearth**
nn
Balkan med sitt rykte som "Europas krutdurk" förblir i huvudsak, trots framstegen under senare år, en möjlig härd för etniska spänningar samt politisk instabilitet och ekonomisk och social kris.
The Balkans, with their reputation as the 'powder keg of Europe', remain primarily, in spite of the progress made in recent years, a potential hotbed of interethnic tension, with political instability and the economic and social crisis added to this.

9804 bestört — **dismayed**
adj
Abraham måste därför ha blivit mycket bestört när Gud bad honom att offra sin son.
So Abraham must have been stunned when God asked him to sacrifice his son.

9805 uppta — **occupy|receive**
vb
Talan om ogiltigförklaring av beslutet att inte uppta sökanden i förteckningen över tjänstemän som befordrats till lönegrad AD13 under befordringsförfarandet år 2010 samt yrkande om att svaranden ska utge ersättning för den ideella skada sökanden lidit.
Annulment of the decision not to include the applicant in the list of those promoted to grade AD 13 in the 2010 promotion exercise, and an order that the defendant pay to the applicant a sum in compensation for the non–material damage suffered.

9806 benägenhet — **tendency**
nn
Konsumenterna har dessutom benägenhet att lita till ett ordelement och inte ett figurelement för att identifiera och införskaffa en vara.
Moreover, the consumer tends to rely on the word element rather than a figurative element to identify and purchase goods.

9807 malm — **ore**

| | nn | Under de senaste åren har också industrins förbrukning av mineraler och malm stabiliserats. |
| | | *Recent years have also seen some stabilisation in industrial consumption of minerals and ores.* |

9808 vidsträckt — **wide**

adj

Klagandens kritik avser särskilt de två sista meningarna i punkt 71 i den överklagade domen, där tribunalen förklarade "att för att tröskelvärdet på 5 procent inte skulle ha överskridits måste marknadens storlek vara minst 435 miljoner euro" och tillade följande: "Den enda möjligheten att komma fram till en sådan marknadsstorlek vore att utgå från en betydligt mer vidsträckt marknad än den belgiska marknaden för internationella flyttjänster, vilken kommissionen emellertid med rätta funnit vara den relevanta marknaden."

The appellant's challenge is directed in particular against the last two sentences of paragraph 71 of the judgment under appeal, in which the Court holds that 'for the 5% threshold not to be reached, the size of the market would have to be at least EUR 435 million' and adds that '(t)he only way the market concerned could attain such a size would be to start from a much larger market than that of international removal services in Belgium, which was, however, correctly identified by the Commission as the relevant market'.

9809 nattklubb — **nightclub**

nn

Konstigt att se dig på en nattklubb.

it's strange to see you in a nightclub.

9810 kröka — **curve|bend**

vb

Jag skulle inte kröka ett hår på hans huvud.

I wouldn't touch one hair on his goddamn little head.

9811 blodpropp — **blood clot**

nn

En stor blodpropp.

A large blood clot.

9812 grina — **weep|grin**

vb

Det är för kallt att grina.

it's too cold to cry.

9813 ylande — **howling**

nn

När man vid flygresor ser hur dessa stackars hundar skällande, gnällande och ylande stoppas in i dessa gräsliga burar och måste utstå en lång flygresa, så tycker jag nog att den som skaffar sig en hund eller en katt måste veta att han har skaffat sig ett levande väsen, och den som inte är beredd att också på lämpligt sätt ta hänsyn till behoven hos dessa levande väsen, borde helst inte skaffa något!

You see these poor dogs on aeroplanes, barking, whining and whimpering, stuck in those awful cages and having to endure a long flight, and I really do think that anyone who gets a dog or cat should realise that they have acquired a living creature, and if they are not prepared to take proper account of its needs, they should not get an animal in the first place.

9814 inofficiell — **unofficial; off the record**

adj; adv

Om ingen officiell dokumentation kan läggas fram får medlemsstaterna även godta inofficiell dokumentation.

Where official evidence cannot be provided, Member States may accept other unofficial evidence.

9815 ställföreträdande — **acting**

	adj	Jag vill informera alla europeiska medborgare om att den ställföreträdande ständige representanten för Ryssland i EU i förra veckan varnade mig för konsekvenserna om parlamentet skulle ha en debatt och anta en resolution om rättsstatsprincipen i Ryssland denna vecka. Om så skedde skulle detta leda till kraftiga reaktioner från Kreml.
Mr President, I would like to inform European citizens that last week, the deputy permanent representative of the Russian Federation to the European Union warned me that the European Parliament should neither have a debate nor adopt a resolution on the rule of law in Russia this week, and that if this should happen, it would provoke a strong reaction from the Kremlin.
9816	**blodförgiftning**	**blood-poisoning**
	nn	Detta ger upphov till en sjukdom som kallas svår blodförgiftning och som man kan bli mycket sjuk av.
This causes an illness called severe sepsis which can make you very ill.
9817	**ambitiös**	**ambitious**
	adj	Jag tycker att Sven är ambitiös.
I think Sven is ambitious.
9818	**dov**	**dull|aching**
	adj	Den förvandlas till en dov likgiltighet.
And turns into listless indifference.
9819	**klokhet**	**wisdom**
	nn	Jag vet inte vad det finns för anledning att gratulera eftersom flera av punkterna fallit, bl.a. på grund av hans grupp som, i ett anfall av klokhet, beslutade att lägga fram ett stort antal ändringsförslag om eliminering, vilka godkändes.
I do not see what reason there is to congratulate him as many of his original paragraphs have been dropped, particularly because of his own Group which, in its wisdom, decided to table a great many amendments to delete sections, and these were adopted.
9820	**tes**	**thesis**
	nn	Och faktiskt, jag tror att min tes här är att tilltro är sakernas naturliga tillstånd.
And in fact, I think my thesis here is that belief is the natural state of things.
9821	**förbruka**	**consume|expend**
	vb	Budgetutskottet delade också vår oro över användningen av den del av pengarna som inte tilldelats på sammanhållningsområdet till ytterligare finansiering av andra projekt, som t.ex. Europeiska institutet för teknik, i kraft av ett beslut av rådet som skulle strida mot sammanhållningsprincipen och också förbruka parlamentets privilegier.
The Committee on Budgets also shared our concern about the use of the unallocated part of the money in the cohesion area for additional funding of other projects, such as the European Institute of Technology, on the strength of a decision by the Council that would be at odds with the principle of cohesion and would also deplete the European Parliament's prerogatives.
9822	**förföljelse**	**persecution**
	nn	Ales Bjaljatski deltog aktivt i försvaret av och stödet till dem som hade utsatts för förföljelse i samband med valen den 19 december 2010 och repressionen mot det civila samhället och den demokratiska oppositionen.

Byalyatski was active in defending and providing assistance to those who suffered from repression in relation to the 19 December 2010 elections and the crackdown on civil society and on the democratic opposition.

9823 vemod   **melancholy**

nn

Jag lämnar den med visst vemod, för trots allt är detta historisk mark för Europaparlamentet.

We are rather sorry to leave it, because this is the historic residence of the European Parliament.

9824 hänvisad   **dependent**

adj

"Den negativa och villkorade lydelsen av artikel 62 i Wienkonventionen om traktaträtt utgör en klar indikation på att stabiliteten i avtalsförhållanden förutsätter att en fundamental förändring av omständigheter endast kan åberopas i undantagsfall", hänvisad till av denna domstol i dom av den 16 juni 1998 i mål C.

'The negative and conditional wording of Article 62 of the Vienna Convention on the Law of Treaties is a clear indication moreover that the stability of treaty relations requires that the plea of fundamental change of circumstances be applied only in exceptional cases', referred to by this Court in Case C.

9825 upprop   **appeal**

nn

Denna gren av den internationella humanitära rätten anses ha uppkommit till följd av Henry Dunants upprop i boken Minnen från Solferino, i vilken han beskriver de ohyggligheter som han bevittnade under slaget vid Solferino.

The birth of this branch of IHL is said to date from the appeal launched by Henry Dunant in his work entitled Un souvenir de Solférino, which bears witness to the atrocities he saw during the battle of Solferino.

9826 förespråkare   **advocate|intercessor**

nn

Därför är det mycket i det här betänkandet som vi inte kan stödja, särskilt de ställen där vi, som förespråkare för enskilda medlemsstaters suveränitet, till och med i en så känslig fråga, hör krav på omröstningar med kvalificerad majoritet och till och med att detta skulle införas redan innan konstitutionen träder i kraft.

We therefore do not agree with many aspects of this report, particularly where, as supporters of the sovereignty of individual Member States, we hear requests, even on such a sensitive issue, for a qualified majority vote and even for it to be brought in early before the Constitution enters into force.

9827 rispa   **scratch; scratch**

nn; vb

Men Rispa höll fåglar och vilda djur borta från dem, och David tog senare deras ben och begravde dem tillsammans med Sauls och Jonatans ben på Kis gravplats.

However, Rizpah acted to keep the fowls and wild beasts away from them, and David later had their bones gathered and buried with those of Saul and Jonathan in the burial place of Kish.

9828 avhållsamhet   **continence**

nn

Trogna judar kunde emellertid, trots andras hån och löje, hålla fast vid sådana sedvänjor som omskärelsen, avhållsamhet från oren mat, sabbaten och regelbunden bön.

However, the practice of circumcision, abstention from unclean foods, Sabbath observance, and constancy in prayer were things the faithful could do in spite of the scorn and ridicule of others.

9829 förutfattad   **preconceived**

adj

Vad vidare gäller frågan huruvida dessa förväntningar varit berättigade fann förstainstansrätten, i punkterna 132–135 i den överklagade domen, att den omständigheten att kommissionen genom beslutet av den 11 juli 2001 inledde det formella granskningsförfarandet med avseende på koncernfinansieringsordningen inte kan ge en förutfattad mening om hur kommissionen skulle komma att betrakta denna ordning i det slutliga beslutet. Det slutliga beslutet kan som sådant följaktligen inte hindra KFC från att åberopa principen om skydd för berättigade förväntningar.

Second, as regards the legitimate nature of that expectation, the Court of First Instance held, in paragraphs 132 to 135 of the judgment under appeal, that the initiation, by the 11 July 2001 decision, of the formal investigation procedure with regard to the GFA scheme could not have pre-judged how the Commission would classify that scheme in its final decision, with the result that the 11 July 2001 decision could not, in and of itself, preclude the possibility of KFC relying on the principle of protection of legitimate expectations.

9830 **passivt**   **passively**

adv

Herr ordförande! Varvsindustrin har länge befunnit sig under starkt kommersiellt tryck från tredje land – Sydkorea, Kina och andra länder – vilka allvarligt försvårar en marknad, bland annat tack vare deras konkurrensinriktade devalveringar av sina valutor, vilka har fått ett passivt samtycke från Internationella valutafonden.

Mr President, for a long time shipbuilding has been subject to strong commercial pressure from third countries – such as South Korea, China and others – which are causing serious complications to the market due to, among other things, the competitive devaluations of their currencies, with the passive consent of the International Monetary Fund.

9831 **tidsinställd**   **timed**

adj

Detta förslag har mött ett enormt motstånd sedan 2003, då det slutligen förkastades vid tredje behandlingen, och det som sedan hände var att kommissionsledamot Loyola De Palacio, precis före sin avgång 2004, lämnade en upprepning av detta förslag bakom sig som en tickande tidsinställd bomb.

This proposal has met with huge opposition, starting in 2003, when it was eventually rejected at third reading, only for Commissioner De Palacio, just before her departure in 2004, to leave the repeat of this proposal behind like a ticking time bomb.

9832 **orientalisk**   **oriental**

adj

Spa för orientalisk aromterapi.

Aromatherapy oriental spa.

9833 **kafferast**   **coffee break**

nn

Axel, har du kafferast?

Axel, are you on a coffee break?

9834 **ansiktslyftning**   **face-lift**

nn

Farmaceutiska och veterinära och hygieniska preparat, samt preparat för hälsovård, speciellt med effekt på huden och postoperativa vårdprodukter, speciellt vårdande produkter anpassade för skönhetsoperationer, borttagning av rynkor, lasrar, fettsugningar, halslyftning, ansiktslyftning.

Pharmaceutical and veterinary preparations and sanitary preparations for medical purposes, in particular for the skin, and post–operative care products, in particular care products designed for cosmetic surgery, in particular wrinkle treatment, laser treatment, liposuction, neck–lifts and face–lifts.

9835 **framtand**　　　　**incisor**
nn

Kanske en utslagen framtand?

How about a missing tooth?

9836 **förvärva**　　　　**acquire|obtain**
vb

Delstaten Burgenland har sedan sitt förvärv av aktierna i Bank Austria slutit ett optionsavtal med Bausparkasse Wüstenrot AG om att förvärva alla aktier som Bausparkasse Wüstenrot AG äger.

Following the purchase of Bank Austria's shares, the Province of Burgenland concluded an option contract with Bausparkasse Wüstenrot to purchase all its shares.

9837 **bangård**　　　　**railway yard**
nn

Oaklands gamla bangård, men vi måste åka nu.

The old Oakland rail yards, but we gotta go now.

9838 **bortifrån**　　　　**from**
prp

Det faktum att vissa företag har kommit långt bortifrån på grund av att det inte fanns några sådana risker innebär inte att det kan uteslutas att utländska företag skulle ha varit intresserade av att delta i arbetena eller att det förekommer handel mellan medlemsstaterna på marknaden i fråga.

The fact that several recipient firms came from a long way away because of the absence of risk does not rule out the possibility that foreign firms might have been interested in taking part in the work and that there was trade between the Member States on the market in question.

9839 **förminska**　　　　**reduce|diminish**
vb

Klagandebolaget har dessutom hävdat att förstainstansrätten inte med rätta, i punkterna 210 och 212 i den överklagade domen, kunde hänvisa till en effektivitetsprincip i unionens konkurrensrätt för att förminska en enskilds grundläggande rättigheter, till fördel för kommissionen.

In addition, Elf Aquitaine maintains that the General Court was not entitled to rely, in paragraphs 210 and 212 of the judgment under appeal, as against a litigant, on a principle that European Union ('EU') competition law must be effective, in order to reinforce the powers of the Commission at the expense of that person's fundamental rights.

9840 **relativ**　　　　**relative**
adj

Fiskemöjligheterna bör också fastställas i enlighet med artikel 16.1 (principen om relativ stabilitet) och 16.4 (den gemensamma fiskeripolitikens mål och reglerna i fleråriga planer).

The fishing opportunities should also be fixed in accordance with Articles 16(1) (referring to the principle of relative stability) and 16(4) (referring to the objectives of the Common Fisheries Policy and the rules provided for in multiannual plans).

9841 **kolera**　　　　**cholera**
nn

Det finns hög risk för sjukdomar såsom tyfus, kolera, malaria och denguefeber.

There is a high risk of illnesses such as typhoid, cholera, malaria and dengue fever.

9842 **avstickare**　　　　**diversion**
nn

Då kan vi kanske ta en avstickare till prafessar Banda?

Have we time to drop in on Professor Bondo on the way?

9843 **bestämmelse**　　　　**provision**
nn

Ett alternativ är en 26:e EU–bestämmelse för övervakning av globala aktörer.

One possible option is a 26th European regime for supervision of global actors.

9844 importera
vb

import

Det är nödvändigt att de tredje länder eller delar av tredje länder från vilka medlemsstaterna får importera levande fisk, ägg och könsceller för odling i gemenskapen tillämpar villkor för sjukdomsbekämpning och övervakning som minst är likvärdiga med gemenskapens normer enligt direktiv 9 och rådets direktiv 8 om gemenskapens minimiåtgärder för bekämpning av vissa fisksjukdomar, senast ändrat genom kommissionens beslut 4.

It is necessary that countries or parts thereof from which Member States are authorised to import live fish, their eggs and gametes for farming, must apply conditions for disease control, and monitoring at least equivalent to Community standards as laid down in Directive 9 and in Council Directive 8 introducing minimum Community measures for the control of certain fish diseases, as last amended by Commission Decision 4.

9845 huvudnummer
nn

feature

Den här scenen har bara retat åskådarnas aptit inför det huvudnummer som skall följa om några minuter.

This scene has only whetted the appetite of the spectators for the main event just minutes away.

9846 praxis
nn

custom

Under förutsättning att ECB:s statistikkrav inte äventyras kan det vara lämpligt att låta insamlingen av de statistikuppgifter från den faktiska uppgiftslämnande populationen som behövs för att uppfylla ECB:s statistikkrav utgöra en del av en mer omfattande datainsamling som de nationella centralbankerna, även för andra statistiksyften, organiserar inom sitt eget ansvarsområde i enlighet med unionsrätten, nationell lag eller vedertagen praxis.

It may be appropriate for NCBs to collect from the actual reporting population the statistical information necessary to fulfil the ECB's statistical requirements as part of a broader statistical reporting framework which the NCBs establish under their own responsibility in accordance with Union or national law or established practice and which also serves other statistical purposes, provided that the fulfilment of the ECB's statistical requirements is not jeopardised.

9847 anslagstavla
nn

billboard

Tillhandahållande av en interaktiv direktansluten anslagstavla för överföring av meddelanden mellan datoranvändare för erbjudande av, marknadsföring, försäljning och återförsäljning av artiklar via ett globalt datornät samt för insamling och spridning av statistisk, kvantitativ och kvalitativ information avseende försäljning och återförsäljning av artiklar via ett globalt datornät.

Providing an online mailbox for the transmission of messages between computer users for the posting, promotion, sale and resale of items via a global computer network, and for the collection and dissemination of statistical, quantitative and qualitative information regarding the sale and resale of items via a global computer network.

9848 utsläpp
nn

discharge|emission

Fastställs i enlighet med artikel 6 gränsvärden för utsläppsnormer gällande kvicksilver i utsläpp från sådana industrianläggningar som avses i artikel 2.

In pursuance of Article 6, lays down limit values for emission standards for mercury in discharges from industrial plants as defined in Article 2 of this Directive.

9849	**hjältemodig**	**heroic**
	adj	För tjugo år sedan såg vi en hjältemodig arbetarrörelse i dessa länder störta den stalinistiska jätten.
		Twenty years ago, we had an heroic movement of working people in those countries which brought down the Stalinist monolith.
9850	**dimmig**	**foggy|dimmish**
	adj	Nästa dag var gro och dimmig.
		The following day was dull and foggy.
9851	**koreografi**	**choreography**
	nn	Din koreografi vinner åt oss.
		Your choreography is going to win it for us.
9852	**makaber**	**macabre**
	adj	På de spanska stränderna spolas så många lik av drunknade illegala invandrare upp att det har uppstått en makaber debatt om vem som skall betala begravningarna.
		So many corpses of drowned illegals get washed up on Spanish beaches that it has sparked off a macabre debate as to who should pay for the burials.
9853	**filtrera**	**filter|percolate**
	vb	När Du ska filtrera enligt särskilda beskrivningar kan Du också använda platshållare.
		You can also use placeholders for filtering based on specific descriptions.
9854	**klent**	**feebly**
	adv	EU har satsat stora resurser i sin Europa–Medelhavspolitik, med klent resultat.
		Madam President, the EU has mobilised large amounts of resources in its Euro–Mediterranean policy with poor results.
9855	**påvisa**	**demonstrate**
	vb	Inom den tid som avses i punkt 1 skall den invändande parten också lämna bevis för förekomst, giltighet och omfattning av skyddet av hans äldre märke eller äldre rättighet och dessutom påvisa sin rätt att framställa invändningen.
		Within the period referred to in paragraph 1, the opposing party shall also file proof of the existence, validity and scope of protection of his earlier mark or earlier right, as well as evidence proving his entitlement to file the opposition.
9856	**lansera**	**launch**
	vb	Bidrag till kostnaderna för deltagande i handelsmässor eller för undersökningar eller konsulttjänster som behövs för att lansera en ny produkt eller en befintlig produkt på en ny marknad utgör normalt inte exportstöd.
		Aid towards the cost of participating in trade fairs, or of studies or consultancy services needed for the launch of a new or existing product on a new market does not normally constitute export aid.
9857	**förbipasserande**	**passing-by**
	nn	Denna klass avser instrument som används i utrymmen med betydande eller höga vibrations– och stötnivåer, som t.ex. härrör från maskiner och förbipasserande fordon i närheten eller som förekommer intill tunga maskiner, bandtransportörer etc.

This class applies to instruments used in locations with significant or high levels of vibration and shock, e.g. transmitted from machines and passing vehicles in the vicinity or adjacent to heavy machines, conveyor belts, etc.

9858	**etablerad**	**established**
	adj	

Om mottagaren är etablerad utanför gemenskapens tullområde skall originalet och en kopia av följedokumentet, i förekommande fall exemplar nr 1 och 2, tillsammans med exportdeklarationen överlämnas till det behöriga tullkontoret i den exporterande medlemsstaten.
Where the consignee is established outside the customs territory of the Community, the original and a copy or, where appropriate, copies No 1 and No 2, of the document accompanying the consignment shall be presented in support of the export declaration at the competent customs office of the exporting Member State.

9859	**balja**	**tub; pod**
	nn; vb	

Hela varan eller korn sedan skal eller balja har avlägsnats, om möjligt.
Whole seed or kernel after removal of shell or husk, when possible.

9860	**socialism**	**socialism**
	nn	

Dessutom har vi socialism med mänskligt ansikte.
Besides, we have socialism with a human face.

9861	**rening**	**cleaning**
	nn	

Vattenförsörjningsanordningar samt sanitära anläggningar, anläggningar och utrustning för behandling, avhärdning, rening, avsyrning, avklorering och desinficering av vatten, delar till alla nämnda varor, ej ingående i andra klasser.
Apparatus for water supply and sanitary purposes, installations and apparatus for treating, softening, purifying, deacidifying, dechlorinating and disinfecting water, components for all the aforesaid goods, not included in other classes.

9862	**sensuell**	**sensual**
	adj	

"Se!", sade Jehova, "du är för dem som en sång om sensuell kärlek, som en som har vacker röst och spelar väl på ett stränginstrument."
"Look!" said Jehovah, "you are to them like a song of sensuous loves, like one with a pretty voice and playing a stringed instrument well."

9863	**rekonstruktion**	**reconstruction**
	nn	

Europaparlamentets och rådets direktiv 2 av den 4 april 2001 om rekonstruktion och likvidation av kreditinstitut.
Directive 2 of the European Parliament and of the Council of 4 April 2001 on the reorganisation and winding–up of credit institutions.

9864	**buskage**	**shrubbery**
	nn	

Levande växter, speciellt träd–, busk–, buskage–, bambu–, vass– eller örtliknande växter äver för utvinning av växande råvaror och/eller för tillverkning av farmaceutiska och/eller för tillverkning av farmaceutiska och/eller veterinära produkter.
Live plants, in particular tree, shrub, bush, bamboo, reed or herb–type plants, including for the production of renewable raw material and/or for the manufacture of pharmaceutical and/or for the manufacture of pharmaceutical and/or veterinary preparations.

9865	**bus**	**mischief**
	nn	

Bus eller godis!
Trick or treat.

9866	**motsvarighet**	**equivalent**

nn	Sökanden har i begreppsmässigt hänseende hävdat att de båda varumärkena inte motsvarar något tyskt ord, även om prefixet castel utgör prefixet i det latinska ordet castellum, som betyder slott, och detta prefix översätts till tyska med sin fonetiska motsvarighet Kastell.
	On a conceptual level, the applicant points out that the two marks are not German words, even though the prefix 'castel' is the prefix of the Latin word 'castellum', meaning castle, and that prefix is translated into German by its phonetic equivalent 'Kastell'.

9867 tjutande — **howling; wailing**

nn; adj

Det handlar då om buller från tjutande däck, trimmade motorer och inbyggda ljudanläggningar samt från att det körs i kapp med skotrar till långt in på nätterna.

The nuisance stems from noise pollution caused by squealing tyres, souped up engines and specially fitted hi–fi equipment and scooter races which go on until late at night.

9868 chockera — **shock**

vb

Detta tämligen graverande konstaterande kan chockera några men på detta område är det viktigt att vara alldeles särskilt krävande och inte ge efter för frestelsen att beslöja sig eller vända bort blicken från obehagliga saker.

This rather damning report may shock some but, in this area, it is important to be particularly exacting and not to give way to the tendency to hide one's face or look away from unpleasant things.

9869 utvisning — **ordering out**

nn

Samma princip bör gälla vid utvisning.

The same principle must apply in the case of extradition cases.

9870 spelrum — **playroom|leeway**

nn

Efter 11 september fick en del spelrum, de lät känslorna styra över dem.

After 9 / 11, some people got leeway, let their emotions get the best of them.

9871 offside — **offside; offside**

adj; nn

Du är inte offside på egen planhalva eller om du är på linjen– med motståndarlagets näst sista spelare eller sista.

You're not off– side on your own half or if you're in line– with the opposing team's second to last player or the last player.

9872 returnera — **return**

vb

När personaldomstolen avslutat sin prövning, ska den returnera den fullständiga versionen av den aktuella inlagan.

The full version of the document in question shall be returned by the Tribunal after examination.

9873 påtänd — **loaded**

adj

Att acceptera den smutsiga nålen eller att inte bli påtänd.

To accept that dirty needle or not to get high.

9874 klänga — **cling**

vb

Den måste också klänga sig fast när den sover.

Even while sleeping, the tarsier needs to hang on tight.

9875 oregano — **oregano**

nn

Om produkten innehåller örter eller kryddor, till exempel senap, basilika, vitlök eller oregano, ska bidragsbeloppet minskas med 1 %.

Where the product contains herbs or spices, such as in particular mustard, basil, garlic, oregano, the refund amount shall be reduced by 1 %.

9876 bilkörning — **motoring**

| | *nn* | Detta bör uppmärksammas vid bilkörning eller användning av maskiner. |

Therefore, caution should be exercised when driving or using machines.

9877 miniräknare

nn **calculator**

Det förefaller som om de sifferuppgifter sökanden har tillhandahållit har räknats ut manuellt med hjälp av en enkel miniräknare.

It seems that the figures provided by the applicant were established manually, using just a calculator.

9878 uppstigning

nn **ascent|emergence**

För det tredje, förfaranden vid så kallat mindre buller, som gör det möjligt för piloterna att begränsa bullret vid uppstigning och landning.

Thirdly, lower–noise procedures, which allow pilots to limit noise at the time of take–off and landing.

9879 fossil

adj; nn **fossil; fossil**

Minimering av användningen av fossil energi som råvara.

Minimisation of the use of fossil energy as raw materials.

9880 skadlig

adj **harmful|detrimental**

Skydd av Safety of Life–tjänster mot skadlig störning.

Protection of the safety–of–life services from harmful interference.

9881 handbroms

nn **handbrake**

Jag har en bra berättelse om min handbroms vänder.

I have a good story about my handbrake turns.

9882 episk

adj **epic**

Detta har varit en episk lagstiftningsresa.

It has been an epic legislative journey.

9883 suveränitet

nn **sovereignty**

Majkonstitutionen gav uttryck för folkets strävan efter demokrati och suveränitet.

The May Constitution expressed the democratic and sovereign aspirations of the people.

9884 enkelriktad

adj **one-way**

Men låt oss anta att det inte är en enkelriktad väg och att det finns en lösning.

However, we say that this is not a one–way street and that there is a solution.

9885 grimas

nn **grimace**

Hon gjorde en grimas av irritation när han berättade den dåliga nyheten för henne.

She made a grimace of annoyance when he told her the bad news.

9886 genetiker

nn **geneticist**

Efter betänkandet om mänsklig genetik är detta hans andra betänkande inom ett år!

After the report on human genetics, this is his second report in the space of one year.

9887 sminka

vb **make up**

Nej massa, jag vill inte sminka Madonna.

No, Massa, I don't wanna do no make– up for Madonna, Massa.

9888 fettsugning

nn **lipo-suction**

De operationer som utförs av PFC är kirurgiska ingrepp i form av bröstförstoring, bröstförminskning, bröstlyft, bukplastik, fettsugning,

ansiktslyft, pannlyft, operationer av ögon, öron och näsa samt andra plastikkirurgiska ingrepp.
PFC carries out procedures such as breast augmentation and reduction, breast lifts, abdominoplasty, liposuction, face lifts, brow lifts, eye, ear and nose operations and other plastic surgery.

9889	**klinisk**	**clinical**
	adj	Klinisk depression har ökat dramatiskt i västvärlden under den senaste generationen.
		Clinical depression has exploded in the industrial world in the last generation.
9890	**återuppliva**	**revive|revitalize**
	vb	Vi vet att den för närvarande har stannat av och att vi vill återuppliva den.
		We know that it has currently come to a standstill and that we want to revive it.
9891	**brandstation**	**fire station**
	nn	Det är Chicagos äldsta brandstation
		This is Chicago's oldest fire station.
9892	**halvklot**	**hemisphere**
	nn	"En snabb, global fördelning av tillgångarna i världen kräver att människor överallt på jorden inte betraktar stadsdelar, kommuner, länder eller halvklot som den totala summan av den egna miljön.
		"Rapid globalization of human niches requires that human beings everywhere on the planet go beyond viewing their neighborhoods, provinces, countries, or hemispheres as the sum total of their personal ecospheres."
9893	**nyhetsbrev**	**newsletter**
	nn	Om det gäller källan nyhetsbrev inkluderar exempel på media "e–post" och "utskrift"
		In the case of a newsletter source, examples of medium include "email" and "print".
9894	**socialtjänst**	**social services**
	nn	Anställda inom socialtjänst, skolor, polisväsende, hälso– och sjukvård och andra offentliga sektorer måste få fortbildning för att kunna tillgodose invandrarnas och minoritetsgruppernas behov.
		Those working in social services, education, police forces, health services and all other public services should receive new training courses so that they can deal appropriately with immigrant and minority populations.
9895	**stönande**	**groan**
	nn	De hör pappan skrika, de hör sparkar och slag och de hör mammans stönande.
		They hear their father shouting, they hear him kicking and striking their mother and they hear their mother's groans.
9896	**frånstötande**	**repellent**
	adj	Medlemsstaterna ska se till att godkännandena föreskriver ett effektivt medel som verkar frånstötande på hundar.
		Member States shall ensure that authorisations shall contain an effective dog repellent agent.
9897	**genuin**	**genuine**
	adj	Dessa är: i) åtgärder för att främja marknadsintegration; ii) strukturreformsåtgärder för att undanröja landspecifika marknadshinder; och iii) åtgärder för att främja framväxten av en genuin företagaranda i medlemsstaterna.

These are: (i) measures to foster market integration; (ii) structural reforms to address country–specific market constraints; and (iii) measures to promote a culture of entrepreneurship within the Member States.

9898	**breda**	**spread**
	vb	COST stimulerar nya, innovativa, tvärvetenskapliga och breda forskningsnätverk i Europa.
		COST stimulates new, innovative, interdisciplinary and broad research networks in Europe.
9899	**befruktning**	**fertilization**
	nn	Dessa förblir de samma från befruktning till död och till och med därefter.
		This stays the same from conception to death and even beyond.
9900	**färgstark**	**colourful**
	adj	Coward var en medkännande och färgstark talare som drog stora åhörarskaror.
		Coward was an emphatic and colorful speaker, and crowds flocked to hear him.
9901	**bilmekaniker**	**garage mechanic**
	nn	Varför så få kvinnliga bilmekaniker?
		Why so few female car mechanics?
9902	**sömmerska**	**seamstress**
	nn	Så jag är sömmerska?
		I'm a seamstress?
9903	**skena**	**rail; splint**
	nn; vb	Järnvägstransport på en enda skena som styr fordonet och håller det uppe genom en mekanism med magnetisk levitation (svävtåg).
		A railway transport based on a single rail which acts as guideway of a vehicle and supports it by means of a magnetic levitation mechanism.
9904	**missuppfattning**	**misconception**
	nn	Vidare vilar den femte delen av kommissionens enda grund på en missuppfattning.
		Also, the argument underlying the fifth part of the Commission's single ground of appeal is incorrect.
9905	**yrkesmässig**	**professional**
	adj	På etiketter och, om sådana finns, säkerhetsdatablad för produkter som godkänts ska det anges att industriell eller yrkesmässig applicering ska ske inom ett inneslutet område eller på ett ogenomträngligt hårt underlag med invallning, att nybehandlat virke efter behandlingen ska lagras på ett ogenomträngligt hårt underlag så att direkt läckage till mark eller vatten förhindras och att spillvätska från appliceringen av produkten ska samlas upp för återanvändning eller bortskaffande.
		Labels and, where provided, safety data sheets of products authorised shall indicate that industrial or professional application shall be conducted within a contained area or on impermeable hard standing with bunding, and that freshly treated timber shall be stored after treatment on impermeable hard standing to prevent direct losses to soil or water, and that any losses from the application of the product shall be collected for reuse or disposal.
9906	**småsten**	**pebble**
	nn	Stänkskyddet skall också minska risken för att små föremål, särskilt småsten, kastas upp eller åt sidan mot andra trafikanter.

The rain flap must also reduce the risk of small objects, in particular pebbles, being picked up from the ground by the tyres and thrown upwards or sidewards towards other road users.

9907	**missöde**	**mishap**

nn

Vid start eller landning på en flygplats där start– eller inflygningsvägen är förlagd över vatten på sådant sätt att i händelse av ett missöde en landning på vatten vore sannolik.

When taking off or landing at an aerodrome where the take–off or approach path is so disposed over water that in the event of a mishap there would be a likelihood of a ditching.

9908	**tjugonde**	**twentieth**

num

Det tjugonde AVS–EU–plenarsammanträdet kommer att hållas den 1 december i Kinshasa.

On 1 December, the twentieth ACP–EU plenary session will be held in Kinshasa.

9909	**betrodd**	**trusted**

adj

Ahmed Shah har under ett antal år tillhandahållit talibanledare i provinsen Helmand hawalatjänster och under 2011 var han en betrodd tillhandahållare av penningförmedling för talibanerna.

Ahmed Shah has provided hawala services to Taliban leaders in Helmand Province for a number of years and, as of 2011, was a trusted Taliban money service provider.

9910	**vaja**	**fly**

vb

Herr talman! Vem skulle för 20 år sedan, när Europas luft fylldes av frihetsrop och av tegeldamm från rasande väggar, ha trott att den röda flaggan än i dag skulle vaja över Havanna och att Fidel Castro skulle dö fridfullt i sin säng på den kvava ö.

Mr President, who would have thought 20 years ago, when the air of Europe was thick with the brick dust of falling walls and with cries of freedom, that the red flag would still today be flying over Havana and that Fidel Castro would be dying peacefully.

9911	**krigsförklaring**	**declaration of war**

nn

Fredlig konfliktlösning - dvs. demokrati - gentemot krigsförklaring.

The peaceful settlement of conflict - i.e. democracy - versus the declaration of war.

9912	**befästa**	**consolidate**

vb

Följande är viktigt för att befästa denna prioriteringsordning och komplettera den genom att eftersträva att det praktiska genomförandet sker så nära företagen som möjligt:

In order to prioritise the strategic options and with a view to making their operational implementation as close to enterprises as possible, it would be appropriate to:

9913	**myllra**	**swarm; teem**

vb; nn

Vid skymningen, kommer dessa kullar att myllra av Orcher!

By nightfall these hills will be swarming with orcs!

9914	**övergående**	**transitory**

adj

Vid normal användning kan övergående apati och anorexi förekomma, liksom hypertermi

In normal conditions of use, transient apathy and anorexia may occasionally occur, as well as hyperthermia.

9915	**förargelseväckande**	**intolerable**

adj

Sedan finns det de som på grund av sitt uppträdande gör sig skyldiga till förargelseväckande beteende på de offentliga platser som de har som tillflyktsort.

Yet others, because of their behaviour, can cause disturbances in the public areas they use as places of refuge and as a source of income.

9916 fördelaktig

adj

advantageous

De österrikiska myndigheterna har påstått att engagemanget i AT är en ekonomiskt fördelaktig investering som alltid har gett hög avkastning, något som emellertid inte enbart skulle framgå av de höga utdelningarna.

The Austrian authorities claimed that the holding in AT would be a commercially advantageous investment and always generate a high yield, demonstrated among other things by high dividends.

9917 utlägg

nn

outlay

Dataskyddsmyndigheten medgav emellertid, med beaktande av förarbetena till direktiv 2003/4, att utgifter som kan tas ut med stöd av denna artikel inte begränsas till uppkomna utlägg, utan även kan inkludera kostnader som hänför sig till personalens tidsåtgång för att besvara enskilda informationsförfrågningar.

However, in the light of the legislative history of Directive 2003/4, the Information Commissioner conceded that the charges that could be imposed under that article were not confined to disbursements but could also include costs attributable to staff time spent on dealing with individual requests for information.

9918 ogillande

nn; adj

disapproval; dismissive

Skämt åsido är jag tacksam mot alla, från ordföranden för utskottet för miljö, folkhälsa och livsmedelssäkerhet, Karl–Heinz Florenz, till alla skuggföredragande, inklusive de som har uttryckt sitt ogillande med detta resultat, till ordförandeskapen, särskilt det finländska ordförandeskapet, som verkligen har spelat en avgörande roll som samtalspartner, till kommissionen, som kanske inte har visat prov på någon explosiv snabbhet men som spelade en avgörande roll i slutskedet för att nå detta resultat.

Joking apart, I am grateful to everyone, from the chairman of the Committee on the Environment, Public Health and Food Safety, Mr Florenz, to all the shadow rapporteurs, including those who have voiced their disagreement with this result, to the presidencies, especially the Finnish Presidency, which has really been a crucial interlocutor, to the Commission, which may not have imparted any great bursts of speed but which played a decisive role in the final stages to achieve this result.

9919 jobbare

nn

worker

Nät mer än en Detroit–jobbare.

To be more than a Detroit car assembly line-worker.

9920 olycksfall

nn

casualty

Olycksfall på sjön har tyvärr blivit en del av yrket som fiskare.

Casualties at sea have, unfortunately, become an integral part of the fishing profession.

9921 nervositet

nn

nervousness

Därför att en viss nervositet återspeglar blygsamhet, och det kommer att hjälpa dig att inte bli för självsäker.

Because a measure of nervousness reflects modesty, which will help keep you from becoming overconfident.

9922 flygtur

nn

flight

I en loggbok dokumenteras händelser under en sjöresa eller en flygtur.

In a log, or logbook, a record is compiled of the details of a voyage or a flight.

9923	**syl**	**awl|stiletto**
	nn	

Men då den mosaiska lagen föreskrev en mycket rättvis och human behandling av slavar, fanns följande möjlighet för en slav: "Om slaven enträget säger: 'Jag älskar verkligen min herre, min hustru och mina söner; jag vill inte bli frigiven', då skall hans herre föra fram honom till den sanne Guden och föra fram honom till dörren eller dörrposten; och hans herre skall genomborra hans öra med en syl, och han skall vara hans slav till oöverskådlig tid."

But the regulations concerning the treatment of slaves were so fair and humane that the Law of Moses made the following provision: "If the slave should insistently say, 'I really love my master, my wife and my sons; I do not want to go out as one set free,' then his master must bring him near to the true God and must bring him up against the door or the doorpost; and his master must pierce his ear through with an awl, and he must be his slave to time indefinite."

9924	**fascist**	**Fascist**
	nn	

Han använder ordet fascist väldigt ofta själv.

He very often uses the word 'fascist' himself.

9925	**bortkommen**	**awkward**
	adj	

HUR BIBELN FÖRÄNDRADE MITT LIV: Jag kände mig bortkommen och nervös när jag gick på ett av Jehovas vittnens möten efter det långa uppehållet sedan min barndom.

HOW THE BIBLE CHANGED MY LIFE: The first time that I went back to a meeting of Jehovah's Witnesses in my hometown, I felt awkward and nervous.

9926	**bankdirektör**	**bank executive**
	nn	

Han hade varit bankdirektör.

On the outside, he'd been vice president of a large Portland bank.

9927	**betydelselös**	**insignificant**
	adj	

I sitt beslut att inleda förfarandet påminde kommissionen om att åtgärdernas skattemässiga karaktär är betydelselös vid tillämpningen av gemenskapsbestämmelserna för statligt stöd, eftersom artikel 87 i fördraget tillämpas på stödåtgärder "av vilket slag det än är".

In its decision initiating the procedure, the Commission pointed out that as far as the application of the Community State aid rules is concerned, the tax nature of the measures in question is irrelevant, since Article 87 of the Treaty applies to aid measures "in any form".

9928	**fösa**	**drive**
	vb	

Kommissionens förslag är överdrivet beskyddande eftersom det försöker att fösa konsumenterna i en viss riktning i stället för att informera dem.

The Commission's proposal is overly nannying because it tries to push consumers in a certain direction instead of giving them the information.

9929	**beaktande**	**consideration**
	nn	

Uppgiften "växling" ingår i olika profilmönster i medlemsstaterna och beaktas inte i dessa profilmönster.

The 'shunting' task is assigned in different ways in Member States and is not taken into account in these profile patterns.

9930	**oenighet**	**disagreement**
	nn	

Det är viktigt att medlemsstaterna får motivera sina beslut om utbetalningar och att de har möjlighet till förlikning vid oenighet mellan dem och kommissionen.

Member States should be given the right to justify their decisions to make payments and should have recourse to conciliation where there is no common agreement between them and the Commission.

9931 skolning

nn

training

Ha minst 100 timmars flygtid med skolning av sökande till en instruktörsbehörighet.

Have at least 100 hours of flight time instructing applicants for an instructor certificate.

9932 skeppsbrott

nn

wreckage

Jag skulle vilja kunna säga att vi kommer att behandla dem som jämbördiga parter, men med förståelse för deras problem, inte bara som lyssnare utan även med förmågan att lösa de problem som, tyvärr, har kommit upp till ytan hos oss och som har gjort att kompromissen har lidit skeppsbrott.

I should like to tell them that we wish to negotiate as equals but with understanding for their problems, not merely to listen, and also that we can overcome the obstacles which – regrettably – have emerged on our side and have wrecked the compromise.

9933 intention

nn

intention

Intentionen må vara god men vi behöver inte denna goda intention.

The intention may be good, but we do not need this good intention.

9934 skynke

nn

cover

Jag har hängt upp ett skynke för den där fula dörren.

I've hung up a curtain to hide that ugly door.

9935 vädra

vb

sniff | ventilate

Vädra (omsorgsfullt /eller ange tidsperiod/ tills produkten har torkat) före vistelse i behandlade utrymmen/växthus.

Ventilate treated areas/greenhouses thoroughly/time to be specified/until spray has dried before re–entry.

9936 racket

nn

racket

Elektroniska mygg–racket för utrotning av insekter.

Electric rackets for killing insects.

9937 keramik

nn

ceramics

Konkret talar vi om textil–, keramik– och jordbruksindustrin.

Specifically, we are talking about textiles, ceramics and agriculture.

9938 grogg

nn

grog

Jag behöver en grogg!

I need some grog!

9939 tjut

nn

howl | yowl

Vakna upp, ni drinkare, och gråt; och tjut, alla ni som dricker vin, för det söta vinets skull, ty det har tagits bort från er mun.

Wake up, YOU drunkards, and weep; and howl, all YOU wine drinkers, on account of sweet wine, for it has been cut off from YOUR mouths.

9940 stram

adj

tight | austere

Hamnavgifterna måste hållas låga, men får inte i något fall inom området miljö och säkerhet ge anledning till konkurrens eller en mindre stram eller harmoniserad politik.

Port dues must be kept low, but must on no account create a competitive edge at the expense of the environment and safety or a less rigorous or harmonized policy.

9941 inkognito

incognito; incognito; incognito

	adj; adv; nn	Tyvärr, jag är här inkognito,
		I can't say, I'm here incognito.

9942 nutida

adj **contemporary**

I likhet med den nutida handkvarnen i Mellanöstern bestod även den forntida handkvarnen av två stenar, överstenen (löparen) passade till och drogs runt på den fasta understenen (liggaren).

Like its modern counterpart in the Middle East, the common hand mill of ancient times consisted of two round stones, the upper grindstone made to fit and revolve on the lower one.

9943 kraftverk

nn **power plant**

Inga kraftverk byggs utan att man ser till att de är översvämningssäkra.

No power plant is built without ensuring that it is flood–resistant.

9944 fortplanta

vb **propagate|reproduce**

Observera: Enligt Första Moseboken, kapitel 1, skulle växter och djur fortplanta sig "enligt sina arter".

Note: Genesis chapter 1 states that plants and animals would reproduce "according to their kinds."

9945 skildra

vb **depict|paint**

Anmodar public service–företagen att stärka sina ansträngningar i att bli helt oberoende av sina regeringar, vilket är nödvändigt för att åstadkomma ett mer pluralistiskt programutbud än vad som nu erbjuds i vissa medlemsländer, och skildra de samhällsdebatter som pågår och i Europeiska unionens samtliga medlemsstater.

Calls on PSBs to strengthen their efforts to become fully independent from governments, which is necessary to realize a more pluralistic programming than what is offered now in certain Member States, depecting the debates that are going on in society and in all Member States of the European Union.

9946 kakel

nn **glazed tile**

Plattor och kakel av natursten.

Natural stone slabs and tiles.

9947 inskription

nn **inscription**

En silverdenar: Denna kopia har Tiberius Caesars bild och inskription.

Silver denarius coin: Replica bears image and inscription of Tiberius Caesar.

9948 tarvlig

adj **shabby|frugal**

Jag lever i förhoppningen att vi kommer att lyckas och att den europeiska identiteten aldrig mer kommer att reduceras till en tarvlig, falsk och farlig konfrontation med Förenta staterna inför så allvarliga hot mot vår säkerhet och våra värderingar.

I live in the hope that we will succeed, and that European identity will never again be reduced to a cheap, trumped–up and harmful confrontation with the United States in the face of such serious threats to our security and to our values.

9949 kastrull

nn **saucepan**

Rapporten utgör startpunkt för ändringar av tjänsteföreskrifterna.

The report is the starting point for modifications of the Staff Regulations.

9950 förlösa

vb **deliver**

"I Storbritannien har det nu blivit vanligare att förlösa barn med hjälp av kirurgiska ingrepp än på naturligt sätt, vilket är en milstolpe i medicinens historia", rapporterar Londontidningen The Independent.

"Normal childbirth has for the first time become a minority activity in Britain, marking a new milestone in the history of medicine," reports The Independent of London.

9951 **jupiter**
nn

Jupiter

Deras insatser behövs först nära Jupiter.

And their efforts wont be utilized until we are approaching Jupiter.

9952 **förundran**
nn

wonderment

Han måste ha varit utom sig av förundran när han gick mot Jesus.

He must have been filled with wonder as he made his way toward Jesus.

9953 **söderöver**
adv

southwards

En ranch söderöver.

A ranch south of here.

9954 **glänta**
nn

glade

Där får vi se tre vuxna honor och två nyfödda lamm som betar i en solig glänta.

There we see three adult females and two newborns grazing in a sunny glade.

9955 **slumra**
vb

slumber

Slumra inte till, då får du med mig att göra.

don't catch any Z's on me, buddy, or I'll sling your sorry ass. You hear me?

9956 **neurotisk**
adj

neurotic

Du är lite neurotisk jag ser.

You are a little neurotic I see.

9957 **expansion**
nn

expansion

En finanspolitisk expansion verkar främst genom att den stigande efterfrågan medför ökande produktion och därmed stigande inkomster.

An expansionist financial policy is effective mainly because an increase in demand leads to an increase in output, and, consequently, to rising incomes.

9958 **hyreshus**
nn

rental house

Danmark är 47 procent av bostäderna hyreshus eller subventionerade bostäder, i Österrike 42 procent, i Finland 37 procent, i Frankrike 44 procent och i Tyskland 57 procent.

In Denmark, 47% of the houses are inhabited by tenants or are subsidized houses, in Austria 42%, in Finland 37%, in France 44% and in Germany 57%.

9959 **anstöt**
nn

offense

Detta stämmer inte och betänkandet har väckt extrem anstöt bland många europeiska muslimer.

This is not true, and the report has caused extreme offence to many European Muslims.

9960 **tilltagande**
nn; adj

increase; increasing

Skillnaderna i ungdomsarbetslöshetsnivåerna och samtidigt ett tilltagande antal lediga arbeten i vissa medlemsstater visar att rörlighet inom EU kan ge unga människor fler sysselsättningsmöjligheter.

The substantial differences existing between youth unemployment levels, coupled with a rise in vacancy rates in some Member States, highlight that intra–EU mobility can give young people access to more employment opportunities.

9961 **åhörare**

audience|listener

	nn	I dessa predikningar uppmanade han till bruk av våld mot de styrkor som utsänts till Somalia av Förenta nationerna och Afrikanska unionens uppdrag i Somalia (Amisom) och uppmanade sina åhörare att bege sig till Somalia för att delta i Al–Shabaabs kamp mot Kenyas regering.

During these lectures, Rogo repeatedly called for the use of violence against both the United Nations and the African Union Mission in Somalia (AMISOM) forces in Somalia, and urged his audiences to travel to Somalia to join al–Shabaab's fight against the Kenyan Government.

9962 kvav
adj
sultry|muggy

Tragedierna vid EU:s gränser har varit många. Det har gällt fartyg som gått i kvav, desperata flyktingar som gömt sig i containrar och flyktingar som simmande försökt ta sig till Europa.

There have been many tragedies on the EU's borders, involving vessels that have gone down, desperate refugees who have hidden in containers and refugees who have tried to swim their way to Europe.

9963 redovisning
nn
account

En fullständig redovisning av skälen till bytet och alla relevanta styrkande bevis eller hänvisningar.

A comprehensive account of the reasons justifying the replacement and any relevant supporting evidence or references.

9964 guldgruva
nn
gold mine

Det blir en guldgruva.

It'll be a gold mine.

9965 växelspak
nn
gear lever

Med 'fordon med automatisk växellåda' avses ett fordon utan kopplingspedal (eller manuell växelspak för kategorierna A eller A1)."

"Vehicle with automatic transmission" means a vehicle in which no clutch pedal (or lever operated manually for categories A or A1) is present.'

9966 värv
nn
mission

Herr talman, herr kommissionär! Jag vill ge betänkandets föredragande Costa en eloge för ett i sanning utomordentligt utfört värv.

Mr President, Commissioner, I would like to thank the rapporteur, Mr Costa, for his most excellent work.

9967 ypperlig
adj
excellent

Ni är en ypperlig läkare. Jag ska hörsamma ert råd.

You're an excellent practitioner, and I believe I will take your prescription.

9968 stöttepelare
nn
mainstay|kingpin

Elfenbenskusten är ett mycket stort land med en ofantlig potential, och det är ett av Västafrikas stöttepelare.

Côte d'Ivoire is a huge country with enormous potential and is one of the lynchpins in West Africa.

9969 förutseende
nn; adj
foresight; foreseeing

Lokföraren måste kunna köra förutseende och vidta erforderliga åtgärder ur säkerhets– och prestandasynpunkt.

Train drivers must be able to anticipate problems and react appropriately in terms of safety and performance.

9970 brohuvud
nn
bridgehead

Vi vill gärna ha en transatlantisk bro, men inte med ett brohuvud.

We are in favour of a transatlantic bridge, but it should be a bridgehead.

9971 utarbetad
worn-out

adj	Genom en verbalnot av den 1 februari 1971 underrättade Förbundsrepubliken Tysklands ambassad i Wien den österrikiska förbundsregeringen om en rapport utarbetad av den högsta byggnadsmyndigheten ("Oberste Baubehörde") vid det bayerska inrikesdepartementet om avledning av vatten från Altmühl och Donau till Regnitz–Mainområdet, i överensstämmelse med notväxlingen 1923.

By a verbal note of 1 February 1971 the Embassy of the Federal Republic of Germany in Vienna communicated to the Austrian Federal Government the study of the supreme building authority in the Bavarian State Ministry of the Interior concerning the piping of Altmuehl und Danube water into the Regnitz–Main area, which is in accordance with the 1923 exchange of notes.

9972 vall

nn

pasture|mound

Vall– och ängsmark som inte längre används för produktion och som berättigar till bidrag.

Permanent grassland no longer used for production purposes and eligible for the payment of subsidies.

9973 förvissad

adj

assured

Jag är förvissad om att trots att han drar sig tillbaka från politiken så kommer hans råd och erfarenhet fortsatt att hjälpa oss alla att ge vår stat det anseende som den förtjänar, tack vare ansträngningar från människor som Filip Dimitrov.

I am convinced that in spite of his retirement from politics, with his advice and with his experience he will continue to help all of us return to our state the image it deserves to have because of the efforts of people like Filip Dimitrov.

9974 geologi

nn

geology

Så det minskade ner det till geologi labbet eller kemi labbet.

So that narrowed it down to the geology lab or the chemistry lab.

9975 roddare

nn

rower

Flotta bestående av galärer, dvs. långsmala krigsfartyg med en eller flera rader av roddare på var sida.

A long, low, narrow ship powered by one or more tiers of oars and used mainly for naval warfare.

9976 likgiltigt

adv

indifferently

Till skillnad från vad kommissionen i andra hand har låtit förstå är det inte likgiltigt, för prövningen av huruvida övergångsbestämmelserna i SGB V är proportionerliga, om deras tillämpningsområde begränsas till att gälla samma driftställe där en psykoterapeut ansöker om att få ge vård som omfattas av sjukförsäkringssystemet, oberoende av de verkliga vårdbehoven, från och med den 1 januari 1999, det vill säga på den plats där hans mottagning är belägen.

Also, contrary to what the Commission implies in the alternative, it is not irrelevant to a consideration of the proportionality of the transitional provisions in Book V that their field of application is limited to the same place in respect of which a psychotherapist has applied for authorisation to provide care under the German statutory sickness insurance scheme, independently of the actual need for care, from 1 January 1999, namely the place in which his practice is located.

9977 underordnad

adj

subordinate

Denna har nämligen beträffande de utländska fasta driftställena en – i regel underordnad – beskattningsrätt, vilket däremot inte är fallet med avseende på dotterbolagen med hemvist i utlandet.

It enjoys a – generally subordinate – right of taxation only with regard to the foreign permanent establishments, but not with regard to the foreign subsidiaries.

9978 krigsbyte   **loot**

nn

Given till mej som krigsbyte.

Given to me as the spoils of war.

9979 precisera   **precise**

vb

I artikel 18 föreskrivs att beslutet ska "ange den rättsliga grunden och syftet med begäran, precisera vilken information som begärs och fastställa den tidsfrist inom vilken upplysningarna skall lämnas".

Article 18 provides that the decision must 'state the legal basis and the purpose of the request, specify what information is required and fix the time–limit within which [the information] is to be provided'.

9980 fordra   **require|claim**

vb

Kanske är det vid denna punkt lämpligt att fordra samordning mellan KALEIDOSCOPE 2000 och andra EU–åtgärder för att stödja Unionens minoritetsspråk.

Perhaps it is appropriate at this point to call for coordination between Kaleidoscope 2000 and other EU measures in supporting the minority languages of the Union.

9981 jämmer   **groaning; plaintive cry**

nn; adj

De skrattade åt mitt blod och mitt jämmer!

They laughed at me blood and me moans, this murderous dog!

9982 sydlig   **southerly; southerly**

adj; adv

Gemenskapsfartyg som fiskar söder om 20o sydlig bredd ska medföra och använda linor avsedda att skrämma bort fåglar (toristolpar) med följande tekniska specifikationer:

Community vessels fishing south of 20oS shall carry and use bird–scaring lines (tori poles) according to following technical provisions:

9983 köl   **keel**

nn

Dessutom har IKB vidtagit åtgärder för att förbättra riskförvaltningen och avsevärt minskat sin riskexponering. IKB har därför vidtagit de interna åtgärder som krävs för att få verksamheten på rätt köl igen

In addition, IKB has taken measures to improve its risk management and has already reduced its risk exposure considerably. IKB has therefore taken the necessary internal measures to ensure its turnaround

9984 ax   **ear|bit**

nn

När Jesus och hans lärjungar gick genom ett sädesfält och lärjungarna plockade några ax, menade fariséerna att de bröt mot sabbatslagen.

When Jesus' disciples plucked a few heads of grain while passing through a field, some Pharisees claimed that they were violating the Sabbath.

9985 sängliggande   **bedridden**

nn

Denna studie inkluderade akut sjuka patienter, ≥22 år gamla, sängliggande med förväntat behov av vila i minst 4 dagar och som hospitaliserats p. g. a. kronisk hjärtsvikt (NYHA klass III/IV) och/eller akut sjukdom i andningsvägarna och/eller akut infektiös eller inflammatorisk sjukdom.

This study included acutely ill medical patients, aged 22 years, expected to require bed rest for at least four days, and hospitalized for congestive heart failure NYHA class III/IV and/or acute respiratory illness and/or acute infectious or inflammatory disease.

9986 mörkrum   **darkroom**

nn

Det är ett mörkrum eller en minibordell.

Well, it's either a darkroom, or a really small bordello.

9987 fotomodell
nn

model (person)
Du kunde bli fotomodell.
You could become a model.

9988 papaya
nn

papaya
Tillämpningsperiod när det gäller granatäpplen, mango, avokado och papaya:
Period of application as regards pomegranates, mangoes, avocados and papayas:

9989 lagrad
adj

matured|stored
Lagrad gouda istället för cheddar.
It's made with aged gouda instead of cheddar.

9990 kroppsligt
adv

bodily
Det är inget kroppsligt.
This is not a physiological condition.

9991 rederi
nn

shipping company
Om ett europeiskt rederi anser sig ha blivit diskriminerat kan det vända sig till inte bara myndigheterna i det egna landet, utan också till Europeiska unionens institutioner.
If a European shipping company feels that it is being discriminated against, it can appeal not just to its own but also to the European Union authorities.

9992 noggrannhet
nn

accuracy
Motorhastigheten och motorcykelns hastighet på provbanan måste bestämmas med noggrannheten ± 3 %.EurLex-2Engine speed and motorcycle speed on the test track must be determined to within ± 3 accuracy %.

9993 förbryllande
adj

puzzling
DET finns många sidor av multipel kemisk överkänslighet (MCS) som är förbryllande.
MANY aspects of multiple chemical sensitivity (MCS) are puzzling.

9994 dylik
adj

such
Sammanhållningsfonden bör kunna stödja en dylik åtgärd.
Financial support for this operation could come from the Cohesion Fund.

9995 palestinier
nn

Palestinian
Finansiellt stöd till palestinier.
Financial aid for the Palestinians.

9996 tidevarv
nn

era
I globaliseringens tidevarv har EU en mängd ekonomiska och sociala problem som vi måste ta itu med.
In the era of globalisation, Europe must address a number of economic and social problems.

9997 klippning
nn

cutting|clipping
Anordningar för frisering, klippning och borttagning av hår.
Devices for styling, cutting and removing hair.

9998 iscensätta
vb

stage-manage
Dahlan flydde till Västbanken för flera år sedan, efter att Abbas anklagat honom för att försöka iscensätta en kupp mot Palestinska myndighetens ledarskap.

Dahlan fled the West Bank several years ago after falling out with Abbas, who accused him of attempting to stage a coup against the Palestinian Authority leadership.

9999	**rivalitet**	**rivalry**
	nn	

Vi kan inte tillåta att avvikande lagstiftning, politisk rivalitet, upprepade hänvändelser till domstol och en härva av rättsmedel gör att de kriminella nätverken kan undvika eller försena nedmonteringen av dessa nätverk.
We cannot allow criminal networks to avoid being dismantled, or to delay the process, by exploiting disparities in the law and police powers and through a multitude of court applications.

10000	**inlevelse**	**empathy**
	nn	

Detta är ingen plädering för att man nu skall avvika från något som helst beslutsfattande, men en plädering för fantasi, inlevelse och initiativ.
This is not an argument for departure from any sort of resolution, but a plea for fantasy, imagination and initiative.

10001	**välstekt**	**well-done**
	adj	

Bob, jag ville ha den välstekt!
Bob, I ordered this well– done!

10002	**fristående**	**stand-alone**
	adj	

Antal företag med icke fristående pensionsfonder, uppdelat efter storleksklass för antal medlemmar.
Number of enterprises with non-autonomous pension funds, broken down by size classes of members.

10003	**solidaritet**	**solidarity**
	nn	

EU måste bemöta dessa hot och utmaningar genom att tala med en röst, så att konsekvens tryggas, agera i en anda av solidaritet mellan medlemsstaterna och använda alla medel och instrument som står till buds för att säkerställa fred och säkerhet för sina medborgare.
Whereas the European Union must respond to these threats and challenges by speaking with one voice, thereby ensuring consistency, by acting in a spirit of solidarity between Member States and by making use of all the means and instruments at its disposal to secure peace and security for its citizens.

10004	**stifta**	**found**
	vb	

Både rådets egen rättstjänst och parlamentets utskott för rättsliga frågor har dragit samma slutsats, och eftersom det ligger oss varmt om hjärtat att försvara medlemsstaternas rätt att stifta sina egna lagar kan vi bara stödja Cabrols betänkande som en rekommendation.
Council's own legal service and Parliament's Committee on Legal Affairs and Citizens' Rights have both come to the same conclusion and, because we feel very strongly about defending the rights of Member States to make their own laws, we can only support Mr Cabrol's report as a recommendation.

10005	**uteslutande**	**exclusively; exclusive; exclusion**
	adv; adj; nn	

Spektrumhantering är en uteslutande nationell behörighet för varje medlemsstat.
Spectrum management is the exclusive competence of each Member State.

10006	**utrikespolitik**	**foreign policy**
	nn	

Jag vill även ta tillfället i akt att önska Cathy och hennes nya avdelning lycka och framgång och att önska oss alla en stark, konsekvent och samordnad europeisk utrikespolitik, eftersom jag är säker på att EU med Cathy och EEAS kommer att öka sitt inflytande över de globala angelägenheterna ytterligare.

I would like to use this opportunity to wish Cathy and her new service luck and success and to wish all of us a strong, coherent and coordinated EU foreign policy because I am sure that, with Cathy and the EEAS, the EU will further increase its influence on global affairs.

| 10007 | **förmodan** | **conjecture** |
| | *nn* | |

Vi har inte möjligheterna att ingripa på grund av en förmodan, och därför, som jag tidigare svarade Spencer, försöker vi göra en satsning på forskningsområdet och få fram några av dessa resultat.
We cannot act on suspicion. Hence, as I said in answer to Mr Spencer earlier, we are endeavouring to move things forward on the research front and to secure some of those results.

| 10008 | **förstoringsglas** | **magnifying glass** |
| | *nn* | |

Ni är som barn som ser i ett förstoringsglas och tror att det ni ser är er sanna storlek.
Children looking into a magnifying glass, imagining the image you see is the image of your true size.

| 10009 | **avslutande** | **concluding; termination** |
| | *adj; nn* | |

I den avslutande delen av deklarationen skall det anföras ett kontrollbelopp som är summan av alla de belopp som deklarerats i huvudet och den centrala delen av deklarationen.
The end section of the declaration gives a checksum which is the total of all the amounts declared in the header and in the body of the declaration.

| 10010 | **anhållan** | **application** |
| | *nn* | |

Sökanden gör gällande att vägran att ge tillgång till anhållan innebär ett faktiskt åsidosättande av sökandens rättsskydd, då ogillandet av sökandens klagomål i huvudförfarandet grundas på den begärda handlingen.
The applicant claims that the refusal of access to the request constitutes a de facto denial of legal protection vis–à–vis the applicant, because the dismissal of the applicant's appeal in the main proceedings is based on the requested document.

| 10011 | **järngrepp** | **iron grip** |
| | *nn* | |

Turistsektorn behöver en rättslig grund att stå på för att bli mer effektiv och den behöver undantas från kravet på enhälliga beslut i rådet. Det skulle ge vingar åt en sektor som i dag hålls i ett järngrepp av de stora researrangörerna, och som i varje fall befinner sig utanför parlamentets kontroll.
The lack of a legislative basis which would make this sector more operative and remove it from the field of unanimous decision–making within the Council will give impetus to this sector, which is in the hands of the large tour operators and completely outside the control of this House.

| 10012 | **seende** | **seeing** |
| | *adj* | |

Genom användning av siktlinjesindikator (HUD), landningssystem med siktlinjesindikator (HUDLS) eller system för förstärkt seende (EVS) kan sämre sikt tillåtas än vad som normalt förknippas med operativa minima vid flygplatsen, om detta är godkänt enligt SpA.LVO.
The use of a head–up display (HUD), head–up guidance landing system (HUDLS) or enhanced vision system (EVS) may allow operations with lower visibilities than the established aerodrome operating minima if approved in accordance with SPA.LVO.

| 10013 | **inredd** | **found** |
| | *adj* | |

För övrigt anser förstainstansrätten att denna spalt är diskriminerande, eftersom den är avsedd att gynna ansökningar från specialiserade parfymaffärer till nackdel för ansökningar från butiker med många olika varor vilka förfogar över en specialiserad avdelning som är inredd så att den uppfyller lämpliga kvalitativa villkor för försäljning av lyxkosmetika.

Furthermore, that heading is discriminatory inasmuch as it tends to favour applications by specialist perfumeries at the expense of those by `multiple–product' shops with a specialized area laid out in such a way as to meet the qualitative criteria appropriate to the sale of luxury cosmetics.

10014	**liknelse**	**likeliness**
	nn	Vilka lärdomar hittar du i Jesus liknelse?
		What lessons do you find in Jesus' illustration?

10015	**definitiv**	**definitive**
	adj	Men kommissionen var för sent ute med att ställa upp den definitiva listan på kandidaterna.
		The Commission, however, did not draw up the definitive list of candidates in time.

10016	**walesisk**	**welsh**
	adj	Halvt walesisk och halvt..?
		Half– Welsh and half..?

10017	**aktör**	**actor**
	nn	Berörda tullmyndigheter skall informera varandra och, vid behov, den berörda ekonomiska aktören, om alla misstänkta säkerhetsöverträdelser.
		The customs authorities involved shall inform each other and, where appropriate, the economic operator concerned, of all suspected breaches of security.

10018	**bödel**	**executioner**
	nn	Fru talman, herr tjänstgörande rådsordförande! Man har en känsla av att Europeiska unionen under toppmötet i Köpenhamn har upprepat de välbekanta orden: ?Ge mig ännu en minut, herr bödel?.
		Madam President, President–in–Office of the Council, we feel that, at Copenhagen, the European Union was playing a familiar song entitled 'Just one more minute, Mr Executioner'.

10019	**vanebildande**	**habit-forming**
	adj	Dvd–skivor med utbildningsmaterial avseende missbrukande och vanebildande beteendeavskräckning.
		DVDs featuring abusive and addictive behaviour deterrence educational materials.

10020	**förkorta**	**shorten|short-circuit**
	vb	I brådskande fall får tidsfristen för att fatta beslut förkortas till två arbetsdagar eller mindre.
		In urgent cases, the period for taking a decision may be reduced to two working days or less.

10021	**bekosta**	**pay for**
	vb	Således skall medlen för att bekosta det passiva skiktet av detta nät åtminstone till en del komma från Appingedams kommun.
		Therefore, at least part of the resources for financing the passive layer of this network would come from the municipality of Appingedam.

10022	**nationaldag**	**National Day**
	nn	Måndag, Belgiens nationaldag.
		Monday, Belgian National Holiday.

10023	**blodkärl**	**blood-vessel**
	nn	Försiktighet bör iakttas så att injektion i blodkärl undvikes vid subkutan administrering.

When administered subcutaneously care should be taken when injecting Liprolog Basal to ensure that a blood vessel has not been entered.

10024   **oanvändbar**   **unusable**

adj

Kommissionen har anfört att den betraktade källkoden som oanvändbar för utformningen av anbuden.

It contends that it considered it to be of no use for the formulation of the tenders.

10025   **självstyre**   **autonomy**

nn

Stöder vi symboliskt självstyre eller verkligt självstyre?

Are we on the side of token autonomy or real autonomy?

Adjectives

7501	**ansedd**-*adj*	considered
7508	**inbyggd**-*adj*	built-in
7511	**eftersökt**-*adj*	sought for
7513	**tilldragande**-*adj*	fetching|attractive
7517	**gräslig**-*adj*	awful
7519	**anbelanga**-*adj*	concerned
7521	**pryd**-*adj*	prude
7528	**norröver**-*adj*	up-country
7533	**ömtålig**-*adj*	fragile|sensitive
7539	**tilltalande**-*adj*	attractive|fetching
7543	**emotionell**-*adj*	emotional
7551	**verbal**-*adj*	verbal
7558	**oetisk**-*adj*	unethical
7561	**genomskinlig**-*adj*	transparent|pellucid
7567	**larvig**-*adj*	infantile
7569	**densamme**-*adj*	the same
7572	**rinnande**-*adj; nn*	running; flow
7573	**förskräckt**-*adj*	terrified
7574	**rykande**-*adj; nn*	smoking; smoking
7578	**bokad**-*adj*	reserved
7580	**ursinnig**-*adj*	furious|frenetic
7590	**grundlig**-*adj*	thorough|profound
7591	**kronisk**-*adj*	chronic
7600	**överlagd**-*adj*	premeditated
7602	**markerad**-*adj*	marked
7603	**åtskillig**-*adj*	plenty
7609	**illaluktande**-*adj*	malodorous
7621	**tomhänt**-*adj*	empty-handed
7623	**oförsiktig**-*adj*	careless
7624	**urgammal**-*adj*	extremely old
7629	**uppiggande**-*adj; nn*	stimulating; exhilaration
7630	**kokande**-*adj*	aboil
7632	**kluven**-*adj*	split
7639	**konservativ**-*adj*	conservative
7640	**excentrisk**-*adj*	eccentric
7643	**poetisk**-*adj*	poetic
7644	**vardaglig**-*adj*	everyday
7645	**elektromagnetisk**-*adj*	electromagnetic
7646	**makalös**-*adj*	incomparable
7660	**ansträngande**-*adj*	strenuous
7669	**inledande**-*adj*	initial|introductory
7679	**ödesdiger**-*adj*	fatal
7680	**enfaldig**-*adj*	silly|foolish
7681	**rörlig**-*adj*	movable
7683	**vulgär**-*adj*	vulgar
7685	**lärorik**-*adj*	instructive
7696	**självlysande**-*adj*	luminous
7698	**avskild**-*adj*	secluded
7702	**äktenskaplig**-*adj*	marital|conjugal
7704	**jordisk**-*adj*	earthly
7707	**kosmisk**-*adj*	cosmic
7716	**överviktig**-*adj*	overweight
7717	**hemligstämplad**-*adv; adj*	top-secret; classified
7720	**splittrad**-*adj*	divided
7732	**plågsam**-*adj*	painful
7735	**tjeckisk**-*adj*	Czech
7736	**skottsäker**-*adj*	bulletproof
7740	**mesig**-*adj*	meek|wimpy
7744	**förestående**-*adj*	impending
7748	**revolutionär**-*adj; nn*	revolutionary; revolutionary
7754	**undertecknad**-*adj*	undersigned
7762	**oberäknelig**-*adj*	haywire
7764	**lurig**-*adj*	dodgy
7765	**inflytelserik**-*adj*	influential
7768	**förstenad**-*adj*	petrified
7769	**fullkomlig**-*adj*	perfect|entire
7770	**huvudsaklig**-*adj*	main
7773	**operativ**-*adj*	operational
7779	**harmlös**-*adj*	harmless
7785	**fåfäng**-*adj*	futile
7786	**beslutsam**-*adj*	determined
7788	**driven**-*adj*	experienced|powered
7789	**respektabel**-*adj*	respectable
7791	**flitig**-*adj*	diligent
7803	**dödsdömd**-*adj*	condemned
7831	**ovärdig**-*adj*	unworthy
7836	**trivsam**-*adj*	pleasant
7844	**kaputt**-*adj*	kaput
7850	**sval**-*adj*	cool
7853	**nordöstra**-*adj*	northeast
7857	**hednisk**-*adj*	pagan
7861	**beskyddande**-*nn; adj*	protection; protective
7866	**flammande**-*adj*	flaming
7874	**angripen**-*adj*	affected
7877	**vresig**-*adj*	grumpy
7878	**ovidkommande**-*adj*	irrelative

7886	**defensiv**-*adj*	defensive
7910	**albansk**-*adj*	Albanian
7914	**väsentlig**-*adj*	essential
7915	**traumatisk**-*adj*	traumatic
7917	**näck**-*adj*	naked
7919	**styrande**-*adj; nn*	governing; government
7928	**självgod**-*adj*	self-righteous
7938	**nedstämd**-*adj*	depressed
7940	**fasansfull**-*adj*	horrible|terrible
7941	**nedsatt**-*adj*	reduced
7950	**medborgerlig**-*adj*	civic
7951	**kombinerad**-*adj*	combined
7953	**krånglig**-*adj*	awkward
7954	**dåraktig**-*adj*	foolish
7962	**oklok**-*adj*	unwise
7967	**livshotande**-*adj*	life-threatening
7968	**väpnad**-*adj*	armed
7974	**generell**-*adj*	general
7976	**ställd**-*adj*	placed
7984	**kristallklar**-*adj*	crystal-clear
7991	**dekorerad**-*adj*	decorated
8005	**motsvarande**-*adj*	corresponding
8008	**ömsesidig**-*adj*	mutual
8010	**materiell**-*adj*	material
8011	**rättfram**-*adj*	straightforward
8016	**feminin**-*adj*	feminine
8019	**stämd**-*adj*	tuned
8020	**krypande**-*adj; nn*	creeping; crawl
8022	**existerande**-*adj*	existing
8026	**hemlighetsfull**-*adj*	secretive
8028	**utmärkande**-*adj*	distinguishing
8029	**storsint**-*adj*	magnanimous
8031	**djävulsk**-*adj*	devilish
8038	**flyktig**-*adj*	volatile
8059	**omänsklig**-*adj*	inhuman
8061	**skimrande**-*adj*	lustrous
8065	**roande**-*adj*	entertaining
8066	**styrd**-*adj*	governed|guided
8069	**västerländsk**-*adj*	Western
8071	**pratsam**-*adj*	talkative
8072	**myndig**-*adj*	of age|commanding
8074	**hotfull**-*adj*	threatening
8077	**inspelad**-*adj*	recorded
8081	**kladdig**-*adj*	smudgy
8089	**köttätande**-*adj*	carnivorous
8091	**ordinarie**-*adj*	ordinary
8092	**förstärkt**-*adj*	reinforced
8097	**slipad**-*adj*	cunning
8098	**skapande**-*adj; nn*	creative; creating
8099	**förutbestämd**-*adj*	destined
8100	**vilande**-*adj*	dormant
8108	**explosiv**-*adj*	explosive
8113	**smygande**-*adj; nn*	insidious; crawl
8114	**sjunkande**-*adj; nn*	sinking; drop
8115	**lydig**-*adj*	obedient
8118	**förtryckt**-*adj*	oppressed
8120	**blomstrande**-*adj*	blossoming|flourishing
8123	**förmildrande**-*nn; adj*	extenuation; palliative
8127	**gåtfull**-*adj*	enigmatic
8139	**ålderdomshem**-*adj*	rest-home
8142	**oräknelig**-*adj*	countless
8154	**otillåten**-*adj*	illicit
8160	**ofullständig**-*adj*	incomplete
8162	**förlåtande**-*adj*	forgiving
8167	**självklar**-*adj*	obvious
8175	**trångsynt**-*adj*	insular|narrow
8176	**industriell**-*adj*	industrial
8184	**straffbar**-*adj*	punishable
8189	**slät**-*adj*	smooth
8193	**suddig**-*adj*	blurred|smudgy
8196	**skärseld**-*adj*	purgatory
8198	**human**-*adj*	humane
8201	**spetsig**-*adj*	acute|pointed
8202	**belåten**-*adj*	pleased
8206	**garanterad**-*adj*	assured
8212	**regelbunden**-*adj*	regular
8213	**tandlös**-*adj*	toothless
8223	**kommersiell**-*adj*	commercial
8228	**virtuell**-*adj*	virtual
8240	**förnärmad**-*adj*	resentful
8242	**besvärande**-*adj*	troublesome
8244	**världslig**-*adj*	worldly|mundane
8246	**tröstande**-*adj*	comforting
8249	**bortre**-*adj*	far|further
8251	**randig**-*adj*	striped|tabby
8255	**högtidlig**-*adj*	solemn
8270	**skälig**-*adj*	reasonable
8271	**rättskaffens**-*adj; adv*	righteous; honestly
8274	**förbryllad**-*adj*	confused

8276	**undvikande-**nn; adj	avoidance; avoiding
8277	**rättslig-**adj	legal
8280	**prydlig-**adj	neat|tidy
8281	**hackad-**adj	hacked
8284	**oberörd-**adj	unmoved
8285	**själslig-**adj	spiritual
8289	**riskfri-**adj	safe
8292	**utdöd-**adj	extinct
8297	**felfri-**adj	flawless
8304	**revolutionerande-**adj	revolutionary
8306	**tredubbel-**adj	triple
8312	**välförtjänt-**adj; adv	condign; deservedly
8313	**inhemsk-**adj	domestic
8316	**förhistorisk-**adj	prehistoric
8319	**retorisk-**adj	rhetorical
8327	**välutrustad-**adj	well-endowed
8329	**etnisk-**adj	ethnic
8334	**indirekt-**adv; adj	indirectly; indirect
8336	**välklädd-**adj	well-dressed
8338	**gången-**adj	gone|departed
8344	**närsynt-**adj	nearsighted
8348	**närstående-**adj	related
8354	**stirrande-**adj	staring
8358	**statisk-**adj	static
8362	**oförutsägbar-**adj	unpredictable
8367	**tanklös-**adj	thoughtless
8368	**litterär-**adj	literary
8371	**segrande-**adj	victorious
8374	**alldaglig-**adj	everyday
8375	**magnetisk-**adj	magnetic
8383	**ohygglig-**adj	appalling
8384	**oresonlig-**adj	unreasonable
8385	**ansluten-**adj	connected|associated
8402	**invecklad-**adj	intricate|complicated
8410	**kontroversiell-**adj	controversial
8411	**hedervärd-**adj	creditable|honourable
8417	**benig-**adj	bony|puzzling
8418	**töntig-**adj	dorky
8421	**medelklass-**nn; adj	middle class; middle class
8424	**obligatorisk-**adj	obligatory
8425	**anpassad-**adj	fitted
8426	**beryktad-**adj	notorious
8432	**lyckosam-**adj	fortunate
8435	**abstrakt-**adj; adv	abstract; abstractly
8437	**fördömande-**nn; adj	denunciation; condemnatory
8438	**stödjande-**adj; nn	supporting; espousal
8440	**spektakulär-**adj	spectacular
8442	**förolämpande-**adj	offensive
8445	**vrålande-**adj	yelling
8446	**beroendeframkallande-**adj	habit-forming
8450	**minnesvärd-**adj	memorable
8455	**långvarig-**adj	prolonged
8459	**oförutsedd-**adj	unforeseen
8462	**ogiltig-**adj	invalid
8464	**otydlig-**adj	inexplicit
8468	**dammig-**adj	dusty
8469	**påfrestande-**adj	trying
8471	**välbyggd-**adj	set-up
8475	**regnig-**adj	rainy|wet
8480	**tillhörande-**adj	appurtenant
8489	**tvär-**adj	abrupt|sudden
8499	**osjälvisk-**adj	unselfish
8502	**godtrogen-**adj	credulous
8504	**futtig-**adj	paltry
8520	**ärorik-**adj	glorious
8533	**extraordinär-**adj	extraordinary
8538	**skör-**adj	fragile|brittle
8541	**bräcklig-**adj	fragile|flimsy
8543	**regional-**adj	regional
8544	**löst-**adv; adj	loosely; solved
8545	**åldrande-**adj; nn	senescent; obsolescence
8549	**inrikes-**adj; adv	internal; domestic
8556	**avlyssnad-**adj	wired
8557	**knubbig-**adj	chubby|pudgy
8559	**impotent-**adj	impotent
8563	**närliggande-**adj	nearby
8566	**åldrig-**adj	aged
8570	**spirituell-**adj	spirited|spiritual
8571	**kränkande-**adj	offensive
8577	**vaksam-**adj; adv	vigilan; on the alert
8582	**uppspelt-**adj	exhilarated
8586	**uppstoppad-**adj	stuffed
8592	**ihärdig-**adj	persistent
8595	**utsliten-**adj	jaded|worn-out
8596	**vriden-**adj	twisted
8621	**annalkande-**adj; nn	approaching; oncoming
8626	**biblisk-**adj	Biblical

8632	**vattentät**-*adj*	watertight
8636	**långsiktig**-*adj*	long-term
8640	**obesvarad**-*adj*	unanswered
8646	**obegränsad**-*adj*	unrestricted
8648	**mottagen**-*adj*	received
8649	**smaskig**-*adj*	yummy
8653	**betryggande**-*adj*	adequate
8654	**viskande**-*adj; nn*	whispering; whispering
8656	**spetälsk**-*adj*	leper
8662	**infraröd**-*adj*	infrared
8663	**katastrofal**-*adj*	catastrophic
8665	**experimentell**-*adj*	experimental
8666	**ofattbar**-*adj*	unimaginable
8668	**ihjälslagen**-*adj*	killed
8672	**belgisk**-*adj*	Belgian
8677	**ockult**-*adj*	occult
8679	**teoretisk**-*adj*	theoretical|pure
8689	**excellent**-*adj*	excellent
8701	**ordinär**-*adj*	ordinary|common
8703	**benägen**-*adj*	prone
8705	**rökt**-*adj*	smoked
8706	**hetsig**-*adj*	fiery
8708	**andfådd**-*adj; adv*	breathless; winded
8711	**dunkel**-*adj; nn*	dim|obscure; obscurity
8715	**skrynklig**-*adj*	rumpled
8717	**sjuklig**-*adj*	unhealthy|sickly
8720	**kompakt**-*adj*	compact
8722	**obildad**-*adj*	illiterate
8724	**allena**-*adj*	alone
8729	**väluppfostrad**-*adj*	well-raised
8731	**nazistisk**-*adj*	Nazi
8733	**hoppfull**-*adj*	hopeful
8735	**melodramatisk**-*adj*	melodramatic
8738	**idealisk**-*adj*	ideal
8740	**tolerant**-*adj*	tolerant
8746	**begriplig**-*adj*	understandable
8749	**lynnig**-*adj*	moody
8751	**värderad**-*adj*	valued
8753	**överhängande**-*adj*	overhanging
8759	**lönsam**-*adj*	profitable
8763	**konstruktiv**-*adj*	constructive
8767	**robust**-*adj*	robust
8772	**påhittig**-*adj*	inventive
8777	**tvättäkta**-*adj*	washable
8778	**lönande**-*adj; nn*	profitable; paying
8779	**präktig**-*adj*	splendid
8782	**fager**-*adj*	fair
8783	**förfallen**-*adj*	overdue
8788	**berövad**-*adj*	bereft
8796	**parallell**-*adj; nn*	parallel; parallel
8811	**artificiell**-*adj*	artificial
8812	**ansvarsfull**-*adj*	responsible
8816	**destruktiv**-*adj*	destructive
8817	**numrerad**-*adj*	numbered
8818	**latinsk**-*adj*	Latin
8824	**egentlig**-*adj*	real|proper
8827	**henna**-*adj*	henna
8831	**havande**-*adj*	pregnant
8835	**knäckt**-*adj*	cracked
8839	**österrikisk**-*adj*	Austrian
8841	**objuden**-*adj*	uninvited
8844	**utblottad**-*adj*	destitute
8851	**dominerande**-*adj; adv*	dominant; predominantly
8853	**föråldrad**-*adj*	obsolete
8855	**ovänlig**-*adj*	unfriendly
8857	**vågad**-*adj*	daring
8860	**ostadig**-*adj*	unstable
8865	**vissen**-*adj*	faded
8877	**duglig**-*adj*	capable
8878	**ägd**-*adj*	owned
8886	**grotesk**-*adj; nn*	grotesque; grotesque
8890	**lockig**-*adj*	curly
8891	**uppriven**-*adj*	worked up
8897	**brännande**-*adj*	burning|searing
8898	**målad**-*adj*	painted
8904	**bister**-*adj*	grim|harsh
8905	**glömsk**-*adj*	forgetful
8906	**sammanhängande**-*adj*	coherent
8907	**plakat**-*nn; adj*	placard; pissed
8913	**bevarad**-*adj*	preserved
8914	**kaotisk**-*adj*	chaotic
8923	**vegetarisk**-*adj*	vegetarian
8924	**gnällande**-*adj*	whining
8925	**nordamerikansk**-*adj*	north-american
8927	**tvivelaktig**-*adj*	doubtful
8928	**hektisk**-*adj*	hectic
8930	**obehörig**-*adj*	unauthorized
8946	**underbemannad**-*adj*	undermanned

8949	**obekant**-*adj; nn*	unknown; stranger
8968	**utnämnd**-*adj*	designate
8971	**vakande**-*adj*	waking
8979	**vederbörande**-*nn; adj*	the person concerned; concerned
8987	**barr**-*nn; adj*	needle; parallel bars
8989	**oumbärlig**-*adj*	indispensable
8991	**tidlös**-*adj*	timeless
8995	**högfärdig**-*adj*	proud
9003	**tårögd**-*adj*	with tears in one's eyes
9011	**stärkande**-*adj; nn*	invigorating; consolidation
9014	**muntlig**-*adj*	oral
9020	**glädjande**-*adj*	gratifying
9027	**problematisk**-*adj*	problematic
9028	**adresserad**-*adj*	addressed
9029	**undersökande**-*adj; nn*	investigative; surveying
9031	**anspråkslös**-*adj*	unassuming
9036	**improviserad**-*adj*	improvised
9039	**upplysande**-*adj*	informative
9043	**avspänd**-*adj*	relaxed
9049	**mellersta**-*adj*	middle
9051	**praktfull**-*adj*	magnificent
9052	**trådlös**-*adj*	wireless
9061	**geologisk**-*adj*	geological
9064	**hastig**-*adj*	hasty
9096	**oförändrad**-*adj*	unchanged|unmodified
9097	**informell**-*adj*	informal
9101	**hårdkokt**-*adj*	hard-boiled
9104	**blåögd**-*adj*	blue-eyed
9107	**världsberömd**-*adj*	world-famous
9112	**oanmäld**-*adj*	unannounced
9116	**sammansatt**-*adj*	composite
9121	**otillräcklig**-*adj*	insufficient
9123	**auktoriserad**-*adj*	certified
9124	**presenterad**-*adj*	presented
9126	**förkrossande**-*adj*	crushing
9127	**ordnad**-*adj*	orderly
9135	**skattefri**-*adj*	tax-free
9141	**vek**-*adj*	weak|soft
9142	**oförglömlig**-*adj*	unforgettable
9144	**nedslående**-*adj*	disheartening
9146	**häpen**-*adj*	flabbergasted
9148	**ansenlig**-*adj*	considerable|substantial
9150	**obarmhärtig**-*adj*	merciless|ruthless
9151	**violett**-*adj*	violet
9163	**slängd**-*adj*	clever
9172	**läckande**-*adj; nn*	leaky; leakage
9174	**medfödd**-*adj*	congenital
9177	**livslång**-*adj*	lifelong
9181	**optisk**-*adj*	optical
9182	**krasslig**-*adj*	seedy|off-colour
9189	**sjaskig**-*adj*	shabby|sleazy
9194	**uppretad**-*adj*	enraged
9196	**symbolisk**-*adj*	symbolic
9204	**oärlig**-*adj*	dishonest
9206	**respektfull**-*adj*	respectful
9210	**brasiliansk**-*adj*	Brazilian
9211	**obevakad**-*adj*	unguarded
9212	**stillsam**-*adj*	quiet
9220	**nedlagd**-*adj*	disused
9229	**banbrytande**-*adj*	pioneering
9231	**ihålig**-*adj*	hollow
9232	**ätbar**-*adj*	eatable
9233	**humanitär**-*adj*	humanitarian
9235	**vilseledande**-*adj*	deceptive|deceitful
9248	**belönad**-*adj*	rewarded
9250	**drastisk**-*adj*	drastic
9252	**produktiv**-*adj*	productive
9256	**kolossal**-*adj*	colossal
9263	**blåsig**-*adj*	windy|blistery
9268	**illavarslande**-*adj*	evil-boding
9272	**utskrattad**-*adj*	laughed to scorn
9276	**hårfin**-*adj*	subtle|hair's breadth
9277	**komisk**-*adj*	comic
9284	**sagolik**-*adj*	fabulous
9292	**odräglig**-*adj*	insufferable
9294	**fyllig**-*adj*	mellow
9295	**halvfull**-*adj*	half-full
9296	**omodern**-*adj; adv*	outdated; out
9298	**administrativ**-*adj*	administrative
9302	**tabu**-*adj; nn*	taboo; taboo
9310	**självbelåten**-*adj*	self-satisfied
9320	**likvärdig**-*adj*	equivalent
9322	**storväxt**-*adj*	tall
9328	**siamesisk**-*adj*	Siamese
9330	**rumsren**-*adj*	housetrained
9332	**opartisk**-*adj*	impartial
9334	**likasinnad**-*adj*	like-minded
9335	**extatisk**-*adj*	ecstatic
9342	**beräknande**-*adj*	calculating

9346	påträngande-*adj*	intrusive
9348	brottslig-*adj*	criminal
9349	fanatisk-*adj*	fanatical
9350	osmaklig-*adj*	distasteful
9356	användande-*nn; adj*	usage; manipulating
9357	utrikes-*adj; adv*	foreign; abroad
9362	skyhög-*adj*	sky-high
9365	översvämmad-*adj*	awash
9373	extern-*adj; nn*	external; day scholar
9376	behörig-*adj*	competent
9378	överflödig-*adj*	superfluous|redundant
9392	matematisk-*adj*	mathematical
9410	dekadent-*adj*	decadent
9411	närgången-*adj*	familiar
9422	ogenomtränglig-*adj*	impervious
9423	efterlängtad-*adj*	longed for
9424	omoralisk-*adj*	immoral
9444	oacceptabel-*adj*	unacceptable
9447	bärande-*adj; nn*	carrying; carry
9450	kunnig-*adj*	knowledgeable|proficient
9459	ömsint-*adj*	tender
9462	satt-*adj*	stocky
9463	oersättlig-*adj*	irreplaceable
9465	trojansk-*adj*	trojan
9466	klingande-*nn; adj*	clink; high-sounding
9467	upphöjd-*adj*	elevated
9473	triumferande-*nn; adj*	triumphant; exultant
9478	stickande-*nn; adv; adj*	prickle; prickly; stabbing
9487	darrande-*adj*	trembling
9490	välgörande-*adj*	beneficial
9500	konsekvent-*adj; adv*	consistent; consistently
9503	varierande-*adj*	varying
9504	tvångsmässig-*adj*	compulsive
9506	trasslig-*adj*	tangled
9512	förväntansfull-*adj*	expectant|anticipatory
9513	iögonfallande-*adj*	conspicuous
9516	universell-*adj*	universal
9518	slemmig-*adj*	slimy
9524	vietnamesisk-*adj*	Vietnamese
9526	rankad-*adj*	ranked
9539	islamisk-*adj*	Islamic
9545	lerig-*adj*	muddy
9558	sensationell-*adj*	sensational
9559	förnäm-*adj*	noble
9569	lastad-*adj*	loaded|heavy
9573	ofrälse-*adj*	untitled
9574	nedsättande-*adj*	derogatory|depreciatory
9581	slak-*adj*	slack|flabby
9582	glasklar-*adj*	as clear as glass
9589	böljande-*adj*	surging|flowing
9610	lekfull-*adj*	playful|gamesome
9612	vidöppen-*adj*	wide open
9613	överilad-*adj*	rash|overhasty
9623	australisk-*adj*	Australian
9633	osedd-*adj*	unseen
9635	renad-*adj*	refined
9638	syntetisk-*adj*	synthetic
9639	målmedveten-*adj*	purposeful
9646	livfull-*nn; adj*	vibrant; lively
9648	nedersta-*adj*	bottommost
9652	lånad-*adj*	borrowed
9653	gedigen-*adj*	solid
9655	genomsnittlig-*adj*	average
9671	oupptäckt-*adj*	undetected
9673	kirurgisk-*adj*	surgical
9684	kommunal-*adj*	municipal
9694	muskulös-*adj*	muscular
9699	ofrånkomlig-*adj*	inevitable|inescapable
9702	autentisk-*adj*	authentic
9706	monetär-*adj*	monetary
9729	sminkad-*adj*	made-up
9735	dövstum-*adj*	deaf-mute
9739	önskvärd-*adj*	desirable
9750	stöddig-*adj*	cocky
9751	importerad-*adj*	importable
9752	mahogny-*adj*	mahogany
9759	tålmodig-*adj*	patient|enduring
9760	otränad-*adj*	untrained
9761	plikttrogen-*adj*	dutiful|loyal
9768	nonchalant-*adj; adv*	nonchalant; offhand
9781	utvilad-*adj*	rested
9783	sinnad-*adj*	minded
9784	hänförande-*adj*	ravishing
9786	gnistrande-*adj*	brilliant
9791	gapande-*adj; nn*	gaping; gape
9797	upprorisk-*adj*	rebellious
9798	obemannad-*adj*	unmanned

9804	**bestört**-*adj*	dismayed
9808	**vidsträckt**-*adj*	wide
9814	**inofficiell**-*adj; adv*	unofficial; off the record
9815	**ställföreträdande**-*adj*	acting
9817	**ambitiös**-*adj*	ambitious
9818	**dov**-*adj*	dull|aching
9824	**hänvisad**-*adj*	dependent
9829	**förutfattad**-*adj*	preconceived
9831	**tidsinställd**-*adj*	timed
9832	**orientalisk**-*adj*	oriental
9840	**relativ**-*adj*	relative
9849	**hjältemodig**-*adj*	heroic
9850	**dimmig**-*adj*	foggy|dimmish
9852	**makaber**-*adj*	macabre
9858	**etablerad**-*adj*	established
9862	**sensuell**-*adj*	sensual
9867	**tjutande**-*nn; adj*	howling; wailing
9871	**offside**-*adj; nn*	offside; offside
9873	**påtänd**-*adj*	loaded
9879	**fossil**-*adj; nn*	fossil; fossil
9880	**skadlig**-*adj*	harmful|detrimental
9882	**episk**-*adj*	epic
9884	**enkelriktad**-*adj*	one-way
9889	**klinisk**-*adj*	clinical
9896	**frånstötande**-*adj*	repellent
9897	**genuin**-*adj*	genuine
9900	**färgstark**-*adj*	colourful
9905	**yrkesmässig**-*adj*	professional
9909	**betrodd**-*adj*	trusted
9914	**övergående**-*adj*	transitory
9915	**förargelseväckande**-*adj*	intolerable
9916	**fördelaktig**-*adj*	advantageous
9918	**ogillande**-*nn; adj*	disapproval; dismissive
9925	**bortkommen**-*adj*	awkward
9927	**betydelselös**-*adj*	insignificant
9940	**stram**-*adj*	tight|austere
9941	**inkognito**-*adj; adv; nn*	incognito; incognito; incognito
9942	**nutida**-*adj*	contemporary
9948	**tarvlig**-*adj*	shabby|frugal
9956	**neurotisk**-*adj*	neurotic
9960	**tilltagande**-*nn; adj*	increase; increasing
9962	**kvav**-*adj*	sultry|muggy

9967	**ypperlig**-*adj*	excellent
9969	**förutseende**-*nn; adj*	foresight; foreseeing
9971	**utarbetad**-*adj*	worn-out
9973	**förvissad**-*adj*	assured
9977	**underordnad**-*adj*	subordinate
9981	**jämmer**-*nn; adj*	groaning; plaintive cry
9982	**sydlig**-*adj; adv*	southerly; southerly
9989	**lagrad**-*adj*	matured|stored
9993	**förbryllande**-*adj*	puzzling
9994	**dylik**-*adj*	such
10001	**välstekt**-*adj*	well-done
10002	**fristående**-*adj*	stand-alone
10005	**uteslutande**-*adv; adj; nn*	exclusively; exclusive; exclusion
10009	**avslutande**-*adj; nn*	concluding; termination
10012	**seende**-*adj*	seeing
10013	**inredd**-*adj*	found
10015	**definitiv**-*adj*	definitive
10016	**walesisk**-*adj*	welsh
10019	**vanebildande**-*adj*	habit-forming
10024	**oanvändbar**-*adj*	unusable

Adverbs

7556	**systematiskt**-*adv*	systematically
7566	**strategiskt**-*adv*	strategically
7579	**tämligen**-*adv*	rather|fairly
7587	**oavsiktligt**-*adv*	unwittingly
7617	**sålunda**-*adv*	thus
7666	**eländigt**-*adv*	miserably
7687	**exempelvis**-*adv*	for instance
7694	**dessförinnan**-*adv*	before then
7717	**hemligstämplad**-*adv; adj*	top-secret; classified
7743	**alltjämt**-*adv*	still
7747	**rysligt**-*adv*	awfully
7753	**händelsevis**-*adv*	by chance
7760	**rikligt**-*adv*	amply|freely
7835	**himmelskt**-*adv*	heavenly
7837	**motvilligt**-*adv*	reluctantly
7845	**synligt**-*adv*	visibly
7846	**utanpå**-*adv; prp*	outside; outside
7863	**flitigt**-*adv*	diligently
7893	**varhelst**-*adv*	wherever
7898	**uttryckligen**-*adv*	expressly
7998	**spontant**-*adv*	spontaneously
8037	**instinktivt**-*adv*	instinctively
8046	**däremellan**-*adv*	in between
8078	**varpå**-*adv*	whereupon
8102	**självständigt**-*adv*	independently
8150	**misstänksamt**-*adv*	suspiciously
8271	**rättskaffens**-*adj; adv*	righteous; honestly
8312	**välförtjänt**-*adj; adv*	condign; deservedly
8314	**symboliskt**-*adv*	nominally
8334	**indirekt**-*adv; adj*	indirectly; indirect
8409	**efterhand**-*adv*	hindsight
8422	**obetydligt**-*adv*	slightly
8435	**abstrakt**-*adj; adv*	abstract; abstractly
8465	**oundvikligen**-*adv*	inevitably
8472	**likaväl**-*adv*	just as well
8544	**löst**-*adv; adj*	loosely; solved
8549	**inrikes**-*adj; adv*	internal; domestic
8575	**österifrån**-*adv*	from the east
8577	**vaksam**-*adj; adv*	vigilan; on the alert
8678	**jämsides**-*adv*	abreast
8684	**okontrollerat**-*adv*	unchecked
8694	**villigt**-*adv*	willingly
8708	**andfådd**-*adj; adv*	breathless; winded
8741	**kommersiellt**-*adv*	commercially
8745	**varstans**-*adv*	here
8851	**dominerande**-*adj; adv*	dominant; predominantly
8884	**ljudlöst**-*adv*	noiselessly
8918	**ärftligt**-*adv*	by inheritance
8952	**bums**-*adv*	slap|right away
9013	**matematiskt**-*adv*	mathematically
9019	**överflödigt**-*adv*	copiously; superfluos
9113	**ivrigt**-*adv*	urgently|eagerly
9137	**därigenom**-*adv*	thereby
9167	**följaktligen**-*adv*	consequently
9175	**årligen**-*adv*	yearly
9186	**slumpvis**-*adv*	randomly
9242	**impulsivt**-*adv*	impulsively
9293	**tålmodigt**-*adv*	patiently
9296	**omodern**-*adj; adv*	outdated; out
9313	**sanningsenligt**-*adv*	truly
9325	**bredd**-*nn; adv*	width; breadthways
9357	**utrikes**-*adj; adv*	foreign; abroad
9358	**blixtsnabbt**-*adv*	like lightning
9408	**närapå**-*adv*	nearly
9464	**släckt**-*adv*	out
9474	**punktligt**-*adv*	punctually
9478	**stickande**-*nn; adv; adj*	prickle; prickly; stabbing
9500	**konsekvent**-*adj; adv*	consistent; consistently
9553	**sorgset**-*adv*	sadly
9563	**formligen**-*adv*	literally
9596	**ovanifrån**-*adv*	from above
9657	**häri**-*adv*	herein
9659	**vårdslöst**-*adv*	carelessly
9661	**onekligen**-*adv*	undeniably
9736	**bakvänt**-*adv*	backwards
9745	**mäkta**-*vb; adv*	be capable of; mighty
9768	**nonchalant**-*adj; adv*	nonchalant; offhand
9814	**inofficiell**-*adj; adv*	unofficial; off the record
9830	**passivt**-*adv*	passively
9854	**klent**-*adv*	feebly
9941	**inkognito**-*adj; adv; nn*	incognito; incognito; incognito
9953	**söderöver**-*adv*	southwards
9976	**likgiltigt**-*adv*	indifferently

9982	**sydlig-**_adj; adv_	southerly; southerly
9990	**kroppsligt-**_adv_	bodily
10005	**uteslutande-**_adv; adj; nn_	exclusively; exclusive; exclusion

Conjunctions

8986   **allteftersom**-*con*   as

Prepositions

7846	**utanpå**-*adv; prp*	outside; outside
8507	**kapp**-*prp*	against
8534	**kontra**-*vb; prp*	counter; versus
9588	**utefter**-*prp*	along
9838	**bortifrån**-*prp*	from

Pronouns

8726	**vilkas-**_prn_	whose
8861	**bådadera-**_prn_	both
8992	**envar-**_prn_	everybody

Nouns

7502	**tysthet**-*nn*	silence
7507	**råga**-*nn*	heap
7509	**foder**-*nn*	lining|feed
7510	**galopp**-*nn*	gallop
7512	**registrering**-*nn*	registration
7515	**ull**-*nn*	wool
7516	**uppehälle**-*nn*	subsistence|keep
7518	**hemkomst**-*nn*	home-coming
7520	**undanflykt**-*nn*	subterfuge
7522	**intäkt**-*nn*	earnings
7526	**plundrare**-*nn*	looter
7534	**askfat**-*nn*	ashtray
7535	**hämnare**-*nn*	avenger
7536	**arvtagare**-*nn*	heir
7537	**symtom**-*nn*	diagnostic
7542	**malaysia**-*nn*	Malaysia
7547	**mossa**-*nn*	Moss
7548	**vanföreställning**-*nn*	delusion
7549	**genomsnitt**-*nn*	average
7550	**mellanhand**-*nn*	intermediator
7553	**manuskript**-*nn*	manuscript
7557	**buckla**-*nn; vb*	dent; buckle
7559	**utgrävning**-*nn*	excavation
7560	**spermie**-*nn*	sperm
7562	**talmud**-*nn*	Talmud
7563	**tagg**-*nn*	tag|thorn
7564	**tampong**-*nn*	tampon
7565	**mjukvara**-*nn*	software
7568	**kärnkraft**-*nn*	nuclear power
7570	**skaft**-*nn*	shaft
7571	**skämtare**-*nn*	joker
7572	**rinnande**-*adj; nn*	running; flow
7574	**rykande**-*adj; nn*	smoking; smoking
7576	**rubel**-*nn*	ruble
7577	**stek**-*nn*	steak|roast
7581	**lungcancer**-*nn*	lung cancer
7583	**byst**-*nn*	bust
7584	**föregångare**-*nn*	precursor
7585	**psykiater**-*nn*	psychiatrist
7588	**anslutning**-*nn*	connection
7589	**smed**-*nn*	smith
7592	**mygga**-*nn*	mosquito
7593	**föredöme**-*nn*	example
7594	**nackdel**-*nn*	disadvantage
7595	**frontlinje**-*nn*	front line
7596	**flyktförsök**-*nn*	attempted escape
7598	**tillskott**-*nn*	contribution
7601	**gravsten**-*nn*	headstone
7604	**handfat**-*nn*	basin
7606	**uttag**-*nn*	socket
7608	**betäckning**-*nn*	covering|escort
7610	**befattning**-*nn*	post|dealing
7611	**intrig**-*nn*	scheme|plot
7612	**brus**-*nn*	noise
7613	**flöde**-*nn*	flow
7614	**upplaga**-*nn*	edition|circulation
7615	**päron**-*nn*	pear
7618	**fikon**-*nn*	fig
7619	**gathörn**-*nn*	street corner
7620	**distribution**-*nn*	distribution
7622	**ögonlock**-*nn*	eyelid
7625	**buk**-*nn*	abdomen
7626	**spektakel**-*nn*	spectacle
7627	**partikel**-*nn*	part
7628	**vandrare**-*nn*	wanderer
7629	**uppiggande**-*adj; nn*	stimulating; exhilaration
7633	**transportmedel**-*nn*	transport
7634	**kvicksilver**-*nn*	quicksilver
7635	**kofot**-*nn*	crowbar
7637	**dagordning**-*nn*	agenda
7638	**kupol**-*nn*	dome
7641	**smuggling**-*nn*	smuggling
7642	**tolerans**-*nn*	tolerance
7647	**långtradare**-*nn*	truck
7648	**rasism**-*nn*	racism
7650	**korp**-*nn*	raven
7651	**smet**-*nn*	batter
7652	**motorsåg**-*nn*	chain saw
7653	**lira**-*nn*	lira
7654	**anatomi**-*nn*	anatomy
7655	**veck**-*nn*	fold|pleat
7656	**förutsättning**-*nn*	presumption
7657	**farhåga**-*nn*	fear|apprehension
7658	**undantagstillstånd**-*nn*	state of emergency
7659	**mås**-*nn*	gull
7661	**kärlekshistoria**-*nn*	love story
7662	**strö**-*nn; vb*	bedding; strew
7663	**välgång**-*nn*	prosperity

7664	**receptionist**-*nn*	receptionist
7665	**yrsel**-*nn*	dizziness
7667	**utskott**-*nn*	committee
7668	**godbit**-*nn*	dainty|goody
7670	**familjefar**-*nn*	family-man
7671	**harpa**-*nn*	harp
7672	**postkontor**-*nn*	post office
7674	**sigill**-*nn*	signet
7675	**klyfta**-*nn*	gap|gorge
7678	**handlande**-*nn*	acting
7682	**bris**-*nn*	breeze
7684	**reparation**-*nn*	repairing
7686	**entreprenör**-*nn*	entrepreneur
7688	**slarv**-*nn*	carelessness
7689	**budord**-*nn*	commandment
7690	**krets**-*nn*	circuit|ring
7691	**pupill**-*nn*	pupil
7695	**besittning**-*nn*	possession
7697	**truck**-*nn*	truck
7699	**stack**-*nn*	stack|rick
7701	**vask**-*nn*	sink
7703	**prejudikat**-*nn*	precedent
7706	**farsot**-*nn*	epidemic
7708	**magnetfält**-*nn*	magnetic field
7710	**försäkran**-*nn*	assurance
7711	**varumärke**-*nn*	trademark
7712	**häcka**-*nn*	breed
7713	**upprättelse**-*nn*	reparation
7714	**fähund**-*nn*	dirty dog|cad
7715	**krångel**-*nn*	hassle
7718	**rakvatten**-*nn*	aftershave
7719	**recension**-*nn*	review
7721	**tarm**-*nn*	bowel
7722	**konfrontation**-*nn*	confrontation
7724	**tvättstuga**-*nn*	laundry
7725	**nagellack**-*nn*	nail-polish
7726	**jämlikhet**-*nn*	equality
7727	**kristendom**-*nn*	Christianity
7728	**mjöd**-*nn*	mead
7730	**gräsklippare**-*nn*	mower
7731	**snigel**-*nn*	snail
7734	**ordförråd**-*nn*	vocabulary
7737	**grannskap**-*nn*	neighborhood
7738	**glob**-*nn*	sphere|globe
7739	**rymdfärja**-*nn*	space shuttle
7742	**grundlag**-*nn*	constitution
7745	**skribent**-*nn*	writer
7746	**asfalt**-*nn*	asphalt
7748	**revolutionär**-*adj; nn*	revolutionary; revolutionary
7750	**överläkare**-*nn*	consultant
7751	**återfall**-*nn*	relapse
7752	**rishög**-*nn*	jalopy
7755	**operatör**-*nn*	operator
7756	**rost**-*nn*	rust
7757	**vante**-*nn*	mitten
7758	**kvällsmat**-*nn*	supper
7759	**bombplan**-*nn*	bomber
7763	**rakning**-*nn*	shave
7766	**fåtölj**-*nn*	armchair
7767	**sovsäck**-*nn*	sleeping bag
7775	**gudstjänst**-*nn*	worship
7776	**snäcka**-*nn*	shell
7780	**sammankomst**-*nn*	gathering
7781	**flin**-*nn*	grin
7782	**diameter**-*nn*	diameter
7784	**missionär**-*nn*	missionary
7787	**sömnmedel**-*nn*	sleeping aid
7792	**arbetsdag**-*nn*	working day
7793	**avsaknad**-*nn*	lack
7794	**upplösning**-*nn*	resolution
7795	**förkortning**-*nn*	shortening
7796	**överlista**-*nn; vb*	outwit
7797	**förseelse**-*nn*	misdemeanor
7798	**gymnastik**-*nn*	gymnastics
7800	**släde**-*nn*	sleigh|slide
7801	**ingenmansland**-*nn*	no-man's-land
7804	**hypotes**-*nn*	hypothesis
7806	**jurisdiktion**-*nn*	jurisdiction
7807	**utnyttjande**-*nn*	exploitation
7808	**kråka**-*nn*	crow
7809	**justitieminister**-*nn*	Minister of Justice
7810	**uttal**-*nn*	pronunciation
7812	**domslut**-*nn*	judgment
7813	**skyddstillsyn**-*nn*	probation
7814	**ljugande**-*nn*	falsehood
7815	**egg**-*nn*	edge
7816	**rusk**-*nn*	wet weather
7817	**podium**-*nn*	podium
7819	**gerilla**-*nn*	guerrilla
7820	**befriande**-*nn*	liberating
7821	**karisma**-*nn*	charisma

7822	blankett-*nn*	form	7900	gitarrist-*nn*	guitarist
7823	kassett-*nn*	cassette	7901	genialitet-*nn*	genius|ingenuity
7824	dataspel-*nn*	computer game	7902	utstrålning-*nn*	charisma
7825	toppmöte-*nn*	summit	7903	dokumentation-*nn*	documentation
7826	pensionär-*nn*	pensioner	7904	perser-*nn*	persian
7827	nicaragua-*nn*	Nicaragua	7905	gestalt-*nn*	figure
7828	repris-*nn*	repeat	7906	kratta-*nn*	rake
7829	kränkning-*nn*	violation|injury	7907	loppmarknad-*nn*	flea market
7830	årstid-*nn*	season	7909	atom-*nn*	atom
7832	adelsman-*nn*	nobleman	7911	mytologi-*nn*	mythology
7838	brak-*nn*	crash|crack	7912	homosexualitet-*nn*	homosexuality
7839	ide-*nn*	idea	7913	papp-*nn*	paperboard
7841	överlägsenhet-*nn*	superiority	7916	underkastelse-*nn*	submission
7842	dop-*nn*	baptism	7918	talk-*nn*	talc
7843	druva-*nn*	grape	7919	styrande-*adj; nn*	governing; government
7847	overall-*nn*	overalls			
7848	blodsocker-*nn*	blood sugar	7920	trapphus-*nn*	stairwell
7849	kabin-*nn*	cabin	7921	kärnkraftverk-*nn*	nuclear power station
7851	självömkan-*nn*	self-pity	7922	markering-*nn*	marking
7855	tvist-*nn*	dispute	7924	kätteri-*nn*	heresy
7858	tillfrisknande-*nn*	recovery	7925	köpcentrum-*nn*	shopping center
7859	sekretess-*nn*	secrecy	7926	förlikning-*nn*	conciliation
7861	beskyddande-*nn; adj*	protection; protective	7927	graviditetstest-*nn*	pregnancy test
			7930	straffarbete-*nn*	hard labor
7862	saltvatten-*nn*	saltwater	7931	motstycke-*nn*	counterpart
7864	matbord-*nn*	dining table	7933	prakt-*nn*	splendor|glory
7867	samvetskval-*nn*	pangs of conscience	7934	härbärge-*nn*	shelter
7869	linne-*nn*	linen	7935	vädjan-*nn*	appeal
7870	åskväder-*nn*	thunderstorm	7936	sömnlöshet-*nn*	insomnia
7871	snille-*nn*	genius	7937	kusk-*nn*	driver
7875	nattvard-*nn*	communion	7939	ungmö-*nn*	damsel
7876	kallelse-*nn*	invitation	7942	önsketänkande-*nn*	wishful thinking
7879	skiss-*nn*	sketch	7943	fiber-*nn*	fiber
7881	tygel-*nn*	bridle|rein	7946	vy-*nn*	view
7882	sving-*nn*	haymaker	7948	storstad-*nn*	city
7883	hemtrakt-*nn*	home district	7949	intag-*nn*	intake
7884	höstack-*nn*	haystack	7952	löpning-*nn*	running
7885	svullnad-*nn*	swelling	7955	munkavle-*nn*	gag
7887	dödsbädd-*nn*	deathbed	7956	ranson-*nn*	ration
7888	hörna-*nn*	corner	7957	sandkorn-*nn*	grain of sand
7889	handbok-*nn*	manual|guide	7958	restriktion-*nn*	constraint
7890	dunder-*nn*	roll|boom	7959	kork-*nn*	cork
7892	kreatur-*nn*	animal	7961	diskriminering-*nn*	discrimination
7895	kastare-*nn*	caster	7963	inredning-*nn*	furnishings
7896	lustgas-*nn*	laughing gas	7965	sladd-*nn*	cord
7897	givare-*nn*	giver|dealer	7966	klåpare-*nn*	bungler|fiddler

7969	**sandstorm**-*nn*	sandstorm	8044	**europé**-*nn*	European
7970	**kollaps**-*nn*	collapse	8047	**spanjor**-*nn*	Spaniard
7971	**regi**-*nn*	direction	8048	**minfält**-*nn*	minefield
7972	**backspegel**-*nn*	rearview mirror	8049	**omvårdnad**-*nn*	welfare
7975	**barnlek**-*nn*	children's game	8050	**uthyrning**-*nn*	rental|hire
7977	**identifikation**-*nn*	identification	8052	**lump**-*nn*	rag
7979	**halm**-*nn*	litter	8055	**oordning**-*nn*	disorder
7980	**viskning**-*nn*	whisper	8056	**skadegörelse**-*nn*	damage
7981	**regent**-*nn*	sovereign	8058	**infall**-*nn*	fancy
7982	**karamell**-*nn*	candy	8062	**häpnad**-*nn*	amazement
7983	**gravplats**-*nn*	grave	8063	**kotte**-*nn*	cone
7985	**självaktning**-*nn*	self-esteem	8070	**skamfläck**-*nn*	scandal
7986	**värk**-*nn*	ache	8075	**håg**-*nn*	mind
7987	**hjärnskada**-*nn*	brain injury	8076	**fördröjning**-*nn*	delay
7988	**akademiker**-*nn*	university graduate	8080	**växellåda**-*nn*	gearbox
7989	**hämning**-*nn*	inhibition	8082	**mjäll**-*nn*	dandruff|tender
7990	**blotta**-*vb; nn*	expose; opening	8083	**session**-*nn*	session
7992	**rörmokare**-*nn*	plumber	8084	**navel**-*nn*	navel
7993	**chokladkaka**-*nn*	chocolate bar	8085	**fjäll**-*nn*	mountain|scale
7994	**vändpunkt**-*nn*	turning point	8087	**gröda**-*nn*	crop|crops
7995	**skärpning**-*nn*	sharpening	8090	**livvakt**-*nn*	bodyguard
7997	**ledsagare**-*nn*	escort|guide	8093	**hjälpmedel**-*nn*	aid
8001	**kumpan**-*nn*	companion	8094	**mikroskop**-*nn*	microscope
8003	**halvbror**-*nn*	half-brother	8095	**variant**-*nn*	variant
8004	**svan**-*nn*	swan	8096	**pornografi**-*nn*	pornography
8006	**stämpel**-*nn*	stamp	8098	**skapande**-*adj; nn*	creative; creating
8009	**celibat**-*nn*	celibacy	8101	**omöjlighet**-*nn*	impossibility
8012	**socialbidrag**-*nn*	welfare	8104	**sultan**-*nn*	sultan
8013	**förskola**-*nn*	preschool	8105	**variation**-*nn*	variation
8014	**neutron**-*nn*	neutron	8107	**diabetiker**-*nn*	diabetic
8015	**julfest**-*nn*	Christmas party	8109	**dödlighet**-*nn*	mortality
8017	**programledare**-*nn*	anchor man	8110	**prognos**-*nn*	forecast
8020	**krypande**-*adj; nn*	creeping; crawl	8111	**prioritering**-*nn*	prioritization
8021	**fångvaktare**-*nn*	jailer	8112	**camping**-*nn*	camping
8023	**sportbil**-*nn*	sports car	8113	**smygande**-*adj; nn*	insidious; crawl
8024	**nuläge**-*nn*	now	8114	**sjunkande**-*adj; nn*	sinking; drop
8027	**hemgift**-*nn*	dowry	8116	**lund**-*nn*	grove
8030	**bordsbön**-*nn*	grace	8119	**förtröstan**-*nn*	trust
8033	**fördrag**-*nn*	treaty	8121	**sammet**-*nn*	velvet
8034	**broderskap**-*nn*	brotherhood	8123	**förmildrande**-*nn; adj*	extenuation; palliative
8035	**brännvin**-*nn*	brandy			
8036	**flak**-*nn*	loading body	8124	**avskedsansökan**-*nn*	resignation
8039	**samförstånd**-*nn*	understanding	8125	**nyck**-*nn*	fad|fancy
8040	**vanvett**-*nn*	mania	8128	**seans**-*nn*	seance
8041	**reson**-*nn*	reason	8129	**emblem**-*nn*	emblem
8043	**kvartal**-*nn*	quarter	8130	**arbetsuppgift**-*nn*	project|function

8131	**län**-*nn*	county	8209	**blockering**-*nn*	blockade
8133	**småstad**-*nn*	small town	8210	**seminarium**-*nn*	seminar
8134	**stolle**-*nn*	fool	8211	**begravningsplats**-*nn*	cemetery
8135	**hin**-*nn*	Devil			
8136	**fundering**-*nn*	reflection|speculation	8214	**geting**-*nn*	wasp
8137	**kirurgi**-*nn*	surgery	8216	**regim**-*nn*	regime
8138	**avsändare**-*nn*	sender	8217	**dvala**-*nn*	dormancy
8140	**bulgarien**-*nn*	Bulgaria	8218	**hästkraft**-*nn*	horsepower
8141	**presidentval**-*nn*	presidential elections	8219	**bett**-*nn*	bite
8143	**våglängd**-*nn*	wave-length	8220	**skadedjur**-*nn*	pest
8144	**byråkrati**-*nn*	bureaucracy	8221	**utskrift**-*nn*	printing
8145	**substans**-*nn*	substance	8222	**asiat**-*nn*	Asian
8146	**blindtarm**-*nn*	appendix	8224	**demonstrant**-*nn*	demonstrator
8147	**havsvatten**-*nn*	sea water	8225	**strömbrytare**-*nn*	switch
8151	**avlyssning**-*nn*	wire-tapping	8226	**årskurs**-*nn*	grade
8152	**viol**-*nn*	viola|violet	8227	**gem**-*nn*	clip
8155	**kvävning**-*nn*	suffocation	8229	**aspekt**-*nn*	aspect
8156	**nämnd**-*nn*	board	8231	**trim**-*nn*	trim
8159	**rival**-*nn*	rival	8232	**tenor**-*nn*	tenor
8163	**timmer**-*nn*	timber	8233	**introduktion**-*nn*	introduction
8165	**skrivare**-*nn*	printer|scribe	8234	**inferno**-*nn*	inferno
8166	**kimono**-*nn*	kimono	8235	**åra**-*nn*	oar
8169	**förfriskning**-*nn*	refreshment	8236	**köpman**-*nn*	merchant
8170	**materiel**-*nn*	equipment	8237	**lillfinger**-*nn*	little finger
8172	**volleyboll**-*nn*	volley-ball	8238	**cognac**-*nn*	cognac
8173	**dragningskraft**-*nn*	appeal	8239	**uppriktighet**-*nn*	sincerity
8174	**ledamot**-*nn*	member	8243	**nervsammanbrott**-*nn*	nervous breakdown
8177	**kvadratmeter**-*nn*	square meter			
8178	**mascara**-*nn*	mascara	8245	**rätsida**-*nn*	face
8179	**herravälde**-*nn*	domination	8247	**klarinett**-*nn*	clarinet
8181	**allmosa**-*nn*	alms	8248	**sot**-*nn*	soot
8182	**blom**-*nn*	flower|bloom	8250	**pensionering**-*nn*	retirement
8183	**styggelse**-*nn*	abomination	8252	**tåga**-*vb; nn*	walk in procession; filament
8185	**förödelse**-*nn*	devastation	8253	**psalm**-*nn*	psalm
8186	**fransos**-*nn*	Frenchman	8254	**skattebetalare**-*nn*	taxpayer
8187	**mekanism**-*nn*	mechanism	8256	**förskingring**-*nn*	embezzlement
8188	**gottgörelse**-*nn*	compensation	8257	**ockupation**-*nn*	occupation
8190	**ordbok**-*nn*	dictionary	8258	**krycka**-*nn*	crutch
8191	**fotogen**-*nn*	kerosene	8260	**förfrågning**-*nn*	inquiry
8192	**överskott**-*nn*	excess|carry-over	8262	**agentur**-*nn*	agency
8197	**arkeologi**-*nn*	archaeology	8263	**kvist**-*nn*	twig|spray
8199	**köttfärs**-*nn*	minced meat	8264	**utpost**-*nn*	outpost
8203	**arbetstillstånd**-*nn*	work permit	8265	**eldstad**-*nn*	fireplace|furnace
8204	**växthus**-*nn*	greenhouse	8266	**ättling**-*nn*	descendant
8207	**justering**-*nn*	adjustment	8267	**blixtlås**-*nn*	zipper
8208	**delaktighet**-*nn*	participation	8268	**arbetslöshet**-*nn*	unemployment

8269	**likgiltighet**-*nn*	disregard
8272	**trassel**-*nn*	tangle|trouble
8273	**stimulans**-*nn*	stimulus
8275	**sans**-*nn*	senses
8276	**undvikande**-*nn; adj*	avoidance; avoiding
8278	**upptåg**-*nn*	antics|prank
8282	**avkoppling**-*nn*	relaxation
8286	**frossa**-*vb; nn*	overindulge; chills
8287	**fana**-*nn*	banner|flag
8288	**tvättmaskin**-*nn*	washing machine
8290	**avkastning**-*nn*	return|income
8291	**sammanslagning**-*nn*	merger
8295	**rysare**-*nn*	thriller
8298	**ingrediens**-*nn*	ingredient
8299	**artefakt**-*nn*	artefact
8300	**befriare**-*nn*	liberator
8301	**brudpar**-*nn*	bridal couple
8302	**barnsäng**-*nn*	cot|childbed
8305	**belägenhet**-*nn*	situation|site
8307	**dill**-*nn*	dill
8308	**illdåd**-*nn*	atrocity
8310	**huvudväg**-*nn*	highway
8311	**bråkdel**-*nn*	fraction
8315	**inriktning**-*nn*	alignment
8317	**pelare**-*nn*	pillar
8318	**blockad**-*nn*	blockade
8320	**rakkniv**-*nn*	razor
8321	**huvudingång**-*nn*	main entrance
8322	**fog**-*nn*	reason|joint
8323	**nödvändighet**-*nn*	necessity
8324	**brandbil**-*nn*	fire engine
8325	**vittring**-*nn*	scent
8326	**transplantation**-*nn*	transplantation
8328	**koncern**-*nn*	concern
8330	**ofredande**-*nn*	molestation
8332	**rättfärdighet**-*nn*	righteousness
8333	**skalbagge**-*nn*	beetle
8335	**hast**-*nn*	hurry|dispatch
8337	**sketch**-*nn*	sketch
8339	**studerande**-*nn*	student
8340	**portvin**-*nn*	port
8341	**poliskommissarie**-*nn*	police superintendent
8342	**nattlinne**-*nn*	nightgown
8343	**koja**-*nn; vb*	hut; flop out
8345	**diktatur**-*nn*	dictatorship
8347	**stadsbo**-*nn*	town resident
8349	**refräng**-*nn*	chorus
8350	**onåd**-*nn*	disgrace|disfavor
8352	**tusental**-*nn*	thousands
8353	**kryss**-*nn*	cross
8355	**slarva**-*vb; nn*	be careless; careless woman
8359	**spärr**-*nn*	lock
8361	**ordval**-*nn*	choice of words
8363	**grävling**-*nn*	badger
8364	**jurymedlem**-*nn*	juror
8365	**upphov**-*nn*	cause|origin
8366	**nalle**-*nn*	cellphone
8369	**uppslag**-*nn*	idea
8372	**reumatism**-*nn*	rheumatism
8373	**nyans**-*nn*	shade|nuance
8376	**turk**-*nn*	Turk
8377	**illvilja**-*nn*	ill will
8378	**klockslag**-*nn*	stroke|hour
8379	**nit**-*nn*	rivet|zeal
8380	**visshet**-*nn*	certainty
8381	**välde**-*nn*	reign
8382	**lagerlokal**-*nn*	storeroom
8386	**oval**-*nn*	oval
8387	**tidtabell**-*nn*	timetable
8389	**vägran**-*nn*	refusal
8390	**klättring**-*nn*	climb
8391	**högtid**-*nn*	event
8392	**trend**-*nn*	trend
8393	**oändlighet**-*nn*	infinity
8394	**tonfall**-*nn*	tone
8395	**kunnande**-*nn*	knowledge
8396	**renovering**-*nn*	renovation
8397	**frågetecken**-*nn*	question mark
8398	**fläta**-*vb; nn*	braid; plait
8399	**överblick**-*nn*	view
8400	**kolesterol**-*nn*	cholesterol
8403	**samhörighet**-*nn*	affinity
8404	**infart**-*nn*	entrance
8405	**utfrågning**-*nn*	interrogation
8406	**pannrum**-*nn*	boiler room
8407	**tryckare**-*nn*	printer
8412	**serve**-*nn*	serve
8413	**redaktion**-*nn*	editorial staff
8416	**glittrande**-*nn*	glitter
8419	**hembesök**-*nn*	home visit

8421	**medelklass**-*nn; adj*	middle class; middle class
8423	**kontrollpanel**-*nn*	control panel
8429	**blodkropp**-*nn*	bloodcell
8434	**misshandla**-*vb; nn*	maltreat; rough up
8436	**slam**-*nn*	sludge|slam
8437	**fördömande**-*nn; adj*	denunciation; condemnatory
8438	**stödjande**-*adj; nn*	supporting; espousal
8439	**kult**-*nn*	cult
8444	**programmerare**-*nn*	programmer
8448	**krita**-*nn; vb*	chalk; chalk
8449	**manet**-*nn*	jellyfish
8451	**kylare**-*nn*	cooler
8452	**skoltid**-*nn*	school
8453	**tiondel**-*nn*	tenth
8456	**vrå**-*nn*	corner|recess
8457	**måtta**-*nn; vb*	moderation; aim
8458	**wienerbröd**-*nn*	Danish pastry
8460	**förvaltare**-*nn*	trustee
8461	**sto**-*nn*	mare
8463	**frack**-*nn*	dress coat
8466	**fräkne**-*nn*	freckle
8470	**hagelbössa**-*nn*	shotgun
8473	**stork**-*nn*	stork
8477	**epidemi**-*nn*	epidemic
8478	**vispgrädde**-*nn*	whipping cream
8479	**egenhet**-*nn*	eccentricity
8483	**dörröppning**-*nn*	doorway
8484	**änkling**-*nn*	widower
8485	**kopiering**-*nn*	reproduction
8488	**kolv**-*nn*	piston|flask
8491	**judo**-*nn*	judo
8492	**stillhet**-*nn*	silence
8493	**besvärjelse**-*nn*	incantation
8494	**hjärnblödning**-*nn*	cerebral haemorrhage
8495	**vässa**-*vb; nn*	sharpen; whet
8496	**skolfröken**-*nn*	school teacher
8501	**kana**-*vb; nn*	slide; slide
8503	**skolpojke**-*nn*	schoolboy
8508	**sysselsättning**-*nn*	employment|occupation
8509	**antropolog**-*nn*	anthropologist
8510	**preparat**-*nn*	preparation
8511	**fallenhet**-*nn*	talent
8512	**avsats**-*nn*	ledge
8514	**sydost**-*nn*	southeaster
8515	**krigsfånge**-*nn*	prisoner of war
8516	**finans**-*nn*	finance
8517	**upphetsning**-*nn*	excitement|arousal
8518	**sevärdhet**-*nn*	sight
8519	**radioprogram**-*nn*	radio program
8521	**tumult**-*nn*	riot|uproar
8522	**korsord**-*nn*	crossword
8523	**pant**-*nn*	pledge
8524	**gyttja**-*nn*	ooze|mire
8525	**ettusen**-*nn*	one thousand
8526	**ultraljud**-*nn*	ultrasound
8527	**mätning**-*nn*	measuring
8528	**ålderdom**-*nn*	old age
8529	**dysenteri**-*nn*	dysentery
8530	**rättning**-*nn*	correction|alignment
8532	**dragspel**-*nn*	accordion
8535	**reservation**-*nn*	reservation
8536	**försvarsadvokat**-*nn*	defense lawyer
8537	**evangelium**-*nn*	gospel
8539	**leverne**-*nn*	life
8540	**tilltugg**-*nn*	snack
8542	**omfattning**-*nn*	extent
8545	**åldrande**-*adj; nn*	senescent; obsolescence
8546	**yttrande**-*nn*	opinion
8547	**ventilation**-*nn*	ventilation
8548	**attentat**-*nn*	attempt
8550	**enkelhet**-*nn*	simplicity
8551	**underlag**-*nn*	basis|support
8552	**piedestal**-*nn*	pedestal
8553	**reinkarnation**-*nn*	reincarnation
8554	**allergi**-*nn*	allergy
8555	**företagare**-*nn*	entrepreneur
8558	**klotter**-*nn*	doodle|graffiti
8560	**taxichaufför**-*nn*	taxi-driver
8561	**utrop**-*nn*	exclamation
8562	**vårdhem**-*nn*	nursing home
8564	**istid**-*nn*	glacial period
8565	**tillverkare**-*nn; sfx*	manufacturer; wright
8567	**fiskebåt**-*nn*	fishing boat
8569	**trailer**-*nn*	trailer
8572	**åkare**-*nn*	carrier
8573	**torp**-*nn*	croft|homestead
8574	**grammatik**-*nn*	grammar
8576	**mjälte**-*nn*	spleen
8578	**krans**-*nn*	wreath|crown

8579	**bark**-*nn*	bark|cortex
8580	**sångerska**-*nn*	singer
8584	**stängningsdags**-*nn*	closing time
8587	**fukt**-*nn*	moisture|damp
8590	**villebråd**-*nn*	game|quarry
8591	**limpa**-*nn*	loaf
8593	**meningsskiljaktighet**-*nn*	disagreement
8597	**maskineri**-*nn*	machinery
8598	**inspirationskälla**-*nn*	source of inspiration
8599	**krigsstig**-*nn*	warpath
8600	**nuna**-*nn*	dial
8602	**skjutbana**-*nn*	shooting gallery
8603	**radiostation**-*nn*	radio station
8604	**resebyrå**-*nn*	travel bureau
8605	**nyckelben**-*nn*	collarbone
8606	**batong**-*nn*	baton
8607	**sinnestillstånd**-*nn*	state of mind
8608	**aggressivitet**-*nn*	aggressiveness
8609	**guldklocka**-*nn*	gold watch
8610	**eldkastare**-*nn*	flame-thrower
8611	**kur**-*nn*	cure|treatment
8612	**hovmästare**-*nn*	head waiter|butler
8613	**tryckeri**-*nn*	print shop
8614	**adel**-*nn*	nobility
8616	**orolighet**-*nn*	disturbance
8617	**gruppchef**-*nn*	squad commander
8618	**sägen**-*nn*	legend|tale
8619	**plask**-*nn*	splash|flop
8620	**prästerskap**-*nn*	clergy
8621	**annalkande**-*adj; nn*	approaching; oncoming
8623	**angivare**-*nn*	informer
8624	**skolkamrat**-*nn*	schoolfellow
8628	**näbb**-*nn*	beak
8629	**lä**-*nn*	leeward
8630	**tillsyn**-*nn*	supervision
8631	**krigsfartyg**-*nn*	warvessel
8634	**närmande**-*nn*	approach
8638	**rymning**-*nn*	escape
8639	**manke**-*nn*	withers
8641	**favör**-*nn*	favor
8642	**stadsdel**-*nn*	district
8643	**aluminium**-*nn*	aluminum
8644	**handflata**-*nn*	palm
8645	**chefredaktör**-*nn*	editor in chief
8651	**vrist**-*nn*	ankle
8652	**flygresa**-*nn*	flight
8654	**viskande**-*adj; nn*	whispering; whispering
8655	**anhalt**-*nn*	halt
8657	**stordåd**-*nn*	deed
8658	**skolgård**-*nn*	playground
8659	**garn**-*nn*	yarn|cotton
8660	**kanonkula**-*nn*	cannonball
8661	**semifinal**-*nn*	semifinal
8667	**exponering**-*nn*	exposure
8669	**decennium**-*nn*	decade
8670	**bakficka**-*nn*	hip pocket
8671	**fixare**-*nn*	fixer
8673	**import**-*nn*	import
8674	**kam**-*nn*	comb
8675	**barnsköterska**-*nn*	nurse
8676	**aptitretare**-*nn*	appetizer|savoury
8680	**överklagande**-*nn*	appeal
8681	**utförsäljning**-*nn*	clearance
8682	**föräldraskap**-*nn*	parenthood
8683	**förutsägelse**-*nn*	prediction|forecast
8686	**iller**-*nn*	ferret
8687	**enzym**-*nn*	enzyme
8688	**irakier**-*nn*	Iraqi
8690	**överläggning**-*nn*	deliberation
8692	**revy**-*nn*	revue
8693	**inföding**-*nn*	native
8695	**förstoppning**-*nn*	constipation
8696	**geografi**-*nn*	geography
8698	**prästgård**-*nn*	rectory
8699	**sabbat**-*nn*	sabbath
8700	**slakteri**-*nn*	slaughterhouse
8702	**tabbe**-*nn*	gaffe|boner
8704	**lom**-*nn*	loon
8707	**företräde**-*nn*	precedence|preference
8709	**fotfäste**-*nn*	foothold
8711	**dunkel**-*adj; nn*	dim|obscure; obscurity
8712	**kokerska**-*nn*	female cook
8713	**skotte**-*nn*	Scotsman
8714	**tånagel**-*nn*	toenail
8716	**sluttning**-*nn*	slope|hillside
8723	**sinnessjukdom**-*nn*	mental disease
8725	**utgångspunkt**-*nn*	starting point
8727	**rackare**-*nn*	rascal|scoundrel
8728	**förgiftning**-*nn*	poisoning

8730	affärsverksamhet-nn	business
8732	optimism-nn	optimism
8734	busshållplats-nn	bus stop
8737	förlamning-nn	paralysis
8739	manusförfattare-nn	scriptwriter
8742	nöjesfält-nn	amusement park
8743	värktablett-nn	painkiller
8744	kärve-nn	sheaf
8747	spannmål-nn	cereals
8750	släp-nn	trailer
8752	hydda-nn	hut
8754	astronomi-nn	astronomy
8755	militärtjänst-nn	military service
8756	plagg-nn	garment
8757	bagatell-nn	trifle
8758	kungadöme-nn	kingdom
8760	erövring-nn	conquest
8761	såg-nn	saw
8762	betalande-nn	paying
8764	köttätare-nn	meat-eater
8765	krock-nn	crash|collision
8766	kokong-nn	cocoon
8768	diligens-nn	stagecoach
8770	vadslagning-nn	betting
8771	marmelad-nn	marmalade
8774	lyrik-nn	lyrics
8775	vackla-vb; nn	falter; haver
8778	lönande-adj; nn	profitable; paying
8780	lire-nn	lira
8781	kollektion-nn	collection
8785	bildning-nn	formation
8786	köksbord-nn	cook table
8787	skolstyrelse-nn	school board
8789	militärbas-nn	military base
8790	export-nn	export
8791	diskho-nn	kitchen-sink
8794	översvämning-nn	flood|flooding
8795	kompositör-nn	composer
8796	parallell-adj; nn	parallel; parallel
8797	motanfall-nn	counterattack
8798	återbetalning-nn	refund|back pay
8799	hårdvara-nn	hardware
8800	användare-nn	user
8801	python-nn	python
8802	anpassning-nn	adaptation|adjustment
8803	barnvagn-nn	baby carriage
8805	sond-nn	probe
8806	skyttegrav-nn	trench
8807	svinstia-nn	sty
8808	laxermedel-nn	laxative
8810	utdrag-nn	extract|extraction
8813	byggande-nn	building
8814	aspirant-nn	aspirant
8819	finansdepartement-nn	ministry of finance
8820	uppbackning-nn	backing
8821	aktiemarknad-nn	stock-market
8822	informatör-nn	informant
8823	fortplantning-nn	reproduction
8825	världsklass-nn	world-class
8826	kiosk-nn	kiosk
8828	tvättmedel-nn	detergent
8829	generalsekreterare-nn	Secretary General
8830	superstjärna-nn	superstar
8832	forward-nn	forward
8833	diskett-nn	floppy disc
8834	flor-nn	gauze
8836	knoge-nn	knuckle
8838	hemvärn-nn	home defense
8842	slickepinne-nn	lollipop
8845	såpa-nn; vb	soap; soap
8846	trapp-nn	staircase
8847	svindel-nn	swindle
8848	ränna-nn; vb	chute; run
8849	societet-nn	society
8852	järnvägsstation-nn	railway station
8854	halvdussin-nn	half-dozen
8856	slägga-nn; vb	sledgehammer; maul
8858	galla-nn	bile
8859	draperi-nn	curtain
8862	inblick-nn	insight
8864	reling-nn	rail|gunwale
8866	dy-nn	mud
8867	formalitet-nn	formality
8868	ämnesomsättning-nn	metabolism
8869	förkärlek-nn	fondness
8870	påle-nn	pile
8871	intensitet-nn	intensity
8872	krön-nn	crown
8873	statsminister-nn	Prime Minister

8874	**bråck-**_nn_	hernia	8947	**olikhet-**_nn_	inequality
8875	**läckage-**_nn_	leakage	8949	**obekant-**_adj; nn_	unknown; stranger
8876	**bjässe-**_nn_	giant	8950	**ovisshet-**_nn_	uncertainty
8879	**skakning-**_nn_	shaking	8951	**republikan-**_nn_	Republican
8880	**halvdöd-**_nn_	half-dead	8953	**symfoni-**_nn_	symphony
8881	**iver-**_nn_	eagerness|fervor	8954	**inledning-**_nn_	introduction
8882	**självbiografi-**_nn_	autobiography	8955	**mocka-**_nn; vb_	suede; muck
8883	**skrin-**_nn_	case	8956	**synvilla-**_nn_	illusion
8885	**sammanfattning-**_nn_	summary	8957	**nationalsång-**_nn_	national anthem
8886	**grotesk-**_adj; nn_	grotesque; grotesque	8958	**pacifist-**_nn_	pacifist
8887	**styrelseordförande-**_nn_	chairman	8959	**tvångströja-**_nn_	straitjacket
			8960	**respektlöshet-**_nn_	disrespect
8888	**näste-**_nn_	nest	8961	**lokförare-**_nn_	machinist
8892	**samfund-**_nn_	community	8962	**misär-**_nn_	misery
8893	**handlag-**_nn_	touch	8963	**brutalitet-**_nn_	brutality
8894	**lasarett-**_nn_	hospital	8964	**ister-**_nn_	lard
8895	**mineral-**_nn_	mineral	8965	**notering-**_nn_	quotation
8900	**målarfärg-**_nn_	painter colors	8966	**variabel-**_nn_	variable
8901	**sus-**_nn_	swish|murmur	8967	**telegraf-**_nn_	telegraph
8902	**lavemang-**_nn_	enema	8969	**index-**_nn_	index
8907	**plakat-**_nn; adj_	placard; pissed	8974	**korkskruv-**_nn_	corkscrew
8908	**bokhylla-**_nn_	bookshelf	8975	**kvot-**_nn_	quota
8909	**knackning-**_nn_	knock|tap	8976	**ämbetsman-**_nn_	official
8910	**riktlinje-**_nn_	guideline	8977	**avseende-**_nn_	respect|reference
8912	**flyktingläger-**_nn_	refugee camp	8978	**milstolpe-**_nn_	milestone
8915	**violin-**_nn_	violin	8979	**vederbörande-**_nn; adj_	the person concerned; concerned
8916	**depå-**_nn_	depot			
8919	**hårtork-**_nn_	hair dryer	8981	**arsenik-**_nn_	arsenic
8920	**uppgång-**_nn_	upturn|rise	8982	**förbehåll-**_nn_	reservation
8921	**nervgas-**_nn_	nerve gas	8983	**synsätt-**_nn_	approach
8926	**helium-**_nn_	helium	8985	**livsmedel-**_nn_	food|provisions
8929	**förorening-**_nn_	contamination	8987	**barr-**_nn; adj_	needle; parallel bars
8931	**begär-**_nn_	desire|craving	8988	**hållare-**_nn_	holder
8932	**förpackning-**_nn_	packaging	8990	**skafferi-**_nn_	pantry
8934	**utrikesminister-**_nn_	Secretary of State	8993	**lungsot-**_nn_	consumption
8935	**ansjovis-**_nn_	anchovy	8994	**gemål-**_nn_	consort
8936	**merpart-**_nn_	main body	8996	**tillverkning-**_nn_	manufacturing
8937	**ungrare-**_nn_	hungarian	8997	**almanacka-**_nn_	almanac
8938	**glaciär-**_nn_	glacier	8998	**väte-**_nn_	hydrogen
8939	**scanning-**_nn_	scanning	9000	**midsommar-**_nn_	midsummer
8940	**anonymitet-**_nn_	anonymity	9002	**bieffekt-**_nn_	side effect
8941	**primtal-**_nn_	prime	9004	**monolog-**_nn_	monologue
8942	**hjärtattack-**_nn_	heart attack	9005	**longitud-**_nn_	longitude
8943	**trio-**_nn_	trio	9006	**helomvändning-**_nn_	turnabout
8944	**byråkrat-**_nn_	bureaucrat	9007	**tändning-**_nn_	ignition
8945	**visselpipa-**_nn_	whistle	9008	**betänklighet-**_nn_	misgiving|doubt

9011	**stärkande**-*adj; nn*	invigorating; consolidation
9012	**dementi**-*nn*	retraction
9017	**moms**-*nn*	value-added tax
9018	**avel**-*nn*	breeding
9022	**löständer**-*nn*	dentures
9023	**fakultet**-*nn*	faculty
9024	**egoist**-*nn*	egoist
9025	**ankomsttid**-*nn*	time of arrival
9029	**undersökande**-*adj; nn*	investigative; surveying
9030	**upprepning**-*nn*	repetition
9032	**barnunge**-*nn*	babe
9033	**urna**-*nn*	urn
9034	**planka**-*nn; vb*	plank; crash
9035	**protestant**-*nn*	protestant
9037	**nakenhet**-*nn*	nakedness
9038	**personalavdelning**-*nn*	personnel department
9040	**lufttryck**-*nn*	air-pressure
9041	**femåring**-*nn*	child of five
9042	**hemlighetsmakeri**-*nn*	mystery making
9047	**lidelse**-*nn*	fire|passion
9048	**dröjsmål**-*nn*	delay
9050	**nedslag**-*nn*	impact
9053	**kalk**-*nn*	lime
9054	**tegel**-*nn*	tile
9055	**avdelningschef**-*nn*	department chef
9056	**hölje**-*nn*	cover|case
9057	**reservat**-*nn*	reserve|sanctuary
9058	**konfetti**-*nn*	confetti
9060	**afrikan**-*nn*	African
9062	**paradox**-*nn*	paradox
9066	**parodi**-*nn*	parody
9067	**resenär**-*nn*	traveler
9068	**genetik**-*nn*	genetics
9069	**upptäcktsresande**-*nn*	explorer
9070	**litium**-*nn*	lithium
9071	**östeuropa**-*nn*	Eastern Europe
9073	**kungafamilj**-*nn*	royal family
9074	**gudagåva**-*nn*	godsend
9075	**frispark**-*nn*	free hit
9076	**tuffing**-*nn*	tough guy
9077	**slinga**-*nn*	loop|trail
9078	**rutt**-*nn*	route|lane
9079	**kapitalism**-*nn*	capitalism
9080	**uppehållstillstånd**-*nn*	residence permit
9081	**matador**-*nn*	matador
9082	**poliskonstapel**-*nn*	policeman
9083	**arbetskamrat**-*nn*	workmate
9084	**bildäck**-*nn*	car deck
9085	**kupong**-*nn*	coupon
9086	**regnskog**-*nn*	rainforest
9087	**fetma**-*vb; nn*	fatten; fatness
9088	**reva**-*vb; nn*	reef; tear
9089	**infrastruktur**-*nn*	infrastructure
9090	**jylland**-*nn*	Jutland
9091	**bandy**-*nn*	bandy
9092	**startbana**-*nn*	runway
9093	**iakttagelse**-*nn*	observation
9094	**simning**-*nn*	swimming
9095	**våldsamhet**-*nn*	violence
9099	**siare**-*nn*	seer
9100	**bagare**-*nn*	baker
9102	**statsman**-*nn*	statesman
9103	**polka**-*nn*	polka
9105	**rökelse**-*nn*	frankincense
9106	**fyllning**-*nn*	filling|stuffing
9108	**verb**-*nn*	verb
9109	**ackord**-*nn*	chord|composition
9114	**droska**-*nn*	cab
9118	**groll**-*nn*	grudge
9119	**armbandsur**-*nn*	wristwatch
9120	**inrikesminister**-*nn*	minister of the interior
9122	**nationalitet**-*nn*	nationality
9125	**kennel**-*nn*	kennels
9128	**snok**-*nn*	snake
9129	**träbit**-*nn*	piece of wood
9130	**motvilja**-*nn*	aversion|dislike
9131	**vattenhål**-*nn*	watering hole
9132	**anordning**-*nn*	device
9133	**trollspö**-*nn*	magic wand
9134	**morrhår**-*nn*	whisker
9136	**blåslampa**-*nn*	blowtorch
9138	**självbehärskning**-*nn*	self-control
9139	**festlighet**-*nn*	festivity
9140	**verktygslåda**-*nn*	tool box
9143	**barnkammare**-*nn*	nursery
9145	**lovord**-*nn*	praise
9147	**oförmåga**-*nn*	inability|incapacity

9149	**förströelse**-*nn*	amusement	
9152	**medelpunkt**-*nn*	center	
9154	**kejsardöme**-*nn*	empire	
9155	**förkämpe**-*nn*	champion|advocate	
9156	**styvbror**-*nn*	stepbrother	
9157	**rosett**-*nn*	rosette	
9158	**handelsman**-*nn*	shopkeeper	
9160	**gips**-*nn*	plaster	
9162	**lagförslag**-*nn*	measure	
9164	**ammoniak**-*nn*	ammonia	
9165	**duett**-*nn*	duet	
9168	**byggare**-*nn*	builder	
9169	**ecuador**-*nn*	Ecuador	
9170	**gräshoppa**-*nn*	grasshopper	
9171	**mosse**-*nn*	bog	
9172	**läckande**-*adj; nn*	leaky; leakage	
9173	**snurr**-*nn*	whir	
9176	**tråkighet**-*nn*	tediousness	
9178	**realist**-*nn*	realist	
9180	**förövare**-*nn*	perpetrator	
9183	**ärelystnad**-*nn*	ambition	
9184	**himlavalv**-*nn*	heavens	
9187	**vattenyta**-*nn*	surface of water	
9188	**kejsarsnitt**-*nn*	Caesarian operation	
9190	**relik**-*nn*	relic	
9192	**förförelse**-*nn*	seduction	
9193	**överklass**-*nn*	upper-class	
9195	**svängrum**-*nn*	elbow room	
9199	**delegat**-*nn*	delegate	
9200	**klaustrofobi**-*nn*	claustrophobia	
9201	**dödsoffer**-*nn*	fatality	
9202	**dricksvatten**-*nn*	drinking water	
9203	**börd**-*nn*	birth	
9205	**sammansättning**-*nn*	composition	
9209	**väderleksrapport**-*nn*	weather forecast	
9213	**blindhet**-*nn*	blindness	
9214	**glasyr**-*nn*	glaze|frosting	
9215	**delegation**-*nn*	delegation	
9216	**festande**-*nn*	partying	
9217	**medvetenhet**-*nn*	awareness	
9218	**formaldehyd**-*nn*	formaldehyde	
9219	**nirvana**-*nn*	nirvana	
9221	**gaspedal**-*nn*	accelerator	
9222	**avvaktan**-*nn*	awaiting	
9223	**tärna**-*nn*	bridesmaid	
9224	**pincett**-*nn*	tweezers	
9228	**dis**-*nn*	haze|fog	
9230	**relevans**-*nn*	relevance	
9234	**fraktur**-*nn*	fracture	
9236	**födelsedatum**-*nn*	date of birth	
9237	**trikå**-*nn*	tricot	
9238	**friktion**-*nn*	friction	
9239	**fotgängare**-*nn*	pedestrian	
9240	**vägskäl**-*nn*	fork	
9241	**biokemi**-*nn*	biochemistry	
9243	**värsting**-*nn*	bad boy	
9244	**vålnad**-*nn*	ghost|phantom	
9245	**förvaring**-*nn*	custody	
9246	**must**-*nn*	must	
9247	**daghem**-*nn*	nursery	
9249	**hjärntumör**-*nn*	brain tumor	
9251	**snöboll**-*nn*	snowball	
9255	**snåljåp**-*nn*	tightwad	
9257	**adjektiv**-*nn*	adjective	
9259	**bekvämlighet**-*nn*	comfort	
9261	**mångfald**-*nn*	diversity	
9262	**omsättning**-*nn*	turnover	
9264	**månsken**-*nn*	moonlight	
9265	**swing**-*nn*	swing	
9267	**sågspån**-*nn*	sawdust	
9269	**framfart**-*nn*	rampaging|progress	
9270	**uppvaktning**-*nn*	courtship|attendance	
9271	**cirkulation**-*nn*	circulation	
9273	**läromästare**-*nn*	teacher	
9274	**skyffel**-*nn*	shovel	
9275	**röntgenbild**-*nn*	radiograph	
9279	**baptist**-*nn*	Baptist	
9280	**korrespondent**-*nn*	correspondent	
9281	**bistånd**-*nn*	assistance	
9282	**rackartyg**-*nn*	mischief|monkey business	
9286	**generalmajor**-*nn*	major general	
9287	**rebell**-*nn*	insurgent	
9289	**odling**-*nn*	cultivation	
9290	**välbehag**-*nn*	delight	
9299	**maskinist**-*nn*	engineer	
9300	**anmärkning**-*nn*	remark	
9302	**tabu**-*adj; nn*	taboo; taboo	
9303	**observatorium**-*nn*	observatory	
9304	**gungning**-*nn*	swinging	
9305	**linjal**-*nn*	ruler	

9306	klartext-*nn*	plain language	9385	knopp-*nn*	bud|knob
9307	festmåltid-*nn*	banquet	9386	transaktion-*nn*	transaction
9308	helgerån-*nn*	sacrilege	9387	ravioli-*nn*	ravioli
9309	uran-*nn*	uranium	9388	lama-*nn*	lama
9312	mört-*nn*	roach	9389	stift-*nn*	pin|pencil
9314	smuggelgods-*nn*	contraband	9390	dotterson-*nn*	grandson
9316	doktorand-*nn*	postgraduate	9391	luftgevär-*nn*	air rifle
9317	återstod-*nn*	arrear	9393	röstning-*nn*	voting
9318	nostalgi-*nn*	nostalgia	9394	ledningscentral-*nn*	operations room
9321	krigsförbrytare-*nn*	war criminal	9395	dåtid-*nn*	past
9323	tsar-*nn*	tsar	9396	nattduksbord-*nn*	bedside table
9325	bredd-*nn; adv*	width; breadthways	9398	sfär-*nn*	sphere
9326	påbud-*nn*	decree	9399	modem-*nn*	modem
9327	hederskodex-*nn*	etiquette	9400	fredstid-*nn*	peacetime
9331	sjösjuka-*nn*	seasickness	9401	instans-*nn*	instance
9333	ledband-*nn*	leash	9402	handgranat-*nn*	hand-grenade
9336	borste-*nn*	brush	9403	avväg-*nn*	byway
9338	nötkött-*nn*	beef	9404	korsett-*nn*	corset
9339	dragning-*nn*	drawing|draw	9405	söndagsskola-*nn*	Sunday school
9340	yrkesman-*nn*	professional	9406	täppa-*vb; nn*	obstruct; garden plot
9341	förlag-*nn*	publishing house	9407	fälttåg-*nn*	campaign
9345	inflation-*nn*	inflation	9412	tidsfrist-*nn*	deadline
9347	mandat-*nn*	mandate	9413	antågande-*nn*	advance
9352	styrning-*nn*	steering	9414	ormbett-*nn*	snakebite
9353	huvudperson-*nn*	chief person	9415	irritation-*nn*	irritation
9354	krypta-*nn*	crypt	9417	sabotör-*nn*	saboteur
9355	frände-*nn*	kinsman	9418	cyniker-*nn*	cynic
9356	användande-*nn; adj*	usage; manipulating	9419	tjurfäktning-*nn*	bullfighting
9359	insyn-*nn*	insight	9420	psykiatri-*nn*	psychiatry
9360	folkbildning-*nn*	general level of education	9425	förläggning-*nn*	accommodation
9361	tolk-*nn*	interpreter	9426	dräng-*nn*	farmhand|stooge
9364	rymdstation-*nn*	space station	9427	bråte-*nn*	lumber
9366	incest-*nn*	incest	9428	marginal-*nn*	margin
9368	provokation-*nn*	provocation	9429	glödlampa-*nn*	light-bulb
9370	klättrare-*nn*	climber	9430	mognad-*nn*	maturity|ripeness
9371	reflektion-*nn*	thought	9431	prägel-*nn*	touch
9373	extern-*adj; nn*	external; day scholar	9433	skuta-*nn*	small cargo ship
9374	balsam-*nn*	conditioner|balm	9435	släktdrag-*nn*	affinity
9375	gensvar-*nn*	response	9437	trumf-*nn*	trump
9377	sydöst-*nn*	southeast	9438	upplyftande-*nn*	uplifting
9379	trafikljus-*nn*	traffic light	9439	framförande-*nn*	performance
9380	uppsägning-*nn*	termination	9440	nedgång-*nn*	decline|fall
9382	pilbåge-*nn*	longbow	9441	skramla-*nn; vb*	rattle; rattle
9383	räddare-*nn*	rescuer	9445	dispyt-*nn*	dispute
9384	akademi-*nn*	university	9446	diskmaskin-*nn*	dishwasher
			9447	bärande-*adj; nn*	carrying; carry

9448	**arbetsledare**-*nn*	foreman	
9449	**förmånstagare**-*nn*	beneficiary	
9452	**uppvaknande**-*nn*	awakening	
9454	**båtsman**-*nn*	boatswain	
9455	**substantiv**-*nn*	noun	
9456	**överträdelse**-*nn*	violation|offence	
9457	**lösdrivare**-*nn*	vagabond	
9458	**tjafs**-*nn*	yapping	
9460	**flinta**-*nn*	flint	
9466	**klingande**-*nn; adj*	clink; high-sounding	
9468	**revolt**-*nn*	revolt	
9469	**aristokrat**-*nn*	aristocrat	
9470	**smultron**-*nn*	wild strawberry	
9472	**stekpanna**-*nn*	frying pan	
9473	**triumferande**-*nn; adj*	triumphant; exultant	
9475	**terrier**-*nn*	terrier	
9476	**tidskrift**-*nn*	magazine	
9477	**komiker**-*nn*	comedian	
9478	**stickande**-*nn; adv; adj*	prickle; prickly; stabbing	
9479	**narkoman**-*nn*	drug addict	
9481	**rakhyvel**-*nn*	razor	
9483	**snus**-*nn*	snuff	
9484	**utväxling**-*nn*	exchange	
9486	**mittpunkt**-*nn*	center	
9488	**valnöt**-*nn*	walnut	
9489	**dragkedja**-*nn*	zipper	
9491	**havsbotten**-*nn*	seabed	
9492	**statstjänsteman**-*nn*	civil servant	
9494	**nyhetssändning**-*nn*	newscast	
9496	**kröning**-*nn*	coronation	
9498	**blodspår**-*nn*	track of blood	
9501	**sommarlov**-*nn*	summer vacation	
9505	**förordning**-*nn*	ordinance	
9507	**kannibalism**-*nn*	cannibalism	
9508	**faktura**-*nn*	invoice	
9509	**lykta**-*nn*	lantern	
9510	**rämna**-*nn; vb*	rupture; burst	
9511	**bekämpningsmedel**-*nn*	means of control	
9515	**programmering**-*nn*	programming	
9519	**pilgrim**-*nn*	pilgrim	
9520	**seglare**-*nn*	sailer	
9521	**fotoalbum**-*nn*	photograph album	
9523	**stoff**-*nn*	stuff|matter	
9525	**laganda**-*nn*	team spirit	
9527	**hårsmån**-*nn*	trifle	
9530	**apokalyps**-*nn*	apocalypse	
9531	**option**-*nn*	option	
9532	**stormarknad**-*nn*	supermarket	
9533	**renässans**-*nn*	renaissance	
9534	**moped**-*nn*	moped	
9535	**bult**-*nn*	bolt	
9537	**konsument**-*nn*	consumer	
9538	**geometri**-*nn*	geometry	
9540	**kallfront**-*nn*	cold front	
9541	**partiledare**-*nn*	party leader	
9542	**naturvetenskap**-*nn*	science	
9543	**bombning**-*nn*	bombing	
9544	**lätthet**-*nn*	ease|lightness	
9546	**oförskämdhet**-*nn*	insolence	
9547	**gebit**-*nn*	domain	
9548	**komposition**-*nn*	composition	
9549	**kyffe**-*nn*	hovel|kennel	
9550	**skeppare**-*nn*	skipper	
9552	**spinn**-*nn*	tailspin	
9554	**loft**-*nn*	loft	
9556	**renlighet**-*nn*	cleanliness	
9557	**fixering**-*nn*	fixing|stare	
9562	**orienten**-*nn*	orient	
9564	**etapp**-*nn*	stage|depot	
9565	**urverk**-*nn*	clockwork	
9566	**fason**-*nn*	manners	
9567	**tankbil**-*nn*	petrol truck	
9570	**kryssare**-*nn*	cruiser	
9572	**tvätteri**-*nn*	laundry	
9577	**värdepapper**-*nn*	security	
9579	**spänne**-*nn*	buckle|clasp	
9584	**avbytare**-*nn*	replacement	
9585	**förnyelse**-*nn*	renewal	
9586	**snopp**-*nn*	willy|schlong	
9590	**förteckning**-*nn*	list	
9591	**regnrock**-*nn*	raincoat|gabardine	
9592	**dyrkan**-*nn*	cult|adoration	
9593	**notis**-*nn*	news item	
9594	**väntetid**-*nn*	wait	
9595	**kroppsbyggnad**-*nn*	physique	
9597	**landgång**-*nn*	gangway	
9598	**konserv**-*nn*	tinned provisions	
9599	**spett**-*nn*	crowbar	
9600	**sötma**-*nn*	sweetness	
9601	**brevpapper**-*nn*	notepaper	

9602	korsfästelse-*nn*	crucifixion	
9603	visare-*nn*	viewer|hand	
9607	skiftnyckel-*nn*	monkey wrench	
9608	försmak-*nn*	taste	
9609	spanare-*nn*	tracker|spotter	
9614	prydnad-*nn*	decking|ornament	
9615	handelsbod-*nn*	shop	
9617	valdag-*nn*	polling day	
9618	biolog-*nn*	biologist	
9619	månadslön-*nn*	salary	
9620	byrålåda-*nn*	drawer	
9622	motvind-*nn*	head-wind	
9624	födelseort-*nn*	birthplace	
9626	förtjusning-*nn*	delight|enthusiasm	
9627	tingshus-*nn*	courthouse	
9629	klagan-*nn*	complaint	
9630	karavan-*nn*	caravan	
9631	guldmedalj-*nn*	gold medal	
9632	trumfkort-*nn*	trump card	
9636	rubin-*nn*	ruby	
9637	rörlighet-*nn*	mobility	
9641	hallon-*nn*	raspberry	
9642	dominans-*nn*	dominance	
9643	bod-*nn*	shed	
9644	fullmäktig-*nn*	authorized representative	
9645	fiendeland-*nn*	hostile country	
9646	livfull-*nn; adj*	vibrant; lively	
9647	tattare-*nn*	gipsy	
9649	rotation-*nn*	rotation|wheel	
9651	bukt-*nn*	bay	
9654	accent-*nn*	accent	
9658	riksdag-*nn*	parliament	
9660	högvatten-*nn*	high tide	
9662	årtusende-*nn*	millennium	
9663	skolgång-*nn*	school attendance	
9664	björk-*nn*	birch	
9665	säkerhetskontroll-*nn*	security check	
9666	propp-*nn*	stopper|plug	
9674	askkopp-*nn*	ashtray	
9675	förarsäte-*nn*	driver's seat	
9676	danmark-*nn*	Denmark	
9677	stålverk-*nn*	steelworks	
9678	satsning-*nn*	investment	
9679	medvind-*nn*	tailwind	
9680	tristess-*nn*	aridity	
9681	kranium-*nn*	skull	
9682	konsumtion-*nn*	consumption	
9683	massmedia-*nn*	mass media	
9685	skorpa-*nn*	crust|cake	
9686	gnällspik-*nn*	whiner	
9688	försöksdjur-*nn*	laboratory animal	
9689	svartskalle-*nn*	wog	
9690	pyssling-*nn*	leprechaun	
9691	paraguay-*nn*	Paraguay	
9692	arbetslag-*nn*	team	
9693	veckoslut-*nn*	weekend	
9695	leksaksaffär-*nn*	toyshop	
9697	arbetsförmedling-*nn*	employment agency	
9700	alkoholism-*nn*	alcoholism	
9701	ärt-*nn*	pea	
9703	målgrupp-*nn*	target group	
9704	utgåva-*nn*	edition	
9707	kannibal-*nn*	cannibal	
9708	rusningstid-*nn*	rush-hour	
9709	isbit-*nn*	ice cube	
9711	presentkort-*nn*	gift voucher	
9713	öppenhet-*nn*	openness	
9714	vakuum-*nn*	vacuum	
9715	blink-*nn*	blink|wink	
9716	kräfta-*nn*	crayfish	
9717	estland-*nn*	Estonia	
9719	ekonomichef-*nn*	financial manager	
9720	berättare-*nn*	narrator	
9721	anteckningsblock-*nn*	notepad	
9722	diva-*nn*	diva	
9723	duggregn-*nn*	drizzle	
9724	fiktion-*nn*	fiction	
9725	stadgar-*nn*	statutes	
9727	hjord-*nn*	flock|herd	
9728	drabbning-*nn*	battle	
9730	räkenskap-*nn*	account	
9731	halvö-*nn*	peninsula	
9732	arrestering-*nn*	arrest	
9733	häkta-*vb; nn*	arrest; hook	
9737	middagsbjudning-*nn*	dinner party	
9738	gom-*nn*	palate	
9740	bättring-*nn*	improvement	
9741	armada-*nn*	armada	
9742	papperslapp-*nn*	scrap of paper	

9743	**överkropp**-*nn*	torso	9820	**tes**-*nn*	thesis
9744	**krök**-*nn*	elbow|crook	9822	**förföljelse**-*nn*	persecution
9746	**hejduk**-*nn*	henchman	9823	**vemod**-*nn*	melancholy
9747	**förruttnelse**-*nn*	putrefaction	9825	**upprop**-*nn*	appeal
9748	**antydning**-*nn*	cue	9826	**förespråkare**-*nn*	advocate|intercessor
9749	**jordbrukare**-*nn*	farmer	9827	**rispa**-*nn; vb*	scratch; scratch
9753	**kriminalpolis**-*nn*	criminal police	9828	**avhållsamhet**-*nn*	continence
9755	**avvägning**-*nn*	consideration	9833	**kafferast**-*nn*	coffee break
9756	**hjärtklappning**-*nn*	palpitation	9834	**ansiktslyftning**-*nn*	face-lift
9758	**virvelvind**-*nn*	whirlwind	9835	**framtand**-*nn*	incisor
9762	**säl**-*nn*	sea-calf	9837	**bangård**-*nn*	railway yard
9763	**hälare**-*nn*	receiver	9841	**kolera**-*nn*	cholera
9764	**bjudning**-*nn*	party	9842	**avstickare**-*nn*	diversion
9766	**smil**-*nn*	smile|smirk	9843	**bestämmelse**-*nn*	provision
9767	**blyghet**-*nn*	shyness	9845	**huvudnummer**-*nn*	feature
9769	**felbedömning**-*nn*	misjudgment	9846	**praxis**-*nn*	custom
9770	**etablissemang**-*nn*	establishment	9847	**anslagstavla**-*nn*	billboard
9771	**abborre**-*nn*	perch	9848	**utsläpp**-*nn*	discharge|emission
9772	**hörapparat**-*nn*	hearing aid	9851	**koreografi**-*nn*	choreography
9773	**vånda**-*nn*	agony	9857	**förbipasserande**-*nn*	passing-by
9774	**opposition**-*nn*	opposition	9859	**balja**-*nn; vb*	tub; pod
9775	**administratör**-*nn*	administrator	9860	**socialism**-*nn*	socialism
9777	**ingivelse**-*nn*	inspiration	9861	**rening**-*nn*	cleaning
9778	**astronom**-*nn*	astronomer	9863	**rekonstruktion**-*nn*	reconstruction
9779	**diskbänk**-*nn*	sink	9864	**buskage**-*nn*	shrubbery
9780	**skröna**-*nn*	tall tale	9865	**bus**-*nn*	mischief
9785	**thriller**-*nn*	thriller	9866	**motsvarighet**-*nn*	equivalent
9787	**lastfartyg**-*nn*	cargo ship	9867	**tjutande**-*nn; adj*	howling; wailing
9789	**distraktion**-*nn*	distraction	9869	**utvisning**-*nn*	ordering out
9791	**gapande**-*adj; nn*	gaping; gape	9870	**spelrum**-*nn*	playroom|leeway
9792	**vattenskida**-*nn*	water-ski	9871	**offside**-*adj; nn*	offside; offside
9793	**förväxling**-*nn*	confusion	9875	**oregano**-*nn*	oregano
9794	**överbefälhavare**-*nn*	commander in chief	9876	**bilkörning**-*nn*	motoring
9795	**älv**-*nn*	river	9877	**miniräknare**-*nn*	calculator
9796	**otyg**-*nn*	pest	9878	**uppstigning**-*nn*	ascent|emergence
9799	**telefonautomat**-*nn*	slot telephone	9879	**fossil**-*adj; nn*	fossil; fossil
9800	**akrobat**-*nn*	acrobat	9881	**handbroms**-*nn*	handbrake
9801	**badhus**-*nn*	baths	9883	**suveränitet**-*nn*	sovereignty
9803	**härd**-*nn*	hearth	9885	**grimas**-*nn*	grimace
9806	**benägenhet**-*nn*	tendency	9886	**genetiker**-*nn*	geneticist
9807	**malm**-*nn*	ore	9888	**fettsugning**-*nn*	lipo-suction
9809	**nattklubb**-*nn*	nightclub	9891	**brandstation**-*nn*	fire station
9811	**blodpropp**-*nn*	blood clot	9892	**halvklot**-*nn*	hemisphere
9813	**ylande**-*nn*	howling	9893	**nyhetsbrev**-*nn*	newsletter
9816	**blodförgiftning**-*nn*	blood-poisoning	9894	**socialtjänst**-*nn*	social services
9819	**klokhet**-*nn*	wisdom	9895	**stönande**-*nn*	groan

9899	**befruktning**-*nn*	fertilization	9968	**stöttepelare**-*nn*	mainstay|kingpin
9901	**bilmekaniker**-*nn*	garage mechanic	9969	**förutseende**-*nn; adj*	foresight; foreseeing
9902	**sömmerska**-*nn*	seamstress	9970	**brohuvud**-*nn*	bridgehead
9903	**skena**-*nn; vb*	rail; splint	9972	**vall**-*nn*	pasture|mound
9904	**missuppfattning**-*nn*	misconception	9974	**geologi**-*nn*	geology
9906	**småsten**-*nn*	pebble	9975	**roddare**-*nn*	rower
9907	**missöde**-*nn*	mishap	9978	**krigsbyte**-*nn*	loot
9911	**krigsförklaring**-*nn*	declaration of war	9981	**jämmer**-*nn; adj*	groaning; plaintive cry
9913	**myllra**-*vb; nn*	swarm; teem	9983	**köl**-*nn*	keel
9917	**utlägg**-*nn*	outlay	9984	**ax**-*nn*	ear|bit
9918	**ogillande**-*nn; adj*	disapproval; dismissive	9985	**sängliggande**-*nn*	bedridden
9919	**jobbare**-*nn*	worker	9986	**mörkrum**-*nn*	darkroom
9920	**olycksfall**-*nn*	casualty	9987	**fotomodell**-*nn*	model (person)
9921	**nervositet**-*nn*	nervousness	9988	**papaya**-*nn*	papaya
9922	**flygtur**-*nn*	flight	9991	**rederi**-*nn*	shipping company
9923	**syl**-*nn*	awl|stiletto	9992	**noggrannhet**-*nn*	accuracy
9924	**fascist**-*nn*	Fascist	9995	**palestinier**-*nn*	Palestinian
9926	**bankdirektör**-*nn*	bank executive	9996	**tidevarv**-*nn*	era
9929	**beaktande**-*nn*	consideration	9997	**klippning**-*nn*	cutting|clipping
9930	**oenighet**-*nn*	disagreement	9999	**rivalitet**-*nn*	rivalry
9931	**skolning**-*nn*	training	10000	**inlevelse**-*nn*	empathy
9932	**skeppsbrott**-*nn*	wreckage	10003	**solidaritet**-*nn*	solidarity
9933	**intention**-*nn*	intention	10005	**uteslutande**-*adv; adj; nn*	exclusively; exclusive; exclusion
9934	**skynke**-*nn*	cover	10006	**utrikespolitik**-*nn*	foreign policy
9936	**racket**-*nn*	racket	10007	**förmodan**-*nn*	conjecture
9937	**keramik**-*nn*	ceramics	10008	**förstoringsglas**-*nn*	magnifying glass
9938	**grogg**-*nn*	grog	10009	**avslutande**-*adj; nn*	concluding; termination
9939	**tjut**-*nn*	howl|yowl	10010	**anhållan**-*nn*	application
9941	**inkognito**-*adj; adv; nn*	incognito; incognito; incognito	10011	**järngrepp**-*nn*	iron grip
9943	**kraftverk**-*nn*	power plant	10014	**liknelse**-*nn*	likeliness
9946	**kakel**-*nn*	glazed tile	10017	**aktör**-*nn*	actor
9947	**inskription**-*nn*	inscription	10018	**bödel**-*nn*	executioner
9949	**kastrull**-*nn*	saucepan	10022	**nationaldag**-*nn*	National Day
9951	**jupiter**-*nn*	Jupiter	10023	**blodkärl**-*nn*	blood-vessel
9952	**förundran**-*nn*	wonderment	10025	**självstyre**-*nn*	autonomy
9954	**glänta**-*nn*	glade			
9957	**expansion**-*nn*	expansion			
9958	**hyreshus**-*nn*	rental house			
9959	**anstöt**-*nn*	offense			
9960	**tilltagande**-*nn; adj*	increase; increasing			
9961	**åhörare**-*nn*	audience|listener			
9963	**redovisning**-*nn*	account			
9964	**guldgruva**-*nn*	gold mine			
9965	**växelspak**-*nn*	gear lever			
9966	**värv**-*nn*	mission			

Verbs

7503	**grubbla**-*vb*	ponder|brood
7504	**värva**-*vb*	solicit|recruit
7505	**montera**-*vb*	mount|install
7506	**vråla**-*vb*	roar|howl
7514	**fullborda**-*vb*	complete|fulfill
7523	**attrahera**-*vb*	attract
7524	**besanna**-*vb*	verify
7525	**rosta**-*vb*	rust
7527	**skifta**-*vb*	shift
7529	**utstråla**-*vb*	radiate|emit
7530	**formulera**-*vb*	formulate
7531	**knäböja**-*vb*	kneel
7532	**värna**-*vb*	defend
7538	**hänvisa**-*vb*	refer
7540	**fördärva**-*vb*	perish|corrupt
7541	**sniffa**-*vb*	sniff
7544	**samsas**-*vb*	agree
7545	**sprätta**-*vb*	show off
7546	**stimulera**-*vb*	stimulate
7552	**grunda**-*vb*	base|set up
7554	**tillägna**-*vb*	dedicate
7555	**efterlämna**-*vb*	leave
7557	**buckla**-*nn; vb*	dent; buckle
7582	**mobilisera**-*vb*	mobilize
7586	**undanhålla**-*vb*	withhold|deprive
7597	**utvidga**-*vb*	extend|expand
7599	**spetsa**-*vb*	impale
7605	**vilseleda**-*vb*	mislead
7607	**blomstra**-*vb*	bloom|flourish
7616	**återupprätta**-*vb*	re-establish
7631	**utrymma**-*vb*	vacate|evacuate
7636	**förkasta**-*vb*	reject|discard
7649	**bitas**-*vb*	bite
7662	**strö**-*nn; vb*	bedding; strew
7673	**balansera**-*vb*	balance
7676	**förmedla**-*vb*	mediate
7677	**fördubbla**-*vb*	double
7692	**jämna**-*vb*	smooth
7693	**redogöra**-*vb*	narrate
7700	**förbrylla**-*vb*	puzzle|confound
7705	**omvandla**-*vb*	convert
7709	**åtgärda**-*vb*	do about
7723	**serva**-*vb*	service|back up
7729	**liva upp**-*vb*	elate
7733	**grilla**-*vb*	grill
7741	**dia**-*vb*	suckle
7749	**vädja**-*vb*	appeal
7761	**förvarna**-*vb*	warn
7771	**klarna**-*vb*	clear
7772	**genomsöka**-*vb*	search through
7774	**rådfråga**-*vb*	consult
7777	**rättfärdiga**-*vb*	justify
7778	**tillkännage**-*vb*	announce|notify
7783	**resultera**-*vb*	result
7790	**fjäska**-*vb*	suck up
7796	**överlista**-*nn; vb*	outwit
7799	**nobba**-*vb*	pass up
7802	**kringgå**-*vb*	circumvent
7805	**kombinera**-*vb*	combine
7811	**sammanfatta**-*vb*	summarize
7818	**garva**-*vb*	tan
7833	**underkasta**-*vb*	subject to
7834	**gagna**-*vb*	benefit
7840	**utlova**-*vb*	promise
7852	**stampa**-*vb*	stomp|pitch
7854	**nynna**-*vb*	croon
7856	**besvära**-*vb*	trouble|bother
7860	**yla**-*vb*	howl
7865	**tippa**-*vb*	tip|dump
7868	**kela**-*vb*	canoodle|cuddle
7872	**förlova**-*vb*	betroth
7873	**förtydliga**-*vb*	make clear
7880	**injicera**-*vb*	inject
7891	**befordra**-*vb*	promote
7894	**förvärra**-*vb*	aggravate
7899	**säkerställa**-*vb*	ensure
7908	**tilldela**-*vb*	assign|award
7923	**bemästra**-*vb*	master
7929	**sammanträda**-*vb*	meet
7932	**avsäga**-*vb*	resign
7944	**avlösa**-*vb*	relieve
7945	**dunsta**-*vb*	evaporate
7947	**tampas**-*vb*	tussle|tangle
7960	**svälla**-*vb*	swell|bloat
7973	**kläcka**-*vb*	hatch
7978	**bedriva**-*vb*	carry on
7990	**blotta**-*vb; nn*	expose; opening
7996	**beskåda**-*vb*	look at
7999	**korrigera**-*vb*	correct

8002	**frakta**-*vb*	carry|freight		8279	**flörta**-*vb*	flirt
8007	**avtjäna**-*vb*	do		8283	**droga**-*vb*	drug
8018	**framhäva**-*vb*	bring out|hold up		8286	**frossa**-*vb; nn*	overindulge; chills
8025	**omfatta**-*vb*	include|cover		8293	**dekorera**-*vb*	decorate
8032	**uppsöka**-*vb*	seek		8294	**beskylla**-*vb*	accuse
8042	**expandera**-*vb*	expand		8296	**rannsaka**-*vb*	examine|ransack
8045	**småprata**-*vb*	make small-talk		8303	**synda**-*vb*	sin
8051	**manövrera**-*vb*	operate|manage		8309	**upphäva**-*vb*	repeal|invalidate
8053	**utnämna**-*vb*	appoint|create		8331	**sladda**-*vb*	skid
8054	**framgå**-*vb*	appear		8343	**koja**-*nn; vb*	hut; flop out
8057	**avsätta**-*vb*	set aside|deposit		8346	**bönfalla**-*vb*	implore|beseech
8060	**kräla**-*vb*	crawl		8351	**avskaffa**-*vb*	abolish
8064	**förvissa**-*vb*	assure		8355	**slarva**-*vb; nn*	be careless; careless woman
8067	**motivera**-*vb*	motivate				
8068	**förgås**-*vb*	perish		8356	**fördröja**-*vb*	delay|detain
8073	**framträda**-*vb*	appear		8357	**samordna**-*vb*	coordinate
8079	**spinna**-*vb*	spin|purr		8360	**damma**-*vb*	dust
8086	**pruta**-*vb*	bargain|haggle		8370	**kvittera**-*vb*	receipt
8088	**upplösa**-*vb*	dissolve		8388	**simulera**-*vb*	simulate
8103	**sila**-*vb*	strain|sift		8398	**fläta**-*vb; nn*	braid; plait
8106	**nalkas**-*vb*	approach		8408	**inviga**-*vb*	inaugurate
8117	**anföra**-*vb*	quote		8414	**lagra**-*vb*	store
8122	**begrunda**-*vb*	contemplate		8415	**borda**-*vb*	board
8126	**fascinera**-*vb*	fascinate		8420	**uppgå**-*vb*	amount to
8132	**avfärda**-*vb*	dismiss		8427	**nysa**-*vb*	sneeze
8148	**gro**-*vb*	germinate|grow		8428	**stänka**-*vb*	splash|spray
8149	**freda**-*vb*	protect|preserve		8430	**understå**-*vb*	presume|dare
8153	**sporra**-*vb*	spur|incite		8431	**böta**-*vb*	pay a fine
8157	**dingla**-*vb*	dangle		8433	**försämra**-*vb*	impair
8158	**genomskåda**-*vb*	see through		8434	**misshandla**-*vb; nn*	maltreat; rough up
8161	**förväxla**-*vb*	mix up		8441	**klamra**-*vb*	cling
8164	**rusta**-*vb*	equip		8443	**föregå**-*vb*	precede|anticipate
8168	**posera**-*vb*	pose		8447	**fisa**-*vb*	fart
8171	**avlägga**-*vb*	leave off|absolve		8448	**krita**-*nn; vb*	chalk; chalk
8180	**åta**-*vb*	take upon (do sth)		8454	**infinna**-*vb*	appear
8194	**nappa**-*vb*	bite		8457	**måtta**-*nn; vb*	moderation; aim
8195	**utvisa**-*vb*	expel		8467	**stöna**-*vb*	groan
8200	**betona**-*vb*	emphasize		8474	**verkställa**-*vb*	execute
8205	**urskilja**-*vb*	distinguish		8476	**torde**-*av*	should
8215	**klinga**-*vb*	ring|sound		8481	**klassa**-*vb*	classify
8230	**stabilisera**-*vb*	stabilize		8482	**snöa**-*vb*	snow
8241	**befara**-*vb*	fear|apprehend		8486	**försumma**-*vb*	neglect|be careless of
8252	**tåga**-*vb; nn*	walk in procession; filament		8487	**traska**-*vb*	trudge
				8490	**glittra**-*vb*	glisten|shimmer
8259	**överskrida**-*vb*	exceed|overstep		8495	**vässa**-*vb; nn*	sharpen; whet
8261	**lämpa**-*vb*	be convenient		8497	**avskräcka**-*vb*	deter|frighten

8498	tanka-*vb*	refuel	8840	tillföra-*vb*	bring
8500	genomlida-*vb*	go through	8843	motionera-*vb*	exercise
8501	kana-*vb; nn*	slide; slide	8845	såpa-*nn; vb*	soap; soap
8505	generera-*vb*	generate	8848	ränna-*nn; vb*	chute; run
8506	förbinda-*vb*	conjoin|bandage	8850	praktisera-*vb*	put into practice
8513	beakta-*vb*	observe	8856	slägga-*nn; vb*	sledgehammer; maul
8531	kränga-*vb*	heel|pitch	8863	utbryta-*vb*	break out
8534	kontra-*vb; prp*	counter; versus	8889	osa-*vb*	reek|stink
8568	erfara-*vb*	experience	8899	bulta-*vb*	hammer|beat
8581	deklarera-*vb*	declare	8903	överstiga-*vb*	exceed
8583	gnaga-*vb*	fret|gnaw	8911	bibehålla-*vb*	maintain|preserve
8585	förebrå-*vb*	reproach|blame	8917	försvaga-*vb*	weaken
8588	rasera-*vb*	raze|destroy	8922	gillra-*vb*	set
8589	inbjuda-*vb*	invite	8933	tyna-*vb*	languish
8594	rapa-*vb*	burp	8948	konstatera-*vb*	state
8601	anordna-*vb*	organize	8955	mocka-*nn; vb*	suede; muck
8615	forsa-*vb*	gush|stream	8970	efterlysa-*vb*	search for
8622	anstå-*vb*	become|postpone	8972	mucka-*vb*	demob|discharge
8625	kvadda-*vb*	crash	8973	nudda-*vb*	touch
8627	regissera-*vb*	produce	8980	trassla-*vb*	make a fuss
8633	surra-*vb*	lash|buzz	8984	anlägga-*vb*	build|found
8635	uppenbara-*vb*	reveal	8999	formera-*vb*	form
8637	pendla-*vb*	commute|oscillate	9001	utrusta-*vb*	equip|provide
8647	gränsa-*vb*	border	9009	dirigera-*vb*	direct
8650	konstruera-*vb*	construct|design	9010	jänta-*vb*	wench
8664	avlossa-*vb*	fire	9015	absorbera-*vb*	absorb
8685	förknippa-*vb*	associate	9016	sympatisera-*vb*	sympathize
8691	fortgå-*vb*	continue	9021	reflektera-*vb*	reflect
8697	betänka-*vb*	consider	9026	famla-*vb*	grope
8710	offentliggöra-*vb*	post	9034	planka-*nn; vb*	plank; crash
8718	åberopa-*vb*	invoke|plead	9044	berättiga-*vb*	justify|qualify
8719	sammankalla-*vb*	call together	9045	synkronisera-*vb*	synchronize
8721	rysa-*vb*	shudder|shake	9046	tillsätta-*vb*	appoint
8736	återge-*vb*	reproduce	9059	referera-*vb*	commentate
8748	ankomma-*vb*	arrive	9063	möjliggöra-*vb*	make possible
8769	översvämma-*vb*	flood|float	9065	skrota-*vb*	scrap|dismantle
8773	tillfalla-*vb*	accrue	9072	bända-*vb*	pry
8775	vackla-*vb; nn*	falter; haver	9087	fetma-*vb; nn*	fatten; fatness
8776	utropa-*vb*	proclaim|exclaim	9088	reva-*vb; nn*	reef; tear
8784	bläddra-*vb*	browse	9098	diktera-*vb*	dictate
8792	kastrera-*vb*	castrate|neuter	9110	fördela-*vb*	distribute
8793	flämta-*vb*	gasp|flicker	9111	chansa-*vb*	chance
8804	påträffa-*vb*	find|come across	9115	motverka-*vb*	counteract
8809	kartlägga-*vb*	map	9117	pingla-*vb*	tinkle
8815	alstra-*vb*	generate|produce	9153	utkräva-*vb*	wreak
8837	förslå-*vb*	suffice	9159	fladdra-*vb*	flutter|flap

9161	**debattera**-*vb*	debate	9441	**skramla**-*nn; vb*	rattle; rattle
9166	**fimpa**-*vb*	stub out	9442	**svetsa**-*vb*	weld
9179	**bereda**-*vb*	prepare|dress	9443	**frambringa**-*vb*	bring forth|bring
9185	**susa**-*vb*	whiz|swoosh	9451	**förfalla**-*vb*	decay|lapse
9191	**konvertera**-*vb*	convert	9453	**arta**-*vb*	shape
9197	**bestrida**-*vb*	contest|challenge	9461	**förorena**-*vb*	contaminate
9198	**vira**-*vb*	wind|twine	9471	**rekonstruera**-*vb*	reconstruct
9207	**arkivera**-*vb*	file	9480	**kollidera**-*vb*	collide|impact
9208	**multiplicera**-*vb*	multiply	9482	**omformulera**-*vb*	rephrase
9225	**motsäga**-*vb*	contradict	9485	**smida**-*vb*	forge|hammer
9226	**överensstämma**-*vb*	agree|comply	9493	**dissekera**-*vb*	dissect
9227	**återvinna**-*vb*	recycle|recover	9495	**dammsuga**-*vb*	vacuum
9253	**tillämpa**-*vb*	apply	9497	**utforma**-*vb*	formulate|model
9254	**återuppväcka**-*vb*	resurrect|reawaken	9499	**nyttja**-*vb*	make use of
9258	**mana**-*vb*	exhort	9502	**komplicera**-*vb*	embroil
9260	**inneha**-*vb*	hold|possess	9510	**rämna**-*nn; vb*	rupture; burst
9266	**färdigställa**-*vb*	complete|get ready	9514	**skyla**-*vb*	cover|veil
9278	**nosa**-*vb*	sniff	9517	**svikta**-*vb*	sag
9283	**stelna**-*vb*	stiffen	9522	**smutskasta**-*vb*	smear
9285	**tendera**-*vb*	tend	9528	**prutta**-*vb*	fart
9288	**beslagta**-*vb*	seize	9529	**förtränga**-*vb*	repress
9291	**förvisa**-*vb*	banish|expel	9551	**kvittra**-*vb*	chirp|twitter
9297	**försvåra**-*vb*	aggravate	9555	**inreda**-*vb*	furnish|fit
9301	**tysta**-*vb*	silence|muzzle	9560	**trimma**-*vb*	trim
9311	**utelämna**-*vb*	omit|pass over	9561	**trängas**-*vb*	crowd
9315	**förlägga**-*vb*	locate|mislay	9568	**avtala**-*vb*	prearrange
9319	**skälva**-*vb*	tremble|shake	9571	**lufta**-*vb*	air
9324	**vidarebefordra**-*vb*	forward	9575	**avvärja**-*vb*	ward off|fend
9329	**prestera**-*vb*	perform	9576	**uppvisa**-*vb*	exhibit|display
9337	**överrumpla**-*vb*	catch off-guard	9578	**äckla**-*vb*	nauseate
9343	**konfiskera**-*vb*	confiscate	9580	**hämma**-*vb*	inhibit|impede
9344	**utmärka**-*vb*	distinguish	9583	**förtära**-*vb*	consume|devour
9351	**förenkla**-*vb*	simplify	9587	**ockupera**-*vb*	occup
9363	**ompröva**-*vb*	reconsider	9604	**värja**-*vb*	defend
9367	**köa**-*vb*	queue	9605	**inbegripa**-*vb*	include
9369	**röntga**-*vb*	X-ray	9606	**foga**-*vb*	add|join
9372	**möblera**-*vb*	furnish	9611	**fräsa**-*vb*	mill
9381	**modifiera**-*vb*	modify	9616	**åtnjuta**-*vb*	enjoy
9397	**relatera**-*vb*	relate	9621	**snappa**-*vb*	snatch
9406	**täppa**-*vb; nn*	obstruct; garden plot	9625	**landstiga**-*vb*	land|debark
9409	**obducera**-*vb*	autopsy	9628	**efterträda**-*vb*	succeed|supersede
9416	**sippra**-*vb*	trickle|ooze	9634	**blixtra**-*vb*	flash
9421	**turnera**-*vb*	tour	9640	**kriga**-*vb*	war
9432	**förvränga**-*vb*	distort|scramble	9650	**tillfångata**-*vb*	capture
9434	**tillgodose**-*vb*	cater for	9656	**inrikta**-*vb*	target|concentrate
9436	**bogsera**-*vb*	tow	9667	**inskränka**-*vb*	restrict|reduce

9668	reducera-*vb*	reduce|discount
9669	efterlikna-*vb*	imitate|emulate
9672	belysa-*vb*	illustrate|illuminate
9687	konsultera-*vb*	consult
9696	marknadsföra-*vb*	market
9698	svullna-*vb*	swell
9705	initiera-*vb*	initiate
9710	kladda-*vb*	smudge
9712	tejpa-*vb*	tape
9718	bojkotta-*vb*	boycott
9726	penetrera-*vb*	penetrate
9733	häkta-*vb; nn*	arrest; hook
9734	svärma-*vb*	swarm
9745	mäkta-*vb; adv*	be capable of; mighty
9754	dagdrömma-*vb*	daydream
9757	ryta-*vb*	roar|shout
9765	specialisera-*vb*	specialize
9776	förringa-*vb*	minimize|lessen
9782	fräta-*vb*	corrode|fret
9788	föreläsa-*vb*	lecture
9790	tillmötesgå-*vb*	accommodate
9802	fnissa-*vb*	giggle|snigger
9805	uppta-*vb*	occupy|receive
9810	kröka-*vb*	curve|bend
9812	grina-*vb*	weep|grin
9821	förbruka-*vb*	consume|expend
9827	rispa-*nn; vb*	scratch; scratch
9836	förvärva-*vb*	acquire|obtain
9839	förminska-*vb*	reduce|diminish
9844	importera-*vb*	import
9853	filtrera-*vb*	filter|percolate
9855	påvisa-*vb*	demonstrate
9856	lansera-*vb*	launch
9859	balja-*nn; vb*	tub; pod
9868	chockera-*vb*	shock
9872	returnera-*vb*	return
9874	klänga-*vb*	cling
9887	sminka-*vb*	make up
9890	återuppliva-*vb*	revive|revitalize
9898	breda-*vb*	spread
9903	skena-*nn; vb*	rail; splint
9910	vaja-*vb*	fly
9912	befästa-*vb*	consolidate
9913	myllra-*vb; nn*	swarm; teem
9928	fösa-*vb*	drive
9935	vädra-*vb*	sniff|ventilate
9944	fortplanta-*vb*	propagate|reproduce
9945	skildra-*vb*	depict|paint
9950	förlösa-*vb*	deliver
9955	slumra-*vb*	slumber
9979	precisera-*vb*	precise
9980	fordra-*vb*	require|claim
9998	iscensätta-*vb*	stage-manage
10004	stifta-*vb*	found
10020	förkorta-*vb*	shorten|short-circuit
10021	bekosta-*vb*	pay for

Alphabetical order

9771	**abborre**-*nn*	perch
8718	**åberopa**-*vb*	invoke|plead
9015	**absorbera**-*vb*	absorb
8435	**abstrakt**-*adj; adv*	abstract; abstractly
9654	**accent**-*nn*	accent
9578	**äckla**-*vb*	nauseate
9109	**ackord**-*nn*	chord|composition
8614	**adel**-*nn*	nobility
7832	**adelsman**-*nn*	nobleman
9257	**adjektiv**-*nn*	adjective
9298	**administrativ**-*adj*	administrative
9775	**administratör**-*nn*	administrator
9028	**adresserad**-*adj*	addressed
8730	**affärsverksamhet**-*nn*	business
9060	**afrikan**-*nn*	African
8878	**ägd**-*adj*	owned
8262	**agentur**-*nn*	agency
8608	**aggressivitet**-*nn*	aggressiveness
9961	**åhörare**-*nn*	audience|listener
7988	**akademiker**-*nn*	university graduate
9384	**akademi**-*nn*	university
8572	**åkare**-*nn*	carrier
9800	**akrobat**-*nn*	acrobat
7702	**äktenskaplig**-*adj*	marital|conjugal
8821	**aktiemarknad**-*nn*	stock-market
10017	**aktör**-*nn*	actor
7910	**albansk**-*adj*	Albanian
8528	**ålderdom**-*nn*	old age
8139	**ålderdomshem**-*adj*	rest-home
8545	**åldrande**-*adj; nn*	senescent; obsolescence
8566	**åldrig**-*adj*	aged
9700	**alkoholism**-*nn*	alcoholism
8374	**alldaglig**-*adj*	everyday
8724	**allena**-*adj*	alone
8554	**allergi**-*nn*	allergy
8181	**allmosa**-*nn*	alms
8986	**allteftersom**-*con*	as
7743	**alltjämt**-*adv*	still
8997	**almanacka**-*nn*	almanac
8815	**alstra**-*vb*	generate|produce
8643	**aluminium**-*nn*	aluminum
9795	**älv**-*nn*	river
8976	**ämbetsman**-*nn*	official
9817	**ambitiös**-*adj*	ambitious
9164	**ammoniak**-*nn*	ammonia
8868	**ämnesomsättning**-*nn*	metabolism
7654	**anatomi**-*nn*	anatomy
7519	**anbelanga**-*adj*	concerned
8708	**andfådd**-*adj; adv*	breathless; winded
8117	**anföra**-*vb*	quote
8623	**angivare**-*nn*	informer
7874	**angripen**-*adj*	affected
10010	**anhållan**-*nn*	application
8655	**anhalt**-*nn*	halt
8484	**änkling**-*nn*	widower
8748	**ankomma**-*vb*	arrive
9025	**ankomsttid**-*nn*	time of arrival
8984	**anlägga**-*vb*	build|found
9300	**anmärkning**-*nn*	remark
8621	**annalkande**-*adj; nn*	approaching; oncoming
8940	**anonymitet**-*nn*	anonymity
8601	**anordna**-*vb*	organize
9132	**anordning**-*nn*	device
8425	**anpassad**-*adj*	fitted
8802	**anpassning**-*nn*	adaptation|adjustment
7501	**ansedd**-*adj*	considered
9148	**ansenlig**-*adj*	considerable|substantial
9834	**ansiktslyftning**-*nn*	face-lift
8935	**ansjovis**-*nn*	anchovy
9847	**anslagstavla**-*nn*	billboard
8385	**ansluten**-*adj*	connected|associated
7588	**anslutning**-*nn*	connection
9031	**anspråkslös**-*adj*	unassuming
8622	**anstå**-*vb*	become|postpone
9959	**anstöt**-*nn*	offense
7660	**ansträngande**-*adj*	strenuous
8812	**ansvarsfull**-*adj*	responsible
9413	**antågande**-*nn*	advance
9721	**anteckningsblock**-*nn*	notepad
8509	**antropolog**-*nn*	anthropologist
9748	**antydning**-*nn*	cue
9356	**användande**-*nn; adj*	usage; manipulating
8800	**användare**-*nn*	user
9530	**apokalyps**-*nn*	apocalypse
8676	**aptitretare**-*nn*	appetizer|savoury
8235	**åra**-*nn*	oar

7792	**arbetsdag**-*nn*	working day	9227	**återvinna**-*vb*	recycle|recover
9697	**arbetsförmedling**-*nn*	employment agency	7709	**åtgärda**-*vb*	do about
			9616	**åtnjuta**-*vb*	enjoy
9083	**arbetskamrat**-*nn*	workmate	7909	**atom**-*nn*	atom
9692	**arbetslag**-*nn*	team	7603	**åtskillig**-*adj*	plenty
9448	**arbetsledare**-*nn*	foreman	8548	**attentat**-*nn*	attempt
8268	**arbetslöshet**-*nn*	unemployment	8266	**ättling**-*nn*	descendant
8203	**arbetstillstånd**-*nn*	work permit	7523	**attrahera**-*vb*	attract
8130	**arbetsuppgift**-*nn*	project|function	9123	**auktoriserad**-*adj*	certified
9183	**ärelystnad**-*nn*	ambition	9623	**australisk**-*adj*	Australian
8918	**ärftligt**-*adv*	by inheritance	9702	**autentisk**-*adj*	authentic
9469	**aristokrat**-*nn*	aristocrat	9584	**avbytare**-*nn*	replacement
8197	**arkeologi**-*nn*	archaeology	9055	**avdelningschef**-*nn*	department chef
9207	**arkivera**-*vb*	file	9018	**avel**-*nn*	breeding
9175	**årligen**-*adv*	yearly	8132	**avfärda**-*vb*	dismiss
9741	**armada**-*nn*	armada	9828	**avhållsamhet**-*nn*	continence
9119	**armbandsur**-*nn*	wristwatch	8290	**avkastning**-*nn*	return|income
8520	**ärorik**-*adj*	glorious	8282	**avkoppling**-*nn*	relaxation
9732	**arrestering**-*nn*	arrest	8171	**avlägga**-*vb*	leave off|absolve
8981	**arsenik**-*nn*	arsenic	7944	**avlösa**-*vb*	relieve
8226	**årskurs**-*nn*	grade	8664	**avlossa**-*vb*	fire
7830	**årstid**-*nn*	season	8556	**avlyssnad**-*adj*	wired
9453	**arta**-*vb*	shape	8151	**avlyssning**-*nn*	wire-tapping
8299	**artefakt**-*nn*	artefact	7932	**avsäga**-*vb*	resign
8811	**artificiell**-*adj*	artificial	7793	**avsaknad**-*nn*	lack
9701	**ärt**-*nn*	pea	8138	**avsändare**-*nn*	sender
9662	**årtusende**-*nn*	millennium	8512	**avsats**-*nn*	ledge
7536	**arvtagare**-*nn*	heir	8057	**avsätta**-*vb*	set aside|deposit
7746	**asfalt**-*nn*	asphalt	8977	**avseende**-*nn*	respect|reference
8222	**asiat**-*nn*	Asian	8351	**avskaffa**-*vb*	abolish
7534	**askfat**-*nn*	ashtray	8124	**avskedsansökan**-*nn*	resignation
9674	**askkopp**-*nn*	ashtray	7698	**avskild**-*adj*	secluded
7870	**åskväder**-*nn*	thunderstorm	8497	**avskräcka**-*vb*	deter|frighten
8229	**aspekt**-*nn*	aspect	10009	**avslutande**-*adj; nn*	concluding; termination
8814	**aspirant**-*nn*	aspirant			
8754	**astronomi**-*nn*	astronomy	9043	**avspänd**-*adj*	relaxed
9778	**astronom**-*nn*	astronomer	9842	**avstickare**-*nn*	diversion
8180	**åta**-*vb*	take upon (do sth)	9568	**avtala**-*vb*	prearrange
9232	**ätbar**-*adj*	eatable	8007	**avtjäna**-*vb*	do
8798	**återbetalning**-*nn*	refund|back pay	9755	**avvägning**-*nn*	consideration
7751	**återfall**-*nn*	relapse	9403	**avväg**-*nn*	byway
8736	**återge**-*vb*	reproduce	9222	**avvaktan**-*nn*	awaiting
9317	**återstod**-*nn*	arrear	9575	**avvärja**-*vb*	ward off|fend
9890	**återuppliva**-*vb*	revive|revitalize	9984	**ax**-*nn*	ear|bit
7616	**återupprätta**-*vb*	re-establish			
9254	**återuppväcka**-*vb*	resurrect|reawaken		**B**	

7972	**backspegel**-*nn*	rearview mirror
8861	**bådadera**-*prn*	both
9801	**badhus**-*nn*	baths
9100	**bagare**-*nn*	baker
8757	**bagatell**-*nn*	trifle
8670	**bakficka**-*nn*	hip pocket
9736	**bakvänt**-*adv*	backwards
7673	**balansera**-*vb*	balance
9859	**balja**-*nn; vb*	tub; pod
9374	**balsam**-*nn*	conditioner|balm
9229	**banbrytande**-*adj*	pioneering
9072	**bända**-*vb*	pry
9091	**bandy**-*nn*	bandy
9837	**bangård**-*nn*	railway yard
9926	**bankdirektör**-*nn*	bank executive
9279	**baptist**-*nn*	Baptist
9447	**bärande**-*adj; nn*	carrying; carry
8579	**bark**-*nn*	bark|cortex
9143	**barnkammare**-*nn*	nursery
7975	**barnlek**-*nn*	children's game
8302	**barnsäng**-*nn*	cot|childbed
8675	**barnsköterska**-*nn*	nurse
9032	**barnunge**-*nn*	babe
8803	**barnvagn**-*nn*	baby carriage
8987	**barr**-*nn; adj*	needle; parallel bars
8606	**batong**-*nn*	baton
9454	**båtsman**-*nn*	boatswain
9740	**bättring**-*nn*	improvement
9929	**beaktande**-*nn*	consideration
8513	**beakta**-*vb*	observe
7978	**bedriva**-*vb*	carry on
8241	**befara**-*vb*	fear|apprehend
9912	**befästa**-*vb*	consolidate
7610	**befattning**-*nn*	post|dealing
7891	**befordra**-*vb*	promote
7820	**befriande**-*nn*	liberating
8300	**befriare**-*nn*	liberator
9899	**befruktning**-*nn*	fertilization
8931	**begär**-*nn*	desire|craving
8211	**begravningsplats**-*nn*	cemetery
8746	**begriplig**-*adj*	understandable
8122	**begrunda**-*vb*	contemplate
9376	**behörig**-*adj*	competent

9511	**bekämpningsmedel**-*nn*	means of control
10021	**bekosta**-*vb*	pay for
9259	**bekvämlighet**-*nn*	comfort
8305	**belägenhet**-*nn*	situation|site
8202	**belåten**-*adj*	pleased
8672	**belgisk**-*adj*	Belgian
9248	**belönad**-*adj*	rewarded
9672	**belysa**-*vb*	illustrate|illuminate
7923	**bemästra**-*vb*	master
8703	**benägen**-*adj*	prone
9806	**benägenhet**-*nn*	tendency
8417	**benig**-*adj*	bony|puzzling
9342	**beräknande**-*adj*	calculating
9720	**berättare**-*nn*	narrator
9044	**berättiga**-*vb*	justify|qualify
9179	**bereda**-*vb*	prepare|dress
8446	**beroendeframkallande**-*adj*	habit-forming
8788	**berövad**-*adj*	bereft
8426	**beryktad**-*adj*	notorious
7524	**besanna**-*vb*	verify
7695	**besittning**-*nn*	possession
7996	**beskåda**-*vb*	look at
7861	**beskyddande**-*nn; adj*	protection; protective
8294	**beskylla**-*vb*	accuse
9288	**beslagta**-*vb*	seize
7786	**beslutsam**-*adj*	determined
9843	**bestämmelse**-*nn*	provision
9804	**bestört**-*adj*	dismayed
9197	**bestrida**-*vb*	contest|challenge
8242	**besvärande**-*adj*	troublesome
7856	**besvära**-*vb*	trouble|bother
8493	**besvärjelse**-*nn*	incantation
7608	**betäckning**-*nn*	covering|escort
8762	**betalande**-*nn*	paying
8697	**betänka**-*vb*	consider
9008	**betänklighet**-*nn*	misgiving|doubt
8200	**betona**-*vb*	emphasize
9909	**betrodd**-*adj*	trusted
8653	**betryggande**-*adj*	adequate
8219	**bett**-*nn*	bite
9927	**betydelselös**-*adj*	insignificant
8913	**bevarad**-*adj*	preserved
8911	**bibehålla**-*vb*	maintain|preserve
8626	**biblisk**-*adj*	Biblical

9002	**bieffekt**-*nn*	side effect	
9084	**bildäck**-*nn*	car deck	
8785	**bildning**-*nn*	formation	
9876	**bilkörning**-*nn*	motoring	
9901	**bilmekaniker**-*nn*	garage mechanic	
9241	**biokemi**-*nn*	biochemistry	
9618	**biolog**-*nn*	biologist	
9281	**bistånd**-*nn*	assistance	
8904	**bister**-*adj*	grim|harsh	
7649	**bitas**-*vb*	bite	
8876	**bjässe**-*nn*	giant	
9664	**björk**-*nn*	birch	
9764	**bjudning**-*nn*	party	
8784	**bläddra**-*vb*	browse	
7822	**blankett**-*nn*	form	
9104	**blåögd**-*adj*	blue-eyed	
9263	**blåsig**-*adj*	windy|blistery	
9136	**blåslampa**-*nn*	blowtorch	
9213	**blindhet**-*nn*	blindness	
8146	**blindtarm**-*nn*	appendix	
9715	**blink**-*nn*	blink|wink	
8267	**blixtlås**-*nn*	zipper	
9634	**blixtra**-*vb*	flash	
9358	**blixtsnabbt**-*adv*	like lightning	
8318	**blockad**-*nn*	blockade	
8209	**blockering**-*nn*	blockade	
9816	**blodförgiftning**-*nn*	blood-poisoning	
10023	**blodkärl**-*nn*	blood-vessel	
8429	**blodkropp**-*nn*	bloodcell	
9811	**blodpropp**-*nn*	blood clot	
7848	**blodsocker**-*nn*	blood sugar	
9498	**blodspår**-*nn*	track of blood	
8182	**blom**-*nn*	flower|bloom	
8120	**blomstrande**-*adj*	blossoming|flourishing	
7607	**blomstra**-*vb*	bloom|flourish	
7990	**blotta**-*vb; nn*	expose; opening	
9767	**blyghet**-*nn*	shyness	
10018	**bödel**-*nn*	executioner	
9643	**bod**-*nn*	shed	
9436	**bogsera**-*vb*	tow	
9718	**bojkotta**-*vb*	boycott	
7578	**bokad**-*adj*	reserved	
8908	**bokhylla**-*nn*	bookshelf	
9589	**böljande**-*adj*	surging|flowing	
9543	**bombning**-*nn*	bombing	

7759	**bombplan**-*nn*	bomber	
8346	**bönfalla**-*vb*	implore|beseech	
8415	**borda**-*vb*	board	
9203	**börd**-*nn*	birth	
8030	**bordsbön**-*nn*	grace	
9336	**borste**-*nn*	brush	
9838	**bortifrån**-*prp*	from	
9925	**bortkommen**-*adj*	awkward	
8249	**bortre**-*adj*	far|further	
8431	**böta**-*vb*	pay a fine	
8541	**bräcklig**-*adj*	fragile|flimsy	
8874	**bråck**-*nn*	hernia	
8311	**bråkdel**-*nn*	fraction	
7838	**brak**-*nn*	crash|crack	
8324	**brandbil**-*nn*	fire engine	
9891	**brandstation**-*nn*	fire station	
8897	**brännande**-*adj*	burning|searing	
8035	**brännvin**-*nn*	brandy	
9210	**brasiliansk**-*adj*	Brazilian	
9427	**bråte**-*nn*	lumber	
9898	**breda**-*vb*	spread	
9325	**bredd**-*nn; adv*	width; breadthways	
9601	**brevpapper**-*nn*	notepaper	
7682	**bris**-*nn*	breeze	
8034	**broderskap**-*nn*	brotherhood	
9970	**brohuvud**-*nn*	bridgehead	
9348	**brottslig**-*adj*	criminal	
8301	**brudpar**-*nn*	bridal couple	
7612	**brus**-*nn*	noise	
8963	**brutalitet**-*nn*	brutality	
7557	**buckla**-*nn; vb*	dent; buckle	
7689	**budord**-*nn*	commandment	
7625	**buk**-*nn*	abdomen	
9651	**bukt**-*nn*	bay	
8140	**bulgarien**-*nn*	Bulgaria	
8899	**bulta**-*vb*	hammer|beat	
9535	**bult**-*nn*	bolt	
8952	**bums**-*adv*	slap|right away	
9864	**buskage**-*nn*	shrubbery	
9865	**bus**-*nn*	mischief	
8734	**busshållplats**-*nn*	bus stop	
8813	**byggande**-*nn*	building	
9168	**byggare**-*nn*	builder	
8144	**byråkrati**-*nn*	bureaucracy	
8944	**byråkrat**-*nn*	bureaucrat	
9620	**byrålåda**-*nn*	drawer	

7583	**byst**-*nn*	bust

C

8112	**camping**-*nn*	camping
8009	**celibat**-*nn*	celibacy
9111	**chansa**-*vb*	chance
8645	**chefredaktör**-*nn*	editor in chief
9868	**chockera**-*vb*	shock
7993	**chokladkaka**-*nn*	chocolate bar
9271	**cirkulation**-*nn*	circulation
8238	**cognac**-*nn*	cognac
9418	**cyniker**-*nn*	cynic

D

9754	**dagdrömma**-*vb*	daydream
9247	**daghem**-*nn*	nursery
7637	**dagordning**-*nn*	agenda
8360	**damma**-*vb*	dust
8468	**dammig**-*adj*	dusty
9495	**dammsuga**-*vb*	vacuum
9676	**danmark**-*nn*	Denmark
7954	**dåraktig**-*adj*	foolish
8046	**däremellan**-*adv*	in between
9137	**därigenom**-*adv*	thereby
9487	**darrande**-*adj*	trembling
7824	**dataspel**-*nn*	computer game
9395	**dåtid**-*nn*	past
9161	**debattera**-*vb*	debate
8669	**decennium**-*nn*	decade
7886	**defensiv**-*adj*	defensive
10015	**definitiv**-*adj*	definitive
9410	**dekadent**-*adj*	decadent
8581	**deklarera**-*vb*	declare
7991	**dekorerad**-*adj*	decorated
8293	**dekorera**-*vb*	decorate
8208	**delaktighet**-*nn*	participation
9215	**delegation**-*nn*	delegation
9199	**delegat**-*nn*	delegate
9012	**dementi**-*nn*	retraction
8224	**demonstrant**-*nn*	demonstrator
7569	**densamme**-*adj*	the same
8916	**depå**-*nn*	depot
7694	**dessförinnan**-*adv*	before then
8816	**destruktiv**-*adj*	destructive

8107	**diabetiker**-*nn*	diabetic
7782	**diameter**-*nn*	diameter
7741	**dia**-*vb*	suckle
8345	**diktatur**-*nn*	dictatorship
9098	**diktera**-*vb*	dictate
8768	**diligens**-*nn*	stagecoach
8307	**dill**-*nn*	dill
9850	**dimmig**-*adj*	foggy|dimmish
8157	**dingla**-*vb*	dangle
9009	**dirigera**-*vb*	direct
9779	**diskbänk**-*nn*	sink
8833	**diskett**-*nn*	floppy disc
8791	**diskho**-*nn*	kitchen-sink
9446	**diskmaskin**-*nn*	dishwasher
7961	**diskriminering**-*nn*	discrimination
9228	**dis**-*nn*	haze|fog
9445	**dispyt**-*nn*	dispute
9493	**dissekera**-*vb*	dissect
9789	**distraktion**-*nn*	distraction
7620	**distribution**-*nn*	distribution
9722	**diva**-*nn*	diva
8031	**djävulsk**-*adj*	devilish
8109	**dödlighet**-*nn*	mortality
7887	**dödsbädd**-*nn*	deathbed
7803	**dödsdömd**-*adj*	condemned
9201	**dödsoffer**-*nn*	fatality
9316	**doktorand**-*nn*	postgraduate
7903	**dokumentation**-*nn*	documentation
9642	**dominans**-*nn*	dominance
8851	**dominerande**-*adj;* *adv*	dominant; predominantly
7812	**domslut**-*nn*	judgment
7842	**dop**-*nn*	baptism
8483	**dörröppning**-*nn*	doorway
9390	**dotterson**-*nn*	grandson
9818	**dov**-*adj*	dull|aching
9735	**dövstum**-*adj*	deaf-mute
9728	**drabbning**-*nn*	battle
9489	**dragkedja**-*nn*	zipper
9339	**dragning**-*nn*	drawing|draw
8173	**dragningskraft**-*nn*	appeal
8532	**dragspel**-*nn*	accordion
9426	**dräng**-*nn*	farmhand|stooge
8859	**draperi**-*nn*	curtain
9250	**drastisk**-*adj*	drastic
9202	**dricksvatten**-*nn*	drinking water

7788	**driven**-*adj*	experienced|powered
8283	**droga**-*vb*	drug
9048	**dröjsmål**-*nn*	delay
9114	**droska**-*nn*	cab
7843	**druva**-*nn*	grape
9165	**duett**-*nn*	duet
9723	**duggregn**-*nn*	drizzle
8877	**duglig**-*adj*	capable
7890	**dunder**-*nn*	roll|boom
8711	**dunkel**-*adj; nn*	dim|obscure; obscurity
7945	**dunsta**-*vb*	evaporate
8217	**dvala**-*nn*	dormancy
9994	**dylik**-*adj*	such
8866	**dy**-*nn*	mud
9592	**dyrkan**-*nn*	cult|adoration
8529	**dysenteri**-*nn*	dysentery

E

9169	**ecuador**-*nn*	Ecuador
8409	**efterhand**-*adv*	hindsight
7555	**efterlämna**-*vb*	leave
9423	**efterlängtad**-*adj*	longed for
9669	**efterlikna**-*vb*	imitate|emulate
8970	**efterlysa**-*vb*	search for
7511	**eftersökt**-*adj*	sought for
9628	**efterträda**-*vb*	succeed|supersede
8479	**egenhet**-*nn*	eccentricity
8824	**egentlig**-*adj*	real|proper
7815	**egg**-*nn*	edge
9024	**egoist**-*nn*	egoist
9719	**ekonomichef**-*nn*	financial manager
7666	**eländigt**-*adv*	miserably
8610	**eldkastare**-*nn*	flame-thrower
8265	**eldstad**-*nn*	fireplace|furnace
7645	**elektromagnetisk**-*adj*	electromagnetic
7575	**elfte**-*num*	eleventh
8129	**emblem**-*nn*	emblem
7543	**emotionell**-*adj*	emotional
7680	**enfaldig**-*adj*	silly|foolish
8550	**enkelhet**-*nn*	simplicity
9884	**enkelriktad**-*adj*	one-way
7686	**entreprenör**-*nn*	entrepreneur
8992	**envar**-*prn*	everybody
8687	**enzym**-*nn*	enzyme

8477	**epidemi**-*nn*	epidemic
9882	**episk**-*adj*	epic
8568	**erfara**-*vb*	experience
8760	**erövring**-*nn*	conquest
9717	**estland**-*nn*	Estonia
9858	**etablerad**-*adj*	established
9770	**etablissemang**-*nn*	establishment
9564	**etapp**-*nn*	stage|depot
8329	**etnisk**-*adj*	ethnic
8525	**ettusen**-*nn*	one thousand
8044	**europé**-*nn*	European
8537	**evangelium**-*nn*	gospel
8689	**excellent**-*adj*	excellent
7640	**excentrisk**-*adj*	eccentric
7687	**exempelvis**-*adv*	for instance
8022	**existerande**-*adj*	existing
8042	**expandera**-*vb*	expand
9957	**expansion**-*nn*	expansion
8665	**experimentell**-*adj*	experimental
8108	**explosiv**-*adj*	explosive
8667	**exponering**-*nn*	exposure
8790	**export**-*nn*	export
9335	**extatisk**-*adj*	ecstatic
9373	**extern**-*adj; nn*	external; day scholar
8533	**extraordinär**-*adj*	extraordinary

F

7785	**fåfäng**-*adj*	futile
8782	**fager**-*adj*	fair
7714	**fähund**-*nn*	dirty dog|cad
9508	**faktura**-*nn*	invoice
9023	**fakultet**-*nn*	faculty
8511	**fallenhet**-*nn*	talent
9407	**fälttåg**-*nn*	campaign
7670	**familjefar**-*nn*	family-man
9026	**famla**-*vb*	grope
8287	**fana**-*nn*	banner|flag
9349	**fanatisk**-*adj*	fanatical
8021	**fångvaktare**-*nn*	jailer
9266	**färdigställa**-*vb*	complete|get ready
9900	**färgstark**-*adj*	colourful
7657	**farhåga**-*nn*	fear|apprehension
7706	**farsot**-*nn*	epidemic
7940	**fasansfull**-*adj*	horrible|terrible
8126	**fascinera**-*vb*	fascinate

9924	**fascist**-*nn*	Fascist		8912	**flyktingläger**-*nn*	refugee camp
9566	**fason**-*nn*	manners		9802	**fnissa**-*vb*	giggle|snigger
7766	**fåtölj**-*nn*	armchair		9236	**födelsedatum**-*nn*	date of birth
8641	**favör**-*nn*	favor		9624	**födelseort**-*nn*	birthplace
9769	**felbedömning**-*nn*	misjudgment		7509	**foder**-*nn*	lining|feed
8297	**felfri**-*adj*	flawless		9606	**foga**-*vb*	add|join
9041	**femåring**-*nn*	child of five		8322	**fog**-*nn*	reason|joint
8016	**feminin**-*adj*	feminine		9167	**följaktligen**-*adv*	consequently
8896	**femtonde**-*num*	fifteenth		9360	**folkbildning**-*nn*	general level of education
9216	**festande**-*nn*	partying				
9139	**festlighet**-*nn*	festivity		8853	**föråldrad**-*adj*	obsolete
9307	**festmåltid**-*nn*	banquet		8682	**föräldraskap**-*nn*	parenthood
9087	**fetma**-*vb; nn*	fatten; fatness		9915	**förargelseväckande** -*adj*	intolerable
9888	**fettsugning**-*nn*	lipo-suction				
7943	**fiber**-*nn*	fiber		9675	**förarsäte**-*nn*	driver's seat
9645	**fiendeland**-*nn*	hostile country		8982	**förbehåll**-*nn*	reservation
7618	**fikon**-*nn*	fig		8506	**förbinda**-*vb*	conjoin|bandage
9724	**fiktion**-*nn*	fiction		9857	**förbipasserande**-*nn*	passing-by
9853	**filtrera**-*vb*	filter|percolate		9821	**förbruka**-*vb*	consume|expend
9166	**fimpa**-*vb*	stub out		8274	**förbryllad**-*adj*	confused
8819	**finansdepartement** -*nn*	ministry of finance		9993	**förbryllande**-*adj*	puzzling
				7700	**förbrylla**-*vb*	puzzle|confound
8516	**finans**-*nn*	finance		7540	**fördärva**-*vb*	perish|corrupt
8447	**fisa**-*vb*	fart		9916	**fördelaktig**-*adj*	advantageous
8567	**fiskebåt**-*nn*	fishing boat		9110	**fördela**-*vb*	distribute
8671	**fixare**-*nn*	fixer		8437	**fördömande**-*nn; adj*	denunciation; condemnatory
9557	**fixering**-*nn*	fixing|stare				
8085	**fjäll**-*nn*	mountain|scale		8033	**fördrag**-*nn*	treaty
7790	**fjäska**-*vb*	suck up		9980	**fordra**-*vb*	require|claim
9670	**fjortonde**-*num*	fourteenth		8356	**fördröja**-*vb*	delay|detain
9159	**fladdra**-*vb*	flutter|flap		8076	**fördröjning**-*nn*	delay
8036	**flak**-*nn*	loading body		7677	**fördubbla**-*vb*	double
7866	**flammande**-*adj*	flaming		8585	**förebrå**-*vb*	reproach|blame
8793	**flämta**-*vb*	gasp|flicker		7593	**föredöme**-*nn*	example
8398	**fläta**-*vb; nn*	braid; plait		7584	**föregångare**-*nn*	precursor
7781	**flin**-*nn*	grin		8443	**föregå**-*vb*	precede|anticipate
9460	**flinta**-*nn*	flint		9788	**föreläsa**-*vb*	lecture
7791	**flitig**-*adj*	diligent		9351	**förenkla**-*vb*	simplify
7863	**flitigt**-*adv*	diligently		9826	**förespråkare**-*nn*	advocate|intercessor
7613	**flöde**-*nn*	flow		7744	**förestående**-*adj*	impending
8834	**flor**-*nn*	gauze		8555	**företagare**-*nn*	entrepreneur
8279	**flörta**-*vb*	flirt		8707	**företräde**-*nn*	precedence|preference
8652	**flygresa**-*nn*	flight		9451	**förfalla**-*vb*	decay|lapse
9922	**flygtur**-*nn*	flight		8783	**förfallen**-*adj*	overdue
7596	**flyktförsök**-*nn*	attempted escape		9822	**förföljelse**-*nn*	persecution
8038	**flyktig**-*adj*	volatile		9192	**förförelse**-*nn*	seduction
				8260	**förfrågning**-*nn*	inquiry

8169	**förfriskning**-*nn*	refreshment
8068	**förgås**-*vb*	perish
8728	**förgiftning**-*nn*	poisoning
8316	**förhistorisk**-*adj*	prehistoric
9155	**förkämpe**-*nn*	champion|advocate
8869	**förkärlek**-*nn*	fondness
7636	**förkasta**-*vb*	reject|discard
8685	**förknippa**-*vb*	associate
10020	**förkorta**-*vb*	shorten|short-circuit
7795	**förkortning**-*nn*	shortening
9126	**förkrossande**-*adj*	crushing
9315	**förlägga**-*vb*	locate|mislay
9425	**förläggning**-*nn*	accommodation
9341	**förlag**-*nn*	publishing house
8737	**förlamning**-*nn*	paralysis
8162	**förlåtande**-*adj*	forgiving
7926	**förlikning**-*nn*	conciliation
9950	**förlösa**-*vb*	deliver
7872	**förlova**-*vb*	betroth
9218	**formaldehyd**-*nn*	formaldehyde
8867	**formalitet**-*nn*	formality
9449	**förmånstagare**-*nn*	beneficiary
7676	**förmedla**-*vb*	mediate
8999	**formera**-*vb*	form
8123	**förmildrande**-*nn; adj*	extenuation; palliative
9839	**förminska**-*vb*	reduce|diminish
9563	**formligen**-*adv*	literally
10007	**förmodan**-*nn*	conjecture
7530	**formulera**-*vb*	formulate
9559	**förnäm**-*adj*	noble
8240	**förnärmad**-*adj*	resentful
9585	**förnyelse**-*nn*	renewal
8185	**förödelse**-*nn*	devastation
8442	**förolämpande**-*adj*	offensive
9505	**förordning**-*nn*	ordinance
9461	**förorena**-*vb*	contaminate
8929	**förorening**-*nn*	contamination
9180	**förövare**-*nn*	perpetrator
8932	**förpackning**-*nn*	packaging
9776	**förringa**-*vb*	minimize|lessen
9747	**förruttnelse**-*nn*	putrefaction
7710	**försäkran**-*nn*	assurance
8433	**försämra**-*vb*	impair
8615	**forsa**-*vb*	gush|stream
7797	**förseelse**-*nn*	misdemeanor
8256	**förskingring**-*nn*	embezzlement
8013	**förskola**-*nn*	preschool
7573	**förskräckt**-*adj*	terrified
8837	**förslå**-*vb*	suffice
9608	**försmak**-*nn*	taste
9688	**försöksdjur**-*nn*	laboratory animal
8092	**förstärkt**-*adj*	reinforced
7768	**förstenad**-*adj*	petrified
8695	**förstoppning**-*nn*	constipation
10008	**förstoringsglas**-*nn*	magnifying glass
9149	**förströelse**-*nn*	amusement
8486	**försumma**-*vb*	neglect|be careless of
8917	**försvaga**-*vb*	weaken
9297	**försvåra**-*vb*	aggravate
8536	**försvarsadvokat**-*nn*	defense lawyer
9583	**förtära**-*vb*	consume|devour
9590	**förteckning**-*nn*	list
8691	**fortgå**-*vb*	continue
9626	**förtjusning**-*nn*	delight|enthusiasm
9944	**fortplanta**-*vb*	propagate|reproduce
8823	**fortplantning**-*nn*	reproduction
9529	**förtränga**-*vb*	repress
8119	**förtröstan**-*nn*	trust
8118	**förtryckt**-*adj*	oppressed
7873	**förtydliga**-*vb*	make clear
9952	**förundran**-*nn*	wonderment
8099	**förutbestämd**-*adj*	destined
9829	**förutfattad**-*adj*	preconceived
8683	**förutsägelse**-*nn*	prediction|forecast
7656	**förutsättning**-*nn*	presumption
9969	**förutseende**-*nn; adj*	foresight; foreseeing
8460	**förvaltare**-*nn*	trustee
9512	**förväntansfull**-*adj*	expectant|anticipatory
9245	**förvaring**-*nn*	custody
7761	**förvarna**-*vb*	warn
7894	**förvärra**-*vb*	aggravate
9836	**förvärva**-*vb*	acquire|obtain
8161	**förväxla**-*vb*	mix up
9793	**förväxling**-*nn*	confusion
9291	**förvisa**-*vb*	banish|expel
9973	**förvissad**-*adj*	assured
8064	**förvissa**-*vb*	assure
9432	**förvränga**-*vb*	distort|scramble
8832	**forward**-*nn*	forward
9928	**fösa**-*vb*	drive
9879	**fossil**-*adj; nn*	fossil; fossil

8709	**fotfäste**-*nn*	foothold	
9239	**fotgängare**-*nn*	pedestrian	
9521	**fotoalbum**-*nn*	photograph album	
8191	**fotogen**-*nn*	kerosene	
9987	**fotomodell**-*nn*	model (person)	
8463	**frack**-*nn*	dress coat	
8397	**frågetecken**-*nn*	question mark	
8466	**fräkne**-*nn*	freckle	
8002	**frakta**-*vb*	carry|freight	
9234	**fraktur**-*nn*	fracture	
9443	**frambringa**-*vb*	bring forth|bring	
9269	**framfart**-*nn*	rampaging|progress	
9439	**framförande**-*nn*	performance	
8054	**framgå**-*vb*	appear	
8018	**framhäva**-*vb*	bring out|hold up	
9835	**framtand**-*nn*	incisor	
8073	**framträda**-*vb*	appear	
9355	**frände**-*nn*	kinsman	
8186	**fransos**-*nn*	Frenchman	
9896	**frånstötande**-*adj*	repellent	
9611	**fräsa**-*vb*	mill	
9782	**fräta**-*vb*	corrode|fret	
8149	**freda**-*vb*	protect|preserve	
9400	**fredstid**-*nn*	peacetime	
9238	**friktion**-*nn*	friction	
9075	**frispark**-*nn*	free hit	
10002	**fristående**-*adj*	stand-alone	
7595	**frontlinje**-*nn*	front line	
8286	**frossa**-*vb; nn*	overindulge; chills	
8587	**fukt**-*nn*	moisture|damp	
7514	**fullborda**-*vb*	complete|fulfill	
7769	**fullkomlig**-*adj*	perfect|entire	
9644	**fullmäktig**-*nn*	authorized representative	
8136	**fundering**-*nn*	reflection|speculation	
8504	**futtig**-*adj*	paltry	
9294	**fyllig**-*adj*	mellow	
9106	**fyllning**-*nn*	filling|stuffing	

G

7834	**gagna**-*vb*	benefit
8858	**galla**-*nn*	bile
7510	**galopp**-*nn*	gallop
8338	**gången**-*adj*	gone|departed
9791	**gapande**-*adj; nn*	gaping; gape

8206	**garanterad**-*adj*	assured
8659	**garn**-*nn*	yarn|cotton
7818	**garva**-*vb*	tan
9221	**gaspedal**-*nn*	accelerator
8127	**gåtfull**-*adj*	enigmatic
7619	**gathörn**-*nn*	street corner
9547	**gebit**-*nn*	domain
9653	**gedigen**-*adj*	solid
8994	**gemål**-*nn*	consort
8227	**gem**-*nn*	clip
9286	**generalmajor**-*nn*	major general
8829	**generalsekreterare**-*nn*	Secretary General
7974	**generell**-*adj*	general
8505	**generera**-*vb*	generate
9886	**genetiker**-*nn*	geneticist
9068	**genetik**-*nn*	genetics
7901	**genialitet**-*nn*	genius|ingenuity
8500	**genomlida**-*vb*	go through
8158	**genomskåda**-*vb*	see through
7561	**genomskinlig**-*adj*	transparent|pellucid
9655	**genomsnittlig**-*adj*	average
7549	**genomsnitt**-*nn*	average
7772	**genomsöka**-*vb*	search through
9375	**gensvar**-*nn*	response
9897	**genuin**-*adj*	genuine
8696	**geografi**-*nn*	geography
9974	**geologi**-*nn*	geology
9061	**geologisk**-*adj*	geological
9538	**geometri**-*nn*	geometry
7819	**gerilla**-*nn*	guerrilla
7905	**gestalt**-*nn*	figure
8214	**geting**-*nn*	wasp
8922	**gillra**-*vb*	set
9160	**gips**-*nn*	plaster
7900	**gitarrist**-*nn*	guitarist
7897	**givare**-*nn*	giver|dealer
8938	**glaciär**-*nn*	glacier
9020	**glädjande**-*adj*	gratifying
9954	**glänta**-*nn*	glade
9582	**glasklar**-*adj*	as clear as glass
9214	**glasyr**-*nn*	glaze|frosting
8416	**glittrande**-*nn*	glitter
8490	**glittra**-*vb*	glisten|shimmer
7738	**glob**-*nn*	sphere|globe
9429	**glödlampa**-*nn*	light-bulb

8905	**glömsk**-*adj*	forgetful		8075	**håg**-*nn*	mind
8583	**gnaga**-*vb*	fret|gnaw		9733	**häkta**-*vb; nn*	arrest; hook
8924	**gnällande**-*adj*	whining		9763	**hälare**-*nn*	receiver
9686	**gnällspik**-*nn*	whiner		8988	**hållare**-*nn*	holder
9786	**gnistrande**-*adj*	brilliant		9641	**hallon**-*nn*	raspberry
7668	**godbit**-*nn*	dainty|goody		7979	**halm**-*nn*	litter
8502	**godtrogen**-*adj*	credulous		8003	**halvbror**-*nn*	half-brother
9738	**gom**-*nn*	palate		8880	**halvdöd**-*nn*	half-dead
8188	**gottgörelse**-*nn*	compensation		8854	**halvdussin**-*nn*	half-dozen
8574	**grammatik**-*nn*	grammar		9295	**halvfull**-*adj*	half-full
7737	**grannskap**-*nn*	neighborhood		9892	**halvklot**-*nn*	hemisphere
8647	**gränsa**-*vb*	border		9731	**halvö**-*nn*	peninsula
9170	**gräshoppa**-*nn*	grasshopper		9580	**hämma**-*vb*	inhibit|impede
7730	**gräsklippare**-*nn*	mower		7535	**hämnare**-*nn*	avenger
7517	**gräslig**-*adj*	awful		7989	**hämning**-*nn*	inhibition
7927	**graviditetstest**-*nn*	pregnancy test		7889	**handbok**-*nn*	manual|guide
8363	**grävling**-*nn*	badger		9881	**handbroms**-*nn*	handbrake
7983	**gravplats**-*nn*	grave		9615	**handelsbod**-*nn*	shop
7601	**gravsten**-*nn*	headstone		7753	**händelsevis**-*adv*	by chance
7733	**grilla**-*vb*	grill		9158	**handelsman**-*nn*	shopkeeper
9885	**grimas**-*nn*	grimace		7604	**handfat**-*nn*	basin
9812	**grina**-*vb*	weep|grin		8644	**handflata**-*nn*	palm
8087	**gröda**-*nn*	crop|crops		9402	**handgranat**-*nn*	hand-grenade
9938	**grogg**-*nn*	grog		8893	**handlag**-*nn*	touch
9118	**groll**-*nn*	grudge		7678	**handlande**-*nn*	acting
8886	**grotesk**-*adj; nn*	grotesque; grotesque		9784	**hänförande**-*adj*	ravishing
8148	**gro**-*vb*	germinate|grow		9824	**hänvisad**-*adj*	dependent
7503	**grubbla**-*vb*	ponder|brood		7538	**hänvisa**-*vb*	refer
7552	**grunda**-*vb*	base|set up		9146	**häpen**-*adj*	flabbergasted
7742	**grundlag**-*nn*	constitution		8062	**häpnad**-*nn*	amazement
7590	**grundlig**-*adj*	thorough|profound		7934	**härbärge**-*nn*	shelter
8617	**gruppchef**-*nn*	squad commander		9101	**hårdkokt**-*adj*	hard-boiled
9074	**gudagåva**-*nn*	godsend		9803	**härd**-*nn*	hearth
7775	**gudstjänst**-*nn*	worship		8799	**hårdvara**-*nn*	hardware
9964	**guldgruva**-*nn*	gold mine		9276	**hårfin**-*adj*	subtle|hair's breadth
8609	**guldklocka**-*nn*	gold watch		9657	**häri**-*adv*	herein
9631	**guldmedalj**-*nn*	gold medal		7779	**harmlös**-*adj*	harmless
9304	**gungning**-*nn*	swinging		7671	**harpa**-*nn*	harp
7798	**gymnastik**-*nn*	gymnastics		9527	**hårsmån**-*nn*	trifle
8524	**gyttja**-*nn*	ooze|mire		8919	**hårtork**-*nn*	hair dryer
				9064	**hastig**-*adj*	hasty
	H			8218	**hästkraft**-*nn*	horsepower
				8335	**hast**-*nn*	hurry|dispatch
8281	**hackad**-*adj*	hacked		8831	**havande**-*adj*	pregnant
7712	**häcka**-*nn*	breed		9491	**havsbotten**-*nn*	seabed
8470	**hagelbössa**-*nn*	shotgun		8147	**havsvatten**-*nn*	sea water

9327	**hederskodex**-*nn*	etiquette
8411	**hedervärd**-*adj*	creditable|honourable
7857	**hednisk**-*adj*	pagan
9746	**hejduk**-*nn*	henchman
8928	**hektisk**-*adj*	hectic
9308	**helgerån**-*nn*	sacrilege
8926	**helium**-*nn*	helium
9006	**helomvändning**-*nn*	turnabout
8419	**hembesök**-*nn*	home visit
8027	**hemgift**-*nn*	dowry
7518	**hemkomst**-*nn*	home-coming
8026	**hemlighetsfull**-*adj*	secretive
9042	**hemlighetsmakeri**-*nn*	mystery making
7717	**hemligstämplad**-*adv; adj*	top-secret; classified
7883	**hemtrakt**-*nn*	home district
8838	**hemvärn**-*nn*	home defense
8827	**henna**-*adj*	henna
8179	**herravälde**-*nn*	domination
8706	**hetsig**-*adj*	fiery
9184	**himlavalv**-*nn*	heavens
7835	**himmelskt**-*adv*	heavenly
8135	**hin**-*nn*	Devil
9536	**HIV**-*abr*	HIV
8093	**hjälpmedel**-*nn*	aid
9849	**hjältemodig**-*adj*	heroic
8494	**hjärnblödning**-*nn*	cerebral haemorrhage
7987	**hjärnskada**-*nn*	brain injury
9249	**hjärntumör**-*nn*	brain tumor
8942	**hjärtattack**-*nn*	heart attack
9756	**hjärtklappning**-*nn*	palpitation
9727	**hjord**-*nn*	flock|herd
8995	**högfärdig**-*adj*	proud
8255	**högtidlig**-*adj*	solemn
8391	**högtid**-*nn*	event
9660	**högvatten**-*nn*	high tide
9056	**hölje**-*nn*	cover|case
7912	**homosexualitet**-*nn*	homosexuality
8733	**hoppfull**-*adj*	hopeful
9772	**hörapparat**-*nn*	hearing aid
7888	**hörna**-*nn*	corner
7884	**höstack**-*nn*	haystack
8074	**hotfull**-*adj*	threatening
8612	**hovmästare**-*nn*	head waiter|butler
8198	**human**-*adj*	humane

9233	**humanitär**-*adj*	humanitarian
8000	**hundratusen**-*num*	hundred thousand
8321	**huvudingång**-*nn*	main entrance
9845	**huvudnummer**-*nn*	feature
9353	**huvudperson**-*nn*	chief person
7770	**huvudsaklig**-*adj*	main
8310	**huvudväg**-*nn*	highway
8752	**hydda**-*nn*	hut
7804	**hypotes**-*nn*	hypothesis
9958	**hyreshus**-*nn*	rental house

I

9093	**iakttagelse**-*nn*	observation
8738	**idealisk**-*adj*	ideal
7839	**ide**-*nn*	idea
7977	**identifikation**-*nn*	identification
9231	**ihålig**-*adj*	hollow
8592	**ihärdig**-*adj*	persistent
8668	**ihjälslagen**-*adj*	killed
7609	**illaluktande**-*adj*	malodorous
9268	**illavarslande**-*adj*	evil-boding
8308	**illdåd**-*nn*	atrocity
8686	**iller**-*nn*	ferret
8377	**illvilja**-*nn*	ill will
9751	**importerad**-*adj*	importable
9844	**importera**-*vb*	import
8673	**import**-*nn*	import
8559	**impotent**-*adj*	impotent
9036	**improviserad**-*adj*	improvised
9242	**impulsivt**-*adv*	impulsively
9605	**inbegripa**-*vb*	include
8589	**inbjuda**-*vb*	invite
8862	**inblick**-*nn*	insight
7508	**inbyggd**-*adj*	built-in
9366	**incest**-*nn*	incest
8969	**index**-*nn*	index
8334	**indirekt**-*adv; adj*	indirectly; indirect
8176	**industriell**-*adj*	industrial
8058	**infall**-*nn*	fancy
8404	**infart**-*nn*	entrance
8234	**inferno**-*nn*	inferno
8454	**infinna**-*vb*	appear
9345	**inflation**-*nn*	inflation
7765	**inflytelserik**-*adj*	influential
8693	**inföding**-*nn*	native

8822	**informatör**-*nn*	informant
9097	**informell**-*adj*	informal
8662	**infraröd**-*adj*	infrared
9089	**infrastruktur**-*nn*	infrastructure
7801	**ingenmansland**-*nn*	no-man's-land
9777	**ingivelse**-*nn*	inspiration
8298	**ingrediens**-*nn*	ingredient
8313	**inhemsk**-*adj*	domestic
9705	**initiera**-*vb*	initiate
7880	**injicera**-*vb*	inject
9941	**inkognito**-*adj; adv; nn*	incognito; incognito; incognito
7669	**inledande**-*adj*	initial|introductory
8954	**inledning**-*nn*	introduction
10000	**inlevelse**-*nn*	empathy
9260	**inneha**-*vb*	hold|possess
9814	**inofficiell**-*adj; adv*	unofficial; off the record
9555	**inreda**-*vb*	furnish|fit
10013	**inredd**-*adj*	found
7963	**inredning**-*nn*	furnishings
8549	**inrikes**-*adj; adv*	internal; domestic
9120	**inrikesminister**-*nn*	minister of the interior
9656	**inrikta**-*vb*	target|concentrate
8315	**inriktning**-*nn*	alignment
9667	**inskränka**-*vb*	restrict|reduce
9947	**inskription**-*nn*	inscription
8077	**inspelad**-*adj*	recorded
8598	**inspirationskälla**-*nn*	source of inspiration
9401	**instans**-*nn*	instance
8037	**instinktivt**-*adv*	instinctively
9359	**insyn**-*nn*	insight
7949	**intag**-*nn*	intake
7522	**intäkt**-*nn*	earnings
8871	**intensitet**-*nn*	intensity
9933	**intention**-*nn*	intention
7611	**intrig**-*nn*	scheme|plot
8233	**introduktion**-*nn*	introduction
8402	**invecklad**-*adj*	intricate|complicated
8408	**inviga**-*vb*	inaugurate
9513	**iögonfallande**-*adj*	conspicuous
8688	**irakier**-*nn*	Iraqi
9415	**irritation**-*nn*	irritation
9709	**isbit**-*nn*	ice cube
9998	**iscensätta**-*vb*	stage-manage
9539	**islamisk**-*adj*	Islamic
8964	**ister**-*nn*	lard
8564	**istid**-*nn*	glacial period
8881	**iver**-*nn*	eagerness|fervor
9113	**ivrigt**-*adv*	urgently|eagerly

J

7726	**jämlikhet**-*nn*	equality
9981	**jämmer**-*nn; adj*	groaning; plaintive cry
7692	**jämna**-*vb*	smooth
8678	**jämsides**-*adv*	abreast
9010	**jänta**-*vb*	wench
10011	**järngrepp**-*nn*	iron grip
8852	**järnvägsstation**-*nn*	railway station
9919	**jobbare**-*nn*	worker
9749	**jordbrukare**-*nn*	farmer
7704	**jordisk**-*adj*	earthly
8491	**judo**-*nn*	judo
8015	**julfest**-*nn*	Christmas party
9951	**jupiter**-*nn*	Jupiter
7806	**jurisdiktion**-*nn*	jurisdiction
8364	**jurymedlem**-*nn*	juror
8207	**justering**-*nn*	adjustment
7809	**justitieminister**-*nn*	Minister of Justice
9090	**jylland**-*nn*	Jutland

K

7849	**kabin**-*nn*	cabin
9833	**kafferast**-*nn*	coffee break
9946	**kakel**-*nn*	glazed tile
9053	**kalk**-*nn*	lime
7876	**kallelse**-*nn*	invitation
9540	**kallfront**-*nn*	cold front
8674	**kam**-*nn*	comb
8501	**kana**-*vb; nn*	slide; slide
9507	**kannibalism**-*nn*	cannibalism
9707	**kannibal**-*nn*	cannibal
8660	**kanonkula**-*nn*	cannonball
8914	**kaotisk**-*adj*	chaotic
9079	**kapitalism**-*nn*	capitalism
8507	**kapp**-*prp*	against
7844	**kaputt**-*adj*	kaput
7982	**karamell**-*nn*	candy
9630	**karavan**-*nn*	caravan
7821	**karisma**-*nn*	charisma

7661	**kärlekshistoria**-*nn*	love story	8835	**knäckt**-*adj*	cracked
7568	**kärnkraft**-*nn*	nuclear power	8836	**knoge**-*nn*	knuckle
7921	**kärnkraftverk**-*nn*	nuclear power station	9385	**knopp**-*nn*	bud|knob
8809	**kartlägga**-*vb*	map	8557	**knubbig**-*adj*	chubby|pudgy
8744	**kärve**-*nn*	sheaf	9367	**köa**-*vb*	queue
7823	**kassett**-*nn*	cassette	7635	**kofot**-*nn*	crowbar
7895	**kastare**-*nn*	caster	8343	**koja**-*nn; vb*	hut; flop out
8792	**kastrera**-*vb*	castrate|neuter	7630	**kokande**-*adj*	aboil
9949	**kastrull**-*nn*	saucepan	8712	**kokerska**-*nn*	female cook
8663	**katastrofal**-*adj*	catastrophic	8766	**kokong**-*nn*	cocoon
7924	**kätteri**-*nn*	heresy	8786	**köksbord**-*nn*	cook table
9154	**kejsardöme**-*nn*	empire	9841	**kolera**-*nn*	cholera
9188	**kejsarsnitt**-*nn*	Caesarian operation	8400	**kolesterol**-*nn*	cholesterol
7868	**kela**-*vb*	canoodle|cuddle	7970	**kollaps**-*nn*	collapse
9125	**kennel**-*nn*	kennels	8781	**kollektion**-*nn*	collection
9937	**keramik**-*nn*	ceramics	9480	**kollidera**-*vb*	collide|impact
8166	**kimono**-*nn*	kimono	9983	**köl**-*nn*	keel
8826	**kiosk**-*nn*	kiosk	9256	**kolossal**-*adj*	colossal
8137	**kirurgi**-*nn*	surgery	8488	**kolv**-*nn*	piston|flask
9673	**kirurgisk**-*adj*	surgical	7951	**kombinerad**-*adj*	combined
7973	**kläcka**-*vb*	hatch	7805	**kombinera**-*vb*	combine
9710	**kladda**-*vb*	smudge	9477	**komiker**-*nn*	comedian
8081	**kladdig**-*adj*	smudgy	9277	**komisk**-*adj*	comic
9629	**klagan**-*nn*	complaint	8223	**kommersiell**-*adj*	commercial
8441	**klamra**-*vb*	cling	8741	**kommersiellt**-*adv*	commercially
9874	**klänga**-*vb*	cling	9684	**kommunal**-*adj*	municipal
7966	**klåpare**-*nn*	bungler|fiddler	8720	**kompakt**-*adj*	compact
8247	**klarinett**-*nn*	clarinet	9502	**komplicera**-*vb*	embroil
7771	**klarna**-*vb*	clear	9548	**komposition**-*nn*	composition
9306	**klartext**-*nn*	plain language	8795	**kompositör**-*nn*	composer
8481	**klassa**-*vb*	classify	8328	**koncern**-*nn*	concern
9370	**klättrare**-*nn*	climber	9058	**konfetti**-*nn*	confetti
8390	**klättring**-*nn*	climb	9343	**konfiskera**-*vb*	confiscate
9200	**klaustrofobi**-*nn*	claustrophobia	7722	**konfrontation**-*nn*	confrontation
9854	**klent**-*adv*	feebly	9500	**konsekvent**-*adj; adv*	consistent; consistently
9466	**klingande**-*nn; adj*	clink; high-sounding	7639	**konservativ**-*adj*	conservative
8215	**klinga**-*vb*	ring|sound	9598	**konserv**-*nn*	tinned provisions
9889	**klinisk**-*adj*	clinical	8948	**konstatera**-*vb*	state
9997	**klippning**-*nn*	cutting|clipping	8650	**konstruera**-*vb*	construct|design
8378	**klockslag**-*nn*	stroke|hour	8763	**konstruktiv**-*adj*	constructive
9819	**klokhet**-*nn*	wisdom	9687	**konsultera**-*vb*	consult
8558	**klotter**-*nn*	doodle|graffiti	9537	**konsument**-*nn*	consumer
7632	**kluven**-*adj*	split	9682	**konsumtion**-*nn*	consumption
7675	**klyfta**-*nn*	gap|gorge	8534	**kontra**-*vb; prp*	counter; versus
7531	**knäböja**-*vb*	kneel	8423	**kontrollpanel**-*nn*	control panel
8909	**knackning**-*nn*	knock|tap			

8410	**kontroversiell**-*adj*	controversial
9191	**konvertera**-*vb*	convert
7925	**köpcentrum**-*nn*	shopping center
8485	**kopiering**-*nn*	reproduction
8236	**köpman**-*nn*	merchant
9851	**koreografi**-*nn*	choreography
7959	**kork**-*nn*	cork
8974	**korkskruv**-*nn*	corkscrew
7650	**korp**-*nn*	raven
9280	**korrespondent**-*nn*	correspondent
7999	**korrigera**-*vb*	correct
9404	**korsett**-*nn*	corset
9602	**korsfästelse**-*nn*	crucifixion
8522	**korsord**-*nn*	crossword
7707	**kosmisk**-*adj*	cosmic
8089	**köttätande**-*adj*	carnivorous
8764	**köttätare**-*nn*	meat-eater
8063	**kotte**-*nn*	cone
8199	**köttfärs**-*nn*	minced meat
9716	**kräfta**-*nn*	crayfish
9943	**kraftverk**-*nn*	power plant
7808	**kråka**-*nn*	crow
8060	**kräla**-*vb*	crawl
8531	**kränga**-*vb*	heel|pitch
7715	**krångel**-*nn*	hassle
7953	**krånglig**-*adj*	awkward
9681	**kranium**-*nn*	skull
8571	**kränkande**-*adj*	offensive
7829	**kränkning**-*nn*	violation|injury
8578	**krans**-*nn*	wreath|crown
9182	**krasslig**-*adj*	seedy|off-colour
7906	**kratta**-*nn*	rake
7892	**kreatur**-*nn*	animal
7690	**krets**-*nn*	circuit|ring
9640	**kriga**-*vb*	war
9978	**krigsbyte**-*nn*	loot
8515	**krigsfånge**-*nn*	prisoner of war
8631	**krigsfartyg**-*nn*	warvessel
9321	**krigsförbrytare**-*nn*	war criminal
9911	**krigsförklaring**-*nn*	declaration of war
8599	**krigsstig**-*nn*	warpath
9753	**kriminalpolis**-*nn*	criminal police
7802	**kringgå**-*vb*	circumvent
7984	**kristallklar**-*adj*	crystal-clear
7727	**kristendom**-*nn*	Christianity
8448	**krita**-*nn; vb*	chalk; chalk

8765	**krock**-*nn*	crash|collision
9810	**kröka**-*vb*	curve|bend
9744	**krök**-*nn*	elbow|crook
9496	**kröning**-*nn*	coronation
7591	**kronisk**-*adj*	chronic
8872	**krön**-*nn*	crown
9595	**kroppsbyggnad**-*nn*	physique
9990	**kroppsligt**-*adv*	bodily
8258	**krycka**-*nn*	crutch
8020	**krypande**-*adj; nn*	creeping; crawl
9354	**krypta**-*nn*	crypt
9570	**kryssare**-*nn*	cruiser
8353	**kryss**-*nn*	cross
8439	**kult**-*nn*	cult
8001	**kumpan**-*nn*	companion
8758	**kungadöme**-*nn*	kingdom
9073	**kungafamilj**-*nn*	royal family
8395	**kunnande**-*nn*	knowledge
9450	**kunnig**-*adj*	knowledgeable|proficient
7638	**kupol**-*nn*	dome
9085	**kupong**-*nn*	coupon
8611	**kur**-*nn*	cure|treatment
7937	**kusk**-*nn*	driver
8625	**kvadda**-*vb*	crash
8177	**kvadratmeter**-*nn*	square meter
7758	**kvällsmat**-*nn*	supper
8043	**kvartal**-*nn*	quarter
9962	**kvav**-*adj*	sultry|muggy
8155	**kvävning**-*nn*	suffocation
7634	**kvicksilver**-*nn*	quicksilver
8263	**kvist**-*nn*	twig|spray
8370	**kvittera**-*vb*	receipt
9551	**kvittra**-*vb*	chirp|twitter
8975	**kvot**-*nn*	quota
9549	**kyffe**-*nn*	hovel|kennel
8451	**kylare**-*nn*	cooler

L

8875	**läckage**-*nn*	leakage
9172	**läckande**-*adj; nn*	leaky; leakage
9525	**laganda**-*nn*	team spirit
8382	**lagerlokal**-*nn*	storeroom
9162	**lagförslag**-*nn*	measure
9989	**lagrad**-*adj*	matured|stored

8414	**lagra**-*vb*	store	9646	**livfull**-*nn; adj*	vibrant; lively
9388	**lama**-*nn*	lama	7967	**livshotande**-*adj*	life-threatening
8261	**lämpa**-*vb*	be convenient	9177	**livslång**-*adj*	lifelong
9652	**lånad**-*adj*	borrowed	8985	**livsmedel**-*nn*	food|provisions
9597	**landgång**-*nn*	gangway	8090	**livvakt**-*nn*	bodyguard
9625	**landstiga**-*vb*	land|debark	8884	**ljudlöst**-*adv*	noiselessly
8636	**långsiktig**-*adj*	long-term	7814	**ljugande**-*nn*	falsehood
7647	**långtradare**-*nn*	truck	8890	**lockig**-*adj*	curly
8455	**långvarig**-*adj*	prolonged	9554	**loft**-*nn*	loft
8629	**lä**-*nn*	leeward	8961	**lokförare**-*nn*	machinist
8131	**län**-*nn*	county	8704	**lom**-*nn*	loon
9856	**lansera**-*vb*	launch	8778	**lönande**-*adj; nn*	profitable; paying
9273	**läromästare**-*nn*	teacher	9005	**longitud**-*nn*	longitude
7685	**lärorik**-*adj*	instructive	8759	**lönsam**-*adj*	profitable
7567	**larvig**-*adj*	infantile	7952	**löpning**-*nn*	running
8894	**lasarett**-*nn*	hospital	7907	**loppmarknad**-*nn*	flea market
9569	**lastad**-*adj*	loaded|heavy	9457	**lösdrivare**-*nn*	vagabond
9787	**lastfartyg**-*nn*	cargo ship	8544	**löst**-*adv; adj*	loosely; solved
8818	**latinsk**-*adj*	Latin	9022	**löständer**-*nn*	dentures
9544	**lätthet**-*nn*	ease|lightness	9145	**lovord**-*nn*	praise
8902	**lavemang**-*nn*	enema	9571	**lufta**-*vb*	air
8808	**laxermedel**-*nn*	laxative	9391	**luftgevär**-*nn*	air rifle
8174	**ledamot**-*nn*	member	9040	**lufttryck**-*nn*	air-pressure
9333	**ledband**-*nn*	leash	8052	**lump**-*nn*	rag
9394	**ledningscentral**-*nn*	operations room	8116	**lund**-*nn*	grove
7997	**ledsagare**-*nn*	escort|guide	7581	**lungcancer**-*nn*	lung cancer
9610	**lekfull**-*adj*	playful|gamesome	8993	**lungsot**-*nn*	consumption
9695	**leksaksaffär**-*nn*	toyshop	7764	**lurig**-*adj*	dodgy
9545	**lerig**-*adj*	muddy	7896	**lustgas**-*nn*	laughing gas
8539	**leverne**-*nn*	life	8432	**lyckosam**-*adj*	fortunate
9047	**lidelse**-*nn*	fire|passion	8115	**lydig**-*adj*	obedient
9334	**likasinnad**-*adj*	like-minded	9509	**lykta**-*nn*	lantern
8472	**likaväl**-*adv*	just as well	8749	**lynnig**-*adj*	moody
8269	**likgiltighet**-*nn*	disregard	8774	**lyrik**-*nn*	lyrics
9976	**likgiltigt**-*adv*	indifferently			
10014	**liknelse**-*nn*	likeliness			
9320	**likvärdig**-*adj*	equivalent		**M**	
8237	**lillfinger**-*nn*	little finger			
8591	**limpa**-*nn*	loaf	7708	**magnetfält**-*nn*	magnetic field
9305	**linjal**-*nn*	ruler	8375	**magnetisk**-*adj*	magnetic
7869	**linne**-*nn*	linen	9752	**mahogny**-*adj*	mahogany
7653	**lira**-*nn*	lira	9852	**makaber**-*adj*	macabre
8780	**lire**-*nn*	lira	7646	**makalös**-*adj*	incomparable
9070	**litium**-*nn*	lithium	9745	**mäkta**-*vb; adv*	be capable of; mighty
8368	**litterär**-*adj*	literary	8898	**målad**-*adj*	painted
7729	**liva upp**-*vb*	elate	8900	**målarfärg**-*nn*	painter colors
			7542	**malaysia**-*nn*	Malaysia

9703	**målgrupp**-*nn*	target group	
9639	**målmedveten**-*adj*	purposeful	
9807	**malm**-*nn*	ore	
9619	**månadslön**-*nn*	salary	
9258	**mana**-*vb*	exhort	
9347	**mandat**-*nn*	mandate	
8449	**manet**-*nn*	jellyfish	
9261	**mångfald**-*nn*	diversity	
8639	**manke**-*nn*	withers	
8051	**manövrera**-*vb*	operate|manage	
9264	**månsken**-*nn*	moonlight	
8739	**manusförfattare**-*nn*	scriptwriter	
7553	**manuskript**-*nn*	manuscript	
9428	**marginal**-*nn*	margin	
7602	**markerad**-*adj*	marked	
7922	**markering**-*nn*	marking	
9696	**marknadsföra**-*vb*	market	
8771	**marmelad**-*nn*	marmalade	
8178	**mascara**-*nn*	mascara	
8597	**maskineri**-*nn*	machinery	
9299	**maskinist**-*nn*	engineer	
7659	**mås**-*nn*	gull	
9683	**massmedia**-*nn*	mass media	
9081	**matador**-*nn*	matador	
7864	**matbord**-*nn*	dining table	
9392	**matematisk**-*adj*	mathematical	
9013	**matematiskt**-*adv*	mathematically	
8010	**materiell**-*adj*	material	
8170	**materiel**-*nn*	equipment	
8527	**mätning**-*nn*	measuring	
8457	**måtta**-*nn; vb*	moderation; aim	
7950	**medborgerlig**-*adj*	civic	
8421	**medelklass**-*nn; adj*	middle class; middle class	
9152	**medelpunkt**-*nn*	center	
9174	**medfödd**-*adj*	congenital	
9217	**medvetenhet**-*nn*	awareness	
9679	**medvind**-*nn*	tailwind	
8187	**mekanism**-*nn*	mechanism	
7550	**mellanhand**-*nn*	intermediator	
9049	**mellersta**-*adj*	middle	
8735	**melodramatisk**-*adj*	melodramatic	
8593	**meningsskiljaktighet**-*nn*	disagreement	
8936	**merpart**-*nn*	main body	
7740	**mesig**-*adj*	meek|wimpy	
9737	**middagsbjudning**-*nn*	dinner party	
9000	**midsommar**-*nn*	midsummer	
8094	**mikroskop**-*nn*	microscope	
8789	**militärbas**-*nn*	military base	
8755	**militärtjänst**-*nn*	military service	
8978	**milstolpe**-*nn*	milestone	
8895	**mineral**-*nn*	mineral	
8048	**minfält**-*nn*	minefield	
9877	**miniräknare**-*nn*	calculator	
8450	**minnesvärd**-*adj*	memorable	
8962	**misär**-*nn*	misery	
8434	**misshandla**-*vb; nn*	maltreat; rough up	
7784	**missionär**-*nn*	missionary	
9907	**missöde**-*nn*	mishap	
8150	**misstänksamt**-*adv*	suspiciously	
9904	**missuppfattning**-*nn*	misconception	
9486	**mittpunkt**-*nn*	center	
8082	**mjäll**-*nn*	dandruff|tender	
8576	**mjälte**-*nn*	spleen	
7728	**mjöd**-*nn*	mead	
7565	**mjukvara**-*nn*	software	
7582	**mobilisera**-*vb*	mobilize	
9372	**möblera**-*vb*	furnish	
8955	**mocka**-*nn; vb*	suede; muck	
9399	**modem**-*nn*	modem	
9381	**modifiera**-*vb*	modify	
9430	**mognad**-*nn*	maturity|ripeness	
9063	**möjliggöra**-*vb*	make possible	
9017	**moms**-*nn*	value-added tax	
9706	**monetär**-*adj*	monetary	
9004	**monolog**-*nn*	monologue	
7505	**montera**-*vb*	mount|install	
9534	**moped**-*nn*	moped	
9986	**mörkrum**-*nn*	darkroom	
9134	**morrhår**-*nn*	whisker	
9312	**mört**-*nn*	roach	
7547	**mossa**-*nn*	Moss	
9171	**mosse**-*nn*	bog	
8797	**motanfall**-*nn*	counterattack	
8843	**motionera**-*vb*	exercise	
8067	**motivera**-*vb*	motivate	
7652	**motorsåg**-*nn*	chain saw	
9225	**motsäga**-*vb*	contradict	
7931	**motstycke**-*nn*	counterpart	
8005	**motsvarande**-*adj*	corresponding	

9866	**motsvarighet**-*nn*	equivalent
8648	**mottagen**-*adj*	received
9115	**motverka**-*vb*	counteract
9130	**motvilja**-*nn*	aversion|dislike
7837	**motvilligt**-*adv*	reluctantly
9622	**motvind**-*nn*	head-wind
8972	**mucka**-*vb*	demob|discharge
9208	**multiplicera**-*vb*	multiply
7955	**munkavle**-*nn*	gag
9014	**muntlig**-*adj*	oral
9694	**muskulös**-*adj*	muscular
9246	**must**-*nn*	must
7592	**mygga**-*nn*	mosquito
9913	**myllra**-*vb; nn*	swarm; teem
8072	**myndig**-*adj*	of age|commanding
7911	**mytologi**-*nn*	mythology

N

8628	**näbb**-*nn*	beak
7917	**näck**-*adj*	naked
7594	**nackdel**-*nn*	disadvantage
7725	**nagellack**-*nn*	nail-polish
9037	**nakenhet**-*nn*	nakedness
8106	**nalkas**-*vb*	approach
8366	**nalle**-*nn*	cellphone
8156	**nämnd**-*nn*	board
8194	**nappa**-*vb*	bite
9408	**närapå**-*adv*	nearly
9411	**närgången**-*adj*	familiar
9479	**narkoman**-*nn*	drug addict
8563	**närliggande**-*adj*	nearby
8634	**närmande**-*nn*	approach
8348	**närstående**-*adj*	related
8344	**närsynt**-*adj*	nearsighted
8888	**näste**-*nn*	nest
10022	**nationaldag**-*nn*	National Day
9122	**nationalitet**-*nn*	nationality
8957	**nationalsång**-*nn*	national anthem
9396	**nattduksbord**-*nn*	bedside table
9809	**nattklubb**-*nn*	nightclub
8342	**nattlinne**-*nn*	nightgown
7875	**nattvard**-*nn*	communion
9542	**naturvetenskap**-*nn*	science
8084	**navel**-*nn*	navel
8731	**nazistisk**-*adj*	Nazi

9648	**nedersta**-*adj*	bottommost
9440	**nedgång**-*nn*	decline|fall
9220	**nedlagd**-*adj*	disused
7941	**nedsatt**-*adj*	reduced
9574	**nedsättande**-*adj*	derogatory| depreciatory
9144	**nedslående**-*adj*	disheartening
9050	**nedslag**-*nn*	impact
7938	**nedstämd**-*adj*	depressed
8921	**nervgas**-*nn*	nerve gas
9921	**nervositet**-*nn*	nervousness
8243	**nervsammanbrott**-*nn*	nervous breakdown
9956	**neurotisk**-*adj*	neurotic
8014	**neutron**-*nn*	neutron
7827	**nicaragua**-*nn*	Nicaragua
9219	**nirvana**-*nn*	nirvana
8379	**nit**-*nn*	rivet|zeal
7964	**nittio**-*num*	ninety
7799	**nobba**-*vb*	pass up
8323	**nödvändighet**-*nn*	necessity
9992	**noggrannhet**-*nn*	accuracy
8742	**nöjesfält**-*nn*	amusement park
9768	**nonchalant**-*adj; adv*	nonchalant; offhand
8925	**nordamerikansk**-*adj*	north-american
7853	**nordöstra**-*adj*	northeast
7528	**norröver**-*adj*	up-country
9278	**nosa**-*vb*	sniff
9318	**nostalgi**-*nn*	nostalgia
8965	**notering**-*nn*	quotation
9593	**notis**-*nn*	news item
9338	**nötkött**-*nn*	beef
8973	**nudda**-*vb*	touch
8024	**nuläge**-*nn*	now
8817	**numrerad**-*adj*	numbered
8600	**nuna**-*nn*	dial
9942	**nutida**-*adj*	contemporary
8373	**nyans**-*nn*	shade|nuance
8605	**nyckelben**-*nn*	collarbone
8125	**nyck**-*nn*	fad|fancy
9893	**nyhetsbrev**-*nn*	newsletter
9494	**nyhetssändning**-*nn*	newscast
7854	**nynna**-*vb*	croon
8427	**nysa**-*vb*	sneeze
9499	**nyttja**-*vb*	make use of

O

9444	**oacceptabel**-*adj*	unacceptable
8393	**oändlighet**-*nn*	infinity
9112	**oanmäld**-*adj*	unannounced
10024	**oanvändbar**-*adj*	unusable
9204	**oärlig**-*adj*	dishonest
7587	**oavsiktligt**-*adv*	unwittingly
9150	**obarmhärtig**-*adj*	merciless|ruthless
9409	**obducera**-*vb*	autopsy
8646	**obegränsad**-*adj*	unrestricted
8930	**obehörig**-*adj*	unauthorized
8949	**obekant**-*adj; nn*	unknown; stranger
9798	**obemannad**-*adj*	unmanned
7762	**oberäknelig**-*adj*	haywire
8284	**oberörd**-*adj*	unmoved
8640	**obesvarad**-*adj*	unanswered
8422	**obetydligt**-*adv*	slightly
9211	**obevakad**-*adj*	unguarded
8722	**obildad**-*adj*	illiterate
8841	**objuden**-*adj*	uninvited
8424	**obligatorisk**-*adj*	obligatory
9303	**observatorium**-*nn*	observatory
8677	**ockult**-*adj*	occult
8257	**ockupation**-*nn*	occupation
9587	**ockupera**-*vb*	occup
7679	**ödesdiger**-*adj*	fatal
9289	**odling**-*nn*	cultivation
9292	**odräglig**-*adj*	insufferable
9930	**oenighet**-*nn*	disagreement
9463	**oersättlig**-*adj*	irreplaceable
7558	**oetisk**-*adj*	unethical
8666	**ofattbar**-*adj*	unimaginable
8710	**offentliggöra**-*vb*	post
9871	**offside**-*adj; nn*	offside; offside
9096	**oförändrad**-*adj*	unchanged|unmodified
9142	**oförglömlig**-*adj*	unforgettable
9147	**oförmåga**-*nn*	inability|incapacity
7623	**oförsiktig**-*adj*	careless
9546	**oförskämdhet**-*nn*	insolence
8362	**oförutsägbar**-*adj*	unpredictable
8459	**oförutsedd**-*adj*	unforeseen
9573	**ofrälse**-*adj*	untitled
9699	**ofrånkomlig**-*adj*	inevitable|inescapable
8330	**ofredande**-*nn*	molestation

8160	**ofullständig**-*adj*	incomplete
9422	**ogenomtränglig**-*adj*	impervious
9918	**ogillande**-*nn; adj*	disapproval; dismissive
8462	**ogiltig**-*adj*	invalid
7622	**ögonlock**-*nn*	eyelid
8383	**ohygglig**-*adj*	appalling
7962	**oklok**-*adj*	unwise
8684	**okontrollerat**-*adv*	unchecked
8947	**olikhet**-*nn*	inequality
9920	**olycksfall**-*nn*	casualty
8059	**omänsklig**-*adj*	inhuman
8025	**omfatta**-*vb*	include|cover
8542	**omfattning**-*nn*	extent
9482	**omformulera**-*vb*	rephrase
9296	**omodern**-*adj; adv*	outdated; out
8101	**omöjlighet**-*nn*	impossibility
9424	**omoralisk**-*adj*	immoral
9363	**ompröva**-*vb*	reconsider
9262	**omsättning**-*nn*	turnover
8008	**ömsesidig**-*adj*	mutual
9459	**ömsint**-*adj*	tender
7533	**ömtålig**-*adj*	fragile|sensitive
7705	**omvandla**-*vb*	convert
8049	**omvårdnad**-*nn*	welfare
8350	**onåd**-*nn*	disgrace|disfavor
9661	**onekligen**-*adv*	undeniably
7942	**önsketänkande**-*nn*	wishful thinking
9739	**önskvärd**-*adj*	desirable
8055	**oordning**-*nn*	disorder
9332	**opartisk**-*adj*	impartial
7773	**operativ**-*adj*	operational
7755	**operatör**-*nn*	operator
9713	**öppenhet**-*nn*	openness
9774	**opposition**-*nn*	opposition
8732	**optimism**-*nn*	optimism
9531	**option**-*nn*	option
9181	**optisk**-*adj*	optical
8142	**oräknelig**-*adj*	countless
8190	**ordbok**-*nn*	dictionary
7734	**ordförråd**-*nn*	vocabulary
8701	**ordinär**-*adj*	ordinary|common
8091	**ordinarie**-*adj*	ordinary
9127	**ordnad**-*adj*	orderly
8361	**ordval**-*nn*	choice of words
9875	**oregano**-*nn*	oregano

8384	**oresonlig**-*adj*	unreasonable
9832	**orientalisk**-*adj*	oriental
9562	**orienten**-*nn*	orient
9414	**ormbett**-*nn*	snakebite
8616	**orolighet**-*nn*	disturbance
8889	**osa**-*vb*	reek|stink
9633	**osedd**-*adj*	unseen
8499	**osjälvisk**-*adj*	unselfish
9350	**osmaklig**-*adj*	distasteful
8860	**ostadig**-*adj*	unstable
8575	**österifrån**-*adv*	from the east
8839	**österrikisk**-*adj*	Austrian
9071	**östeuropa**-*nn*	Eastern Europe
8154	**otillåten**-*adj*	illicit
9121	**otillräcklig**-*adj*	insufficient
9760	**otränad**-*adj*	untrained
8464	**otydlig**-*adj*	inexplicit
9796	**otyg**-*nn*	pest
8989	**oumbärlig**-*adj*	indispensable
8465	**oundvikligen**-*adv*	inevitably
9671	**oupptäckt**-*adj*	undetected
8386	**oval**-*nn*	oval
9596	**ovanifrån**-*adv*	from above
8855	**ovänlig**-*adj*	unfriendly
7831	**ovärdig**-*adj*	unworthy
7847	**overall**-*nn*	overalls
9794	**överbefälhavare**-*nn*	commander in chief
8399	**överblick**-*nn*	view
9226	**överensstämma**-*vb*	agree|comply
9378	**överflödig**-*adj*	superfluous|redundant
9019	**överflödigt**-*adv*	copiously; superfluos
9914	**övergående**-*adj*	transitory
8753	**överhängande**-*adj*	overhanging
9613	**överilad**-*adj*	rash|overhasty
8680	**överklagande**-*nn*	appeal
9193	**överklass**-*nn*	upper-class
9743	**överkropp**-*nn*	torso
7600	**överlagd**-*adj*	premeditated
8690	**överläggning**-*nn*	deliberation
7841	**överlägsenhet**-*nn*	superiority
7750	**överläkare**-*nn*	consultant
7796	**överlista**-*nn; vb*	outwit
9337	**överrumpla**-*vb*	catch off-guard
8192	**överskott**-*nn*	excess|carry-over
8259	**överskrida**-*vb*	exceed|overstep
8903	**överstiga**-*vb*	exceed

9365	**översvämmad**-*adj*	awash
8769	**översvämma**-*vb*	flood|float
8794	**översvämning**-*nn*	flood|flooding
9456	**överträdelse**-*nn*	violation|offence
7716	**överviktig**-*adj*	overweight
7878	**ovidkommande**-*adj*	irrelative
8950	**ovisshet**-*nn*	uncertainty

P

9326	**påbud**-*nn*	decree
8958	**pacifist**-*nn*	pacifist
8469	**påfrestande**-*adj*	trying
8772	**påhittig**-*adj*	inventive
8870	**påle**-*nn*	pile
9995	**palestinier**-*nn*	Palestinian
8406	**pannrum**-*nn*	boiler room
8523	**pant**-*nn*	pledge
9988	**papaya**-*nn*	papaya
9742	**papperslapp**-*nn*	scrap of paper
7913	**papp**-*nn*	paperboard
9062	**paradox**-*nn*	paradox
9691	**paraguay**-*nn*	Paraguay
8796	**parallell**-*adj; nn*	parallel; parallel
9066	**parodi**-*nn*	parody
7615	**päron**-*nn*	pear
7627	**partikel**-*nn*	part
9541	**partiledare**-*nn*	party leader
9830	**passivt**-*adv*	passively
9873	**påtänd**-*adj*	loaded
8804	**påträffa**-*vb*	find|come across
9346	**påträngande**-*adj*	intrusive
9855	**påvisa**-*vb*	demonstrate
8317	**pelare**-*nn*	pillar
8637	**pendla**-*vb*	commute|oscillate
9726	**penetrera**-*vb*	penetrate
7826	**pensionär**-*nn*	pensioner
8250	**pensionering**-*nn*	retirement
7904	**perser**-*nn*	persian
9038	**personalavdelning**-*nn*	personnel department
8552	**piedestal**-*nn*	pedestal
9382	**pilbåge**-*nn*	longbow
9519	**pilgrim**-*nn*	pilgrim
9224	**pincett**-*nn*	tweezers
9117	**pingla**-*vb*	tinkle

8756	**plagg**-*nn*	garment	7521	**pryd**-*adj*	prude
7732	**plågsam**-*adj*	painful	8280	**prydlig**-*adj*	neat|tidy
8907	**plakat**-*nn; adj*	placard; pissed	9614	**prydnad**-*nn*	decking|ornament
9034	**planka**-*nn; vb*	plank; crash	8253	**psalm**-*nn*	psalm
8619	**plask**-*nn*	splash|flop	7585	**psykiater**-*nn*	psychiatrist
9761	**plikttrogen**-*adj*	dutiful|loyal	9420	**psykiatri**-*nn*	psychiatry
7526	**plundrare**-*nn*	looter	9474	**punktligt**-*adv*	punctually
7817	**podium**-*nn*	podium	7691	**pupill**-*nn*	pupil
7643	**poetisk**-*adj*	poetic	9690	**pyssling**-*nn*	leprechaun
8341	**poliskommissarie**-*nn*	police superintendent	8801	**pyton**-*nn*	python
9082	**poliskonstapel**-*nn*	policeman		**R**	
9103	**polka**-*nn*	polka			
8096	**pornografi**-*nn*	pornography	8727	**rackare**-*nn*	rascal|scoundrel
8340	**portvin**-*nn*	port	9282	**rackartyg**-*nn*	mischief|monkey business
8168	**posera**-*vb*	pose	9936	**racket**-*nn*	racket
7672	**postkontor**-*nn*	post office	9383	**räddare**-*nn*	rescuer
9431	**prägel**-*nn*	touch	7774	**rådfråga**-*vb*	consult
9051	**praktfull**-*adj*	magnificent	8519	**radioprogram**-*nn*	radio program
8779	**präktig**-*adj*	splendid	8603	**radiostation**-*nn*	radio station
8850	**praktisera**-*vb*	put into practice	7507	**råga**-*nn*	heap
7933	**prakt**-*nn*	splendor|glory	9730	**räkenskap**-*nn*	account
8620	**prästerskap**-*nn*	clergy	9481	**rakhyvel**-*nn*	razor
8698	**prästgård**-*nn*	rectory	8320	**rakkniv**-*nn*	razor
8071	**pratsam**-*adj*	talkative	7763	**rakning**-*nn*	shave
9846	**praxis**-*nn*	custom	7718	**rakvatten**-*nn*	aftershave
9979	**precisera**-*vb*	precise	9510	**rämna**-*nn; vb*	rupture; burst
7703	**prejudikat**-*nn*	precedent	8251	**randig**-*adj*	striped|tabby
8510	**preparat**-*nn*	preparation	9526	**rankad**-*adj*	ranked
9124	**presenterad**-*adj*	presented	8848	**ränna**-*nn; vb*	chute; run
9711	**presentkort**-*nn*	gift voucher	8296	**rannsaka**-*vb*	examine|ransack
8141	**presidentval**-*nn*	presidential elections	7956	**ranson**-*nn*	ration
9329	**prestera**-*vb*	perform	8594	**rapa**-*vb*	burp
8941	**primtal**-*nn*	prime	8588	**rasera**-*vb*	raze|destroy
8111	**prioritering**-*nn*	prioritization	7648	**rasism**-*nn*	racism
9027	**problematisk**-*adj*	problematic	8245	**rätsida**-*nn*	face
9252	**produktiv**-*adj*	productive	7777	**rättfärdiga**-*vb*	justify
8110	**prognos**-*nn*	forecast	8332	**rättfärdighet**-*nn*	righteousness
8017	**programledare**-*nn*	anchor man	8011	**rättfram**-*adj*	straightforward
8444	**programmerare**-*nn*	programmer	8530	**rättning**-*nn*	correction|alignment
9515	**programmering**-*nn*	programming	8271	**rättskaffens**-*adj; adv*	righteous; honestly
9666	**propp**-*nn*	stopper|plug	8277	**rättslig**-*adj*	legal
9035	**protestant**-*nn*	protestant	9387	**ravioli**-*nn*	ravioli
9368	**provokation**-*nn*	provocation	9178	**realist**-*nn*	realist
8086	**pruta**-*vb*	bargain|haggle	9287	**rebell**-*nn*	insurgent
9528	**prutta**-*vb*	fart			

7719	**recension**-*nn*	review
7664	**receptionist**-*nn*	receptionist
8413	**redaktion**-*nn*	editorial staff
9991	**rederi**-*nn*	shipping company
7693	**redogöra**-*vb*	narrate
9963	**redovisning**-*nn*	account
9668	**reducera**-*vb*	reduce|discount
9059	**referera**-*vb*	commentate
9021	**reflektera**-*vb*	reflect
9371	**reflektion**-*nn*	thought
8349	**refräng**-*nn*	chorus
8212	**regelbunden**-*adj*	regular
7981	**regent**-*nn*	sovereign
8216	**regim**-*nn*	regime
7971	**regi**-*nn*	direction
8543	**regional**-*adj*	regional
8627	**regissera**-*vb*	produce
7512	**registrering**-*nn*	registration
8475	**regnig**-*adj*	rainy|wet
9591	**regnrock**-*nn*	raincoat|gabardine
9086	**regnskog**-*nn*	rainforest
8553	**reinkarnation**-*nn*	reincarnation
9471	**rekonstruera**-*vb*	reconstruct
9863	**rekonstruktion**-*nn*	reconstruction
9397	**relatera**-*vb*	relate
9840	**relativ**-*adj*	relative
9230	**relevans**-*nn*	relevance
9190	**relik**-*nn*	relic
8864	**reling**-*nn*	rail|gunwale
9635	**renad**-*adj*	refined
9533	**renässans**-*nn*	renaissance
9861	**rening**-*nn*	cleaning
9556	**renlighet**-*nn*	cleanliness
8396	**renovering**-*nn*	renovation
7684	**reparation**-*nn*	repairing
7828	**repris**-*nn*	repeat
8951	**republikan**-*nn*	Republican
8604	**resebyrå**-*nn*	travel bureau
9067	**resenär**-*nn*	traveler
8535	**reservation**-*nn*	reservation
9057	**reservat**-*nn*	reserve|sanctuary
8041	**reson**-*nn*	reason
7789	**respektabel**-*adj*	respectable
9206	**respektfull**-*adj*	respectful
8960	**respektlöshet**-*nn*	disrespect
7958	**restriktion**-*nn*	constraint

7783	**resultera**-*vb*	result
8319	**retorisk**-*adj*	rhetorical
9872	**returnera**-*vb*	return
8372	**reumatism**-*nn*	rheumatism
9088	**reva**-*vb; nn*	reef; tear
9468	**revolt**-*nn*	revolt
7748	**revolutionär**-*adj; nn*	revolutionary; revolutionary
8304	**revolutionerande**-*adj*	revolutionary
8692	**revy**-*nn*	revue
7760	**rikligt**-*adv*	amply|freely
9658	**riksdag**-*nn*	parliament
8910	**riktlinje**-*nn*	guideline
7572	**rinnande**-*adj; nn*	running; flow
7752	**rishög**-*nn*	jalopy
8289	**riskfri**-*adj*	safe
9827	**rispa**-*nn; vb*	scratch; scratch
9999	**rivalitet**-*nn*	rivalry
8159	**rival**-*nn*	rival
8065	**roande**-*adj*	entertaining
8767	**robust**-*adj*	robust
9975	**roddare**-*nn*	rower
9105	**rökelse**-*nn*	frankincense
8705	**rökt**-*adj*	smoked
9369	**röntga**-*vb*	X-ray
9275	**röntgenbild**-*nn*	radiograph
7681	**rörlig**-*adj*	movable
9637	**rörlighet**-*nn*	mobility
7992	**rörmokare**-*nn*	plumber
9157	**rosett**-*nn*	rosette
7525	**rosta**-*vb*	rust
9393	**röstning**-*nn*	voting
7756	**rost**-*nn*	rust
9649	**rotation**-*nn*	rotation|wheel
7576	**rubel**-*nn*	ruble
9636	**rubin**-*nn*	ruby
9330	**rumsren**-*adj*	housetrained
7816	**rusk**-*nn*	wet weather
9708	**rusningstid**-*nn*	rush-hour
8164	**rusta**-*vb*	equip
9078	**rutt**-*nn*	route|lane
7574	**rykande**-*adj; nn*	smoking; smoking
7739	**rymdfärja**-*nn*	space shuttle
9364	**rymdstation**-*nn*	space station
8638	**rymning**-*nn*	escape
8295	**rysare**-*nn*	thriller

8721	**rysa**-*vb*	shudder|shake
7747	**rysligt**-*adv*	awfully
9757	**ryta**-*vb*	roar|shout

S

8699	**sabbat**-*nn*	sabbath
9417	**sabotör**-*nn*	saboteur
8618	**sägen**-*nn*	legend|tale
8761	**såg**-*nn*	saw
9284	**sagolik**-*adj*	fabulous
9267	**sågspån**-*nn*	sawdust
9665	**säkerhetskontroll**-*nn*	security check
7899	**säkerställa**-*vb*	ensure
9762	**säl**-*nn*	sea-calf
7862	**saltvatten**-*nn*	saltwater
7617	**sålunda**-*adv*	thus
8039	**samförstånd**-*nn*	understanding
8892	**samfund**-*nn*	community
8403	**samhörighet**-*nn*	affinity
7811	**sammanfatta**-*vb*	summarize
8885	**sammanfattning**-*nn*	summary
8906	**sammanhängande**-*adj*	coherent
8719	**sammankalla**-*vb*	call together
7780	**sammankomst**-*nn*	gathering
9116	**sammansatt**-*adj*	composite
9205	**sammansättning**-*nn*	composition
8291	**sammanslagning**-*nn*	merger
7929	**sammanträda**-*vb*	meet
8121	**sammet**-*nn*	velvet
8357	**samordna**-*vb*	coordinate
7544	**samsas**-*vb*	agree
7867	**samvetskval**-*nn*	pangs of conscience
7957	**sandkorn**-*nn*	grain of sand
7969	**sandstorm**-*nn*	sandstorm
8580	**sångerska**-*nn*	singer
9985	**sängliggande**-*nn*	bedridden
9313	**sanningsenligt**-*adv*	truly
8275	**sans**-*nn*	senses
8845	**såpa**-*nn; vb*	soap; soap
9678	**satsning**-*nn*	investment
9462	**satt**-*adj*	stocky
8939	**scanning**-*nn*	scanning
8128	**seans**-*nn*	seance

10012	**seende**-*adj*	seeing
9520	**seglare**-*nn*	sailer
8371	**segrande**-*adj*	victorious
7859	**sekretess**-*nn*	secrecy
8661	**semifinal**-*nn*	semifinal
8210	**seminarium**-*nn*	seminar
9558	**sensationell**-*adj*	sensational
9862	**sensuell**-*adj*	sensual
7723	**serva**-*vb*	service|back up
8412	**serve**-*nn*	serve
8083	**session**-*nn*	session
8518	**sevärdhet**-*nn*	sight
9398	**sfär**-*nn*	sphere
9328	**siamesisk**-*adj*	Siamese
9099	**siare**-*nn*	seer
7674	**sigill**-*nn*	signet
8103	**sila**-*vb*	strain|sift
9094	**simning**-*nn*	swimming
8388	**simulera**-*vb*	simulate
9783	**sinnad**-*adj*	minded
8723	**sinnessjukdom**-*nn*	mental disease
8607	**sinnestillstånd**-*nn*	state of mind
9416	**sippra**-*vb*	trickle|ooze
8285	**själslig**-*adj*	spiritual
7985	**självaktning**-*nn*	self-esteem
9138	**självbehärskning**-*nn*	self-control
9310	**självbelåten**-*adj*	self-satisfied
8882	**självbiografi**-*nn*	autobiography
7928	**självgod**-*adj*	self-righteous
8167	**självklar**-*adj*	obvious
7696	**självlysande**-*adj*	luminous
7851	**självömkan**-*nn*	self-pity
8102	**självständigt**-*adv*	independently
10025	**självstyre**-*nn*	autonomy
9189	**sjaskig**-*adj*	shabby|sleazy
9331	**sjösjuka**-*nn*	seasickness
8717	**sjuklig**-*adj*	unhealthy|sickly
8114	**sjunkande**-*adj; nn*	sinking; drop
8401	**sjuttio**-*num*	seventy
8220	**skadedjur**-*nn*	pest
8056	**skadegörelse**-*nn*	damage
9880	**skadlig**-*adj*	harmful|detrimental
8990	**skafferi**-*nn*	pantry
7570	**skaft**-*nn*	shaft
8879	**skakning**-*nn*	shaking

8333	**skalbagge**-*nn*	beetle	9464	**släckt**-*adv*	out
8270	**skälig**-*adj*	reasonable	8331	**sladda**-*vb*	skid
9319	**skälva**-*vb*	tremble|shake	7965	**sladd**-*nn*	cord
8070	**skamfläck**-*nn*	scandal	7800	**släde**-*nn*	sleigh|slide
7571	**skämtare**-*nn*	joker	8856	**slägga**-*nn; vb*	sledgehammer; maul
8098	**skapande**-*adj; nn*	creative; creating	9581	**slak**-*adj*	slack|flabby
7995	**skärpning**-*nn*	sharpening	9435	**släktdrag**-*nn*	affinity
8196	**skärseld**-*adj*	purgatory	8700	**slakteri**-*nn*	slaughterhouse
8254	**skattebetalare**-*nn*	taxpayer	8436	**slam**-*nn*	sludge|slam
9135	**skattefri**-*adj*	tax-free	9163	**slängd**-*adj*	clever
9903	**skena**-*nn; vb*	rail; splint	8750	**släp**-*nn*	trailer
9550	**skeppare**-*nn*	skipper	8355	**slarva**-*vb; nn*	be careless; careless woman
9932	**skeppsbrott**-*nn*	wreckage	7688	**slarv**-*nn*	carelessness
8337	**sketch**-*nn*	sketch	8189	**slät**-*adj*	smooth
7527	**skifta**-*vb*	shift	9518	**slemmig**-*adj*	slimy
9607	**skiftnyckel**-*nn*	monkey wrench	8842	**slickepinne**-*nn*	lollipop
9945	**skildra**-*vb*	depict|paint	9077	**slinga**-*nn*	loop|trail
8061	**skimrande**-*adj*	lustrous	8097	**slipad**-*adj*	cunning
7879	**skiss**-*nn*	sketch	9186	**slumpvis**-*adv*	randomly
8602	**skjutbana**-*nn*	shooting gallery	9955	**slumra**-*vb*	slumber
8496	**skolfröken**-*nn*	school teacher	8716	**sluttning**-*nn*	slope|hillside
9663	**skolgång**-*nn*	school attendance	8045	**småprata**-*vb*	make small-talk
8658	**skolgård**-*nn*	playground	8649	**smaskig**-*adj*	yummy
8624	**skolkamrat**-*nn*	schoolfellow	8133	**småstad**-*nn*	small town
9931	**skolning**-*nn*	training	9906	**småsten**-*nn*	pebble
8503	**skolpojke**-*nn*	schoolboy	7589	**smed**-*nn*	smith
8787	**skolstyrelse**-*nn*	school board	7651	**smet**-*nn*	batter
8452	**skoltid**-*nn*	school	9485	**smida**-*vb*	forge|hammer
8538	**skör**-*adj*	fragile|brittle	9766	**smil**-*nn*	smile|smirk
9685	**skorpa**-*nn*	crust|cake	9729	**sminkad**-*adj*	made-up
8713	**skotte**-*nn*	Scotsman	9887	**sminka**-*vb*	make up
7736	**skottsäker**-*adj*	bulletproof	9314	**smuggelgods**-*nn*	contraband
9441	**skramla**-*nn; vb*	rattle; rattle	7641	**smuggling**-*nn*	smuggling
7745	**skribent**-*nn*	writer	9470	**smultron**-*nn*	wild strawberry
8883	**skrin**-*nn*	case	9522	**smutskasta**-*vb*	smear
8165	**skrivare**-*nn*	printer|scribe	8113	**smygande**-*adj; nn*	insidious; crawl
9780	**skröna**-*nn*	tall tale	7776	**snäcka**-*nn*	shell
9065	**skrota**-*vb*	scrap|dismantle	9255	**snåljåp**-*nn*	tightwad
8715	**skrynklig**-*adj*	rumpled	9621	**snappa**-*vb*	snatch
9433	**skuta**-*nn*	small cargo ship	7541	**sniffa**-*vb*	sniff
7813	**skyddstillsyn**-*nn*	probation	7731	**snigel**-*nn*	snail
9274	**skyffel**-*nn*	shovel	7871	**snille**-*nn*	genius
9362	**skyhög**-*adj*	sky-high	8482	**snöa**-*vb*	snow
9514	**skyla**-*vb*	cover|veil	9251	**snöboll**-*nn*	snowball
9934	**skynke**-*nn*	cover	9128	**snok**-*nn*	snake
8806	**skyttegrav**-*nn*	trench			

9586	**snopp**-*nn*	willy|schlong
9173	**snurr**-*nn*	whir
9483	**snus**-*nn*	snuff
8012	**socialbidrag**-*nn*	welfare
9860	**socialism**-*nn*	socialism
9894	**socialtjänst**-*nn*	social services
8849	**societet**-*nn*	society
9953	**söderöver**-*adv*	southwards
10003	**solidaritet**-*nn*	solidarity
9501	**sommarlov**-*nn*	summer vacation
9902	**sömmerska**-*nn*	seamstress
7936	**sömnlöshet**-*nn*	insomnia
7787	**sömnmedel**-*nn*	sleeping aid
9405	**söndagsskola**-*nn*	Sunday school
8805	**sond**-*nn*	probe
9553	**sorgset**-*adv*	sadly
9600	**sötma**-*nn*	sweetness
8248	**sot**-*nn*	soot
7767	**sovsäck**-*nn*	sleeping bag
9609	**spanare**-*nn*	tracker|spotter
8047	**spanjor**-*nn*	Spaniard
9579	**spänne**-*nn*	buckle|clasp
8747	**spannmål**-*nn*	cereals
8359	**spärr**-*nn*	lock
9765	**specialisera**-*vb*	specialize
7626	**spektakel**-*nn*	spectacle
8440	**spektakulär**-*adj*	spectacular
9870	**spelrum**-*nn*	playroom|leeway
7560	**spermie**-*nn*	sperm
8656	**spetälsk**-*adj*	leper
7599	**spetsa**-*vb*	impale
8201	**spetsig**-*adj*	acute|pointed
9599	**spett**-*nn*	crowbar
8079	**spinna**-*vb*	spin|purr
9552	**spinn**-*nn*	tailspin
8570	**spirituell**-*adj*	spirited|spiritual
7720	**splittrad**-*adj*	divided
7998	**spontant**-*adv*	spontaneously
8153	**sporra**-*vb*	spur|incite
8023	**sportbil**-*nn*	sports car
7545	**sprätta**-*vb*	show off
8230	**stabilisera**-*vb*	stabilize
7699	**stack**-*nn*	stack|rick
9725	**stadgar**-*nn*	statutes
8347	**stadsbo**-*nn*	town resident
8642	**stadsdel**-*nn*	district

7976	**ställd**-*adj*	placed
9815	**ställföreträdande**-*adj*	acting
9677	**stålverk**-*nn*	steelworks
8019	**stämd**-*adj*	tuned
7852	**stampa**-*vb*	stomp|pitch
8006	**stämpel**-*nn*	stamp
8584	**stängningsdags**-*nn*	closing time
8428	**stänka**-*vb*	splash|spray
9011	**stärkande**-*adj; nn*	invigorating; consolidation
9092	**startbana**-*nn*	runway
8358	**statisk**-*adj*	static
9102	**statsman**-*nn*	statesman
8873	**statsminister**-*nn*	Prime Minister
9492	**statstjänsteman**-*nn*	civil servant
7577	**stek**-*nn*	steak|roast
9472	**stekpanna**-*nn*	frying pan
9283	**stelna**-*vb*	stiffen
9478	**stickande**-*nn; adv; adj*	prickle; prickly; stabbing
10004	**stifta**-*vb*	found
9389	**stift**-*nn*	pin|pencil
8492	**stillhet**-*nn*	silence
9212	**stillsam**-*adj*	quiet
8273	**stimulans**-*nn*	stimulus
7546	**stimulera**-*vb*	stimulate
8354	**stirrande**-*adj*	staring
9750	**stöddig**-*adj*	cocky
8438	**stödjande**-*adj; nn*	supporting; espousal
9523	**stoff**-*nn*	stuff|matter
8134	**stolle**-*nn*	fool
9895	**stönande**-*nn*	groan
8467	**stöna**-*vb*	groan
8461	**sto**-*nn*	mare
8657	**stordåd**-*nn*	deed
8473	**stork**-*nn*	stork
9532	**stormarknad**-*nn*	supermarket
8029	**storsint**-*adj*	magnanimous
7948	**storstad**-*nn*	city
9322	**storväxt**-*adj*	tall
9968	**stöttepelare**-*nn*	mainstay|kingpin
7930	**straffarbete**-*nn*	hard labor
8184	**straffbar**-*adj*	punishable
9940	**stram**-*adj*	tight|austere
7566	**strategiskt**-*adv*	strategically
8225	**strömbrytare**-*nn*	switch

7662	**strö**-*nn; vb*	bedding; strew
8339	**studerande**-*nn*	student
8183	**styggelse**-*nn*	abomination
7919	**styrande**-*adj; nn*	governing; government
8066	**styrd**-*adj*	governed|guided
8887	**styrelseordförande**-*nn*	chairman
9352	**styrning**-*nn*	steering
9156	**styvbror**-*nn*	stepbrother
8145	**substans**-*nn*	substance
9455	**substantiv**-*nn*	noun
8193	**suddig**-*adj*	blurred|smudgy
8104	**sultan**-*nn*	sultan
8830	**superstjärna**-*nn*	superstar
8633	**surra**-*vb*	lash|buzz
9185	**susa**-*vb*	whiz|swoosh
8901	**sus**-*nn*	swish|murmur
9883	**suveränitet**-*nn*	sovereignty
7850	**sval**-*adj*	cool
7960	**svälla**-*vb*	swell|bloat
9195	**svängrum**-*nn*	elbow room
8004	**svan**-*nn*	swan
9734	**svärma**-*vb*	swarm
9689	**svartskalle**-*nn*	wog
9442	**svetsa**-*vb*	weld
9517	**svikta**-*vb*	sag
8847	**svindel**-*nn*	swindle
7882	**sving**-*nn*	haymaker
8807	**svinstia**-*nn*	sty
7885	**svullnad**-*nn*	swelling
9698	**svullna**-*vb*	swell
9265	**swing**-*nn*	swing
9982	**sydlig**-*adj; adv*	southerly; southerly
8514	**sydost**-*nn*	southeaster
9377	**sydöst**-*nn*	southeast
9923	**syl**-*nn*	awl|stiletto
9196	**symbolisk**-*adj*	symbolic
8314	**symboliskt**-*adv*	nominally
8953	**symfoni**-*nn*	symphony
9016	**sympatisera**-*vb*	sympathize
7537	**symtom**-*nn*	diagnostic
8303	**synda**-*vb*	sin
9045	**synkronisera**-*vb*	synchronize
7845	**synligt**-*adv*	visibly
8983	**synsätt**-*nn*	approach
9638	**syntetisk**-*adj*	synthetic

8956	**synvilla**-*nn*	illusion
8508	**sysselsättning**-*nn*	employment|occupation
7556	**systematiskt**-*adv*	systematically

T

8702	**tabbe**-*nn*	gaffe|boner
9302	**tabu**-*adj; nn*	taboo; taboo
8252	**tåga**-*vb; nn*	walk in procession; filament
7563	**tagg**-*nn*	tag|thorn
7918	**talk**-*nn*	talc
9759	**tålmodig**-*adj*	patient|enduring
9293	**tålmodigt**-*adv*	patiently
7562	**talmud**-*nn*	Talmud
7579	**tämligen**-*adv*	rather|fairly
7947	**tampas**-*vb*	tussle|tangle
7564	**tampong**-*nn*	tampon
8714	**tånagel**-*nn*	toenail
8213	**tandlös**-*adj*	toothless
9007	**tändning**-*nn*	ignition
8498	**tanka**-*vb*	refuel
9567	**tankbil**-*nn*	petrol truck
8367	**tanklös**-*adj*	thoughtless
9406	**täppa**-*vb; nn*	obstruct; garden plot
7721	**tarm**-*nn*	bowel
9223	**tärna**-*nn*	bridesmaid
9003	**tårögd**-*adj*	with tears in one's eyes
9948	**tarvlig**-*adj*	shabby|frugal
9647	**tattare**-*nn*	gipsy
8560	**taxichaufför**-*nn*	taxi-driver
9054	**tegel**-*nn*	tile
9712	**tejpa**-*vb*	tape
9799	**telefonautomat**-*nn*	slot telephone
8967	**telegraf**-*nn*	telegraph
9285	**tendera**-*vb*	tend
8232	**tenor**-*nn*	tenor
8679	**teoretisk**-*adj*	theoretical|pure
9475	**terrier**-*nn*	terrier
9820	**tes**-*nn*	thesis
9785	**thriller**-*nn*	thriller
9996	**tidevarv**-*nn*	era
8991	**tidlös**-*adj*	timeless
9412	**tidsfrist**-*nn*	deadline
9831	**tidsinställd**-*adj*	timed

9476	**tidskrift**-*nn*	magazine
8387	**tidtabell**-*nn*	timetable
7554	**tillägna**-*vb*	dedicate
9253	**tillämpa**-*vb*	apply
7908	**tilldela**-*vb*	assign|award
7513	**tilldragande**-*adj*	fetching|attractive
8773	**tillfalla**-*vb*	accrue
9650	**tillfångata**-*vb*	capture
8840	**tillföra**-*vb*	bring
7858	**tillfrisknande**-*nn*	recovery
9434	**tillgodose**-*vb*	cater for
8480	**tillhörande**-*adj*	appurtenant
7778	**tillkännage**-*vb*	announce|notify
9790	**tillmötesgå**-*vb*	accommodate
9046	**tillsätta**-*vb*	appoint
7598	**tillskott**-*nn*	contribution
8630	**tillsyn**-*nn*	supervision
9960	**tilltagande**-*nn; adj*	increase; increasing
7539	**tilltalande**-*adj*	attractive|fetching
8540	**tilltugg**-*nn*	snack
8565	**tillverkare**-*nn; sfx*	manufacturer; wright
8996	**tillverkning**-*nn*	manufacturing
8163	**timmer**-*nn*	timber
9627	**tingshus**-*nn*	courthouse
8453	**tiondel**-*nn*	tenth
7865	**tippa**-*vb*	tip|dump
9458	**tjafs**-*nn*	yapping
7735	**tjeckisk**-*adj*	Czech
9908	**tjugonde**-*num*	twentieth
9419	**tjurfäktning**-*nn*	bullfighting
9867	**tjutande**-*nn; adj*	howling; wailing
9939	**tjut**-*nn*	howl|yowl
7642	**tolerans**-*nn*	tolerance
8740	**tolerant**-*adj*	tolerant
9361	**tolk**-*nn*	interpreter
7621	**tomhänt**-*adj*	empty-handed
8394	**tonfall**-*nn*	tone
8418	**töntig**-*adj*	dorky
7825	**toppmöte**-*nn*	summit
8476	**torde**-*av*	should
8573	**torp**-*nn*	croft|homestead
9129	**träbit**-*nn*	piece of wood
9052	**trådlös**-*adj*	wireless
9379	**trafikljus**-*nn*	traffic light
8569	**trailer**-*nn*	trailer
9176	**tråkighet**-*nn*	tediousness
9561	**trängas**-*vb*	crowd
8175	**trångsynt**-*adj*	insular|narrow
9386	**transaktion**-*nn*	transaction
8326	**transplantation**-*nn*	transplantation
7633	**transportmedel**-*nn*	transport
7920	**trapphus**-*nn*	stairwell
8846	**trapp**-*nn*	staircase
8487	**traska**-*vb*	trudge
8272	**trassel**-*nn*	tangle|trouble
8980	**trassla**-*vb*	make a fuss
9506	**trasslig**-*adj*	tangled
7915	**traumatisk**-*adj*	traumatic
8306	**tredubbel**-*adj*	triple
8392	**trend**-*nn*	trend
9237	**trikå**-*nn*	tricot
9560	**trimma**-*vb*	trim
8231	**trim**-*nn*	trim
8943	**trio**-*nn*	trio
9680	**tristess**-*nn*	aridity
9473	**triumferande**-*nn; adj*	triumphant; exultant
7836	**trivsam**-*adj*	pleasant
9465	**trojansk**-*adj*	trojan
9133	**trollspö**-*nn*	magic wand
8246	**tröstande**-*adj*	comforting
7697	**truck**-*nn*	truck
9632	**trumfkort**-*nn*	trump card
9437	**trumf**-*nn*	trump
8407	**tryckare**-*nn*	printer
8613	**tryckeri**-*nn*	print shop
9323	**tsar**-*nn*	tsar
9076	**tuffing**-*nn*	tough guy
8521	**tumult**-*nn*	riot|uproar
8376	**turk**-*nn*	Turk
9421	**turnera**-*vb*	tour
8352	**tusental**-*nn*	thousands
9504	**tvångsmässig**-*adj*	compulsive
8959	**tvångströja**-*nn*	straitjacket
8489	**tvär**-*adj*	abrupt|sudden
8777	**tvättäkta**-*adj*	washable
9572	**tvätteri**-*nn*	laundry
8288	**tvättmaskin**-*nn*	washing machine
8828	**tvättmedel**-*nn*	detergent
7724	**tvättstuga**-*nn*	laundry
7855	**tvist**-*nn*	dispute
8927	**tvivelaktig**-*adj*	doubtful

7881	**tygel**-*nn*	bridle|rein
8933	**tyna**-*vb*	languish
9301	**tysta**-*vb*	silence|muzzle
7502	**tysthet**-*nn*	silence

U

7515	**ull**-*nn*	wool
8526	**ultraljud**-*nn*	ultrasound
7520	**undanflykt**-*nn*	subterfuge
7586	**undanhålla**-*vb*	withhold|deprive
7658	**undantagstillstånd**-*nn*	state of emergency
8946	**underbemannad**-*adj*	undermanned
7833	**underkasta**-*vb*	subject to
7916	**underkastelse**-*nn*	submission
8551	**underlag**-*nn*	basis|support
9977	**underordnad**-*adj*	subordinate
9029	**undersökande**-*adj; nn*	investigative; surveying
8430	**understå**-*vb*	presume|dare
7754	**undertecknad**-*adj*	undersigned
8276	**undvikande**-*nn; adj*	avoidance; avoiding
7939	**ungmö**-*nn*	damsel
8937	**ungrare**-*nn*	hungarian
9516	**universell**-*adj*	universal
8820	**uppbackning**-*nn*	backing
7516	**uppehälle**-*nn*	subsistence|keep
9080	**uppehållstillstånd**-*nn*	residence permit
8635	**uppenbara**-*vb*	reveal
8920	**uppgång**-*nn*	upturn|rise
8420	**uppgå**-*vb*	amount to
8309	**upphäva**-*vb*	repeal|invalidate
8517	**upphetsning**-*nn*	excitement|arousal
9467	**upphöjd**-*adj*	elevated
8365	**upphov**-*nn*	cause|origin
7629	**uppiggande**-*adj; nn*	stimulating; exhilaration
7614	**upplaga**-*nn*	edition|circulation
8088	**upplösa**-*vb*	dissolve
7794	**upplösning**-*nn*	resolution
9438	**upplyftande**-*nn*	uplifting
9039	**upplysande**-*adj*	informative
7713	**upprättelse**-*nn*	reparation
9030	**upprepning**-*nn*	repetition

9194	**uppretad**-*adj*	enraged
8239	**uppriktighet**-*nn*	sincerity
8891	**uppriven**-*adj*	worked up
9825	**upprop**-*nn*	appeal
9797	**upprorisk**-*adj*	rebellious
9380	**uppsägning**-*nn*	termination
8369	**uppslag**-*nn*	idea
8032	**uppsöka**-*vb*	seek
8582	**uppspelt**-*adj*	exhilarated
9878	**uppstigning**-*nn*	ascent|emergence
8586	**uppstoppad**-*adj*	stuffed
9069	**upptäcktsresande**-*nn*	explorer
8278	**upptåg**-*nn*	antics|prank
9805	**uppta**-*vb*	occupy|receive
9452	**uppvaknande**-*nn*	awakening
9270	**uppvaktning**-*nn*	courtship|attendance
9576	**uppvisa**-*vb*	exhibit|display
9309	**uran**-*nn*	uranium
7624	**urgammal**-*adj*	extremely old
9033	**urna**-*nn*	urn
7580	**ursinnig**-*adj*	furious|frenetic
8205	**urskilja**-*vb*	distinguish
9565	**urverk**-*nn*	clockwork
7846	**utanpå**-*adv; prp*	outside; outside
9971	**utarbetad**-*adj*	worn-out
8844	**utblottad**-*adj*	destitute
8863	**utbryta**-*vb*	break out
8292	**utdöd**-*adj*	extinct
8810	**utdrag**-*nn*	extract|extraction
9588	**utefter**-*prp*	along
9311	**utelämna**-*vb*	omit|pass over
10005	**uteslutande**-*adv; adj; nn*	exclusively; exclusive; exclusion
9497	**utforma**-*vb*	formulate|model
8681	**utförsäljning**-*nn*	clearance
8405	**utfrågning**-*nn*	interrogation
8725	**utgångspunkt**-*nn*	starting point
9704	**utgåva**-*nn*	edition
7559	**utgrävning**-*nn*	excavation
8050	**uthyrning**-*nn*	rental|hire
9153	**utkräva**-*vb*	wreak
9917	**utlägg**-*nn*	outlay
7840	**utlova**-*vb*	promise
8028	**utmärkande**-*adj*	distinguishing
9344	**utmärka**-*vb*	distinguish

8053	utnämna-*vb*	appoint|create
8968	utnämnd-*adj*	designate
7807	utnyttjande-*nn*	exploitation
8264	utpost-*nn*	outpost
9357	utrikes-*adj; adv*	foreign; abroad
8934	utrikesminister-*nn*	Secretary of State
10006	utrikespolitik-*nn*	foreign policy
8776	utropa-*vb*	proclaim|exclaim
8561	utrop-*nn*	exclamation
9001	utrusta-*vb*	equip|provide
7631	utrymma-*vb*	vacate|evacuate
7667	utskott-*nn*	committee
9272	utskrattad-*adj*	laughed to scorn
8221	utskrift-*nn*	printing
9848	utsläpp-*nn*	discharge|emission
8595	utsliten-*adj*	jaded|worn-out
7529	utstråla-*vb*	radiate|emit
7902	utstrålning-*nn*	charisma
7606	uttag-*nn*	socket
7810	uttal-*nn*	pronunciation
7898	uttryckligen-*adv*	expressly
9484	utväxling-*nn*	exchange
7597	utvidga-*vb*	extend|expand
9781	utvilad-*adj*	rested
8195	utvisa-*vb*	expel
9869	utvisning-*nn*	ordering out

V

8775	vackla-*vb; nn*	falter; haver
9209	väderleksrapport-*nn*	weather forecast
7935	vädjan-*nn*	appeal
7749	vädja-*vb*	appeal
9935	vädra-*vb*	sniff|ventilate
8770	vadslagning-*nn*	betting
8857	vågad-*adj*	daring
8143	våglängd-*nn*	wave-length
8389	vägran-*nn*	refusal
9240	vägskäl-*nn*	fork
9910	vaja-*vb*	fly
8971	vakande-*adj*	waking
8577	vaksam-*adj; adv*	vigilan; on the alert
9714	vakuum-*nn*	vacuum
9290	välbehag-*nn*	delight
8471	välbyggd-*adj*	set-up

9617	valdag-*nn*	polling day
8381	välde-*nn*	reign
9095	våldsamhet-*nn*	violence
8312	välförtjänt-*adj; adv*	condign; deservedly
7663	välgång-*nn*	prosperity
9490	välgörande-*adj*	beneficial
8336	välklädd-*adj*	well-dressed
9972	vall-*nn*	pasture|mound
9244	vålnad-*nn*	ghost|phantom
9488	valnöt-*nn*	walnut
10001	välstekt-*adj*	well-done
8729	väluppfostrad-*adj*	well-raised
8327	välutrustad-*adj*	well-endowed
9773	vånda-*nn*	agony
7994	vändpunkt-*nn*	turning point
7628	vandrare-*nn*	wanderer
10019	vanebildande-*adj*	habit-forming
7548	vanföreställning-*nn*	delusion
7757	vante-*nn*	mitten
9594	väntetid-*nn*	wait
8040	vanvett-*nn*	mania
7968	väpnad-*adj*	armed
7644	vardaglig-*adj*	everyday
9577	värdepapper-*nn*	security
8751	värderad-*adj*	valued
8562	vårdhem-*nn*	nursing home
9659	vårdslöst-*adv*	carelessly
7893	varhelst-*adv*	wherever
8966	variabel-*nn*	variable
8095	variant-*nn*	variant
8105	variation-*nn*	variation
9503	varierande-*adj*	varying
9604	värja-*vb*	defend
7986	värk-*nn*	ache
8743	värktablett-*nn*	painkiller
9107	världsberömd-*adj*	world-famous
8825	världsklass-*nn*	world-class
8244	världslig-*adj*	worldly|mundane
7532	värna-*vb*	defend
8078	varpå-*adv*	whereupon
8745	varstans-*adv*	here
9243	värsting-*nn*	bad boy
7711	varumärke-*nn*	trademark
7504	värva-*vb*	solicit|recruit
9966	värv-*nn*	mission
7914	väsentlig-*adj*	essential

7701	**vask-**_nn_	sink		8228	**virtuell-**_adj_	virtual
8495	**vässa-**_vb; nn_	sharpen; whet		9758	**virvelvind-**_nn_	whirlwind
8069	**västerländsk-**_adj_	Western		9603	**visare-**_nn_	viewer|hand
8998	**väte-**_nn_	hydrogen		8654	**viskande-**_adj; nn_	whispering; whispering
9131	**vattenhål-**_nn_	watering hole				
9792	**vattenskida-**_nn_	water-ski		7980	**viskning-**_nn_	whisper
8632	**vattentät-**_adj_	watertight		8478	**vispgrädde-**_nn_	whipping cream
9187	**vattenyta-**_nn_	surface of water		8945	**visselpipa-**_nn_	whistle
8080	**växellåda-**_nn_	gearbox		8865	**vissen-**_adj_	faded
9965	**växelspak-**_nn_	gear lever		8380	**visshet-**_nn_	certainty
8204	**växthus-**_nn_	greenhouse		8325	**vittring-**_nn_	scent
7655	**veck-**_nn_	fold|pleat		8172	**volleyboll-**_nn_	volley-ball
9693	**veckoslut-**_nn_	weekend		8445	**vrålande-**_adj_	yelling
8979	**vederbörande-**_nn; adj_	the person concerned; concerned		7506	**vråla-**_vb_	roar|howl
				8456	**vrå-**_nn_	corner|recess
8923	**vegetarisk-**_adj_	vegetarian		7877	**vresig-**_adj_	grumpy
9141	**vek-**_adj_	weak|soft		8596	**vriden-**_adj_	twisted
9823	**vemod-**_nn_	melancholy		8651	**vrist-**_nn_	ankle
8547	**ventilation-**_nn_	ventilation		7683	**vulgär-**_adj_	vulgar
7551	**verbal-**_adj_	verbal		7946	**vy-**_nn_	view
9108	**verb-**_nn_	verb				
8474	**verkställa-**_vb_	execute			**W**	
9140	**verktygslåda-**_nn_	tool box				
9324	**vidarebefordra-**_vb_	forward		10016	**walesisk-**_adj_	welsh
9612	**vidöppen-**_adj_	wide open		8458	**wienerbröd-**_nn_	Danish pastry
9808	**vidsträckt-**_adj_	wide				
9524	**vietnamesisk-**_adj_	Vietnamese			**Y**	
8100	**vilande-**_adj_	dormant				
8726	**vilkas-**_prn_	whose		9813	**ylande-**_nn_	howling
8590	**villebråd-**_nn_	game|quarry		7860	**yla-**_vb_	howl
8694	**villigt-**_adv_	willingly		9967	**ypperlig-**_adj_	excellent
9235	**vilseledande-**_adj_	deceptive|deceitful		9340	**yrkesman-**_nn_	professional
7605	**vilseleda-**_vb_	mislead		9905	**yrkesmässig-**_adj_	professional
9151	**violett-**_adj_	violet		7665	**yrsel-**_nn_	dizziness
8915	**violin-**_nn_	violin		8546	**yttrande-**_nn_	opinion
8152	**viol-**_nn_	viola|violet				
9198	**vira-**_vb_	wind|twine				

Contact, Further Reading and Resources

For more tools, tips & tricks visit our site www.mostusedwords.com. We publish various language learning resources.

We hope that you will find this frequency dictionary a truly handy tool. If you like this dictionary, please let others know about it, so they can enjoy it too. Or leave a review/comment online, e.g. on social media, blogs or on forums.

Frequency Dictionaries

Frequency Dictionaries in this series:

Swedish Frequency Dictionary 1 – Essential Vocabulary – 2500 Most Common Swedish Words
Swedish Frequency Dictionary 2 - Intermediate Vocabulary – 2501-5000 Most Common Swedish Words
Swedish Frequency Dictionary 3 - Advanced Vocabulary – 5001-7500 Most Common Swedish Words
Swedish Frequency Dictionary 4 - Intermediate Vocabulary – 7500-10000 Most Common Swedish Words

Please visit our website www.mostusedwords.com/frequency-dictionary/Swedish for more inforation.

Our goal is to provide language learnings with frequency dictionaries for every major and minor language there is to be found on this planet. You can view our selection on www.mostusedwords.com/frequency-dictionary

Bilingual books

We're creating a selection of parallel texts, and our selection is ever expanding.

To further help you in your language learning journey, all our bilingual books come with a dictionary included, created for that particular book.

Current bilingual books available are English, Spanish, Portuguese, Italian, French, and German

For more information, check www.mostusedwords.com/parallel-texts. Check back regularly for new books and languages.

Other language learning methods

You'll find reviews of other 3rd party language learning applications, software, audio courses, and apps. There are so many available, and some are (much) better than others.

Check out our reviews at www.mostusedwords.com/reviews.

Contact

If you have any questions, you can contact us through e-mail info@mostusedwords.com.

www.ingramcontent.com/pod-product-compliance
Lightning Source LLC
Chambersburg PA
CBHW081528120626
46550CB00009B/2649